# TEORIAS E TÉCNICAS DO *LOBBYING*

regras, casos e procedimentos

CONTRACORRENTE

Pier Luigi Petrillo

# TEORIAS E TÉCNICAS DO *LOBBYING*

regras, casos e procedimentos

Tradução de Antonio Araldo Ferraz Dal Pozzo
e Augusto Neves Dal Pozzo

SÃO PAULO
2022

Copyright © by Società editrice Il Mulino, Bologna, 2019
© EDITORA CONTRACORRENTE
Alameda Itu, 852 | 1º andar |
CEP 01421 002
www.loja-editoracontracorrente.com.br
contato@editoracontracorrente.com.br

**EDITORES**
Camila Almeida Janela Valim
Gustavo Marinho de Carvalho
Rafael Valim
Walfrido Warde
Silvio Almeida

**EQUIPE EDITORIAL**
COORDENAÇÃO DE PROJETO: Juliana Daglio
REVISÃO: Douglas Magalhães
REVISÃO TÉCNICA: Amanda Dorth
DIAGRAMAÇÃO: Pablo Madeira
CAPA: Gustavo André

**EQUIPE DE APOIO**
Fabiana Celli
Carla Vasconcelos
Fernando Pereira
Valéria Pucci
Regina Gomes
Nathalia Oliveira

**Dados Internacionais de Catalogação na Publicação (CIP)**
**(Câmara Brasileira do Livro, SP, Brasil)**

Petrillo, Pier Luigi
    Teorias e técnicas do lobbying / Pier Luigi Petrillo ; tradutores Antonio Araldo Ferraz Dal Pozzo, Augusto Neves Dal Pozzo. -- São Paulo, SP : Editora Contracorrente, 2022.

    Título original: Teorie e tecniche del lobbying: regole, casi, procedure.
    Bibliografia
    ISBN 978-65-5396-026-8

    1. Corrupção política 2. Estado de Direito 3. Lobby 4. Relações governamentais 5. Relações governamentais internacionais 6. Relações públicas I. Título.

22-111770                                                           CDD-324.4

**Índices para catálogo sistemático:**
1. Lobby : Teoria e prática : Ciência política 324.4
Eliete Marques da Silva - Bibliotecária - CRB-8/9380

@editoracontracorrente
Editora Contracorrente
@ContraEditora

*A Francesco Luigi,
em permanente, paciente espera.*

# SUMÁRIO

APRESENTAÇÃO ... 13
PREFÁCIO ... 21
PREMISSAS ... 35
    Nota à edição brasileira ... 39

CAPÍTULO I – OS CONTEXTOS ... 41
    1.1 *Lobbying* e democracia ... 41
        1.1.1 Grupos de interesse, grupos de pressão, *lobbying* ... 44
        1.1.2 Partidos políticos e grupos de pressão ... 50
        1.1.3 Processo decisório e interesse público ... 53
    1.2 Lobistas e agentes públicos responsáveis pelas decisões ... 57
        1.2.1 Os atores do *lobbying* ... 57
            1.2.1.1 Lobistas terceirizados ... 62
            1.2.1.2 Os lobistas *in-house* ... 67
            1.2.1.3 Os lobistas corporativos ... 72
            1.2.1.4 Os lobistas *no-profit* ... 77
            1.2.1.5 Os lobistas institucionais ... 80

  1.2.1.6 Os lobistas impróprios ou indiretos ........ 84
  1.2.1.7 Os lobistas cívicos ou *citizen lobbists* ........ 92
 1.2.2 Os destinatários do *lobbying* ........ 95
  1.2.2.1 O agente público responsável por decisões ........ 95
  1.2.2.2 O tomador de decisão político e seu aparato ........ 97
  1.2.2.3 Os tomadores de decisão não políticos: judiciário e autoridades independentes ........ 110
  1.2.2.4 O *influencer* não tomador de decisões ........ 114
  1.2.2.5 O tomador de decisão "rotativo" ........ 116
1.3 Os lugares do *lobbying* ........ 119
 1.3.1 O Poder Legislativo ........ 121
 1.3.2 O Poder Executivo ........ 124
 1.3.3 Clubes e *think tanks* ........ 126
1.4 Os tempos do *lobbying*: a curva de influência normativa ........ 131

**CAPÍTULO II – AS REGRAS** ........ 137
2.1 Os Estados Unidos da América ........ 138
 2.1.1 Origem e fundamento do direito constitucional de fazer *lobbying* ........ 139
 2.1.2 A regulação dos grupos de pressão ........ 141
 2.1.3 Ética e conduta para os agentes públicos responsáveis por decisões ........ 146
 2.1.4 A participação dos *lobbies* nos trabalhos do Congresso ........ 152
 2.1.5 Os *Political Action Committees* ........ 155
2.2 Os ordenamentos latino-americanos ........ 159
 2.2.1 Peru ........ 160
 2.2.2 México ........ 162
 2.2.3 Argentina ........ 164

2.2.4 Colômbia ... 166
2.2.5 Chile ... 168
2.2.6 Uma visão geral ... 170
2.3 A União Europeia ... 173
   2.3.1 O direito a fazer *lobbying* ... 174
   2.3.2 O Registro para a Transparência ... 176
   2.3.3 O *lobbying* na Comissão Europeia ... 185
   2.3.4 A transparência dos parlamentares ... 189
   2.3.5 A transparência da Comissão ... 191
   2.3.6 O Conselho permanece obscuro ... 196
2.4 Os ordenamentos europeus ... 200
   2.4.1 França ... 200
   2.4.2 Alemanha, Áustria e Países Baixos ... 208
   2.4.3 Irlanda ... 214
   2.4.4 Polônia, Lituânia, Eslovênia, Hungria, Romênia, Macedônia, Montenegro ... 218
2.5 Grã-Bretanha ... 227
   2.5.1 A regulamentação dos grupos de pressão ... 228
   2.5.2 Financiamento da política, doações e grupos de pressão ... 231
   2.5.3 O papel dos grupos de pressão na campanha eleitoral ... 233
   2.5.4 A transparência dos agentes públicos responsáveis por decisões ... 236
   2.5.5 Os intergrupos parlamentares ... 239
2.6 Os ordenamentos de derivação britânica ... 242
   2.6.1 Canadá ... 242
      2.6.1.1 A política de intermediação e a ética do agente público responsável pela decisão ... 243

- 2.6.1.2 A regulamentação dos grupos de pressão: o *Lobbyists Registration Act* ... 248
- 2.6.1.3 As regras sobre o financiamento da política ... 252
- 2.6.2 Austrália ... 255
- 2.6.3 Israel ... 260
- 2.7 O caso italiano ... 262
  - 2.7.1 Grupos de pressão no sistema jurídico italiano ... 262
  - 2.7.2 Equilibrar a pressão: uma visão geral ... 266
  - 2.7.3 Existe um direito constitucional de fazer *lobbying*? ... 272
  - 2.7.4 Tentativas de introduzir uma disciplina orgânica: desde projetos de lei a mudanças nos regulamentos ... 276
  - 2.7.5 A análise de impacto regulatório (AIR) e as regras de transparência ... 280
  - 2.7.6 Regulamentos parlamentares ... 286
  - 2.7.7 A regulamentação introduzida na Câmara dos Deputados ... 289
  - 2.7.8 Os registros "faça você mesmo" ... 292
  - 2.7.9 Participação e *lobby* nas regiões italianas ... 296
    - 2.7.9.1 Toscana e Molise ... 300
    - 2.7.9.2 Abruzzo, Calábria, Lombardia e Lazio ... 303
    - 2.7.9.3 Puglia ... 306
    - 2.7.9.4 Campânia ... 308
  - 2.7.10 Uma leitura comparativa da regulamentação regional ... 310
- 2.8 Os modelos de regulamentação do *lobbying* ... 314
  - 2.8.1 A regulamentação-transparência ... 314
  - 2.8.2 A regulamentação-participação ... 316

2.8.3 A regulamentação rastejante com tendências esquizofrênicas ... 318
2.9 Regulamentação do *lobbying* e forma de governo ... 322

**CAPÍTULO III – AS TÉCNICAS E AS FERRAMENTAS** ... 331
3.1 Das relações institucionais ao *public policy manager* ... 331
3.2 As técnicas ... 334
    3.2.1 A fase de *back office* ... 340
        3.2.1.1 Identificação do interesse ... 340
        3.2.1.2 Mapeamento de interesses contíguos e opostos ... 343
        3.2.1.3 Identificação do agente público responsável pela decisão ... 347
        3.2.1.4 Elaboração da proposta e da estratégia ... 349
        3.2.1.5 *Position e policy paper* ... 351
        3.2.1.6 Monitoramento ... 353
        3.2.1.7 *Social influencers* ... 357
    3.2.2 A fase de *front office* ... 360
        3.2.2.1 A realização do contato ... 360
        3.2.2.2 A representação do interesse ... 364
        3.2.2.3 *Feedback* ... 366
        3.2.2.4 *Public decision makers keeping* ... 367
3.3 As ferramentas ... 367
    3.3.1 O *lobbying* direto ... 370
        3.3.1.1 O *face-to-face* ... 370
        3.3.1.2 A pressão econômica ... 373
    3.3.2 O *lobbying* indireto ... 381
        3.3.2.1 *Grassroots lobbying* ... 381
        3.3.2.2 Os *social networks* ... 385

  3.3.2.3 A pressão midiática (ou estratégia de mídia) ........... 388
  3.3.2.4 O *venue shopping* ........... 392
  3.3.2.5 A pressão científica ........... 396
 3.4 As degenerações do *lobbying* ........... 399
  3.4.1 *Lobby* e corrupção ........... 399
  3.4.2 Efeitos de distorção: *regulatory capture* e *rent-seeking* ........... 403

**REFERÊNCIAS BIBLIOGRÁFICAS** ........... 411
**ÍNDICE DETALHADO** ........... 423

# APRESENTAÇÃO

A obra que se tem o prazer de apresentar consiste em um dos principais *best-sellers* editoriais a respeito do *lobby* no mundo. Traduzi-la para o português despertou-nos a necessidade de examinar com profundidade esse tema fundamental, que permeia todo Estado de Direito, visando constituir princípios sólidos para a construção de modelos de integridade, norteadores da relação entre o setor público e o setor privado.

Além de densamente informativa, a publicação traz todos os elementos essenciais para se elaborar ou reformar uma legislação sobre *lobby*. Mais: ministra lições preciosas aos próprios lobistas sobre as técnicas de como exercer corretamente pressão sobre aqueles que são responsáveis por decisões públicas.

Para o Brasil, trata-se de um livro extremamente importante, considerando que nosso país é um dos poucos que não têm legislação sobre *lobby*. A razão dessa lacuna legislativa, com certeza, está nesta advertência do autor, logo nas primeiras linhas da obra: "Se tentarem perguntar para um interlocutor comum o que a palavra *lobby* significa, a resposta será óbvia: corrupção. Na Itália, de fato, o fenômeno lobístico é quase exclusivamente associado ao fenômeno da corrupção, representando, no imaginário coletivo, a principal causa das patologias de relevo penal na ação do agente público responsável por decisões".

Contudo, como o autor demonstra, com sucesso, o *lobby* – ou mecanismo de pressão sobre os responsáveis por decisões públicas – é essencial a um regime verdadeiramente democrático que tem como um de seus elementos constitutivos o pluralismo, o qual exige a participação organizada no processo de formação da decisão. Essa participação, pois, é também elemento constitutivo da própria democracia.

Mas, para que essa participação se torne legítima, é preciso que o ordenamento jurídico garanta – de alguma forma – pelo menos dois princípios fundamentais: a paridade de acesso ao agente público responsável pela tomada de decisões e a total transparência desse mecanismo participativo.

Como diz o autor: "emerge, assim, a necessidade de que, em um ordenamento democrático, a atividade de *lobbying* seja regulamentada como qualquer outra atividade legítima, permitindo a todos os portadores de interesses intervirem no processo decisório, a todos os cidadãos conhecerem quais sujeitos intervieram e a todos os agentes públicos responsáveis por decisões adquirem as informações necessárias para tomá-las".

Para se caracterizar como grupo de pressão, ele deve: (i) ter por objetivo realizar uma atividade de influência; (ii) direcionar a atividade de influência para um ou mais agentes públicos responsáveis por decisões; (iii) e, por fim, obter uma vantagem ou evitar uma desvantagem, não necessariamente de ordem econômica.

Examinando a relação entre o processo decisório e o interesse público, preleciona o autor que há duas diferentes vertentes sobre a maneira de se encontrar o real conteúdo do bem comum: a visão jacobina, segundo a qual o representante do povo tem a completa percepção daquilo que é seu núcleo, isto é, ele é dotado da rara capacidade de compreender o bem de todos, sem necessidade

## APRESENTAÇÃO

de se relacionar (visão predominante na França), e, nesse caso, o bem geral preexiste ao momento da tomada de decisão; e a visão anglo-saxônica (Estados Unidos), a qual, ao contrário da primeira, entende que o bem comum não preexiste ao momento decisório, mas resulta de uma negociação entre diferentes interesses.

Essas duas formas de se entender como o agente político encarregado de tomar decisões busca satisfazer o interesse público exerce influência, direta ou indireta, quanto à adoção, ou não, de um sistema legal de *lobby* e em que medida essa atividade é permitida. Na visão jacobina, a atividade lobística é inteiramente dispensável, mas, na visão anglo-saxônica, é fundamental.

Todavia, o grupo de pressão não é um corruptor, não faz publicidade e nem faz propaganda, mas seu objetivo é levar ao interlocutor informações corretas, claras e verídicas, ainda que busque realçar detalhes que favoreçam o seu interesse.

Assim, o lobista não pede, mas apresenta situações e soluções, tornando-se verdadeiro mediador para buscar um ponto de equilíbrio entre os seus interesses e os de seus opositores.

O capítulo I do livro analisa as sete categorias de lobistas: os terceirizados, os internos (*in house*), os corporativos, os sem fins lucrativos (*non-profit*), os institucionais, os impróprios e indiretos e os cívicos ou cidadãos lobistas (*citizens lobbyists*).

No capítulo II da obra, são examinadas as regras jurídicas a serem adotadas e suas relações com o sistema democrático. Nessa linha de demonstração, ficam evidenciados os fundamentos científicos e filosóficos do *lobby* e que a existência legal da atividade de *lobby* é um verdadeiro fundamento da democracia, ressaltando que, nos Estados Unidos, o interesse público sempre foi um produto de grupos de pressão, não raramente em sentidos opostos – e não se pode duvidar de que eles são um exemplo de democracia. Foi o que enfatizou James Madison (um dos Pais Fundadores da Constituição dos Estados Unidos), destacando que a presença de fortes grupos de pressão, desde o nascimento daquele país, desempenhou papel decisivo.

Foi apenas em 1935 que o termo *lobby* foi usado numa lei – a *Public Utilities Holding Company Act* –, já exigindo cadastro das empresas privadas cujos lobistas exerciam serviços públicos. Todavia, a primeira Lei Orgânica norte-americana sobre *lobby* é de 1946, criando um Registro Público e exigindo total transparência das atividades. Declarada inconstitucional pela Suprema Corte, veio à luz o *Lobbying Disclosure Act*, de 1995, emendado em 2007, com o *Honest Leadership and Open Government Act*, que exigiu a inscrição num Registro Público de quem quer que exerça a atividade de representação de interesses. O aludido diploma legal definiu "contato lobístico" como sendo toda atividade realizada em apoio a essa interação, inclusive de preparação, planejamento, pesquisa e qualquer outro trabalho preparatório. No registro, os lobistas devem indicar os dados de contato e os da empresa; a atividade principal; os dados do cliente; o interesse que pretendem tutelar; os nomes das pessoas que apoiam essa atividade com pagamentos superiores a 10.000 dólares por semestre, entre outros elementos – tudo em nome da transparência.

Nos Estados Unidos, ainda há Manuais de Ética para os membros e empregados do Legislativo, que os proíbe de receber presentes no valor de mais de 50 dólares por ano de qualquer pessoa, em qualquer forma, incluindo refeições e bebidas, por exemplo.

O livro examina o instituto chamado *revolving door* (porta giratória) para designar um período que deve decorrer antes que os antigos agentes públicos responsáveis por decisões possam se tornar lobistas e antes que antigos lobistas se tornem agente públicos responsáveis por decisões, indicando uma plêiade de regulamentos que impõem a tais pessoas esse período de "esfriamento" (*cooling-off*).

Depois do exame dos principais tópicos da legislação norte-americana, o autor analisa os ordenamentos latino-americanos: Peru, México, Argentina, Colômbia e Chile.

APRESENTAÇÃO

Em seguida, dedica-se à legislação da União Europeia, como instituição à parte, que tem sido palco para o aumento de grupos de pressão desde o início. Como diz o autor, "ordenamento composto, a União é uma babel de diferentes línguas, culturas, histórias, que devem ser todas representadas igualmente nas suas instituições: os agentes públicos responsáveis por decisões, também, são expressão desta diversidade que caracteriza os territórios que constituem a União".

O Tratado da União Europeia (TUE), em seu art. 11, reconhece aos cidadãos e associações o direito de fazer conhecer suas opiniões e trocar ideias com os tomadores de decisão. Exige um Registro para a Transparência, cujas regras são esmiuçadas de maneira aprofundada na obra.

Dentre os ordenamentos europeus, o autor examina o da França, Alemanha, Áustria, Países Baixos, Irlanda, Grã-Bretanha (e ordenamentos de derivação britânica – Canadá, Austrália e Israel). O Caso Italiano é revisto de cima a baixo, incluindo o exame das legislações regionais.

São citados os três modelos de regulamentação do *lobby*: a) regulamentação-transparência; b) regulamentação-participação e c) regulamentação rastejante com tendências esquizofrênicas.

No primeiro caso, a regulamentação-transparência, são alinhavados inúmeros mecanismos previstos em várias legislações internacionais (Grã-Bretanha, Israel, Austrália, Canadá, França), fornecendo preciosos subsídios para uma legislação transparente.

A regulamentação-participação é modelo que se encontra nos sistemas jurídicos dos Estados Unidos, Áustria, Alemanha e União Europeia.

O terceiro sistema – que deve ser evitado, pois é obviamente negativo – é encontrável na Itália, Peru, Argentina, Colômbia, México e Chile, bem como países da Europa Central e Oriental –, e o autor indica quais situações o caracterizam.

No capítulo III, o livro cuida das técnicas e ferramentas a serem utilizadas pelos grupos de pressão. A técnica se desenvolve por meio de uma ação *back office* e de uma ação de *front office*, igualmente importantes.

Todo o procedimento e fases dessas duas técnicas são detalhadas pelo autor, que fornece um verdadeiro programa de ação, interessante não apenas para os grupos de pressão como também para os que exercem a advocacia. As degenerações do *lobbying* são também objeto de considerações.

Durante toda a obra, o autor cria quadros ilustrativos da matéria que aborda no texto – ora com o nome de *Focus*, ora como *Caso*. São situações muito interessantes e didáticas, que auxiliam o leitor a compreender a importância das reflexões sobre os mais variados enfoques da matéria tratada, conferindo uma postura visual altamente enriquecedora.

A ideia que orientou a tradução dessa importantíssima obra foi exatamente a de levar ao conhecimento dos operadores do Direito, dos nossos dirigentes, dos membros do Poder Legislativo e de toda a sociedade brasileira quais são as melhores (e as piores) formas de cuidar desse desafiador assunto.

Agradecemos muitíssimo, na pessoa do Professor Rafael Valim, à Editora Contracorrente, pelo convite de enveredarmos pela fantástica trajetória de verter em idioma oficial uma obra tão relevante e pelo apoio incondicional na concretização dessa complexa tarefa, cumprindo com seu papel institucional de levar conhecimento de altíssima qualidade para o mercado editorial brasileiro, em temas muitas vezes inexplorados e que demandam uma reflexão apurada e vanguardista.

Aos leitores, esperamos que a jornada seja agradável e proveitosa, na franca expectativa de que o Brasil se engaje no grupo de países Democráticos de Direito detentores de legislação disciplinando o *lobby* e, dessa forma, produza arquétipo normativo sério,

APRESENTAÇÃO

igualitário e transparente a respeito desse tema capital, fazendo com que os grupos de pressão possam atuar à luz do dia e abandonem o submundo da clandestinidade, o qual gera um dos piores males que ainda assola o país: a corrupção.

ANTONIO ARALDO FERRAZ DAL POZZO<br>
AUGUSTO NEVES DAL POZZO

# PREFÁCIO

O *lobby* é elemento central das democracias; tão detraído quanto importante.

A sua demonização, estou convicto, decorre do interesse sub-reptício na frouxidão regulatória, que produz a opacidade desejada pelos mais recônditos e poderosos grupos de pressão e pelos corruptos.

A detração do *lobby* é uma mistificação que vitimiza a grande maioria das mentes e dos corações, sob a ilusão de que o tsunami, o furacão, o sol e a lua esvanecerão se nós os ignorarmos.

O *lobby* é um fenômeno inerente à democracia, e a influência que dele decorre sobre os desígnios dos governos e sobre as funções, estruturas e razões de Estado será devida ou indevida à luz de uma disciplina jurídica que está na causa do bom funcionamento das democracias.

A indisciplina jurídica do *lobby* dá causa ao desconhecimento dos interesses e a indistinção dos atores políticos, fundamenta defeitos de representação do povo por agentes públicos (eleitos ou nomeados), impede a identificação e o combate à corrupção, mas, sobretudo, alveja de morte a competitividade das empresas e alimenta, na esteira da promoção dos privilégios, a desigualdade social e a pobreza.

Aqueles que dão de ombros ou que trabalham ativamente para que essa fera remanesça indômita dão fundamento à captura do Estado e dos governos, para que se submetam aos interesses de poucos em detrimento da esmagadora maioria do povo, quando não franqueiam, como é o caso italiano, e também o brasileiro, uma infiltração criminosa em todas as instâncias da Administração Pública. Quando simplesmente ignoramos que, em um país de dimensões continentais como o Brasil, não se faz política sem dinheiro e acreditamos que os fundos públicos darão conta do financiamento da política, fazemos vistas grossas para todo o fluxo oficioso de dinheiro que emana da iniciativa privada em direção a candidatos e partidos; todo um financiamento da política que, diante dos impedimentos, dos controles e da criminalização do financiamento empresarial de campanhas eleitorais, caiu no colo das organizações criminosas que vicejam no Brasil. Nós estamos criando uma quimera a "leite-com-pera", que ameaça de morte a democracia, a paz e a igualdade social, para além de outras dramáticas ameaças que a ausência de uma disciplina racional do *lobby* enseja.

A opacidade das relações público-privadas, que aqui não se submetem a um controle adequado, trabalha para que desconheçamos todas as interações, como seria desejável, entre pessoas privadas e agentes públicos: não apenas a agenda oficial, mas os almoços, os eventos, os encontros casuais, as festividades e tantas outras oportunidades nas quais se relacionam, de um lado, empresas, associações que congregam empresas e outros interesses privados e, de outro lado, candidatos e funcionários públicos.

As influências indevidas nas redes sociais (conforme as tem nominado a OCDE) também compõem o universo de atividades abarcadas pelo *lobby*, precisamente porque se caracterizam como ações que visam determinar composição e decisões de governos, assim como estruturas e funções do Estado. Fazem-no, contudo, ao arrepio da lei ou na ausência dela, no contexto de uma verdadeira "perturbação dos processos democráticos".

A regulação do *lobby* compõe o que tenho chamado de regulação fina da democracia, e a sua ausência responde por todo o mau humor que as democracias têm inspirado no coração de parte significativa do povo.

Esse mau humor em relação às democracias em concreto, que anima críticas, as quais, em última instância, propõem o fim ou a superação da democracia por outros regimes de governo, à luz do que possam parecer concorrentes mais eficientes, decorre de uma dissociação entre o que se pensou, o que se projetou para a democracia, entre o que a lei manda fazer e o que fomos capazes de fazer.

O governo do povo pode significar muitas coisas. A palavra democracia representa ideias distintas e, às vezes, concorrentes, assim como situações políticas variadas, cada qual capaz de produzir efeitos igualmente díspares, nem sempre benéficos, porque não levam necessariamente à felicidade da maioria ou porque podem ser danosos às minorias.

A concentração de renda e a desigualdade social são escolhas da nossa democracia, a despeito de evidentemente contramajoritárias (não é possível acreditar que os pobres desejem ficar mais pobres): em 2020, quase metade da riqueza do país (49,6%) se encontrava sob as mãos de 1% da população. De lá para cá, nada mudou. Isso decorre de um modelo de atuação estatal sobre a economia, que é, por sua vez, o produto de decisões políticas formadas no bojo da nossa democracia.

Alguém dirá que não vivemos em democracia. Mas isso não me parece acertado.

A distinção entre as democracias doutrinárias (ou seja, os conceitos de democracia lançados pelos escritores políticos em livros e artigos), como hipóteses paradigmáticas (que fixam como a democracia deve ser), e o que aconteceu e acontece no mundo dos fatos não desqualifica mais a realidade do que as proposições intelectuais. Um conceito de democracia não é mais democracia do que as experiências democráticas concretas.

Negar que as democracias rotas da realidade sejam democracia, permite, sob análogos argumentos, negar que também sejam democracia as democracias ideais, que só existem na cabeça dos ideólogos da democracia.

Afinal, ideia e fato existem. E há uma relação biunívoca entre a ideia e o fato. A ideia instrui pensamentos, sentimentos comuns de uma coletividade e inspira a construção de instituições e de estruturas sociopolíticas. Mas o fato exibe o produto das forças em ação, expressa o resultado da influência das ideologias, dos interesses e das potencialidades individuais e coletivas. O fato, enquanto se processa e ao se consumar, influencia a (re)construção das ideias e dos conceitos. A ideia de democracia, por isso, não é mais democracia do que as democracias de fato são.

As ideias de democracia, não raro, instruem a disciplina jurídica da democracia, o direito posto, que se submeteu ao processo legislativo e vincula todo um povo. O direito (ou melhor, uma parte de sua porção objetiva) é instrumento da política do direito, que bebe nas ideias de democracia. Nesse processo de transformação de ideias em direito, alguma inflexão, um desajuste, senão um bruto esgarçamento promoverão dissociações entre o pensamento político e o regramento da política. As normas que disciplinam a política e, em especial, a democracia em concreto, não são o mesmo que as ideias políticas que as inspiraram. O distanciamento será tanto maior entre as ideias e o fenômeno político em si, se já houver, antes disso, algum distanciamento entre ideia e direito. A democracia como ideia é diferente do regramento jurídico da democracia que, por sua vez, difere da democracia em concreto, como fenômeno sensível. Essas diferenças poderão ensejar tanto ressignificações conceituais, com a revisão da ideia de democracia, quanto ajustes institucionais para que a democracia em concreto se aproxime das democracias ideais.

Os fenômenos concretos que qualificamos como democracias (ainda que sem consenso), também instruem a política do direito e a disciplina jurídica que dela decorre, assim como as ideias políticas e, no particular, os conceitos de democracia. O pensar decorre das experiências, tanto quanto a realidade é resultado do pensamento; é o que provaram os embates no âmbito do projeto filosófico-racionalista.

O desajuste entre uma concepção jurídica de democracia e as democracias em concreto é, todavia, o elemento central desse mal-estar que ronda o debate político em todo o mundo, porque as mazelas da democracia como ela é, os seus desacertos, nunca estiveram nos planos conceituais. E a indisciplina do *lobby* está no centro, no epicentro disso.

Alguns dos mais respeitados e influentes jusfilósofos da atualidade exigem, para que resolvamos os mais calamitosos problemas da democracia em concreto, a observância do programa constitucional que, no curso dos processos civilizatórios, se concebeu para discipliná-la. Ou seja, as constituições modernas, produzidas no contexto de regimes democráticos, contemplam um projeto de democracia e uma receita para levá-lo à concreção.

Esses pensadores acreditam que uma ruptura (ou uma série delas) entre o projeto constitucional e o fenômeno sociopolítico explica por que as democracias não têm produzido benefícios para todos, nem mesmo para a maioria. A democracia não funciona porque as determinações constitucionais não são respeitadas. É isso, em resumo, o que eles pensam.

As democracias, de fato, não têm se mostrado capazes de cumprir as promessas constitucionais. Não temos definitivamente, no Brasil, uma sociedade justa e solidária. O Estado brasileiro não foi capaz de erradicar a pobreza e a marginalização, tampouco de reduzir as desigualdades regionais. O preconceito e a discriminação de origem, raça, religião, sexo, orientação sexual, cor e idade ainda nos dividem e, em alguns casos, são deliberadamente promovidos por governos e agentes públicos. Não há segurança nas ruas e nos lares brasileiros, ainda que não se possa negar que algumas ruas e alguns lares são mais seguros que outros. A propriedade atende o rentismo e a tara da acumulação desenfreada, mas não a sua função social. Vivemos em um país profundamente desigual, que tortura seus pobres, que lhes quer pobres e desprovidos dos mínimos meios de vida, que os priva de saúde, de moradia, de educação, de dignidade, e que erigiu estruturas e instituições talhadas para preservar esse estado de coisas. Nós não somos iguais perante a lei: há milhões de nós muito maltratados pelo sistema de justiça em vigor, que produz, todos os dias, juízes de exceção em tamanha profusão que não se pode mais dizer sejam exceção à regra. Ricos e brancos têm maiores chances de remanescer impunes ao descumprir a lei, enquanto pobres e negros morrem todos os dias, vítimas do encarceramento em massa, em grande medida motivado pela hipocrisia conservadora de nossa política de combate às drogas, mas também em ações policiais desastrosas, inspiradas pelo racismo estrutural que contamina todas as instituições. Uma inquestionável politização do sistema de justiça deu causa, no contexto da Operação Lava Jato, mas tantas vezes antes e depois dela, a uma profunda deterioração da economia, à demonização da política e ao esgarçamento do tecido social. A grita dos garantistas os uniu circunstancialmente aos corruptos, por oposição a um combate inconsequente à corrupção, para determinar um profundo retrocesso na disciplina jurídica da integridade e na sua efetiva concreção.

    A própria ideia de justiça está aprisionada em um interminável movimento pendular, para oscilar entre liberdade e igualdade, o que tem dado pretexto a reformas e desmontes institucionais profundos e antagônicos, em curto espaço de tempo, com efeitos nefastos para todas as mais fundamentais políticas de Estado, para uma prolífica, asfixiante, incoerente e lacunosa produção legislativa e mesmo para a interpretação de nosso projeto constitucional. E tudo isso muito menos por convicção do que por conveniência.

A liberdade que os muitos ricos têm em mente é aquela que lhes permite realizar uma série interminável de trocas desiguais nos mercados, aproveitando-se da desigualdade das posições iniciais e de todos os seus privilégios. E querem fazê-lo pagando o mínimo de impostos ou mesmo sem pagar por quaisquer das externalidades que as suas ações produzem. A sua justificativa é a de que em nada adianta dar quaisquer recursos à gestão do Estado, porque este é incompetente e corrupto, ainda que seja precisamente esse o Estado que capturaram para si. O custo dessa liberdade, dessa que os ricos preservam com unhas e dentes, é a brutal desigualdade que assola a grande maioria do povo. E esse estado de coisas é produto da nossa democracia: essa falsa liberdade e a captura do Estado por poucos em detrimento de muitos.

Parece claro que isso se dá realmente porque não somos capazes de cumprir o combinado, porque não alvejamos os objetivos constitucionais ou porque não somos competentes para levá-los a cumprimento.

Não é induvidoso, todavia, que o alcance dos objetivos esteja suficientemente descrito no projeto constitucional.

A Constituição constrói toda a estrutura de Estado, cria instituições e lhes atribui competências, mas não é capaz de limitar a discricionariedade dos agentes públicos, de quaisquer espécies, muito menos de lhes prover um gabarito comportamental que informe, nas mais variadas situações, o que o povo quer.

O correto é que os agentes públicos manejem as instituições do Estado como instrumentos da soberania popular; não lhes é dado ter vontade própria, tanto menos contrariar a vontade do soberano. Mas a ausência de uma planificação minuciosa do manejo institucional e de consulta popular submete as instituições aos agentes públicos e a vontade popular à vontade de burocratas, de mandatários e, sobretudo, daqueles que as capturam sistematicamente. E esses efeitos sensíveis, à luz dos frouxos gabaritos constitucionais, fazem prova de que a inobservância do projeto constitucional não responde por todos os problemas.

A Constituição simplesmente não provê respostas, não contempla uma regulação fina da democracia, a qual, nem de longe se encontra ou mesmo poderia se encontrar na legislação infraconstitucional, porque não é essa a sua finalidade. E não se trata de fazer um reforço temático do texto constitucional, tampouco de engrossá-lo para que seja menos principiológico num inconveniente mergulho nas minúcias.

A fixidez do texto constitucional, de um lado, e a profusão de emendas, de outro, demonstram que a realidade não pode ser acompanhada pela Constituição, a qual só resta apontar os objetivos e os princípios que balizam ações destinadas ao seu alcance.

A Constituição não é capaz de prescrever condutas ou de tomar decisões que devem decorrer, em um regime democrático, da vontade popular. O alcance dos objetivos depende da manifestação dessa vontade e de sua observância fiel. Mas o regramento das democracias, que no Brasil se escora em uma lógica de representação fraca (sob fracos controles), dá espaço a evidente abuso de mandato, à apropriação dos mandatos e à ameaça, portanto, ao fim da representação.

Está absolutamente claro para mim que uma das causas centrais dessa *malaise* é a indisciplina ou a frouxidão regulatória a que se submete, não apenas entre nós, o *lobby*. Também nos EUA, onde a regulação é profusa e madura, um sentimento moral generalizado de que as empresas capturaram, em seu favor, a própria regulação do *lobby*, leva a uma indispensável revisão, precisamente para não comprometer a fiabilidade da maior e mais importante democracia do mundo.

## PREFÁCIO

Eu disse, em o *Espetáculo da corrupção*, livro de minha autoria publicado em 2018, que, sem empresas, não haverá empregos. Sem empresa e sem empregos, não há renda. Sem renda, não é possível arrecadar tributos.

Isso é absolutamente óbvio. Mas nós temos dificuldade para reconhecer as obviedades.

Não será possível avançar sem um debate franco (despudoradamente desprezado [submetido a um diversionismo calculado] pelos políticos e pela imprensa livre) sobre o financiamento da política e da democracia em um país de dimensões continentais como o Brasil.

Que frouxa racionalidade nos leva a crer que, diante de uma inexplicável indisciplina (da ausência do Estado e do Direito), o modelo corrupto (autorregulado [convencionado entre corruptos e corruptores]) de financiamento de nossa combalida política não se fará substituir por outro, ainda mais abjeto?

Não será certamente o arremedo de financiamento público de campanha, essa verdadeira técnica de entrincheiramento, arquitetada nos estertores de 2017 por caciques desesperados pelo foro privilegiado, capaz de impedir que, como sempre neste país, corruptos e corruptores se encarreguem de elaborar uma modelagem marginal.

A disciplina jurídica do financiamento de campanhas eleitorais é um vaso quebrado. Rompeu com o financiamento empresarial, julgada a Ação Direta de Inconstitucionalidade 4650, mas não afastou o poder econômico do jogo político, que ainda se faz sentir por um claudicante regramento das doações de pessoas físicas. A isso se somam a insuficiência dos recursos providos por um modelo mambembe de financiamento público, a ganância de políticos insaciáveis e a expansão do crime organizado, para ajudar a corromper em vez de depurar o sistema.

Enquanto não racionalizarmos e democratizarmos o financiamento da política, em especial o financiamento das campanhas eleitorais (mas não apenas elas), os mais ricos (e, sobretudo, os menos escrupulosos) tratarão de fazer com que seus votos se multipliquem e valham mais do que o do cidadão comum. E, ao fazê-lo, continuarão a se apropriar dos candidatos e, em seguida, dos políticos eleitos, das instituições que comandam (como marionetes dos seus benfeitores) e de todo o Estado, para que este lhes sirva em detrimento de todo o povo.

Mente quem afirma que acabaremos com a corrupção por meio do encarceramento dos corruptos e dos corruptores, da demonização da política e da destruição das organizações empresariais que gravitam no entorno da corrupção. Mistifica quem usa a sua autoridade, legal ou moral, para inculcar que a repressão é suficiente e que é o todo do combate à corrupção.

Não teremos êxito se não trabalharmos sobre as causas da corrupção e do desnaturamento da democracia.

E as causas imediatas estão na profunda indisciplina jurídica das relações entre Estado e empresa, na falta de um regramento democraticamente discutido e instituído sobre o *lobby* pré-eleitoral, que se resume no financiamento de campanha, mas também de um regramento que se ocupe das pressões inevitáveis que a sociedade civil organizada exerce sobre os governos e os agentes públicos, em um contínuo *lobby* pós-eleitoral.

A busca pela prevalência de interesses egoísticos, seja no contexto do processo legislativo, seja no âmbito do processo de produção de atos administrativos (de posturas do Estado: autorizações, cominações, imposições de penas etc.) que representam a intervenção estatal sobre a vida privada, manifesta em relações entre particulares ou em relações entre o Estado e particulares, é uma força da natureza. É força que não se pode deter e que não se deterá (como pretendem alguns [por ignorância ou por ganância]) pela decretação putativa da morte do Estado.

O Estado mínimo, que pouco faz senão zelar pela efetividade das trocas econômicas (quando reflexamente se ocupa de proteger apenas a vida, a liberdade e a propriedade) e recua em prol da igualdade formal dos contratos e da desigualdade material das relações econômicas (que não pode premiar senão os mais poderosos e capazes em detrimento dos ineficientes e dos despossuídos), não se estabelece sem um Estado tentacular, de musculatura hipertrófica e profundamente desprovido de inspiração solidarista.

É preciso um grande Estado para conter massas famintas, para mantê-las nos seus guetos, silenciosas e obedientes.

E essa não é uma constatação ideológica. É compreensível, expurgada qualquer compaixão, que os economicamente úteis não desejem gastar um tostão sequer para prover aos economicamente inúteis. Mas essa população de excluídos, que cresce a cada dia e ameaça alcançar fronteiras impensáveis, não pode, sob qualquer racionalidade, desejar um Estado que não a assista. Numa democracia, que pressupõe um governo do povo, esse interesse (o interesse de ser assistido) deve concorrer com o interesse de não assistir.

Esse Estado (falsamente mínimo) é, portanto, aquele em que terá triunfado o *lobby* dos economicamente úteis, o que não deverá ser preferido, sem que se dê a outros setores da sociedade civil uma chance de concorrer pela prevalência dos seus interesses. Obliterar esse embate de interesses (dos economicamente úteis contra os economicamente inúteis) ou tratá-lo como escaramuça, que traveste o verdadeiro e grandioso confronto em um problema técnico (opondo apenas os distintos meios à maximização da felicidade geral [sem descarnar incompatibilidades entre as várias felicidades possíveis]), ameaçará esvanecer qualquer laivo de esperança democrática entre nós.

Nós devemos, antes disso (antes de escolher caminhos definitivos por meio de regras e de modelos decisórios iníquos), pavimentar um *lobby* pós-eleitoral franco, claramente regulado e lícito, no qual concorrem, organizados, os mais diversos setores da sociedade civil, dentre eles todos os setores empresariais, mas também os consumidores, os operários, os camponeses, os profissionais liberais, os despossuídos e marginalizados, os pais e mestres, os indígenas, os homossexuais, as mulheres, os negros etc.

Num país de dimensões continentais tão heterogêneo quanto o nosso, não será possível organizar encontros, mover parlamentares por entre as várias regiões, contratar pareceres e estudos e fazer propaganda de interesses legítimos se não houver dinheiro.

Não nos enganemos. Vivemos sob o regime de produção capitalista. Aqui, tudo custa. Tudo depende de dinheiro. Não é possível fazer política sem dinheiro. E não é desejável que o contribuinte custeie indiscriminadamente essa monstruosa máquina política. Muito menos que o façam, de maneira relevante, apenas alguns poucos empresários ou organizações criminosas.

Precisamos conceber urgentemente uma regulação do *lobby* pós-eleitoral capaz de limitar o poder econômico, impedindo que suas vastas reservas de dinheiro desequilibrem profundamente o embate entre os interesses e alimentem o poder econômico de ainda maior concentração e desigualdade.

Precisamos facilitar a organização e o financiamento de todos os grupos de interesses lícitos.

Precisamos profissionalizar, racionalizar e moralizar o *lobby*.

Só assim atacaremos também as causas mediatas da corrupção, todas elas inexoravelmente representadas pela desigualdade social.

Esse estado de coisas explica a importância do livro de Pier Luigi Petrillo, meu colega na coordenação do *Master* em "Lobbying, Corruzione ed Etica Pubblica" (realizado pelo IREE em cooperação com a Unitelma Sapienza), livro que tenho a honra de prefaciar, foi traduzido pelos excelentes publicistas Antonio Araldo Ferraz Dal Pozzo e Augusto Neves Dal Pozzo e foi publicado pela Contracorrente, para o bem do pensamento jurídico e da promoção de boas políticas públicas no Brasil.

## PREFÁCIO

O trabalho de Petrillo se divide em três partes: (*i*) conceituação e contextualização teleológica; (*ii*) regramento e direito comparado; e (*iii*) tecnologia do *lobbying*.

Na primeira parte, o autor define *lobby* e estabelece a sua intrínseca relação com a democracia, para espancar preconceitos e armadilhas propagandísticas que nos impedem de levar a sério uma urgente disciplina jurídica da atividade, no Brasil e também na Itália. Nas palavras de Petrillo, com grifos do autor: "(...) nos sistemas democráticos nos quais o pluralismo é elemento indefectível, a **atividade de *lobbying*** não somente parece legítima, mas é, em si, **índice de democraticidade do sistema**".

Mas de que modo essa atividade se estabelece? Para responder a essa pergunta, o autor se dedica a uma teoria descritiva do *lobbying* para explicar os grupos de interesse e de pressão, sua organização, seus procederes, sua articulação com os partidos políticos a influenciar os processos decisórios e a determinação do interesse público. Desse contexto, exsurgem os atores do *lobbying* (lobistas e seus clientes), aqueles que gravitam no entorno da atividade (como os influenciadores, os *think tanks*, os clubes etc.) e a sua interação com tomadores de decisões e ordenadores de despesas públicas.

Outro aspecto importante do livro é a sua capacidade de explicar o que não é *lobby*. ***Lobbying*** e ***advocacy*** são termos usados frequentemente como sinônimos (o mais das vezes porque o segundo não leva a pecha do primeiro e, portanto, se estabelece como uma espécie de eufemismo), mas, na realidade, traduzem ações e atores diferentes.

A atividade de *advocacy*, como bem explica o autor, é geralmente realizada pelas organizações sem fins lucrativos e consiste em informar o agente público responsável pela decisão sobre determinadas questões de interesse geral, pedindo-lhe para tomar uma posição. A *advocacy* tem uma função prevalentemente informativa e educativa em face do tomador de decisão e, ao mesmo tempo, em relação à opinião pública. O *lobbying*, por outro lado, dedica-se a fazer com que o agente público responsável pela decisão tome medidas específicas.

O livro é permeado por uma rica casuística, que ilustra e leva à concreção o trabalho de formulação teórica.

A segunda parte serve à descrição do regramento do *lobbying* nos mais diversos ordenamentos jurídicos, desde os mais avançados, como o norte-americano (sobre o qual o autor apresenta interessante escorço histórico-formativo), até os sistemas menos aparelhados, como o das principais democracias latino-americanas, a exemplo do Brasil e da Argentina. Tudo isso se presta a estabelecer um nexo entre a regulação do *lobby* e as formas de governo, para demonstrar a importância do tema à determinação dos desígnios de uma nação e à afirmação dos mais legítimos interesses públicos.

E, por último, na terceira parte do livro, o autor se dedica a identificar as técnicas do *lobbying*, as ferramentas empregadas por seus agentes e as degenerações da atividade que descambam para a corrupção e para a influência indevida.

É um livro excelente, que deve ser amplamente difundido e estudado no Brasil.

WALFRIDO WARDE

# PREMISSAS

O que é um *lobby*? Como um grupo de pressão opera? Com quais técnicas e com quais ferramentas? Por que e como se influencia um agente público responsável pela decisão? Existem normas que disciplinam tal atividade? E quais regras de comportamento o tomador de decisão deve ter quando se relaciona com os *lobbies*? Também: por que, na Itália, os grupos de pressão dão tanto medo? E como se dá isso no resto do mundo?

Nas páginas a seguir tentaremos responder a essas e a outras perguntas, a partir de um fato: a influência de interesses organizados, estranhos à dinâmica da representação política, sobre as decisões do poder público representa um fenômeno típico dos sistemas liberal-democráticos[1] e parece ser estritamente ligado ao desenvolvimento da própria democracia.[2] Não por acaso, onde certas liberdades fundamentais são negadas – tais como a liberdade

---

1 AMATO, Giuliano. *Forme di Stato e forme di governo*. Bologna: Il Mulino, 2006, pp. 59/60.
2 DE VERGOTTINI, Giuseppe. *Diritto costituzionale comparato*. vol. I, 7ª ed. Padova: Cedam, 2007, p. 339.

de associação, a de expressão do pensamento, as políticas –, o *lobbying* é proibido e considerado crime.[3]

Como tentaremos destacar, a atividade de pressão, ao contrário, corresponde a uma necessidade natural da coletividade e é tanto mais relevante quanto mais penetrante é o papel do Estado e de seu aparelho na vida pública, cível, econômica e social.

Sem querer aderir às teorias econômicas que definem a democracia em termos mercantis, segundo as quais políticos são empreendedores que disputam o consenso dos eleitores,[4] não podemos deixar de evidenciar como a democracia representativa, para ser tal, necessita de um diálogo contínuo e constante, aberto e transparente, entre tomador de decisão e grupos de pressão.

Na Itália, a relação entre lobistas e os agentes públicos responsáveis por decisões está envolta em uma obscuridade quase total: impossível entender quem influencia quem, permitindo, dessa forma, que os tomadores de decisão usem os *lobbies* como um biombo, por trás do qual encobrem seus fracassos.

Todavia, para que a atividade de *lobbying* seja compatível com os princípios de um ordenamento constitucional qualquer (desde o bom andamento da Administração Pública à tutela do bem comum), são essenciais normas que garantam a paridade de acesso do titular de interesses ao agente público responsável por decisões e a transparência máxima das etapas do processo de decisão, de maneira que seja permitido a qualquer um saber quem influenciou e determinou o conteúdo da decisão.

A "resposta" dos ordenamentos jurídicos ao fenômeno lobístico não é uniforme: em alguns, o acesso dos grupos de pressão

---

[3] PETRILLO, Pier Luigi. "Forme di governo e gruppi di pression: profili metodologici e comparati". *In*: *Rassegna Parlamentare*, n° 3, 2015, pp. 565-618.
[4] SCHUMPETER, Joseph A. *The Theory of economic development*. 3ª ed. Nova York: Oxford University Press, 1961, p. 230.

aos lugares onde as decisões são tomadas é objeto de legislação específica, que indica obrigações e direitos; em outros, o que conta são os procedimentos consuetudinários ou os códigos de conduta e de deontologia profissional; em outros, faltam quaisquer normas, como se a questão não se colocasse. Como veremos, a "resposta" muda de acordo com os aspectos que o legislador quer privilegiar: a *transparência* de um lado, a *participação* de outro. As técnicas usadas pelos lobistas para influenciar o agente público responsável por decisões levam em conta, obviamente, o quadro regulatório ou a ausência de regras: nesses últimos casos, o *lobbying* opera em uma espécie de *far west* institucional, no qual é fácil confundir o lobista com o oportunista e o profissional com o corruptor.

Com a finalidade de descrever as modalidades de relação entre lobista e agente público responsável pela decisão, o livro foi dividido em três partes. Na primeira, são examinados os contextos nos quais a atividade de *lobbying* ocorre; na segunda, as regras de referência; na terceira, as técnicas e as ferramentas dos grupos de pressão.

O advento das redes sociais e das novas tecnologias, a desintermediação da informação, o desaparecimento dos partidos tradicionais substituídos por movimentos desideologizados, baseados em indivíduos e suas lógicas emocionais instintivas, mudaram radicalmente, sejam os contextos de tomada de decisão e da ação de pressão, sejam as ferramentas e as técnicas: a essas mudanças nos referiremos, também, por meio da análise de casos concretos.

Este manual, no entanto, não tem nenhuma pretensão exaustiva, mas quer oferecer uma chave de leitura diferente em relação à rica literatura hoje disponível, também em língua italiana: de fato, normalmente os manuais sobre *lobbying* são escritos por operadores do setor, que tentam descrever, "do lado de dentro", como um grupo de pressão deveria se comportar. Nestas páginas, vice-versa, o discurso é invertido: descreve-se o *lobbying* pela maneira em que se manifesta junto ao agente público responsável pela decisão, aproveitando os anos de compromisso com as instituições.

Este volume nasce, portanto, seguindo uma lógica diferente, ao tomar emprestado aventuras de trabalhos pessoais na Administração Pública e as decenais experiências de ensino de Teorias e Técnicas de *Lobbying* no Departamento de Ciências Políticas da LUISS Guido Carli. Esse ateneu foi o primeiro na Itália a ativar um curso institucional sobre *lobbying*, quando essa palavra ainda era um tabu, impronunciável, por ser sinônimo de corrupção. Dez anos depois, são muitos os cursos institucionais e avançados dedicados ao *lobbying*, desde a Statale de Milão até a Universidade Fisciano de Salerno, desde a Suor Orsola Benincasa de Nápoles até a Universidade de Údine, desde a Universidade de Florença até a Universidade de Roma Unitelma Sapienza – na qual se oferece o curso de pós-graduação *Lobby, corrupção e ética pública*, organizado em conjunto com o Instituto Brasileiro para a Reforma das Relações entre Estado e Empresa (IREE). Essa atenção dos ateneus para o tema destaca a atualidade do fenômeno lobístico e a exigência de formar novos lobistas, tecnicamente mais preparados e que saibam embasar suas ações não nos conhecimentos, e, sim, nas competências.

Como frequentemente acontece, um livro encabeçado por um só autor, é fruto da colaboração entre uma pluralidade de ideias e opiniões de amigos e colegas: primeiros entre todos, Alessandro Zagarella e Cecina Honorati, que me ajudaram na análise da regulamentação e, por meio de uma leitura aprofundada, apontaram os numerosos erros; depois, Angelo Grimaldi, Federico Varacca e Giovanni Gatto – ex-alunos e hoje lobistas de grande profissionalismo –, que me ajudaram muito na reconstrução dos casos. Obviamente, este livro não teria tido nenhuma chance de vir à luz sem o confronto científico constante com Tommaso Edoardo Frosini e sua Escola, à qual me orgulho de pertencer.

O volume foi escrito propositalmente em linguagem a mais popular e informativa possível: peço desculpas, portanto, aos colegas por certas simplificações e pela tentativa de classificar (isto é, de ordenar) os complexos sistemas jurídicos dos 22 países considerados ou, pior, a tentativa de mesclar perfis jurídicos com elementos politológicos, sociológicos, macroeconômicos, descrevendo o *lobbying* pelo que é e não só pelo que deveria ser.

Os leitores encontrarão vários *boxes* interrompendo a leitura: os "Casos", os "*Focus*" e as "Palavras-chave". Trata-se de auxílios que tentam dar consistência às teorias descritas, procurando, mais ou menos constantemente, reconduzir, à quotidiana realidade, a atividade de *lobbying*.

## Nota à edição brasileira

Esta edição em português se dá graças ao meu amigo e colega Rafael Valim, quem, ao ler a versão italiana, decidiu traduzi-la e, assim, torná-la disponível no Brasil. Agradeço a Rafael pelo esforço, cuidado e dedicação que colocou neste livro. Gostaria também de agradecer a Walfrido Warde, por seu belo prefácio; a Jacopo Paffarini, por "criar o contato" com meus amigos brasileiros; e aos tradutores Antonio Araldo Ferraz Dal Pozzo e Augusto Neves Dal Pozzo, por seu excelente trabalho.

A presente edição, comparada com a italiana, foi atualizada em dados e referências a 2022 e, portanto, apresenta algumas melhorias em relação ao texto original.

No Brasil, como na Itália, a questão da corrupção e a regulamentação das relações entre particulares e autoridades públicas continua sendo um tema central no debate público. Infelizmente, também continua sendo uma questão sem solução: apesar dos muitos projetos de lei sobre o assunto, existe uma falta de regulamentação dedicada ao *lobby* no Brasil, a exemplo da Itália, com o efeito de que os lobistas operam em um *Oeste selvagem*, onde os mais ricos e nem sempre os melhores ganham.

Este livro tenta explicar que o *lobby* é essencial para a democracia, mas com a condição de que haja regras que garantam o acesso de todos ao decisor público, com total transparência. Na ausência de tais regras, é a própria democracia que está em perigo. Espero que a leitura deste manual sobre *lobby* (e como regular o *lobby*) seja de ajuda para os políticos, legisladores, advogados e os muitos profissionais sérios do setor e que, em breve, possamos celebrar – no Brasil como na Itália – a adoção de uma lei de *lobby*.

# CAPÍTULO I
## OS CONTEXTOS

### 1.1 *Lobbying* e democracia

Se tentarem perguntar para um interlocutor comum o que a palavra *lobby* significa, a resposta será óbvia: corrupção. Na Itália, de fato, o fenômeno lobístico é quase exclusivamente associado ao fenômeno da corrupção, representando, no imaginário coletivo, a principal causa das patologias de relevo penal na ação do agente público responsável por decisões.

Trata-se de um preconceito fundado na ideia de que a atividade realizada por grupos de interesse particular com o objetivo de influenciar o processo decisório para a obtenção de vantagem direta ou indireta, inclusive de natureza econômica, seja, em si mesma, contrária à ordem constitucional.

Muito pelo contrário, **onde há democracia, há *lobby*.** Poderíamos resumir com essa afirmação um conceito articulado segundo o qual a natureza democrática de um sistema de governo ou de um regime político envolve, necessariamente, a presença e a ação de grupos de pessoas que, unidos por um mesmo interesse, exercem uma pressão sobre as autoridades políticas para obter uma vantagem direta ou evitar uma desvantagem.

Em outros termos, nos sistemas democráticos nos quais o pluralismo é elemento indefectível, a **atividade de *lobbying*** não somente parece legítima, mas é, em si, **índice de democraticidade do sistema**.

Todavia, essa realidade põe uma série de questões voltadas a evitar que uma ação legítima (o *lobbying*) exercida de forma ilícita acabe prejudicando o processo de tomada de decisão, distorcendo a finalidade última da ação pública, que é a busca do interesse geral. De fato, é preciso lembrar que a tarefa primária da autoridade pública, em todos os níveis, em um sistema democrático, é garantir a satisfação dos interesses coletivos, tomando decisões no interesse geral. Esse último não pode ser o fruto de uma elaboração solitária do agente público responsável por decisões ou o resultado de uma reflexão teórica e solipsista, mas deriva de uma contraposição de interesses particulares, perante os quais aquele agente é chamado a desempenhar uma função de mediação e de síntese.

O interesse geral não é algo que cai do alto e do qual o agente público responsável por decisões é portador universal; é o resultado de um processo (o próprio processo decisório) em que uma série de partes (portadoras de interesses particulares) deve ter o direito de apresentar suas posições nas mesmas condições e de acordo com rigorosas normas de transparência, permitindo, dessa forma, ao agente público responsável por decisões, elaborar a escolha final no interesse da coletividade, assumindo total responsabilidade pela sua ação.

É preciso, porém, esclarecer um ponto.

A visão, digamos assim, democrática do *lobbying* encontra sua razão de existir somente em presença de normas que assegurem a transparência do processo de decisão e a paridade de acesso ao agente público responsável por decisões.

## CAPÍTULO I – OS CONTEXTOS

Os princípios constitucionais sobre os quais se funda o *lobbying* nas democracias modernas precisam ser mesclados com outros princípios constitucionais, tais como o bom andamento da Administração Pública, a imparcialidade do agente público responsável por decisões, a publicidade dos processos decisórios, a igualdade dos diferentes portadores de interesses, o princípio da representatividade política e a proibição de mandato imperativo para os eleitos.

O aspecto crítico, portanto, não reside na natureza negociada do ato subsequente ao processo de tomada de decisões públicas, mas no *método* pelo qual se chega a esse ato, na *ferramenta* utilizada para alcançar essa finalidade e, por último, na *maneira* em que os diferentes interesses – compostos, decompostos e recompostos – são sintetizados na decisão final. É justamente nessa "maneira", nesse "processo" que se esconde o risco-corrupção, o qual, todavia, não é atrelado ou devido à ação de *lobbying* em si, mas à ausência de transparência que conota a maioria dos processos decisórios e à elevada probabilidade que, a intervir no processo de decisão, não estejam todos os portadores de interesses, mas só "clientes e parentes", para usar as famosas palavras do cientista político estadunidense Joseph La Palombara.

A ausência de normas voltadas a conciliar esses valores idênticos acaba determinando a denominada "captura do interesse público" por parte do lobista, com um evidente desvio da ação do titular de uma função pública (sobre esse ponto voltaremos amplamente no último capítulo). É esse vazio normativo que faz perceber o *lobbying* na sua dimensão patológica, ou seja, como ação não voltada a influenciar o agente público responsável por decisões, mas a desviá-lo em seus deveres, enganá-lo, confundi-lo e até corrompê-lo.

Emerge, assim, a necessidade de que, em um ordenamento democrático, a atividade de *lobbying* seja regulamentada como qualquer outra atividade legítima, permitindo a todos os portadores de interesses intervirem no processo decisório, a todos os cidadãos conhecerem quais sujeitos intervieram e a todos os agentes públicos responsáveis por decisões adquirirem as informações necessárias para tomar a decisão.

### 1.1.1 Grupos de interesse, grupos de pressão, *lobbying*

Grupos de interesse, grupos de pressão e *lobbying* traduzem conceitos diferentes, mas conectados entre si.

Cada um de nós tem um interesse; frequentemente nosso interesse é compartilhado com o de outros: um grupo de interesses nada mais é que um conjunto de pessoas com o mesmo interesse ou que se reconhecem na mesma necessidade.

Vamos dar um exemplo banal: um grupo de estudantes que se encontra em um dia estabelecido, em alguns meses do ano, na mesma sala de aula universitária para seguir o mesmo curso, tem um interesse comum em aprender certa matéria, compreender um determinado ensinamento. São pessoas diferentes que têm algo em comum. Igualmente, vamos pensar em um grupo de cidadãos que mora no mesmo bairro e que "se preocupa" (outra maneira para falar que tem interesse) com a manutenção do decoro do seu contexto habitacional. São pessoas que têm o mesmo interesse.

Por outro lado, o que é um **grupo de pressão,** ou usando o termo inglês, um *lobby*? Simplificando, podemos dizer que um grupo de pressão é um grupo de pessoas (físicas ou jurídicas) unidas por um mesmo interesse e que têm o objetivo comum de influenciar o agente público responsável por decisões para obter uma vantagem ou evitar uma desvantagem. O grupo de pressão é, portanto, um **grupo de interesse,** mas, ao contrário desse último, é caracterizado por três fatores ulteriores:

- pretende realizar uma atividade de influência;

## CAPÍTULO I – OS CONTEXTOS

• direciona a atividade de influência para um ou mais agentes públicos responsáveis por decisões;

• tem o objetivo de obter uma vantagem ou evitar uma desvantagem não necessariamente de natureza econômica.

Voltando ao exemplo banal acima. O grupo de residentes que "se preocupa" com seu bairro é um grupo de interesse. Vamos imaginar que a prefeitura decida mudar o plano de zoneamento e permitir a construção de um *shopping* no bairro. O grupo de cidadãos contrários a essa mudança se organizará para convencer o *Consiglio Comunale*[5] e o prefeito a não realizarem a obra, a preservarem a integridade do bairro, a não mudarem o plano de zoneamento. Eis que o grupo de interesse se transforma em um grupo de pressão.

Para entendermos melhor, vamos considerar também o primeiro exemplo: um grupo de estudantes que frequenta aulas universitárias. Falamos que é um grupo de interesse porque se trata de pessoas que têm o mesmo interesse. Suponhamos que, coalizando-se, decidam convencer o docente a terminar a aula antes do previsto para chegarem em casa a tempo de assistir a um evento desportivo. Esse é um grupo de pressão? De acordo com a definição que foi dada, teríamos que excluí-lo, porque o docente, naquele contexto, não é um agente público responsável por decisões, e a decisão que ele toma não tem um alcance geral.

A partir desse quadro, emerge o modo como os elementos que caracterizam a noção de grupo de pressão devam ser examinados para se poder compreender, concretamente, em que consiste a atividade de *lobbying*.

---

5 N.T. Na Itália, o *Consiglio Comunale* é o órgão colegiado cujos membros são eleitos pelo corpo eleitoral do município. Corresponde à Câmara dos Vereadores brasileira.

1. Como já dissemos, os *lobbies* são **grupos de interesse**. O substantivo "interesse", na realidade, por si só, é vago e indefinido, assumindo uma coloração somente junto a um adjetivo: privado, público, particular, geral, local, nacional, individual, coletivo. É o adjetivo a determinar a natureza e o alcance do grupo que lhe é portador, de maneira que, ao lado dos interesses privados, se encontram também legitimados interesses "públicos": pense-se no que ocorre nos ordenamentos compostos (regionais e federais) onde cada nível de governo é titular de interesses "públicos" e exerce atividades de pressão sobre o nível de governo superior. É o que ocorre, como veremos, em Bruxelas, pois na Bélgica cada estado e cada região é um *lobby*. Outro elemento: por mais que no imaginário coletivo os *lobbies* sejam quase exclusivamente econômicos, ou portadores de finalidades econômicas, precisamos destacar que, na realidade, não é assim, porque podem, sim, existir grupos de pressão que não têm interesses econômicos; pensemos numa associação de proteção do meio ambiente ou numa organização não governamental que se ocupa de proteção de menores de idade, em países em desenvolvimento.

2. Os *lobbies* têm um objetivo preciso: **influenciar**. A atividade de influência, persuasão, solicitação, é chamada, utilizando-se expressão derivada do contexto norte-americano, de *lobbying*. Em que consiste essa atividade e quais são as modalidades usadas para representar o interesse tutelado e para influenciar o agente público responsável por decisões serão os temas do capítulo III.

## CAPÍTULO I – OS CONTEXTOS

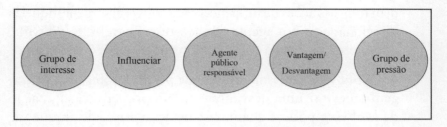

Fig. 1.1 *Diagrama de resumo dos fatores que qualificam um grupo de pressão.*

3. O **destinatário** da atividade de influência não é um sujeito qualquer, mas um agente público responsável por decisões, ou seja, o titular de um poder autoritativo e habilitado, por força de lei, a tomar uma decisão de alcance geral e potencialmente abstrata. Como veremos nas próximas páginas, a identificação do agente público responsável por decisões é uma das atividades mais complexas e impõe um conhecimento pontual do Direito Público, inclusive comparado, do Direito europeu e do Direito internacional, do Direito parlamentar e do Direito administrativo. É preciso, de fato, compreender, dependendo do tipo de interesse, quem é o titular legítimo do poder de tomar a decisão. É preciso, de imediato, saber distinguir o agente público responsável por decisões, em sentido amplo, do agente que toma decisão política. Todos aqueles titulares de um poder decisório de alcance geral podem ser incluídos na categoria dos agentes públicos responsáveis por decisões. Nesse âmbito, existe a subespécie caracterizada pelos agentes que tomam decisões políticas, ou seja, por aquele tipo de agente de origem basicamente eleitoral ou que são tomadores de decisão em virtude de um mandato de natureza política. A essa segunda espécie, pertencem claramente os membros do Parlamento e das Assembleias territoriais, os integrantes do governo nacional ou de uma comissão local; à primeira e mais ampla categoria, pertencem os dirigentes públicos ou os membros de um *staff* de uma autoridade política. Portanto,

nem todas as ações de influência são *lobbying*; somente aquelas direcionadas a um agente público responsável são *lobbying*, e será preciso, caso a caso, compreender quem é esse sujeito.

4. O *lobbying* tem uma finalidade precisa: obter uma **vantagem** ou evitar uma desvantagem. No primeiro caso, a ação de *lobbying* poderá chamar-se de ação ativa, de ataque, de posicionamento; no segundo caso, poderá chamar-se de ação passiva, de defesa, de conservação.

Interesse, influência, agente público responsável por decisões, vantagem ou desvantagem: são esses, enfim, os quatro fatores que distinguem um grupo de pressão de qualquer outro grupo de interesse (figura 1.1).

A partir dessa definição sumária, resulta evidente a diferença entre a atividade de *lobbying* e a participação em sentido amplo.

*Lobbying* não é sinônimo de **participação**: nem todas as atividades relacionadas à participação dos processos decisórios por parte de cidadãos e de grupos organizados são enquadráveis no conceito de *lobbying*, por isso, quando se fala de participação como método de governo da democracia pluralista, é preciso, necessariamente, distinguir a ação de envolvimento de interesses organizados no processo decisório, desejada pelos agentes públicos responsáveis por decisões, da ação de pressão desenvolvida em face de tomadores de decisão, pelos grupos de interesse.

---

### PALAVRAS-CHAVE

A palavra ***lobby*** tem uma história antiga. Na língua inglesa indica até hoje a grande sala presente nos hotéis onde geralmente se encontram os hóspedes do hotel e os convidados externos. Os primeiros usos do termo se encontram em alguns textos anglo-saxões de 1553: derivado do latim *laubia* (propriamente *loggia*, vestíbulo), o termo era usado em ambientes monásticos

## CAPÍTULO I – OS CONTEXTOS

> para indicar um lugar coberto, por onde se anda. Uns anos depois, em 1575, a palavra indicava o corredor colocado antes de um cômodo com função de sala de espera ou vestíbulo. Na linguagem náutica, na mesma época, *lobby* era o apartamento ou o corredor situado na parte anterior do navio, embaixo do tombadilho. E na segunda metade do século XVIII, *lobby* indicava, na terminologia agrícola, uma pequena cerca para o gado, adjacente ao curral. É nos Estados Unidos de América que, a partir de 1832, a palavra lobby é usada também como verbo para indicar a atividade de persuasão desempenhada pelos *lobby agents*, ou seja, os frequentadores dos *lobbies* dos hotéis onde estavam hospedados os agentes públicos responsáveis por decisões políticas. Os *lobbyists*, então, eram os que ficavam à espera dos políticos, em grandes espaços com poltronas e sofás, na esperança de poder falar com eles e apresentar o interesse. O termo foi usado por um jornalista para descrever "figuras sinistras, corpulentas, envelhecidas, fumantes de charutos, corruptores de parlamentares" que cercavam, no Hotel Willard de Washington, o presidente dos Estados Unidos Abraham Lincoln, antes de seu juramento, e os numerosos vice-presidentes que, desde 1842, ficavam aqui.

O conceito, a atividade da participação são mais amplos de que os de *lobbying*: é possível participar da vida pública, por exemplo, por meio da expressão do voto nas eleições; é possível participar do procedimento administrativo com o envio de propostas e informações; é possível participar do procedimento jurisdicional por meio da intervenção de terceiros em juízo; não necessariamente essas atividades de participação podem ser interpretadas no sentido lobístico.

A participação é certamente uma componente do *lobbying*, mas não se exaure no *lobbying*; é uma condição necessária, mas não suficiente. Nem sempre participar significa querer influenciar as escolhas públicas, pois podemos participar para estarmos informados ou para expressarmos uma opinião, sem necessariamente querermos convencer; porém, enquanto na ação de *lobbying* existe um intento persuasivo, na atividade de participação, tal intento não é indispensável. Participa-se, mas não necessariamente se influencia.

### 1.1.2 Partidos políticos e grupos de pressão

Nos sistemas democráticos, os partidos políticos desempenham um papel essencial: são o **motor das instituições,** garantindo o correto funcionamento da democracia representativa.

A entrada em crise da capacidade dos partidos de interceptar as petições sociais e de mediação entre comunidade e instituições favoreceu a afirmação dos grupos de pressão. Nesse sentido, podemos sustentar que partidos e grupos de pressão cumprem funções muito similares, pois ambos coletam e transmitem a demanda política, intermediam entre sociedade e governo, participam das decisões políticas, representam oportunidades de integração social. Os partidos, porém, são os únicos a desempenhar as funções de competição eleitoral, de gestão direta do poder, de expressão democrática. Os grupos de pressão, de fato, mesmo que pretendam influir sobre o processo decisório, não participam diretamente da fase eleitoral, não aspiram gerir por conta própria o poder público, mas, sim, influenciar as escolhas, determinar o conteúdo de sua agenda, fixar-lhe os objetivos.

Podemos, então, destacar uma primeira e significativa diferença entre partidos e grupos de pressão, uma **diferença de tipo funcional**. Enquanto os partidos cumprem precisas funções constitucionais, são elementos essenciais das instituições e do relativo aparelho, os grupos de pressão, mesmo encontrando plena legitimação em muitas Constituições (como veremos), têm objetivos mais limitados, nunca almejando assumir a responsabilidade para o exercício do poder público. Desta forma, "enquanto o partido se compromete a conquistar o poder político e a geri-lo na primeira pessoa, o grupo ativa o aumento de pressão para obter certas decisões do poder

## CAPÍTULO I – OS CONTEXTOS

político";[6] enquanto o partido aspira agregar votos, os *lobbies* tentam desagregá-los e redefinir novas alianças, com tendências apartidárias, para satisfazerem um interesse próprio.

Os partidos, de fato, "são associações voltadas fundamentalmente para a ação"; para poder "traduzir em ação estadual" seu próprio programa político, eles "tendem a se tornar legisladores e governantes", garantindo para si "o maior grau possível (...) de presença efetiva nos centros do poder político previstos pelo ordenamento constitucional".[7] As eleições políticas são as ferramentas por meio das quais os partidos realizam tal escopo e representam o discrime essencial com os grupos de pressão. E é exatamente por meio das eleições que os partidos assumem uma responsabilidade política perante os eleitores, responsabilidades das quais os *lobbies* são isentos.

Existe, ademais, uma **diferença de tipo organizativo**. Enquanto os partidos são potencialmente "abertos" para qualquer um que queira filiar-se, desde que adira ao projeto político do qual são portadores, os *lobbies*, pelo fato de serem associações privadas, não são; além disso, enquanto nos ordenamentos democráticos é reconhecida aos primeiros uma função de relevo constitucional (de tal maneira que, em alguns países, como na Alemanha, os partidos são associações de Direito Público e são submetidos ao controle do Estado), os segundos operam em virtude da mais geral liberdade de associação.

Portanto, sem prejuízo das diferenças, é inegável que, nos Estados contemporâneos, cada grupo de pressão pode ter acesso

---

[6] FISICHELLA, Domenico. "I Gruppi di interesse e di pressione". *In*: ISTITUTO DELLA ENCICLOPEDIA ITALIANA. *Enciclopedia delle Scienze Sociali*. vol. 4. Roma: Treccani, 1994, p. 448.
[7] CRISAFULLI, Vezio. "I partiti nella Costituzione italiana". *In*: AA.VV. *Studi per il XX anniversario dell'Assemblea costituente, II*. Firenze: Vallecchi, 1969, pp. 118-120.

diretamente ao processo decisório, elegendo os próprios representantes no Parlamento por meio da mediação dos partidos tradicionais que inserem, nas listas eleitorais, candidatos "patrocinados" pelos próprios *lobbies* ou expressão direta destes, segundo preocupantes lógicas neocorporativas. Esse último fenômeno, de "incorporação" dos interesses dentro do partido, que caracterizou os anos 1960-70, especialmente na Europa, voltou prepotentemente depois da crise dos partidos. De fato, na tentativa de reconquistar capacidade representativa, os partidos tentam tornar candidatos e fazer eleger não somente inscritos e apoiadores, mas também portadores de interesses específicos, reivindicando seu envolvimento na formulação da proposta política, exatamente com o propósito de adquirir maior consenso e de demonstrar que podem representar partes da sociedade.

Na Itália, tal situação assumiu uma conotação mais evidente em relação a outros ordenamentos. A crise dos partidos políticos tradicionais, o colapso das ideologias, a redução dos seus aparelhos técnicos, a ausência de uma escola política, um sistema eleitoral escassamente seletivo, juntamente ao redimensionamento da Administração Pública, afetada, há pelo menos um decênio, por cortes de funcionários, de recursos, pelo bloqueio dos concursos e pela externalização das funções públicas, levaram o agente público responsável por decisões a ficar, de um lado, sem o suporte do partido no momento da decisão, de outro, desprovido de um aparelho público de assessoria, altamente especializado e autônomo quanto à política. Diante de tal crise, os grupos de pressão mudaram de papel, de comportamento e de espaço de ação, transformando-se em interlocutores estáveis (mais ou menos formalizados) das instituições.

Essa situação deixou os partidos políticos fortemente permeáveis aos pedidos dos grupos de pressão: em busca de uma nova identidade, na tentativa de demonstrar serem ainda idôneos para interceptar as necessidades da comunidade, os partidos – deixadas de lado as ideologias históricas – se transformaram em patronatos, construídos em volta de personalidades definidas e líderes que se tornaram tais em virtude dos interesses que eles conseguiam representar. Em outros termos: até o começo dos anos 1990, os grupos de pressão buscavam desesperadamente um relacionamento com os partidos a fim de ter acesso direto ao processo decisório, agora, são os partidos que procuram os grupos de pressão para terem algo a dizer e para saberem como dizê-lo.

### 1.1.3 Processo decisório e interesse público

O objetivo dos grupos de pressão é, portanto, intervir nos processos decisórios e tentar determinar o seu andamento, de modo a garantir a satisfação dos próprios interesses.

Tal atividade põe uma questão de fundo relativa ao conteúdo da decisão pública. Na conclusão do processo decisório, de fato, teremos uma decisão: essa deverá ser tomada por um sujeito chamado a assumir funções públicas, obrigado a assegurar o interesse geral, a garantir o bem comum e a não avantajar um ou mais grupos de pressão. A própria essência da democracia está exatamente na noção de interesse geral: somente um tomador de decisão que decide de certa maneira para garantir o bem comum cumpre uma ação coerente com as instituições da democracia. Portanto, não existe dúvida alguma sobre o fato de que, no fim do processo decisório, o interesse geral deverá ser sempre satisfeito. O ponto, porém, é como se chega a formar o interesse geral, como se define o conteúdo da noção de "bem comum".

Aqui temos **duas abordagens**, totalmente diferentes: de um lado, uma **visão**, digamos, **jacobina**; do outro, uma **visão anglo-saxônica**.

A primeira, inspirada nas teses de Rousseau, concebe uma democracia "legislativa" baseada no primado do Parlamento como intérprete da vontade geral e na impossibilidade de fragmentar a sociedade em facções, consideradas fator de instabilidade e causa de conflitos; a segunda concebe uma democracia fundada na competição entre diferentes nações e no conflito político por meio do qual se confrontam os interesses setoriais e se recompõem os interesses em jogo.

Na **visão jacobina,** reconhece-se a ilimitada virtude maiêutica do tomador de decisão público: ele é virtuoso por natureza, dotado de uma rara capacidade de compreender que garante o bem de todos, sem necessidade alguma de se relacionar com alguém.

É na França revolucionária que se firma a ideia de tal superioridade do tomador de decisão e, com essa, do Parlamento, entendido como lugar da mais alta decisão normativa, a lei. Retomando, pelo menos em parte, as teorias do contrato social proclamadas pelo Rousseau, na Declaração dos Direitos do Homem e do Cidadão, de 1789, o art. 6º dispõe que "a Lei é a expressão da vontade geral. Todos os cidadãos têm o direito de concorrer, pessoalmente ou através de mandatários, para a sua formação. Deve ser igual para todos, seja para proteger, seja para punir".

A lei, portanto, como fruto do Parlamento representativo de toda a complexidade social, deve ter por fundamento o interesse geral e ser expressão da vontade geral, por ser ato próprio de uma assembleia que representa a totalidade dos cidadãos.

---

### *FOCUS*: A "LEI LE CHAPELIER"

A lei pegou o nome do deputado francês Isaac Le Chapelier e foi seguida por outras providências voltadas a eliminar qualquer associação de homens e mulheres: o decreto de 18 de agosto de 1792 (que levou à dissolução as congregações religiosas e as universidades), o código penal de 1810 que, nos artigos 414º e 415º, previam o crime de associação, a lei de 15 de março de 1849, que reforçava a proibição de constituir associações de trabalhadores. Esse complexo normativo voltado a proibir a formação de "corpos intermédios" entre cidadãos e instituições foi revogado pela "Lei Olivier", de 25 de maio de 1864 (que suprimiu o crime de associação), e pela "Lei Waldeck-Rousseau",

## CAPÍTULO I – OS CONTEXTOS

> que legalizava os sindicatos. Contra a "Lei Le Chapelier" e os seus efeitos disruptivos sobre a sociedade, poucos se manifestaram: entre estes o conde de Mirabeau, que escreveu para Luís XVI uma carta crítica a respeito da decisão do Parlamento de eliminar os grupos sociais intermédios para construir uma "superfície toda lisa", sobre a qual a autoridade do soberano teria podido "deslizar" livremente.

O interesse geral, entendido dessa forma, *preexiste* em relação ao momento da decisão, prescinde das necessidades concretas, é geral por ser abstrato. Por consequência, entre cidadãos e Parlamento representativo, de acordo com essa ideologia, não podem existir mediadores, intérpretes, corpos intermédios: a formalização dessa visão foi a assim chamada "Lei Le Chapelier", aprovada pela Assembleia francesa em 14 de junho de 1791, que proibia os cidadãos "de reunir-se para a defesa dos seus interesses comuns", pois "não existe o interesse particular de cada indivíduo e o interesse geral de todos", mas somente o do Estado, pelo qual "não é permitido a ninguém inspirar nos cidadãos um interesse intermédio, separando-os da coisa pública, com espírito de corporação".

Dessa maneira, o lugar no qual tomam forma a representação política, o Parlamento, se torna o único lugar onde são representados os interesses gerais. Os representantes do povo, como massa indistinta, são, por consequência, representantes da nação e sem mandato imperativo.

Uma tal interpretação (que encontrou "formalização" na Constituição francesa de 1791) foi desenvolvida, sucessivamente, por Raymond Carré de Malberg, o qual, com o ensaio *A lei, expressão da vontade geral*, influenciará o pensamento jurídico europeu.

Na visão jacobina, portanto, o agente público responsável por decisões é chamado a efetuar, em solidão e sem se relacionar com ninguém, uma avaliação acerca do conteúdo do interesse geral: o fato de ser um agente público responsável por decisões em virtude de uma eleição ou de um concurso, impõe-lhe, por consequência, *já* saber o que serve para garantir o bem de todos, antes do momento decisório e pela única razão de ter sido delegado ou designado para decidir. Nesse contexto, portanto, não pode existir espaço para atividade de intermediação alguma e a atividade de *lobbying* só pode ser ilícita.

Contraposta a tal visão, firma-se, no mesmo período histórico, uma abordagem anglo-saxônica ao tema da formação do interesse geral.

Na **visão anglo-saxônica,** de fato, temos a ideia de que a tomada de decisão pública, mesmo tendo que garantir a satisfação do interesse geral, não é fruto de uma vontade *preexistente* em relação ao momento decisório, mas, pelo contrário, é o resultado de uma **negociação entre interesses diferentes,** que o tomador de decisão é chamado a sintetizar.

É sobretudo nos Estados Unidos que se manifesta a visão do interesse público entendido como confronto entre interesses privados. No debate estadunidense, prevalecem as teorias pluralistas segundo as quais o processo político decisório é uma competição, um compromisso entre múltiplos interesses em contraposição. Tal contraposição representaria, então, o antídoto melhor contra a tirania da maioria e a garantia mais eficaz de uma real divisão dos poderes do Estado.

Segundo a abordagem anglo-saxônica, portanto, a decisão é a consequência de um procedimento no qual uma pluralidade de atores é protagonista. A tarefa do tomador de decisão é ouvir todos para depois chegar à conclusão, tentando satisfazer o interesse geral naquele dado momento histórico e para aquele específico contexto, assumindo plenamente a responsabilidade pela decisão e prestando contas (*accountability*). Em tal visão, já contada por Toqueville em suas viagens (sobre o qual voltaremos em nosso capítulo sobre os Estados Unidos de América), "a taxa de formação dos grupos de

CAPÍTULO I – OS CONTEXTOS

interesse pode servir como índice de estabilidade de uma sociedade".[8] O que resulta, porém, determinante para que a representação dos interesses seja efetiva e geral são as "regras do jogo": para os teóricos do processo decisório como negociação entre interesses, de fato, põe-se a necessidade prioritária de definição das expectativas, não somente em relação ao que as instituições (ou melhor, o agente público responsável pela decisão) podem ou não podem fazer, mas sobretudo como precisam operar para representar tais interesses, fixando a atenção na necessidade de regulamentar a relação entre o agente público responsável por decisões e o grupo de pressão, para reforçar o processo democrático de decisão política.

## 1.2 Lobistas e agentes públicos responsáveis pelas decisões

### 1.2.1 Os atores do *lobbying*

Qual é o primeiro adjetivo que vem na cabeça ao ler ou ouvir a palavra *lobby*? A resposta a essa pergunta varia, dependendo do país.

Na Itália, se fizerem a pergunta a um indivíduo comum, por mais culto que seja, serão obtidos somente adjetivos negativos: perigoso, obscuro, desfavorável, ambíguo, preocupante, péssimo, ruim e assim por diante. Agora, perguntem para um estadunidense ou para um britânico: eles dirão que os grupos de pressão são infraestruturas indispensáveis para o funcionamento da democracia, e os adjetivos recorrentes ao lado de "parcial" e "transversal" serão positivos. Essa profunda diferença de percepção do fenômeno lobístico corresponde, de um lado, à evolução da visão jacobina, contraposta à visão anglo-saxônica, das quais falamos e, de outro, a uma diferente cultura das instituições.

---

[8] TRUMAN, David. *The Governmental process*: political interests and public opinion. Nova York: Knopf, 1951, pp. 38 e ss.

As opiniões a respeito dos lobistas dependem, também, do interesse que eles promovem: o *lobby* das multinacionais farmacêuticas e o do meio ambiente não provocam a mesma reação na opinião pública.

Essas diferenças de percepção envolvem um tipo diferente de lobista de tal maneira que poderíamos dizer: "países diferentes, lobistas diferentes".

Com essa consideração, tentaremos identificar as caraterísticas comuns a todos os lobistas e algumas categorias, dependendo do interesse representado e do modo de ação.

Um lobista por si só é uma **figura híbrida** chamada a interagir constantemente com diferentes interlocutores que não pertencem somente ao mundo da política.

Ao lobista requer-se um leque de competências diversas entre economia, Direito e comunicação: uma articulação tripla necessária para oferecer suporte a outras figuras envolvidas nos processos internos das organizações ou externos aos interlocutores. O lobista precisa entender o balanço societário e abordar criticamente os processos estratégicos da empresa; precisa saber realizar as campanhas de comunicação; deve ter a máxima familiaridade com o sistema das fontes do direito, os procedimentos administrativos e parlamentares, as formas de governo, os sistemas políticos.

Um grupo de pressão opera para levar ao conhecimento dos agentes públicos responsáveis por decisões informações relevantes sobre o seu interesse, com a finalidade de influenciar escolhas.

Um lobista não é, portanto, um corruptor; não faz publicidade, nem propaganda; seu objetivo é, pelo contrário, fazer com que o interlocutor adquira as **informações corretas** (claras e verídicas) para fazer escolhas livres e conscientes; obviamente, porém, sendo portador de interesses particulares, destaca os aspectos que mais lhe interessam, cabendo ao agente público responsável pela decisão

## CAPÍTULO I – OS CONTEXTOS

sintetizar esses diferentes interesses particulares para definir uma escolha com efeito geral e vinculante.

Nessa perspectiva, o *lobbying* é também "*marketing* institucional" conforme teorizado pela doutrina americana. Aos "4Ps" – pilares do *marketing* corporativo, a saber, *product, price, place* e *promotion* – precisamos acrescentar os outros "3Ps", pilares do *marketing* institucional: *people, power* e *public relation*.

Quem exerce tal atividade é, portanto, antes de tudo, um especialista; necessita saber "transmitir" de modo preciso uma mensagem (conforme exigido pelo sujeito ou sujeitos, cujos interesses ele "leva consigo"); e deve saber convencer o interlocutor sobre a validade da opção representada. Para tanto, são indispensáveis as capacidades de entender e interpretar as normas, conhecer os procedimentos decisórios, seus tempos e a possibilidade de intervenção. É preciso, então, que um bom lobista esteja sempre atualizado sobre a evolução científica, normativa e social dos temas que trata. A constante atualização permite também otimizar a atividade de análise e planejamento estratégico do *lobby*.

Além disso, fazer *lobby* não se limita a contatos episódicos, isolados no tempo. Quem faz atividade de *lobby* tem como imperativo manter um relacionamento constante, contínuo com o público-alvo das suas ações, mostrando estar sempre convencido da importância do discurso e dos resultados perseguidos.

O interlocutor do lobista será escolhido, como veremos, depois de uma atenta avaliação também do seu *background* político e cultural, que o lobista deverá demonstrar conhecer a fundo, durante as reuniões. Se, por um lado, isso é instintivamente apreciado pelos tomadores de decisão, de outro, ajuda o lobista a avaliar a competência específica do interlocutor e, por consequência, o espaço de manobra realmente praticável.

Fundamental é a **capacidade de síntese** que um bom lobista deverá demonstrar durante as abordagens, as quais normalmente são muito rápidas: o lobista terá somente poucos minutos na agenda lotada do tomador de decisão público. Será, portanto, necessário capturar a atenção dele com argumentos apropriados, oportunamente sintetizados, de modo a oferecer um quadro completo dos prós e dos contras da possível decisão, a maneira pela qual a decisão influi sobre o interesse, as modalidades de resolução do conflito. Chegar bem-preparado à mesa de negociação, definindo com precisão os objetivos do encontro e embasando-se em estatísticas ou em estudos sobre os impactos efetivos na coletividade, representa, para o lobista, o verdadeiro *aplicativo matador*[9] da sua profissão.

Tudo isso contribui para que o lobista se torne confiável aos olhos do tomador de decisão: a **reputação** do lobista, na verdade, é o principal elemento, a melhor chave de acesso ao processo decisório. Nenhum tomador de decisão vai querer se encontrar com um lobista que notoriamente transmite informações parciais, falsas ou exageradas; o lobista que esconde parte da história ou que, ao representar seu interesse, não destaca para o tomador de decisão quais são os interesses contrapostos e quais as potenciais consequências em caso de satisfação do pedido, não terá credibilidade alguma. A **credibilidade** da pessoa e dos interesses que ela representa, bem como o nível de confiança institucional que nela converge, representam, portanto, não uma mera vantagem competitiva, e, sim, o elemento que qualifica a relação entre lobista e tomador de decisão público.

O lobista não busca e não cria o conflito; o lobista confiável é aquele que, após ter apresentado o problema ao tomador de decisão, oferece uma pluralidade de possíveis soluções, destacando os efeitos concretos e explicando, frequentemente em detalhes, as vantagens e as desvantagens de uma certa decisão.

---

[9] N.T. *Killer app* no original. No texto, o autor se vale da expressão para significar a "arma mortal" do lobista. *Killer application* (ou *killer app*) – traduzido por *aplicativo matador* –, no jargão tecnológico, significa algo que, por ser tecnologicamente superior, justifica a sua aquisição.

## CAPÍTULO I – OS CONTEXTOS

A atividade lobística deve, de fato, facilitar a elaboração de uma **decisão com baixo grau de conflitualidade,** tomada após a avaliação do impacto sobre os destinatários. Nesse caso, alguns falam de "facilitadores" do processo decisório. Para fazer isso, o lobista precisa respeitar cinco "mandamentos": falar a verdade; nunca prometer algo a mais do que pode ser realmente feito; saber ouvir com atenção para entender o que está sendo falado, possuir ótimas capacidades colaborativas; não surpreender, e, sim, informar (*spring no surprise*).[10] [11]

O lobista não põe problemas ao tomador de decisão, mas talvez os resolva: não faz pedidos, mas representa situações e, para cada uma delas, prospecta soluções, modalidades de intervenção, tomando o cuidado de destacar para o interlocutor todos os possíveis aspectos derivados da adesão à solução proposta, inclusive os que podem ser desagradáveis. Nesse sentido, o lobista é um mediador e deve saber prospectar um ponto mediano entre o próprio interesse e aquele dos seus concorrentes (*competitors*) para evitar transformar o tomador de decisão, que confia nele, em um combatente (*fighter*) de batalhas de retaguarda.

De acordo com o interesse representado, a doutrina distinguiu dois tipos de grupos de pressão: os grupos seccionais (*sectional groups*) e os grupos promocionais (*promotional groups*).

Os primeiros são "grupos setoriais", ou seja, os *lobbies* que representam uma determinada seção (ou uma parte) da sociedade, como poderiam ser as associações profissionais e de categoria; os segundos são os "grupos promocionais", aqueles que influenciam o processo decisório no que diz respeito a determinadas causas

---

[10] WOLPE, Bruce C.; LEVINE, Bertram J. *Lobbying Congress*: how the system works. Washington, D.C.: CQPress, 1990.

[11] N.T. Trata-se de expressão que significa, literalmente: "a chegada da primavera não surpreende". É apenas uma informação.

de alcance geral, como a defesa da água pública ou a lei sobre os casamentos entre pessoas do mesmo sexo.

Tal distinção, todavia, não consegue traduzir de forma eficaz a complexidade do mundo dos *lobbies*. Por isso, simplificando, é possível identificar **sete diferentes categorias** de lobistas dependendo do **tipo de interesse tutelado:**

1. Lobistas terceirizados;
2. Lobistas *in-house* (internos);
3. Lobistas corporativos;
4. Lobistas *no-profit* (sem fins lucrativos);
5. Lobistas institucionais;
6. Lobistas impróprios e indiretos;
7. Lobistas cívicos ou cidadãos lobistas (*citizens lobbyists*).

### 1.2.1.1 Lobistas terceirizados

Os lobistas terceirizados são aqueles que desempenham – como empresas ou independentes – atividade de representação dos interesses por conta de outros sujeitos, oferecendo uma série de serviços profissionais integrados. Trata-se das assim chamadas *lobbying firms*, ou seja, empresas ou agências de *lobbying* contratadas para representar específicos interesses.

As sociedades de *lobbying* são frequentemente estruturadas em maneira hierárquico-funcional, geralmente de acordo com o seguinte esquema:

• Fundadores e/ou parceiros: geralmente pessoas com notável visibilidade externa e um currículo de peso, maturado dentro de órgãos públicos ou privados, que administram a

## CAPÍTULO I – OS CONTEXTOS

empresa e se ocupam exclusivamente de questões de *front office* (linha de frente);

• Consultor Sênior (*Senior Consultant*): lobistas com cerca de cinco anos de experiência que seguem pessoalmente as atividades ordinárias com seus clientes, divididos por âmbitos de especialização (por exemplo, farmacêutico, energético, alimentar etc.) e se alternam entre atividades de *front office* e atividades de *back office*;[12]

• Consultor (*consultant*): lobistas com cerca de três anos de experiência que se dedicam principalmente a atividades de *back office* e, ocasionalmente, a atividades de *front*;

• Analista (*analyst*): figuras com pouca experiência, geralmente estagiários, que desempenham exclusivamente atividades de *back office*.

O objetivo dos lobistas terceirizados é a tutela dos seus clientes nas atividades de *back office* e de *front office*; clientes para os quais preveem uma série de ferramentas, entre as quais, executar diariamente o monitoramento legislativo, institucional e da mídia, oferecer relatórios sobre as principais medidas legislativas, dar início às interlocuções com os agentes públicos responsáveis por decisões e garantir um posto avançado nos corredores onde as decisões são tomadas.

Com a evolução do cenário político e a desintermediação sempre maior do que acontece na esfera institucional, diferentes sociedades estão contratando expertos de comunicação e mídia sociais para oferecer aos seus clientes um suporte que possa incluir todos os campos de "jogo".

---

[12] N.T. Como se sabe, o setor de *back office* se responsabiliza pela retaguarda administrativa da empresa, que dá apoio às atividades mais vistas e de linha de frente (*front office*).

Tab. 1.1 *Top 10 lobbying firms*, Itália. Dados em euros.

|  | Receita | Lucro |
|---|---|---|
| Cattaneo Zanetto & Co | 9.250.000 | 2.600.000 |
| Comin & Partners | 9.150.000 | 9.150.000 |
| InRete (Dattoli) | 6.020.000 | 6.020.000 |
| FB Associati (Bistoncini) | 5.200.000 | 455.000 |
| Utopia Lab | 4.200.000 | 105.000 |
| Open Gate (Rovizzi) | 1.350.000 | 12.000 |
| Nomos | 1.440.000 | 129.000 |
| Telos | 1.020.000 | 106.000 |
| Noesi | 930.000 | 930.000 |
| ADL Consulting | 600.000 | 8.000 |
| **Faturamento dos *top 10 players*** |  | 37.631.000 |
| Crescimento no ano anterior |  | 38,3% |
| Crescimento Cagr nos 3 anos |  | 44,5% |
| Crescimento Cagr nos 5 anos |  | 43,0% |

Fonte: *Policy makers*, 2022.[13]

Na Itália, o *business* das empresas de *lobbying* terceirizado está em rápido crescimento. O "volume dos negócios" dos primeiros dez *players* do mercado, só em 2022, de acordo com a análise de *Policy Makers*, registrou um crescimento médio anual contínuo de 44,5% nos últimos três anos. As primeiras dez empresas do mercado produziram, em 2022, um faturamento de cerca de trinta e oito milhões de euros. Entre as empresas presentes na classificação temos sociedades com *business* e estruturas muito diferentes. Em especial, enumeram-se sociedades de *lobbying* "tradicionais", que fazem do *lobby* parlamentar

---

[13] N.T. Na tabela estão presentes dados relativos ao Crescimento CAGR (*Compound Annual Growth Rate*), o qual indica a taxa composta de crescimento anual.

e da análise legislativa seu *business*; sociedades de comunicação estratégica, que operam, sobretudo, por meio de campanhas de advocacia (*advocacy*) e mídia; agências de relações públicas, que possuem uma *expertise* interna que lhes permite executar verdadeiras estratégias de *lobbying* institucional; e multinacionais das relações públicas.

No contexto estadunidense, os números e os volumes de mercado são muito mais altos. Em junho de 2022, de fato, segundo o portal *OpenSecrets.org*, a primeira sociedade de *lobbying* a operar no Congresso dos Estados Unidos, a *Brownstein, Hyatt et al*, registrou um faturamento de 55 milhões de dólares, ou seja, sozinha, esta empresa de ganha muito mais do que todas as 10 principais empresas italianas de *lobby*.

O sistema americano, dada a complexidade de sujeitos que operam no mundo institucional, além da presença de estados federais e governos estrangeiros que contratam empresas de *lobbying*, bem como um contexto político em rápida evolução, registra volumes bem maiores em relação aos italianos.

Tab. 1.2 *Top 10 lobbying firms*, Estados Unidos. Dados em dólares.

| LOBBYING FIRM | Total ($) |
|---|---|
| Brownstein, Hyatt *et al* | 55.600.000 |
| Akin Gump *et al* | 53.700.000 |
| BGR Group | 35.000.000 |
| Holland & Knight | 34.800.000 |
| Cornerstone Government Affairs | 34.500.000 |
| Invariant LLC | 31.100.000 |
| Forbes Tate Partners | 24.400.000 |
| Squire Patton Boggs | 24.200.000 |
| Melhan Castagnetti *et al* | 22.600.000 |
| Croosroads Strategies | 21.600.000 |

Fonte: *Opensecrets.org*, 2022.

Na Europa, os valores relacionados ao mundo do *lobbying*, por mais que sejam contidos, de qualquer maneira, são expressivos. Os bancos de dados referem-se, sobretudo, às despesas em atividades institucionais (portanto, não aos faturamentos).

Tab. 1.3 *Top 10 lobbying firms*, União Europeia. Dados em euros.

| EMPRESA | SEDE | DESPESA PARA *LOBBYING* |
|---|---|---|
| 1 Business and Strategy in Europe | Bélgica | 19.724.690 € |
| 2 Unisystems Systèmes Informatiques | Grécia | > 10.000.000 € |
| 3 FTI Consulting Belgium | Estados Unidos | 6.750.000 - 6.999.999 € |
| 4 Fleishman-Hillard | Bélgica | 6.750.000 - 6.999.999 € |
| 5 Burson-Marsteller | Bélgica | 6.250.000 - 6.499.999 € |
| 6 Interel European Affairs | Bélgica | 5.000.000 - 5.249.999 € |
| 7 Teneo cabinet DN | Estados Unidos | 4.250.000 - 4.499.999 € |
| 8 Kreab | Suécia | 3.500.000 - 3.749.000 € |
| 9 APCO Worldwide | Estados Unidos | 2.500.000 - 2.749.000 € |
| 10 EUTOP Europe GmbH | Alemanha | 2.500.000 - 2.749.000 € |

Fonte: *LobbyFacts.eu* e Registro para a Transparência, 2022. Valor gasto em *lobby*.

Isso é devido ao fato de que nem todos os ordenamentos preveem a prestação de contas dos faturamentos das empresas, mas exclusivamente a declaração do que foi gasto para esses tipos de serviços. Na lista das *top 10* europeias do setor, encontramos principalmente empresas multinacionais com sede nos Estados Unidos ou que operam, prevalentemente, junto às instituições europeias com sede em Bruxelas (tab. 1.3).

### 1.2.1.2 Os lobistas *in-house*

Os lobistas *in-house* são aqueles lobistas que operam em organizações e empresas cujo escopo social prevalente não é o *lobbying*.

Imaginemos uma empresa automotiva, ou uma de energia, ou uma farmacêutica: dentro da organização, serão estruturadas uma diretoria ou uma divisão dedicada aos "negócios institucionais", ou às "relações institucionais", ou aos *public affairs*. O lobista *in-house* é aquele que cuida das relações institucionais de uma pessoa jurídica, cujo escopo social não é fazer *lobbying*, mas, precisamente, produzir automóveis ou vender energia ou experimentar fármacos.

O lobista *in-house*, diferentemente da categoria anterior, tem uma **dimensão operacional** mais limitada, pois representa interesses pontuais e específicos. Todavia, ele precisa mediar entre todos os departamentos da empresa e os múltiplos sujeitos públicos com os quais ele interage.

Normalmente apoiados nas chamadas "funções de *staff*" do CEO ou do presidente da sociedade, os lobistas *in-house* têm um papel essencial em determinados processos societários, principalmente aqueles que terão reflexos externos, gerindo, em alguns casos, também as relações externas, a comunicação e o marketing. São eles, efetivamente, os catalizadores do que ocorre na esfera institucional e política, bem como os tradutores das principais mensagens.

Em nível mundial, todas as empresas com um faturamento superior a 10 milhões de euro anuais têm um departamento interno dedicado ao *lobbying*, enquanto as de meio e pequeno porte não têm, contratando principalmente as *lobbying firms*, quando for considerado útil, para externalizar os custos.

A contratação de sociedades de *lobbying* terceirizadas, na realidade, acontece também nas empresas que têm um departamento de *lobbying* interno: de fato, é comum externalizar as funções de monitoramento que, como veremos, são uma parte essencial do *back office*.

Os gastos com o *lobbying* das empresas no mercado estadunidense e na União Europeia são significativos.

Nos Estados Unidos, a Câmara de Comércio foi a operadora privada que, em 2022, gastou a maior quantia em atividades de *lobby*, com mais de 66 milhões de dólares. Nas primeiras 10 posições, encontramos principalmente associações empresariais, como a *National Association of Realtors*, a *Pharmaceutical Research & Manufacturers of America* e a *Business Roundtable*. As duas principais multinacionais que usam recursos para atividades de *lobbying* em nível federal são a *Alphabet* (*Google*), *Meta* (*Facebook, Twitter, WhatsApp*) e a gigante *Amazon*. Na União Europeia, com números mais reduzidos, graças aos dados do Registro para a Transparência (sobre o qual falaremos no capítulo II), é possível definir um *ranking* dos maiores operadores de *lobbying* juntos às instituições.

### FOCUS: CORPORATE LOBBYING

O *lobbying in-house* é chamado também de *corporate lobbying* pois representa uma das funções que constituem a alma da empresa. As funções societárias que convergem na atividade de *lobbying* respondem às Relações Institucionais (ou *public affairs,* dependendo dos casos), mas em uma estratégia mais complexa e completa, devem ser levadas em consideração também outras: as relações com a mídia; as relações com os sindicatos; o *marketing* de relacionamento com os consumidores e os grupos de opinião;

## CAPÍTULO I – OS CONTEXTOS

a comunicação institucional para o grande público; as questões legais e regulatórias perante o poder judiciário e as *authorities*.

Manter relações institucionais para uma grande empresa significa gerir e posicionar a imagem da empresa perante os interlocutores institucionais para proteger e promover interesses e instancias da própria empresa.

Uma estratégia ideal de *lobby* prevê que essas vozes sejam coordenadas e coerentes entre elas, de modo a poder falar em uníssono para os *stakeholders* que povoam o ambiente das relações da empresa.

Nessa perspectiva, o relacionamento com o agente público responsável pela decisão também é uma das ferramentas da chamada *Corporate Social Responsability*: o *lobby* torna-se, assim, a ferramenta de diálogo com a qual a empresa sensibiliza sobre seus valores e suas posições quem determina as regras do jogo no mercado.

Nesse contexto, a função das assim chamadas "relações institucionais" desempenha um papel decisivo na definição do cenário e na gestão das relações com as instituições públicas: governar e manter em equilíbrio os interesses da empresa, do setor e da comunidade de referência. Nesse sentido, a ação de *lobbying* pode ocorrer em diferentes níveis: pode ter alcance individual, por meio de uma estratégia centrada em uma única empresa para o seu interesse específico; pode envolver todo um setor ao agir sobre as associações representativas da categoria se o interesse for compartilhado ou compartilhável com outros operadores; pode ser de interesse de toda a comunidade se a estratégia prevê ações de diálogo amplo com instituições presentes no território, os partidos, as universidades, as fundações, os centros de estudos, de forma a ampliar a base de consensos sobre o interesse particular.

Tab. 1.4 *Top 10 corporate lobbying*, Estados Unidos. Valor gasto em *lobby*. Dados em dólares.

| LOBBYING CLIENT | Total ($) |
|---|---|
| US Chamber of Commerce | 66.410.000 |
| National Assn of Realtors | 44.000.000 |
| Pharmaceutical Research & Manufacturers of America | 30.400.000 |
| Business Roundtable | 29.120.000 |
| Blu Cross/ Blue Shield | 25.150.000 |
| American Hospital Assn | 25.140.000 |
| Meta | 20.070.000 |
| American Medical Assn | 19.500.000 |
| Amazon | 19.300.000 |
| American Chemistry Council | 16.640.000 |

Fonte: *OpenSecrets.org*, 2022.

Tab. 1.5 *Top 10 corporate lobbying*. Dados em euro.

| EMPRESA | SEDE | DESPESA PARA LOBBYING |
|---|---|---|
| 1 European Chemical industry Council | Bélgica | 12.300.000 € |
| 2 Insurance Europe | Bélgica | 6.500.000 - 6.749.000 € |
| 3 Google | Estados Unidos | 6.000.000 - 6.249.999 € |
| 4 European Federation of Pharmaceutical Industries and Associations | Luxemburgo | 5.503.206 € |
| 5 Microsoft Corporations | Estados Unidos | 5.000.000 - 5.249.999 € |

| | | |
|---|---|---|
| 6 Association of Financial markets in Europe | Reino Unido | 4.250.000 - 4.499.999 € |
| 7 Verband Deutscher Maschinen – und Aniagenbau e. V | Alemanha | 4.250.000 - 4.499.999 € |
| 8 Verband der Chemischen Industrie e. V. | Alemanha | 4.250.000 - 4.499.999 € |
| 9 BUSINESSEUROPE | Bélgica | 4.000.000 - 4.249.999 € |
| 10 European Banking Federation | Alemanha | 4.000.000 - 4.249.999 € |

Fonte: *LobbyFacts.eu*, 2022.

Também, nesse caso, é particularmente relevante a atividade das grandes associações industriais de setor, das multinacionais de segmentos inovadores e das associações das confederações industriais.

De outro lado, o Registro para a Transparência permite delinear, também, o número dos lobistas *in-house* dos quais cada operador pode dispor para levar adiante as próprias atividades de representação de interesses.

### FOCUS: IN-HOUSE VS. TERCEIRIZADO

Que diferença existe entre lobistas *in-house* e lobistas em nome de terceiros? Em primeiro lugar, temos três diferenças significativas: a) o *in-house* é um funcionário da empresa que tem aquele interesse específico, enquanto o terceirizado trabalha para uma empresa que gerencia uma pluralidade heterogênea de interesses; b) o *in-house* tem competências limitadas por comunicações organizacionais da empresa e não por contratos de consultoria como no caso do terceirizado; c) o *in-house* não pode representar interesses de sociedades diferentes (que não sejam controladas pela matriz ou nas quais ela não tenha participação).

Basicamente, portanto, o lobista terceirizado presta um serviço de consultoria para o cliente, apoiando a sua área de relações institucionais (caso exista) ou substituindo-o como representante de interesse. Seu trabalho tem caráter temporal limitado ao acordo contratual entre cliente e consultor. O lobista terceirizado tem um âmbito de atividade e uma missão precisos, definidos sempre no contexto do acordo com o cliente. A circunstância de não ser titular do interesse, que caracteriza o lobista em nome de terceiros, representa, além disso, uma ulterior possibilidade de contato indireto com o agente público ou político responsável pela decisão, caso a empresa esteja impossibilitada de representar diretamente o interesse, ou caso o tomador de decisão não queira ter um contato direto com o grupo. O lobista *in-house* é parte da estrutura de *managers* da empresa/organização cujos interesses ele representa. Desempenha um papel na definição das estratégias de *lobby* e responde hierarquicamente a um diretor, caso haja uma estrutura de *lobby*, ou diretamente ao vértice do grupo/organização. Ele faz a gestão das relações com as empresas de consultoria e a conexão interna com os demais departamentos da empresa e com as associações de categoria. Ele tem sobretudo competências gerenciais, mas, ao mesmo tempo, está apto a gerir diretamente a atividade de relações institucionais.

### 1.2.1.3 Os lobistas corporativos

Na Europa medieval, as "corporações" eram as associações de todos aqueles que, no mesmo contexto social, exerciam o mesmo ofício, por exemplo, comerciantes, bancários, açougueiros, sapateiros. Essas corporações tiveram o maior desenvolvimento entre o século XIII e o XIV e foram declinando e desaparecendo entre o século XVII e XVIII.

## CAPÍTULO I – OS CONTEXTOS

Hoje em dia, as associações que reúnem empresários ou empregadores e empregados têm sua origem nessas antigas formas de compartilhamento. Sem qualquer intento de polemizar, podemos, portanto, chamar de lobistas corporativos aqueles lobistas que representam interesses de associações de categoria que tutelam setores produtivos e profissionais específicos.

Os lobistas corporativos diferenciam-se dos lobistas *in-house*, em primeiro lugar, porque não operam dentro de uma empresa específica; em segundo lugar, porque são chamados a tutelar interesse coletivos, frequentemente reconhecidos como merecedores de tutela especial pela Constituição ou pelo legislador.

É preciso, nesse aspecto, evitar confusões: os sindicados e as associações de representação dos empregadores são titulares, em alguns casos, de um verdadeiro direito de "co-decisão"[14] no processo público de decisão precisamente porque são chamados a representar interesses de categorias relevantes da comunidade. A esse respeito fala-se em **concertação**,[15] cuja finalidade é conseguir um acordo.

A concertação nada tem a ver com a atividade de *lobbying*: nesta, geralmente, são protagonistas o governo de um lado e representantes de empregadores e sindicados do outro, com a finalidade de resolver situações de conflito ou de mera complexidade.

A concertação, que, em vários ordenamentos, encontra uma regulamentação específica, envolve, de fato, a assunção de responsabilidade (inclusive política) por parte dos sujeitos chamados a decidir[16] (compreendendo os sindicatos) ou que se recusam a assumir

---

[14] N.T. No original, o autor faz uso de *co-decisione*, um termo que, de fato, não existe análogo em vernáculo. Traduzimos a expressão por "co-decisão" que, embora seja um neologismo, torna a ideia do autor mais autêntica.

[15] N.T. Trata-se de diálogo entre o governo e as partes privadas por meio de encontros e tratativas, com o escopo de alcançar um acordo. Fala-se, então, de *politica della concertazione*.

[16] N.T. O autor no texto usa novamente a expressão *co-decidere*.

tal responsabilidade; na ação de *lobbying*, pelo contrário, a responsabilidade de decisão política fica com o agente público responsável pela decisão, independentemente do fato de ter sido gerada a partir de uma intensa atividade de influência de sujeitos externos.

A título de exemplo e limitando-nos à realidade italiana, onde esse tema é mais relevante, não pode ser considerada atividade de *lobbying* aquela promovida pelos sindicados e pelas associações de empregadores em julho de 1993, quando, sob o impulso do então primeiro-ministro Carlo Azeglio Ciampi, em um momento de profunda crise econômica do país, foi negociada a reforma do sistema de aposentadoria e de previdência; nem podemos incluir na definição de *lobbying* a ação desempenhada pelas partes sociais para chegar a assinar o chamado "pacote Treu" sobre o trabalho e o chamado "Pacto de Natal", de dezembro de 1998, no qual o governo assumiu o papel de promotor da iniciativa de consulta, pedindo o confronto prévio com os sindicatos e a organizações de empregadores graças à contribuição fundamental do então presidente da CONFINDUSTRIA,[17] Luigi Abete.

---

[17] N.T. CONFINDUSTRIA. "Confederação geral da indústria italiana. Fundada em Turim, em 1910, com o nome de Confederazione Italiana dell'Industria, assumiu o nome atual em 1919, com a transferência da sede para Roma. É a principal organização representativa de empresas de manufatura e serviços na Itália. Seu objetivo é proteger os interesses econômicos dos associados perante as instituições políticas e administrativas e as organizações sindicais. Também fornece consultorias sobre problemas gerais no mundo dos negócios e da indústria. Mais de 120.000 empresas participam, contando com um total de aproximadamente 4.500.000 integrantes" (tradução nossa). Em: ISTITUTO DELLA ENCICLOPEDIA ITALIANA. *Enciclopedia Online Treccani*. Disponível em: /www.treccani.it/enciclopedia/confindustria/. Acessado em: 05.07.2022.

CAPÍTULO I – OS CONTEXTOS

―――――――― O CASO ――――――――

*BusinessEurope*

BusinessEurope é a confederação de empresas europeias: ela reúne 41 associações nacionais de representação das empresas de 35 países (os 27 países membros da UE e os 8 países candidatos para a adesão ou já membros do Espaço Econômico Europeu) e representa mais de 20 milhões de empresas; em especial, a principal federação da indústria europeia cuja tarefa é garantir que os interesses das empresas sejam tutelados perante as instituições da União. O objetivo principal é o de preservar e fortalecer a competitividade das empresas europeias por meio de uma atividade de *lobbying* contínua que levou esse grupo de pressão ao 9º lugar de mais de 11.000, de acordo com os recursos investidos para esse escopo na Europa.

Em 2014, para protestar contra as posições da BusinessEurope, contrárias aos regulamentos europeus sobre limites de emissões poluentes para os veículos, a multinacional Unilever decidiu sair da confederação e opor-se formalmente à posição. O protesto da Unilever não mudou a atitude da BusinessEurope sobre aquele tema específico, mas teve o mérito de promover uma reflexão sobre a "responsabilidade ambiental das empresas". Em 2017, a Unilever voltou à organização, promovendo a *European Circular Economy Industry Platform*, com a finalidade de fomentar as políticas europeias sobre reciclagem e reúso de materiais, redução de resíduos e economia de recursos entre as empresas.

―――――――――――――――――――――――――――

Fora desses percursos historicamente definidos, em que o agente público responsável pela decisão considera indispensável chegar à decisão final, determinando junto com os representantes do mundo do trabalho e das empresas, para evitar ou reduzir o conflito social, sindicados e associações de categoria operam como lobistas, tentando influenciar a pauta política e o processo decisório da mesma forma que os demais lobistas.

É preciso esclarecer que, nas estatísticas europeias e norte-americanas, a atividade de *lobbying* das associações de categoria é incluída no *corporate lobbying*: por exemplo, como mostrado no parágrafo anterior, entre os principais *lobbies* da União Europeia e dos Estados Unidos, está a associação de categoria das indústrias farmacêuticas, ou seja, a BusinessEurope.

## PALAVRAS-CHAVE

*Lobbying* e *advocacy* são termos usados frequentemente como sinônimos, mas, na realidade, traduzem ações e atores diferentes.

A atividade de *advocacy* é geralmente realizada pelas organizações *no-profit e* consiste em informar o agente público responsável pela decisão sobre determinadas questões de interesse geral, pedindo-lhe para tomar uma posição. Nesse sentido, podemos dizer que a *advocacy* tem uma função prevalentemente informativa e educativa em face do tomador de decisão e, ao mesmo tempo, em relação à opinião pública. A *advocacy* propõe, de fato, temas de impacto global, agindo sobre sentimentos e exigências coletivas: uma clássica ação de *advocacy* é aquela promovida pelas associações para os direitos civis para a abolição, em termos mundiais, da pena de morte. Diferentemente da *advocacy*, o *lobbying* é voltado, como foi dito, a fazer com que o agente público responsável pela decisão tome medidas específicas (por exemplo, votar a favor ou contra certa emenda) para a tutela de um interesse plural, não necessariamente de amplo alcance.

A primeira ação de *advocacy* estruturada foi nos anos 1960, quando um grupo de advogados promoveu o chamado *advocacy planning*, ou seja, uma ação de influência voltada aos agentes públicos locais, responsáveis pela decisão, para que envolvessem, no planejamento do zoneamento urbano, também os grupos

CAPÍTULO I – OS CONTEXTOS

> minoritários e economicamente mais necessitados cujo ponto de vista era totalmente ignorado.

### 1.2.1.4 Os lobistas *no-profit*[18]

Uma categoria certamente menos conhecida – e pouco consolidada no imaginário comum – é as dos lobistas que operam dentro de organizações *no-profit* (sem fins lucrativos).

Os interesses defendidos por esse tipo de lobistas são, frequentemente, tendentes a criar esclarecimentos e alianças entre partidos diversos, tanto é que uma das caraterísticas principais é a de agir sobre a consciência ou a sensibilidade do tomador de decisão que, às vezes, se torna ele mesmo um servo da causa. Os interesses, portanto, tendem a ser globais (por exemplo, o clima, a imigração, a pena de morte etc.) e chamam a atenção para problemas dos quais todos, uns mais, outros menos, têm percepção.

──────── O CASO ────────

*Save the Children*

O percurso que levou à emanação da Lei n. 47, de 2017, com "Disposições em matéria de medidas de proteção dos menores estrangeiros não acompanhados", tem sido um exemplo de atividades de *lobbying* de diferentes ONGs, em especial, Save the Children. O problema (*issue* – questão) era a ausência de procedimentos uniformes e a grande demora, que tornavam inadequada a recepção de menores.

Depois de uma atividade preventiva de sensibilização e influência sobre os principais tomadores de decisão e o começo

---

[18] N.T. Sem fins lucrativos.

da atividade de análise do projeto de lei, Save the Children, com outras associações do terceiro setor (entre elas, Caritas, UNHCR, ActionAid, UNICEF, Emergency, Amnesty), formaram uma mesa de trabalho com o objetivo de apoiar, juntas, o *iter* parlamentar da disposição (o assim chamado c*oalition building*, cap. 3, par. 2.2). O objetivo de aprovação do projeto de lei – após quatro anos de intensa atividade de pressão – foi alcançado graças a uma integração entre diferentes técnicas, incluindo cartas aos tomadores de decisão, eventos de promoção e de sensibilização entorno da questão (*issue*), encontros bilaterais e audições; tudo suportado por uma atividade de comunicação e imprensa transversal e contínua.

---

As estratégias e as técnicas de influência são diferentes referentemente às categorias de lobistas anteriores: como veremos, de fato, os lobistas *no-profit* preferem um tipo de ação chamado *advocacy*, menos técnico, mas igualmente estruturado.

Sem dúvidas, à categoria, pertencem, a título de exemplo, as associações de proteção do meio ambiente também em nível global como o WWF, aquelas que tutelam os direitos humanos como Amnesty International, aquelas que tutelam os menores de idade como Save the Children, ou as associações animalistas como a LAV.

Na Europa, o número de lobistas *no-profit* cresceu vertiginosamente nos últimos anos. De acordo com as estimativas disponíveis, aqueles que operam de maneira transparente em Bruxelas são 3.493 (dados de 2022), com um incremento de 11% em relação ao ano anterior (2021) e uma taxa de despesa significativa.

Em termos de despesa, é bom destacar como os lobistas *no-profit* investem recursos significativos: em termos gerais, os dez principais *lobbies* do setor não governamental gastam mais de 35 milhões de euros por ano (em comparação aos mais de 54 milhões gastos por ano pelos *corporate lobbies*).

No *ranking* dos *top 10 players* do setor, destaca-se a ONG European Environment Bureau (EEB). Criada em 1974, é a maior e mais inclusiva rede de grupos de cidadãos ambientais da Europa – e a única que trabalha em uma gama tão ampla de questões. Reúne mais de 180 organizações da sociedade civil de mais de 38 países europeus (praticamente todos os Estados-membros da EU mais alguns países em vias de adesão e países vizinhos), incluindo um número crescente de redes europeias, com um total estimado de 30 milhões de membros. Precisamos esclarecer, todavia, que esses dados são distorcidos por um erro de compilação: as ONGs, de fato, têm a tendência de fazer coincidir o balanço total da associação com os recursos dedicados às atividades de *lobbying*.

Tab. 1.6 *Top 10* dos lobistas *no-profit* juntos à União Europeia, 2012.

| EMPRESA | SEDE | DESPESA PARA *LOBBYING* |
|---|---|---|
| 1 European Environmental Bureau | Bélgica | 7,375,000 € |
| 2 EUROCITIES | Bélgica | 5,625,000 € |
| 3 Open Society European Policy Institute | Bélgica | 4,625,000 € |
| 4 IBON International Foundation, Inc. | Filipinas | 3,625,000 € |
| 5 Stichting Dutch Green Building Council | Holanda | 3,375,000 € |
| 6 WWF European Policy Programme | Bélgica | 2,875,000 € |
| 7 Bureau Européen des Unions de Consommateurs | Bélgica | 2,875,000 € |
| 8 EUREKA Association AISBL | Bélgica | 2,125,000 € |
| 9 The Applied Research Institute - Jerusalém | Palestina | 1,875,000 € |
| 10 Fundación Cluster Automoción de Galicia Ceaga | Espanha | 1,625,000 € |

Fonte: Elaboração da *LobbyFacts.eu* e Registro para a Transparência, 2022.

Nos Estados Unidos da América, também os *lobbies* de cidadãos ou *no-profit* têm grande relevância: além de contribuir – como veremos – com as campanhas eleitorais federais, os grupos *no-profit* estadunidenses inventaram uma técnica própria de pressão – o *grassroots lobbying*[19] – que, hoje em dia, representa uma das ferramentas principais para determinar a vontade do tomador de decisão.

Um ponto de força das organizações não governamentais estadunidenses é o fato de terem privilégios especiais, mormente do ponto de vista fiscal: todavia, de acordo com o previsto pelo código federal da receita, caso uma ONG dedique a maioria do tempo (ou melhor, *a substantial part of its activities*) a fazer *lobbying*, ela perde esses privilégios.

A legislação estadunidense, como veremos, não faz distinção entre lobistas terceirizados, *in-house* ou *no-profit* e põe no mesmo nível aqueles que exercem, por uma parte relevante do tempo, a atividade de *lobbying*, independentemente do interesse tutelado. É por isso, por exemplo, que nos *rankings* dos estudiosos americanos acerca da despesa para as ações de *lobbying*, as ONGs com essas atividades são equiparadas aos *corporate lobbies*, como no caso da Open Society Policy Center, que pretende influenciar as políticas públicas sobre temas complexos como direitos civis, imigração, multilateralismo, assistência médica, transparência.

### 1.2.1.5 Os lobistas institucionais

As entidades locais e suas associações, mas também diferentes instituições centrais, incluindo ministérios e autoridades, frequentemente têm escritórios dedicados às relações assim chamadas "centrais" (Parlamento e governo). Embora possa parecer estranho, com o decorrer dos anos e a autonomia sempre maior

---

[19] N.T. *Lobby* em massa.

## CAPÍTULO I – OS CONTEXTOS

de muitas entidades locais, aumentou a consciência de que é importante seguir "de perto" os processos decisórios.

> ### *FOCUS: LINCOLN,* O FILME
>
> Os filmes que descrevem o trabalho dos lobistas são numerosos. Emblemático é o filme americano *Lincoln* (2012), dirigido por Steven Spielberg e interpretado por Daniel Day-Lewis, ator que, em 2013, ganhou o Oscar como melhor ator protagonista.
>
> O filme conta uma história absolutamente verídica. Em janeiro de 1865, o então presidente Abraham Lincoln, nas fases conclusivas da guerra de secessão americana, tenta convencer a Câmara dos Representantes a aprovar a XII emenda à Constituição para a abolição da escravidão. Operando como um verdadeiro lobista e chegando a contratar uma primitiva *lobbying firm*, Lincoln consegue seu objetivo, convencendo, um por um, os deputados incertos sobre o voto.

——————— O CASO ———————

*Open Society Foundation*

As Open Society Foundations (OSF) são uma rede de fundações internacionais fundadas, a partir de 1993, pelo financista George Soros. As Open Society Foundations estão presentes em 37 países e suportam financeiramente os grupos de sociedade civil no mundo todo, com o objetivo declarado de promover justiça, instrução, saúde pública e imprensa independente. Desde a sua fundação, as OSF doaram mais de 11 bilhões de dólares: nos EUA, o Open Society Policy Center gasta a cada ano 850 milhões de dólares para apoiar iniciativas no âmbito dos direitos civis e justiça e, só no ano de 2018, gastou mais de 20 milhões de dólares para atividades de *lobbying* finalizadas a contrastar a política migratória do presidente Trump.

Nas ruas adjacentes às sedes do Parlamento italiano não é raro encontrar escritórios de representação de entidades locais, à semelhança do que acontece em Bruxelas, onde muitas regiões e áreas metropolitanas italianas, assim como outros países da União, têm os seus próprios escritórios de representação: nesses locais, operam os chamados lobistas institucionais que atuam geralmente para a tutela de um interesse geral, principalmente de natureza pública, mas limitado do ponto de vista territorial ou da competência.

O papel do lobista institucional muda de acordo com a estrutura institucional e a estrutura de governo (presidencialista, parlamentarista, semipresidencialista) em que opera.

## O CASO

*Quattro Motori & Cia.*

Unir forças é a palavra-chave dos *lobbies* institucionais em Bruxelas. Também o compreenderam as regiões italianas que, por isso, se uniram a outras entidades territoriais com os mesmos interesses: é o caso da associação "Quattro Motori", criada pela Região da Lombardia em conjunto com as Flandres (Bélgica), o Gales (Reino Unido) e a Região de Malapolska (Polônia), ou o caso da "Rede Nereus", liderada pela Região da Puglia e composta pelos órgãos territoriais europeus em que existe um distrito aeroespacial para promover a utilização destas tecnologias em vários domínios de aplicação, da agricultura de precisão ao monitoramento ambiental, da navegação às telecomunicações, do mapeamento do território à conservação e valorização do patrimônio cultural.

---

Existem, de fato, sistemas políticos em que até a cúpula da instituição opera com as mesmas ferramentas e segundo as mesmas técnicas do *lobby* tradicional. Pensemos no que acontece nos Estados Unidos da América, onde o presidente, independentemente

## CAPÍTULO I – OS CONTEXTOS

da cor política da maioria no Congresso, é chamado a negociar constantemente suas *policies* (especialmente as orçamentárias e a política externa) com deputados e senadores, o que o torna o "primeiro lobista" desse sistema de governo.

Dependendo do destinatário da atividade de pressão, podemos distinguir dois tipos de lobistas institucionais: verticais ou horizontais.

Os **lobistas institucionais do tipo vertical** são aqueles que, operando em sistemas compostos, federais ou regionais, representam em um nível central de governo as instâncias dos níveis territoriais: isso é o que normalmente acontece nas instituições da União Europeia, onde se pode assistir a uma competição entre os diferentes Estados da União e entre os órgãos infraestatais dos mesmos Estados-membros, para que as políticas da União protejam esse ou aquele território.

Os **lobistas institucionais do tipo horizontal** são, por outro lado, aqueles que representam os interesses públicos no mesmo nível de governo ao qual pertencem. Pode parecer extravagante, mas, na realidade política, sobretudo a partir da segunda metade dos anos 2000, começaram a operar "lobistas ministeriais", chamados a representar, principalmente perante os parlamentares, as posições do ministério a que pertencem, em contraste com os pedidos de outros ministérios. Tais lobistas, na grande maioria, são funcionários ou consultores dos escritórios legislativos dos ministérios que, em um contexto de economia de recursos econômicos cada vez mais limitados, trabalham para determinar o andamento dos trabalhos parlamentares de forma a garantir a "defesa" das prerrogativas do ministério ao qual pertencem ou para assegurar, no Parlamento, a atuação da orientação política do ministro.

### 1.2.1.6 Os lobistas impróprios ou indiretos

Outra categoria de portadores de interesses é aquela do chamado "*lobbying* impróprio ou indireto": trata-se de sujeitos que não exercem como sua atividade profissional principal a de influência, mas que, muitas vezes por função ou história pessoal, têm o poder de influenciar o processo de tomada de decisão.

Nesse âmbito, podemos distinguir, pelo menos, quatro subcategorias diferentes:

1. os centros de reflexão cultural, incluindo fundações políticas e os *think tanks*;

2. os advogados;

3. os jornalistas;

4. as organizações religiosas.

No que se refere à primeira área, é necessário destacar como, em todos os ordenamentos democráticos, existem instituições culturais cujo objetivo é divulgar, informar e educar a comunidade, incidindo indiretamente sobre processo de tomada de decisão.

——————— O CASO ———————

## *Astrid*

Metade *think tank*, metade fundação política, Astrid é uma associação fundada em 2009 pelo ex-ministro e parlamentar de centro-esquerda Franco Bassanini. Astrid reúne mais de 300 sócios, entre os mais notáveis acadêmicos, pesquisadores e especialistas italianos junto aos altos dirigentes públicos e administradores locais, empresários e *managers* parlamentares e políticos, entre os quais – como informado no *site* da associação – pelo menos trinta fizeram parte de governos italianos nos últimos quinze anos.

## CAPÍTULO I – OS CONTEXTOS

Astrid trabalha principalmente por meio de seminários permanentes, geralmente reservados e a portas fechadas, ou grupos de estudos que produzem pesquisas, análises e propostas colegiadas.

Uma das pesquisas produzidas por Astrid que teve grande repercussão na imprensa interessou, em maio de 2017, a chamada *sharing economy* e, em particular, os serviços de plataformas como Airbnb e Uber. Enquanto o Parlamento discutia como expandir o mercado de transporte público local, superando o modelo de concessão tradicional para taxistas, a associação apresentou o trabalho "Concorrência, trabalho, tributação *na sharing economy*", influenciando, por força da autoridade dos seus autores, o processo decisório em curso.

---

Operam com esse objetivo os **think tanks** – sobre os quais voltaremos amplamente no próximo parágrafo –, ou seja, organizações geralmente independentes, caraterizadas pela capacidade de oferecer *policy advices*, isto é, conselhos, ao agente público responsável pela decisão. Elas não têm um papel ativo, não promovem ações para influenciar o tomador de decisão sobre temas específicos, tutelando interesses pontuais: elaboram e promovem pesquisas, orientações e debates e os oferecem ao tomador de decisão sem exercer pressão alguma.

Nesse âmbito, incluímos também as **fundações políticas** que, frequentemente, na literatura científica, são consideradas *thinks tanks*, mas que, como observado de maneira eficaz, nada têm a ver com os seus homólogos estadunidenses.

Na Itália, mais de um terço dos *thinks tanks* são coligados a partidos políticos ou a líderes políticos: da Fundação Magna Carta, que surgiu em torno do ex-presidente do Senado Marcello Pera e do ex-ministro Gaetano Quagliariello (da área centrista), à Associazione Italia Decide, de Luciano Violante (ex-presidente da Câmara e parlamentar de esquerda); da Fundação Italianieuropei, de Massimo D'Alema (ex-secretário do Partido Democrático della Sinistra, parlamentar, ministro e primeiro-ministro), à Arel (fundada por Nino Andreatta, histórico ministro democrata-cristão e intelectual, e agora animada por Enrico Letta, ex-parlamentar, ministro e primeiro ministro de centro-esquerda).

Em segundo lugar, os advogados também se enquadram nessa categoria, especialmente aqueles que trabalham em grandes escritórios de advocacia. Para falar a verdade, é preciso distinguir o contexto norte-americano do europeu.

---

### PALAVRAS-CHAVE

Inúmeras atividades empresariais em todo o mundo precisam ser autorizadas: o *permitting* é a atividade realizada para iniciar os procedimentos necessários à obtenção de uma "licença" ou autorização, acompanhando passo a passo todas as fases do procedimento.

O *permitting* difere do *lobbying*, em primeiro lugar, porque o resultado final não é uma avaliação discricionária do agente público responsável pela decisão, mas a conclusão de um procedimento administrativo regulado por fontes determinadas e de acordo com prazos definidos. Em segundo lugar, as técnicas mudam: no caso do *permitting*, o que se torna essencial é o perfil jurídico e não o comunicativo ou psicológico, precisamente porque o objetivo do *permitting* é obter a autorização necessária da autoridade de referência para a realização do projeto.

Existem empresas especializadas em *permitting* que, em alguns casos, também se encarregam de todas as atividades de estudo, análise, avaliação, modelagem e tratamento documental visando obter, junto aos órgãos competentes, as autorizações necessárias à realização de um novo projeto ou ao funcionamento de um sistema de produção existente; em outros casos, elas se limitam a acompanhar os prazos e as modalidades do procedimento.

## CAPÍTULO I – OS CONTEXTOS

> Em grandes multinacionais, a diretoria que cuida das relações institucionais tem um departamento especial dedicado ao *permitting*.

Nos Estados Unidos e no Canadá, a profissão jurídica compreende totalmente a função de representação de interesses privados perante os agentes públicos responsáveis pela decisão; não é por acaso que as principais firmas de *lobby* dos Estados Unidos operam dentro de grandes escritórios de advocacia, quando elas próprias não são escritórios de advocacia.

Em nível europeu, no entanto, a situação é diferente, pelo menos do ponto de vista formal: enquanto são obviamente reconhecidas aos advogados as funções de defesa do interesse do cliente, em face do interesse de outro sujeito (público ou privado), para agir em juízo ou para evitar um julgamento adverso, com maior dificuldade se compreende como possa, alguém inscrito no registro profissional de advogados e, portanto, sujeito a um conjunto de regras rigorosas de comportamento, incluindo o sigilo profissional, exercer atividades de *lobbying*. Pensem, por exemplo, em um escritório de advocacia que, ao apoiar seu cliente, encontra um obstáculo regulatório-legislativo e, ao invés de encaminhar a resolução a uma empresa de *lobbying*, inicia uma atividade de pressão interna.

> *FOCUS*: O ESTATUTO DA ASSOCIAÇÃO DE IMPRENSA PARLAMENTAR ITALIANA
>
> Art. 6° Incompatibilidade. O *status* de associado da ASP é incompatível com qualquer cargo ou qualquer atividade que possam direta ou indiretamente condicionar o trabalho do jornalista político-parlamentar ou que determinem relações econômicas com políticos, partidos, instituições ou órgãos públicos ou privados. A inscrição na ASP é, portanto, incompatível com tarefas, mesmo temporárias, que envolvam remuneração ou indenização a qualquer título em empresas, órgãos ou associações, com exceção das cooperativas

> editoriais, das organizações representativas e tutelares da categoria de jornalistas e das escolas de jornalismo. (...)
>
> Art. 18: Deveres dos sócios. Os associados e titulares de autorizações provisórias de acesso às sedes parlamentares, emitidas pela Associação de Imprensa Parlamentar, têm o dever de: (...) b) não serem portadores, por conta de órgãos públicos ou privados, nos órgãos legislativos, de interesses alheios à profissão do jornalista (...).

Os advogados-lobistas são cada vez mais numerosos também em nível europeu, embora apareçam raramente: baste pensar que no Registro para a Transparência criado em Bruxelas, apenas 113 escritórios de advocacia estavam registrados em junho de 2019, ou seja, menos de 1% do número total de lobistas registrados. No entanto, o fato de grandes escritórios de advocacia, incluindo os que operam na Itália, terem criado escritórios internos *ad hoc* dedicados às relações institucionais, à comunicação e aos estudos jurídicos, torna evidente se tratar de um setor em expansão. Em particular, os escritórios de advocacia atuam com o objetivo de influenciar os processos de tomada de decisão relacionados a licenças e autorizações, desde o setor ambiental até o imobiliário.

Em terceiro lugar, podemos mencionar os **jornalistas**, especialmente aqueles que acompanham a crônica política e os debates parlamentares.

Na Itália, na verdade, aos jornalistas parlamentares é proibido, pelo Estatuto da Associação de Imprensa parlamentar (ASP), realizar essa atividade, mas o limite entre a descrição de um fato de crônica política e a ação de influência é muito lábil. Como veremos, de fato, o uso da comunicação representa uma ferramenta de pressão e é indubitável que o acesso livre e ilimitado aos palácios do poder, reconhecido aos jornalistas, lhes permite adquirir informações de primária importância, sem filtro, e, ao mesmo tempo, influenciar o conteúdo, inclusive indiretamente, com matérias e notas.

CAPÍTULO I – OS CONTEXTOS

---------- O CASO ----------

*A negociação sobre pesca*

Um inquérito realizado pelas ONG Corporate Europe Observatory e Seas at Risk evidenciou como, durante a negociação para a determinação das novas cotas de pesca para os vários países europeus, entre dezembro de 2015 e dezembro de 2016, vários lobistas do setor, representando categorias de pescadores, reuniram-se com alguns ministros europeus durante os trabalhos do Conselho. Em particular, a investigação revelou como Maarten Drijver, presidente da VisNed, a associação de pescadores holandeses, e Javier Garat Pérez, secretário-geral da Cepesca (a confederação espanhola de pesca), fizeram *lobbying* permanentemente durante os trabalhos do Conselho dos Ministros europeus da Pesca (denominado Conselho AgriFish), com cartão de jornalistas. Ambos justificaram-se destacando como, no final das "conversas" que mantiveram com ministros europeus durante os trabalhos do Conselho, publicaram matérias em revistas nacionais como a holandesa Fishing News (órgão oficial da associação de pescadores), *Pesca Internacional*, *Europa Azul* e *Indústrias pesqueiras*.

---

O fenômeno dos **jornalistas-lobistas** existe também na União Europeia.

Para acompanhar os trabalhos do conselho dos ministros uma das vias de acesso usadas pelos lobistas é cadastrar-se como jornalistas: para obter tal passe, é suficiente enviar à assessoria de imprensa do conselho uma cópia da carteirinha de jornalista (inclusive não profissional)[20] e uma carta de qualquer diretor de jornal que se comprometa a publicar a matéria do jornalista encarregado. Várias firmas de *lobbying* europeias – e em especial as associações de categoria – usam esse *escamotage* para falar com

---

[20] N.T. Na Itália, existe uma diferença entre jornalista *professionista* e *pubblicista*.

ministros e suas equipes durante os trabalhos do conselho, pois não existe outra maneira de obter acesso ao lugar.

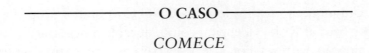

### COMECE

A Conferência Episcopal das Comunidades Europeias (CO-MECE) é a organização religiosa mais representativa na Europa. Ao registrar-se na lista dos lobistas da União Europeia, manifestou fortes perplexidades com a possibilidade de ser considerada um *lobby: we would like to emphasize*, podemos ler na ficha de inscrição da COMECE, *that the lobbying and/or interest representation terminology cannot be applied to us as a Church representation, pois we see our contribution as being mainly of a moral and ethical nature, but also rooted within the Social Doctrine of the Church (...) constantly inspired by the Gospel and by the Catholic Church's reflection on the dignity of each human being as created in God's image. We operate in search of the common good, not in the name of "business" or "interests" (as typical features of lobbying and interest representation). Finally, we are not conditioned by third-parties "interests".*

---

Além dessas categorias, existem os **lobbies religiosos**, ou seja, aqueles grupos de interesse de caráter religioso que, de forma mais ou menos organizada, querem incidir nas políticas públicas.

A natureza e a legitimidade dos *lobbies* religiosos são objeto, há anos, de amplo debate na doutrina: considerar *lobbies* (da mesma forma que uma multinacional farmacêutica) as organizações religiosas como a Igreja Católica ou a comunidade hebraica, de fato, levanta uma dúvida a mais naqueles que pensam que a finalidade única dessas organizações seja, ou precisa ser, a proclamação da fé. Discute-se, de fato, sobre um possível (e legítimo) papel público

## CAPÍTULO I – OS CONTEXTOS

das organizações religiosas, além da dimensão privada e pessoal do indivíduo na determinação da visão política global.

Nas democracias contemporâneas, onde a secularização representa uma pedra angular do sistema, as organizações religiosas deixaram de desempenhar o papel de *players* do contexto político e, no entanto, atuam para caracterizar determinadas políticas, cruzando todas as fronteiras entre as esferas pública e privada. À luz da realidade, aqui também aderimos às teorias daqueles que tratam as organizações religiosas como outros *lobbies*, pelo menos quando essas, superando as fronteiras da fé, aspiram a determinar a direção política dos governos. No entanto, é difícil incluir grupos religiosos nas categorias tradicionais de *lobbies*, precisamente por causa de sua dimensão multipolar; para isso, nos limitamos a tratá-los, marginalmente, no contexto de *lobbies* impróprios.

É inegável que, na União europeia e nos Estados Unidos da América, grupos religiosos sejam considerados *lobbies*: eles se cadastram nos elencos de lobistas e usam as mesmas técnicas dos grupos de pressão tradicionais, podendo contar, a mais, com a potencial mobilização das consciências dos fiéis, representando, de fato, uma das últimas ideologias restantes.

No Registro para a Transparência da União Europeia resultam inscritas 52 organizações religiosas (dados de 2022). A despesa média para o *lobbying* é de cerca de 50.000 euros por associação, com picos de 900.000 euros para a associação europeia das comunidades hebraicas e de mais de um milhão de euros para a Conferência Episcopal Europeia das comunidades europeias.

A atividade de *lobbying* realizada por essas organizações tem sido, às vezes, significativa. Por exemplo, durante a aprovação da Carta de Nice dos Direitos Fundamentais da União Europeia ou do novo Tratado da União Europeia, entre 2003 e 2009, grupos religiosos de inspiração cristã e judaica trabalharam para influenciar – sem sucesso – os redatores dos dois documentos internacionais para que inserissem uma referência explícita aos valores judaico-cristãos, como valores constitutivos da União. Posteriormente, a Igreja Católica tornou-se protagonista de mais uma ação de *lobby* para fazer assinar, em nível europeu, acordos de convivência entre as igrejas e a União, no modelo dos Pactos Lateranenses italianos, de modo a reconhecer alguma diferença entre a religião católica e as demais.[21]

### 1.2.1.7 Os lobistas cívicos ou *citizen lobbists*

Os cidadãos lobistas, os chamados *citizen lobbists*, representam a nova fronteira do ativismo cívico: todo cidadão informado e participante da vida pública e política torna-se um lobista de si mesmo ou um agregador e portador de interesses semelhantes. A perda de confiança nos sistemas institucionais e a crescente desconexão entre os cidadãos e as instituições governamentais têm tornado cada vez mais atual a capacidade do cidadão da *web 2.0* de atuar sem intermediários, de forma não convencional e direta, junto ao tomador de decisão, para criar um modelo de sociedade mais próximo de suas ideias.

### FOCUS: O WHISTLEBLOWING

O *whistleblowing* é a atividade de denúncia de crimes ou irregularidades por pessoas que deles tomem conhecimento no âmbito de uma relação de trabalho pública ou privada.

Os apelos por uma legislação comunitária sobre *whistleblowing* começaram já em 2014, graças a algumas associações de ativistas cívicos italianas e europeias, como Riparte il Futuro, Libera, Gruppo Abele, Transparency International. O objetivo da campanha de mobilização era combater a corrupção que estava explodindo na Europa. Os ativistas cívicos usaram ferramentas inovadoras e virais

---

[21] MACRÌ, Giafranco. *Democrazia degli interessi e attività di lobbying*. Soveria Mannelli: Rubbettino, 2016, p. 118.

## CAPÍTULO I – OS CONTEXTOS

> para espalhar quanto mais possível a campanha para a opinião pública italiana e europeia. A Riparte il Futuro, em particular, fez um vídeo viral para falar sobre denúncias, além de um abaixo-assinado e uma petição na plataforma do *Facebook*. Após dessa ação, em 2016, foi apresentado um projeto de lei na Itália pelo Movimento 5 Estrelas. A lei, que entrou em vigor em 2017, alterou o Texto Único do Emprego Público, com o objetivo de proteger o trabalhador que denuncia o seu empregador pelos crimes acima descritos, através da reintegração ao local de trabalho, além do cancelamento de eventuais sanções e garantindo o anonimato do denunciante, tudo com a supervisão da Autoridade Nacional Anticorrupção (ANAC). Nos meses seguintes, entidades como CONSOB e a Banca d'Itália aplicaram normas internas para regular a denúncia de irregularidades, fenômeno que é objeto de um relatório trienal da própria ANAC.

As novas tecnologias, juntamente com as inovações do processo regulatório, cada vez mais pautadas nos valores da transparência e da participação, têm multiplicado os espaços de diálogo entre os interlocutores, sejam eles indivíduos ou agregados, associações ou empresas, e o agente público responsável por decidir.

No conforto da sua casa, em frente à tela de um computador, de um *tablet* ou de um simples *smartphone*, o cidadão lobista interage com outros portadores de interesses, individuais ou coletivos, de modo a despertar a atenção ou influenciar o agente público ou político responsável por decidir, utilizando as ferramentas típicas dos *lobbies* profissionais, preferindo estratégias virtuais para influenciar as agendas dos tomadores de decisão, até organizar protestos reais, quando se reúne em manifestações com outros pares.

O ecossistema virtual das redes sociais é o campo de ação do cidadão lobista, tanto pela viabilidade econômica quanto pelo seu imediatismo; o compartilhamento de sentimentos comuns lhe permite organizar coalizões e movimentos em torno de um objetivo específico perseguido, seja nos conteúdos, seja nas solicitações. O lobista cidadão não despreza nem ao menos o contato direto, principalmente nos casos em que as decisões a serem influenciadas digam respeito às menores dimensões territoriais, dos bairros aos municípios.

Obviamente, para o cidadão-lobista, fazer *lobby* não é um trabalho, mas as motivações subjacentes à sua ação se revelam muito fortes, pois envolvem não só os seus interesses, mas também a sua esfera de valores, cuja defesa muitas vezes se torna o motivo da ação.

Sua força de negociação baseia-se no reconhecimento ou não reconhecimento da ação política do tomador de decisão, que pode ser recompensado ou punido na próxima eleição pelo cidadão lobista e eleitor. O cidadão lobista estará, de fato, atento à atualidade política, apesar da sua relação pontual, mas apaixonada pelo processo decisório, reconhecendo a responsabilidade por esses processos e prestando atenção aos pontos decisivos sobre os quais exercer pressão, para atingir seu objetivo.

O lobista cívico, portanto, é "alguém que – sem ser remunerado, identifica um problema social ao qual é particularmente sensível e começa a se interessar ativamente por ele", valendo-se das suas próprias competências profissionais.[22]

Como veremos, essa figura de lobista cívico está frequentemente envolvida em fenômenos de *grassroot lobbying,* ou seja, pressões baseadas em mobilizações de massa.

Pensem em dois casos emblemáticos de *lobby* cívico: por um lado, a atividade desenvolvida, entre 2015 e 2016, pelo estudante austríaco Max Schrems contra o *Facebook,* pelo uso ilegal dos nossos dados pessoais, o que levou a empresa norte-americana a alterar as regras de privacidade e a União Europeia a aprovar o Regulamento Geral de Proteção de Dados (GDPR); ou Greta Thunberg, a adolescente sueca

---

[22] ALEMANNO, Alberto. *Lobbying for change*: find your voice to create a better society. Londres: Icon Books, 2017.

# CAPÍTULO I – OS CONTEXTOS

que, a partir de janeiro de 2019, com uma ação que deveríamos definir mais corretamente como *advocacy* do que *lobby*, mobilizou jovens, adultos, governos e chefes de Estado de todo o mundo para a adoção de novas políticas de combate às mudanças climáticas.

## 1.2.2 Os destinatários do *lobbying*

### 1.2.2.1 O agente público responsável por decisões

Na definição de grupos de pressão, especificamos que o destinatário da ação de *lobbying* deve ser um agente público responsável pela decisão.

O agente público responsável pela decisão é aquele que tem o poder de satisfazer ou não o interesse representado pelo lobista. Trata-se de uma pessoa que detém um poder de autoridade pública, em virtude da lei, cargo ou função ocupada. Como mencionado, essa noção é particularmente ampla; nela, encontramos os políticos que tomam decisões, ou seja, aquele tipo particular de agente público responsável por decisões que ocupa um cargo político (como um membro do governo ou de uma assembleia legislativa).

Ao lado dos agentes políticos responsáveis pela decisão, como se verá, existe também a categoria dos tomadores de decisão não políticos, ou seja, aqueles que não ocupam cargos eletivos, mas que, em decorrência de sua função, têm o poder de realizar atos imperativos de âmbito geral.

Nesse contexto, devemos distinguir duas outras subcategorias: tomadores de decisão não políticos de nomeação política e tomadores de decisão não políticos de nomeação pública.

Os membros das equipes (ou dos escritórios de colaboração direta) da autoridade política pertencem à primeira subcategoria, que será mencionada em breve. A segunda subcategoria inclui gestores e funcionários públicos, aqueles que ocupam o cargo em virtude de processos seletivos transparentes (como um concurso). Uma característica fundamental desse tipo de tomador de decisão é a independência de qualquer condicionamento de ordem política nas suas escolhas: pode-se dizer que, não devendo o seu cargo a uma investidura política, ele preexiste ao tomador de decisão político e permanece no seu cargo depois da decadência da função do último.

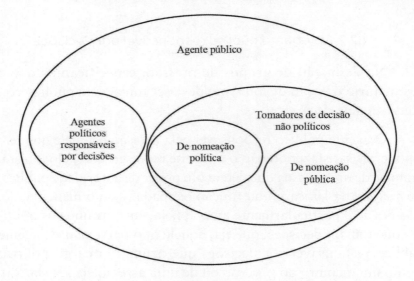

Fig. 1.2 *Síntese dos tipos de tomadores de decisão.*

A identificação correta do agente público responsável pela decisão é essencial para a atividade do lobista.

O tomador de decisão muda de acordo com o interesse representado. Vamos dar dois exemplos.

Se meu objetivo é evitar a modificação do plano de zoneamento do município para permitir a construção de um *shopping* no lugar de um parque público, é provável que o agente público relevante seja a Câmara dos Vereadores[23] e, dentro dela, a Comissão

---

[23] N.T. No texto: *Consiglio Comunale.*

## CAPÍTULO I – OS CONTEXTOS

de Urbanismo;[24] ao lado dessas autoridades políticas estarão os membros de suas equipes e, antes deles, os técnicos da Comissão, chamados para elaborar os atos preparatórios da resolução.

Do mesmo modo, se o meu objetivo é introduzir limites mais restritos para a pesca, terei de recorrer a Bruxelas e às instituições europeias, uma vez que a competência nessa matéria cabe à União Europeia, tal como estipulado pelo Tratado sobre o Funcionamento da União. Nesse contexto, os meus interlocutores serão os funcionários da Direção-Geral de Pesca da Comissão Europeia; depois, os comissários delegados; na sequência, os ministros da agricultura da União, uma vez que essa questão deve ser discutida nos conselhos de ministros europeus da agricultura e da pesca; e, obviamente, os parlamentares que desempenham um papel relevante no novo processo decisório europeu.

Não existe, portanto, um único agente público responsável pela decisão ou um tipo de agente público responsável pela decisão. São vários e variam de acordo com o tipo de interesse representado.

Porém, é imprescindível identificá-lo corretamente e de imediato, para não perder tempo na ação de pressão. Isso requer um conhecimento profundo da estrutura de competências regulatórias, especialmente em contextos federais como os Estados Unidos e em sistemas institucionais multinível, como a União Europeia ou a Itália.

### 1.2.2.2 O tomador de decisão político e seu aparato

Limitando-nos ao contexto italiano, podemos identificar, em nível nacional, dois principais centros de decisão: o governo e o Parlamento.

---

[24] N.T. No texto: *Commissione consiliare urbanistica*.

⇒ **O governo.** Composto pelo *presidente del Consiglio dei Ministri*[25] e pelos ministros, deve gozar, no nosso sistema, da *fiducia*[26] de ambas as Câmaras. Dentro do governo, um papel importante é reconhecido, pela Constituição, ao *presidente del Consiglio*, que determina a política geral e desempenha a função de coordenação e orientação dos ministros.

Os ministros, nomeados pelo presidente da República sob proposta do *presidente del Consiglio*, são diretamente responsáveis pelos atos adotados pelos ministérios[27] que lhes são confiados; definem os objetivos políticos do ministério[28] e supervisionam a atividade administrativa das direções gerais. Uma distinção importante é aquela entre ministros com pasta e ministros sem pasta: os primeiros estão à frente de um ministério,[29] ou seja, de um aparelho administrativo hierarquicamente ordenado, enquanto os últimos, apesar de fazerem parte do governo e do Conselho dos ministros, exercem apenas as funções delegadas pelo *presidente del Consiglio* ou atribuídas por lei.

Para cada ministro, o *presidente del Consiglio* nomeia secretários de estado, que auxiliam o ministro. Os vice-ministros podem ser escolhidos entre eles. Os subsecretários e vice-ministros desempenham um papel fundamental na articulação entre a estrutura política do ministério e o Parlamento, pois normalmente intervêm como representantes do governo nas sessões das Câmaras e das

---

[25] N.T. Presidente do Conselho dos Ministros. Cargo correspondente ao de Primeiro-Ministro.

[26] N.T. Literalmente, "confiança". "FIDUCIA: s. f. [do Lat. *fiducia*, der. de fidĕre 'fidare, confidare'] (pl., raro, -cie). Em direito constitucional, o 'voto di fiducia' é o voto por meio do qual o parlamento aprova ou recusa as diretrizes políticas e a correspondente ação do governo" (tradução nossa). ISTITUTO DELLA ENCICLOPEDIA ITALIANA. *Vocabolario Online Treccani*. Disponível em: www.treccani.it/vocabolario/fiducia/. Acessado em: 21.10.2021.

[27] N.T. *Dicasteri* no texto original.

[28] N.T. *Dicastero* no texto original.

[29] N.T. *Dicastero* no texto original.

## CAPÍTULO I – OS CONTEXTOS

comissões parlamentares, apoiando a discussão em conformidade com as diretrizes do ministro, respondendo às perguntas e interpelações e exprimindo a posição do governo sobre as emendas em discussão.

Em apoio aos ministros, existem duas estruturas diferentes, mencionadas acima: uma estrutura técnica, mas de derivação política (os chamados "tomadores de decisão não políticos de nomeação política") e uma estrutura administrativa (os chamados "tomadores de decisão não políticos de nomeação pública").

A primeira estrutura é representada pelos *Uffici*[30] *de colaboração direta com a autoridade política, que formam os assim chamados Uffici di Gabinetto*. Eles gerenciam a agenda do ministro e têm como atribuição definir objetivos, articular-se com as demais administrações e avaliar as políticas ministeriais. Eles colaboram diretamente com o ministro na definição de políticas, elaboração de documentos e organização do ministério.

O chefe de Gabinete dirige os *Uffici* de colaboração direta com o ministro, atua como elo entre a parte política e a administrativa do ministério e pode ser coadjuvado por uma série de vices. O chefe do Gabinete instrui, examina e referenda todos os documentos levados ao conhecimento do ministro. Nada está excluído do seu controle prévio: tudo o que acaba na secretaria do ministro, desde uma simples carta de agradecimento a um decreto ministerial, desde uma nota do diretor-geral a uma nota de imprensa, será, em geral, antecipadamente analisado ou compartilhado com o chefe de Gabinete, que assume parte da responsabilidade pela atuação do ministro. Dentro do Gabinete existem outros departamentos, como o secretariado do ministro, o secretariado Técnico, o *Ufficio Legislativo*, o *Ufficio Stampa*,[31] o *Ufficio* do Assessor Diplomático.

---

[30] N.T. Literalmente, "escritórios" ou "gabinetes".
[31] N.T. Assessoria de Imprensa.

A secretaria do ministro define a agenda do ministro, prepara a documentação para as reuniões do ministro e cuida das relações políticas. O chefe da secretaria é muitas vezes coadjuvado por um secretário particular do ministro que, geralmente, o acompanha em todas as iniciativas públicas e o assiste como se fosse um "ajudante de campo".

O *Ufficio Legislativo* coordena todas as atividades regulatórias do ministério. Elabora os projetos de lei e as emendas às medidas em discussão no Parlamento, os decretos legislativos e ministeriais e os regulamentos de iniciativa do ministério, exprime opiniões sobre as medidas de iniciativa de outros ministérios ou de parlamentares, analisa as leis regionais e avalia os eventuais pedidos de julgamento de legitimidade constitucional destas perante a Corte Constitucional. O chefe do *Ufficio Legislativo* é geralmente um professor universitário de Direito, um advogado, um magistrado ou um alto executivo público. Para esta atividade, é frequentemente coadjuvado pelos assessores jurídicos do ministro ou por consultores com contratos de colaboração escolhidos diretamente pelo chefe do Gabinete.

A secretaria técnica representa a cabeça pensante desse tipo de gabinete: realiza tarefas de apoio técnico à elaboração e ao acompanhamento de políticas relativas ao setor de competência, mas também elabora propostas, avalia o seu impacto e se comunica frequentemente com os portadores de interesse e os *stakeholders*, cuidando da elaboração de relatórios técnicos e participando de mesas de discussão técnica com operadores e especialistas em que o ministério esteja presente.

O *Ufficio stampa e comunicazione* cuida do relacionamento com a mídia nacional e internacional, gerenciando as relações públicas da autoridade política.

CAPÍTULO I – OS CONTEXTOS

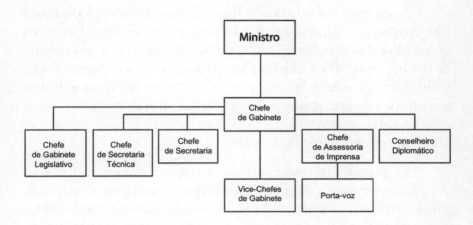

Fig. 1.3 *Estrutura dos gabinetes de direta colaboração do ministro.* Esquema padrão, 2019.

O conselheiro diplomático, escolhido entre os quadros diplomáticos ativos no *Ministero degli Esteri*,[32] assiste o ministro nas atividades de política externa, assegurando os contatos com o *presidente del Consiglio* e o *ministero degli Esteri* e gerindo os compromissos internacionais mais importantes, inclusive negociações em nível europeu.

Vice-ministros e subsecretários têm estruturas mais ágeis e mais simples, centradas na figura do chefe da secretaria particular, que coordena as atividades políticas da autoridade de referência, e é a interface com *Ufficio di Gabinetto* para os perfis de competência. Na elaboração das políticas ministeriais, esse nível de governo raramente desempenha um papel relevante, mas é preciso destacar como, com frequência, são os vice-ministros e os subsecretários que representam o ministério (e o governo) nos trabalhos parlamentares e, se não recebem indicações específicas do ministro, têm amplo espaço de ação nesse contexto.

---

[32] N.T. Ministério das Relações Exteriores.

A segunda estrutura, de tipo administrativo, é composta por dirigentes concursados. Os ministros têm poderes limitados de escolha dos dirigentes, podendo apenas utilizar a ferramenta de avaliação de desempenho para premiar os mais merecedores. Com efeito, no início de cada ano, os ministros aprovam as linhas prioritárias de orientação política, ou seja, um documento com o qual fixam os macro-objetivos que a estrutura administrativa deve alcançar, estando vinculada a eles.

As principais estruturas do aparelho ministerial são os departamentos e as direções-gerais, que constituem a parte administrativa do ministério.[33] Os departamentos são coordenados por um chefe de departamento que, por sua vez, coordena uma série de escritórios de nível gerencial de primeiro nível (figura 1.4).

Em algumas administrações, em vez do departamento, existe o *Ufficio del segretario generale*[34] (figura 1.5), um órgão de ligação entre todas as direções-gerais nomeadas diretamente pelo ministro e sujeitas ao *spoil system* no prazo de 90 dias a partir da nomeação do novo ministro, da mesma forma que os chefes de departamento.

No âmbito de cada direção-geral, operam divisões sob a responsabilidade dos executivos de segundo nível, muitas vezes dotados de poder autoritativo e de autonomia de gestão dos gastos.

---

[33] N.T. *Dicastero* no texto original.
[34] N.T. Gabinete do secretário-geral.

## CAPÍTULO I – OS CONTEXTOS

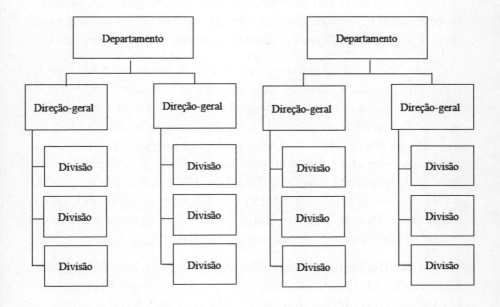

Fig. 1.4 *Estrutura administrativa articulada em departamentos.*

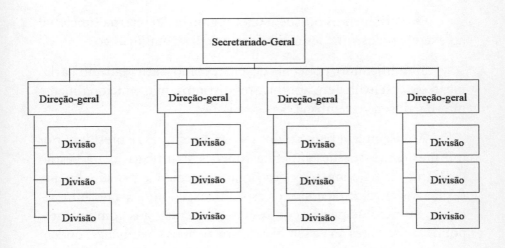

Fig. 1.5 *Estruturas administrativas articuladas em direções-gerais coordenadas pelo secretariado-geral.*

É importante que o lobista conheça as competências de cada direção-geral e, abaixo dela, de cada divisão e *ufficio*, para entender quem é o contato técnico correto sobre o assunto de interesse específico.

Às vezes, os ministérios fazem uso de agências administrativas específicas. Essas agências são estruturas que desenvolvem atividades técnico-operacionais de interesse nacional e operam ao serviço das administrações públicas, incluindo as regionais e locais. Elas são submetidas ao direto controle do ministério e geridas por um diretor-geral, este que é nomeado por decreto e estabelece as suas funções, atribuições e obrigações. Uma delas, por exemplo, é a AGID, a Agência para a Itália Digital, que pertence ao Departamento de Função Pública; outra é a AIFA, a agência italiana de medicamentos, a qual depende do Ministério da Saúde.

⇒ **Parlamento.** O titular do Poder Legislativo em nível nacional e da relação de confiança com o governo é o Parlamento, organizado na Câmara dos Deputados e no Senado da República. A disciplina da organização interna de cada Câmara é estabelecida pelos regulamentos parlamentares.

Os Parlamentos possuem uma organização interna funcional ao exercício das funções atribuídas pelo sistema jurídico.

Simplificando, podemos destacar como a atividade do Parlamento se desenvolve em dois lugares distintos, mas funcionalmente interligados: a Assembleia e as comissões.

A Assembleia reúne todos os parlamentares: é presidida por um presidente que desempenha funções significativas na gestão da Câmara. As comissões são órgãos colegiados principalmente dedicados a tratar de assuntos específicos, compostos por um pequeno número de parlamentares em proporção aos componentes políticos presentes na Assembleia. Para além das comissões, podem funcionar comitês ou conselhos cujos membros são geralmente eleitos pela Assembleia ou designados pelo Presidente da Assembleia sob proposta dos vários grupos parlamentares. Estes últimos

## CAPÍTULO I – OS CONTEXTOS

representam o motor da ação parlamentar, sendo a representação no Parlamento dos partidos políticos que concorreram nas eleições.

Cada ramo do Parlamento elege, no momento da sua inauguração, vários órgãos. O Presidente da Assembleia, órgão responsável pela moderação dos trabalhos, dirige as deliberações e tem poderes essencialmente processuais. Ele também preside a conferência dos chefes dos grupos parlamentares e o Conselho de Presidência da Câmara sob sua responsabilidade, auxiliado (geralmente) por quatro vice-presidentes, oito secretários e três questores, os quais tendem a ser escolhidos de forma a representar todos os grupos parlamentares. Figura muito importante para o acesso aos locais de decisão parlamentar de titulares de interesses especiais é a do colégio dos questores, que detém o registro de acessos às Câmaras (públicas apenas para quem frequenta o palácio).

Cada parlamentar, depois de eleito e proclamado como tal, deve declarar pertencer a uma bancada parlamentar que, basicamente, reflita o partido político ao qual ele pertence. A forma como os grupos são compostos varia, dependendo do ordenamento.

Diferentes dos grupos políticos constituídos por parlamentares são os chamados *all party parliamentary groups* e *associate parliamentary groups*, que encontram sua maior expressão no Parlamento britânico (e nos ordenamentos de derivação britânica, como o Canadá ou a Austrália).

A organização interna do Parlamento britânico tem incentivado esses grupos específicos, nos quais se tornam protagonistas os chamados *back-benchers*, os parlamentares de "segunda linha", que não têm cargos específicos no governo ou no partido a que pertencem.

Desde o início do século XIX, esses parlamentares de menor importância política formaram grupos interpartidários compostos por deputados de diferentes partidos (os chamados *all party parliamentary groups*) e, às vezes, também por pessoas que não pertenciam às Câmaras (os chamados *associate parliamentary groups*), unidos por um objetivo comum ou por uma posição comum a ser apoiada (nesse caso, falamos de *subject groups*), ou por um interesse ou paixão comum por um único país estrangeiro (os chamados *country groups*). Esses intergrupos tornaram-se, na prática, o principal instrumento de representação de interesses por parte dos *lobbies*, os quais, dessa forma, agregam parlamentares de diversas vertentes para defender seus próprios interesses.

Uma organização semelhante pode ser encontrada no Parlamento da União Europeia, onde é possível formar grupos constituídos por parlamentares de diferentes posicionamentos políticos, porque provenientes de diferentes Estados-membros.

Por outro lado, os grupos parlamentares são expressamente proibidos na França, enquanto são tolerados (e não regulamentados) na Itália e na Espanha.

A atividade parlamentar desenvolve-se essencialmente nas comissões, órgãos colegiais que geralmente representam, de maneira proporcional os grupos parlamentares, assembleias com uma composição restrita, internas ao Parlamento.

Os regulamentos parlamentares dos ordenamentos democráticos preveem três tipos de comissões: permanentes, especiais e de inquérito.

As **comissões permanentes** são chamadas assim porque permanecem durante toda a duração da legislatura: são expressamente previstas pelos regulamentos parlamentares (e, portanto, caso se queira alterar seu número e funcionamento, é necessário alterar os regulamentos) e executam tarefas específicas. Na Itália, Espanha e Alemanha essas comissões desempenham um papel fundamental no processo legislativo, examinando os projetos de lei, inclusive os de iniciativa do governo, e podem modificar seu conteúdo mediante a aprovação de emendas; na França e na Grã-Bretanha, por outro lado, as comissões permanentes, embora tenham o poder de instruir os projetos de lei, em geral, não têm o poder de emendá-los.

## CAPÍTULO I – OS CONTEXTOS

As **comissões especiais** são ocasionalmente constituídas por iniciativa de um parlamentar, governo ou de um grupo, desde que obtenham o voto favorável da maioria, e são voltadas ao enfrentamento de determinado assunto ou de determinado projeto de lei durante um determinado período de tempo. Na França, por exemplo, os artigos 30 e 31 dos regulamentos da Assembleia Nacional preveem a constituição de comissões especiais a pedido do governo ou da Assembleia para analisar projetos de lei de iniciativa do governo, terminando suas funções com a conclusão da atividade de instrução.

Por outro lado, as **comissões de inquérito**, previstas em alguns casos pelas Constituições e dotadas de poderes equivalentes aos da autoridade judiciária, são instituídas, geralmente com ampla maioria na assembleia, para apurar fatos, acontecimentos, situações específicas que abalaram a opinião pública (vide, por exemplo, o art. 143 da Assembleia Nacional Francesa ou o art. 54 do Bundestag).

Na Itália, cada Câmara é articulada em 14 comissões permanentes, cada uma competente em um assunto específico (tabela 1.7).

Cada comissão elege um presidente, tradicionalmente escolhido entre os membros da maioria, dois vice-presidentes, sendo pelo menos um representante da oposição e dois secretários. Cada grupo político é representado proporcionalmente ao resultado das eleições e elege um líder de grupo. O presidente da comissão tem um enorme poder de decidir o momento e as modalidades de discussão de uma medida, enquanto o chefe do grupo político é normalmente a pessoa mais influente e responsável, na comissão, pelas orientações do próprio grupo.

Ao lado dos presidentes das comissões, desempenham um papel especial os **presidentes dos grupos parlamentares** (porque podem orientar o voto de todo o grupo político a que pertencem) e, sobretudo, os relatores: a cada projeto, de fato, é atribuído um relator que coordena a instrução, um membro do parlamento que pertence geralmente à maioria. Os relatores gozam de poderes significativos durante o processo, como a possibilidade de apresentar emendas ao texto, inclusive durante a sessão, para além do prazo estipulado para os restantes parlamentares. Além disso, o parecer dos relatores sobre as emendas propostas pelos outros parlamentares é decisivo: exceto em casos particulares, de fato, se o relator for contra uma emenda, a maioria vota contra; se ele for a favor, vota a favor. Obviamente, são de grande importância os presidentes das comissões parlamentares e, entre eles, os das comissões de despesas (como Saúde, Defesa, Indústria) ou comissões de controlo no sentido não técnico (como Orçamento, Assuntos Constitucionais e Assuntos Europeus: estes últimos, de fato, com o seu parecer, têm o direito de bloquear a análise de qualquer projeto de lei).

Tab. 1.7 Comissões permanentes no Parlamento italiano, 2019.

| CÂMARA DOS DEPUTADOS | SENADO DA REPÚBLICA |
|---|---|
| 1. Assuntos Constitucionais | 1. Assuntos Constitucionais |
| 2. Justiça | 2. Justiça |
| 3. Relações exteriores e Comunitárias | 3. Relações exteriores e emigração |
| 4. Defesa | 4. Defesa |
| 5. Orçamento, Tesouro e Planejamento | 5. Orçamento |
| 6. Finanças | 6. Finanças e Tesouro |
| 7. Cultura, ciências e educação | 7. Educação Pública, Bens Culturais |
| 8. Meio Ambiente, Território e Obras públicas | 8. Obras públicas, comunicações |

## CAPÍTULO I – OS CONTEXTOS

| | |
|---|---|
| 9. Transportes, correio e telecomunicações | 9. Agricultura e produção agroalimentar |
| 10. Atividades produtivas, comércio e turismo | 10. Indústria, comércio, turismo |
| 11. Trabalho público e privado | 11. Trabalho, previdência social |
| 12. Assuntos sociais | 12. Higiene e saúde |
| 13. Agricultura | 13. Território, meio ambiente, bens ambientais |
| 14. Políticas da União Europeia | 14. Políticas da União Europeia |

A atenção dos lobistas no Parlamento também se dirige a funcionários ou conselheiros parlamentares (em inglês, *clerks*) ou a funcionários da administração, que ingressaram no Parlamento, em geral, após concurso público. Trata-se de pessoal técnico que, embora não desempenhe funções políticas, exerce uma grande influência no aparelho político em virtude do seu profundo conhecimento do processo parlamentar e dos perfis jurídicos e econômicos dos temas tratados. Por exemplo, cabe essencialmente aos funcionários parlamentares verificar se um projeto de lei ou determinada emenda estão "cobertos" do ponto de vista econômico ou se os custos neles previstos estão adequadamente cobertos, em caso de cortes no orçamento público ou de novas entradas; declarar que uma proposta está "sem cobertura" significa impedir que ela seja examinada, discutida, votada, independentemente do consenso que sobre ela tenha a maioria política do momento.

### 1.2.2.3 Os tomadores de decisão não políticos: judiciário e autoridades independentes

Na esfera dos agentes público responsáveis por decisões, devemos incluir também alguns juízes e autoridades administrativas independentes.

É claro que os juízes não podem ser destinatários de atividade de *lobbying*: o advogado que defende determinada posição em tribunal não é um lobista, mas um advogado. Qualquer ação de influência contra um juiz fora de um tribunal parece ser imprópria e, em alguns sistemas jurídicos, como os Estados Unidos, é expressamente ilícita; não é por acaso que se prevê, precisamente para o fim de reconduzir em juízo a posição de interesses distintos dos das partes no processo, a possibilidade de admissão de terceiros na causa.

> ### *FOCUS*: OS INTERESSES NO TRIBUNAL
>
> Na Itália, numerosas disposições reconhecem o direito de certos grupos de pressão intervirem em decisões cíveis, penais ou administrativas, em virtude dos interesses que representam. É o caso, por exemplo, das associações ambientalistas que, como promotoras de valores gerais em defesa do ecossistema, gozam, nos termos da lei que instituiu o Ministério do Meio Ambiente (n. 349, de 1986), de um interesse "automático" em intervir em qualquer julgamento em que se discutam temas ambientais ou que afetem a qualidade de vida em determinado território. Da mesma forma, as associações e entidades que desenvolvem atividades no âmbito do combate à discriminação e da promoção da igualdade de tratamento, inscritas em registro especial no gabinete do *presidente del Consiglio*, podem intentar ações judiciais em casos de discriminação coletiva, quando não sejam identificáveis de forma direta as pessoas afetadas pela discriminação (artigo 6º, Decreto Legislativo n. 215 de 2003).

## CAPÍTULO I – OS CONTEXTOS

Pense-se no que acontece nos processos administrativos na Itália. De acordo com o disposto no código do processo administrativo e confirmado por numerosos sentenças do Conselho de Estado (vide sentença n. 5596, de 29 de novembro de 2017, seção IV), no decurso do julgamento pendente perante um juiz administrativo, terceiros estranhos às partes em litígio podem intervir, desde que tenham interesse direto na matéria e possam, em consequência do julgamento, ter uma vantagem, ainda que de maneira mediada ou indireta.

Existem, no entanto, casos em que a ação de influência contra o órgão judicial é sem dúvida legítima: como será visto no último capítulo, as ações de *grassroots lobbying*, por exemplo, muitas vezes são dirigidas a órgãos de jurisdições superiores, como o Supremo e Tribunais Constitucionais e têm como objetivo fazer sentir a pressão da opinião pública na tentativa de influenciar os sentimentos e as emoções dos julgamentos mais do que normas e procedimentos.

Deve ser feita menção em separado às **autoridades administrativas independentes**, introduzidas no sistema jurídico italiano com base no modelo britânico e agora presentes nos principais ordenamentos jurídicos europeus.

Trata-se de órgãos do Estado dotados de formas especiais de independência em relação ao poder político: os membros são escolhidos, geralmente, entre especialistas em determinados setores, com elevada competência técnica, de forma a garantir a sua independência (por exemplo, a nomeação conjunta pelos presidentes das Câmaras ou por vários ministros com parecer vinculativo das comissões parlamentares com maiorias reforçadas).

Nos últimos quinze anos, essas autoridades assumiram grande importância porque o legislador lhes atribuiu importantes poderes regulatórios em essenciais áreas econômicas como a indústria, as comunicações, a energia e os resíduos.

As autoridades administrativas independentes, portanto, são entidades organizacionais com personalidade jurídica própria, não afetadas pelas diretrizes políticas do governo, encarregadas de intervir para garantir direitos constitucionais como a tutela da poupança, da concorrência, a proteção de dados, a transparência e imparcialidade da Administração Pública.

Entre essas autoridades, limitando-nos ao contexto italiano, podemos mencionar (mas é apenas uma lista indicativa) a Autoridade para a Garantia de Concorrência e de Mercado (AGCM, frequentemente chamada de *antitrust*), a Autoridade para as Garantias nas Comunicações (AGCOM), o Garante para a Proteção de Dados Pessoais, mas também a CONSOB, ou seja, a Comissão Nacional das Empresas e da Bolsa de Valores, a Comissão de Garantia de Greves em Serviços Públicos, a Autoridade para a Energia Elétrica, as Redes e o Meio ambiente (ARERA), e a Autoridade Nacional Anticorrupção (ANAC), a qual, especialmente nos últimos anos, tem assumido grande relevância pelo exercício de importantes poderes de fiscalização dos contratos públicos de obras, serviços e suprimentos.

Essas autoridades estão estruturadas em dois níveis organizacionais: no primeiro nível, há agentes públicos responsáveis por decisões não políticos, mas de nomeação política; no segundo nível, há agentes públicos responsáveis por decisões de nomeação pública. Ao primeiro nível, pertencem os comissários ou membros do Conselho do Ministros que são, conforme mencionado, nomeados pelo Parlamento ou pelo governo, com um amplo envolvimento do Parlamento. Ao segundo nível, pertencem os gestores e os funcionários da estrutura administrativa, geralmente selecionados por meio de concurso público.

Pela função que é chamada a desempenhar e pela importância econômica dos setores em que é chamada a atuar, a atividade de pressão sobre as autoridades administrativas independentes aumentou exponencialmente nos últimos anos, a ponto de tornar-se, para algumas firmas de *lobbying*, preponderante em face daquela realizada sobre os agentes públicos responsáveis por decisões políticas.

CAPÍTULO I – OS CONTEXTOS

Quanto maior a regulamentação de certos setores, maior o *lobbying* voltado às autoridades independentes: há obviamente uma relação estreita entre a atividade de *lobbying* e a intervenção pública.

Vale mencionar rapidamente que, em muitas dessas *authorities*, existem regulamentos internos que visam envolver os portadores de interesses na fase de tomada de decisão. Prevê-se, de fato, que os titulares de interesses públicos ou privados, bem como os titulares de interesses difusos constituídos em associações ou comissões que possam ter prejuízo em consequência das infrações, objeto da instrução, ou que tenham interesse em determinada decisão da mesma autoridade, têm a faculdade de intervir nos procedimentos administrativos da autoridade, mediante apresentação de ofício específico, devidamente assinado.

As autoridades administrativas são alheias ao circuito democrático eleitor-eleito: o exercício dos poderes reguladores por sujeitos situados fora da tradicional tripartição de poderes e fora do circuito da responsabilidade política é assim "compensado" pela existência de ferramentas de participação das partes interessadas, que substituem em graus diversos o diálogo típico das estruturas representativas.

A relação entre os portadores de interesse e as *authorities* é, em alguns casos, estabelecida: os atos adotados, de fato, indicam, nas premissas, à lista dos sujeitos que participaram do processo e são, geralmente, acompanhados de um relatório que ateste o impacto da regulamentação sobre os portadores de interesses envolvidos.

Existem também contextos formalizados de diálogo entre os componentes das *authorities* e os lobistas: por exemplo, a ARERA criou, em 2015, um Observatório permanente da regulação da energia, da água e do teleaquecimento, do qual participam cerca de 60 *stakeholders* e é responsável pela análise dos efeitos dos regulamentos introduzidos pela *authority* também com o objetivo de propor alterações. Da mesma forma, na AGCOM existem o Observatório das comunicações, o Observatório Permanente da inovação dos serviços de comunicação audiovisual, a Mesa Técnica para a garantia do pluralismo nas plataformas digitais, onde lobistas e tomadores de decisão públicos se encontram e levantam hipóteses de mudanças e implementações de normas vigentes.

É preciso destacar que as ações de pressão também são exercidas fora dos procedimentos administrativos e que, às vezes, visam justamente à não adoção de uma medida: nesses casos, na ausência de uma agenda pública das reuniões dos comissários e da estrutura administrativa, é impossível rastrear a relação estabelecida.

Precisamente para preencher essa lacuna, a **Autoridade Nacional Anticorrupção** adotou, em março de 2019, um regulamento com o qual estabeleceu um registro público de reuniões com os portadores de interesses, em que estão enumeradas todas as reuniões realizadas entre os comissários e dirigentes da *authority* e os lobistas.

### 1.2.2.4 O *influencer* não tomador de decisões

Nos processos de tomada de decisão, sujeitos estranhos ao circuito democrático também podem desempenhar algum tipo de papel. Trata-se dos *influencers* não tomadores de decisão, ou seja, sujeitos que se colocam a meio caminho entre o lobista e o tomador de decisões: em virtude de sua autoridade ou de seus "seguidores" (especialmente nas redes sociais), eles podem ser destinatários de atividades de pressão e, então, se tornar lobistas.

Nos últimos anos, em Hollywood, por exemplo, tem se desenvolvido um fenômeno cada vez mais difundido, em que atores e atrizes enfrentam batalhas globais após serem solicitados por *lobbying firms* ou lobistas não governamentais.

CAPÍTULO I – OS CONTEXTOS

## O CASO

### *DiCaprio e as mudanças climáticas*

"A mudança climática é real, está acontecendo agora e é a mais urgente das ameaças para toda a espécie. Vamos parar de procrastinar e vamos todos trabalhar juntos". Com essas palavras, além do agradecimento de hábito, Leonardo DiCaprio iniciou o seu discurso na noite do Oscar, que viu o ator sair vencedor em 2016. Uma mensagem simples e direta vinda de um dos protagonistas mais esperados e ouvida por cerca de 30 milhões de pessoas em todo o mundo, ao vivo. A ocasião foi o ápice de uma campanha e de um compromisso pessoal promovidos através de uma fundação própria em apoio às questões ambientais. É útil lembrar que na época dos acordos climáticos de Paris, em 2015, o então secretário-geral das Nações Unidas, Ban Ki-moon, teve uma reunião bilateral com o ator para tratar de questões ambientais; o encontro com o presidente Trump em 2018 foi também fundamental. Desde o discurso do Oscar, DiCaprio tornou-se um símbolo da luta contra as mudanças climáticas e uma caixa de ressonância para todas as organizações não governamentais e fundações que perseguem esses objetivos.

---

Da forma análoga, enquadram-se na mesma categoria os aparelhos dos partidos políticos que, embora enfraquecidos, mantêm um certo poder de persuasão perante os seus tomadores de decisão política, especialmente no caso das figuras carismáticas.

A estrutura interna de um partido político, especialmente quando este está na maioria de governo, pode ser o destinatário de uma ação de influência, na tentativa de fazer com que essa estrutura de apoio do tomador de decisão político, relevante no processo, compreenda os interesses em jogo.

Na Itália, pelo menos até a década de 1990, os partidos eram os verdadeiros destinatários do *lobbying*. Ao contrário, era impensável poder exercer qualquer influência sobre os parlamentares ou do governo sem antes acionar a alavanca do partido e seu aparelho.

### 1.2.2.5 O tomador de decisão "rotativo"[35]

Parlamentares, ministros, altos funcionários públicos, todos têm um mesmo "valor de mercado" em comum: quando cessam seus cargos, podem continuar a ser de grande interesse para o mundo do *lobby*, tornando-se lobistas.

Aqueles que ocuparam cargos políticos (ex-parlamentares, membros do governo, membros de uma assembleia territorial, assessores de chefes de Estado ou de governo), dependendo do grau de experiência pública, desenvolveram relações, contatos, conhecimentos que podem se tornar extremamente úteis para um grupo de pressão. Por isso, em alguns casos, esses sujeitos são contratados por empresas de *lobbying*; em outros casos, porém, eles próprios se tornam lobistas, seja como *freelancers* ou fundando *lobbying firms*.

―――――――― O CASO ――――――――

*Facebook*

Um caso que escandalizou a opinião pública envolveu Nick Clegg, ex-parlamentar europeu (1999-2004) e líder do Partido Liberal Democrata Britânico durante vários anos (de 2007 a 2015), bem como membro do governo conservador do David Cameron de 2010 a 2015 com o cargo de vice-primeiro-ministro.

---

[35] N.T. O autor nomeia esse subtítulo de *il decisore girevole*. *Girevole*, em vernáculo, significa o que pode girar sobre um eixo, rotativo, rotante, rotatório. O autor se refere, de forma simplificada, à expressão *revolving door*, cujo significado literal – segundo o que ele mesmo explica no final do texto – é "porta giratória". A expressão é deveras sugestiva, para indicar aquele que estava de um lado e atravessa a porta giratória para ficar do outro.

## CAPÍTULO I – OS CONTEXTOS

Em janeiro de 2019 (após os três anos previstos pela lei sobre *cooling-off*), assumiu o cargo de chefe dos assuntos institucionais e da comunicação do *Facebook* em nível global. Nick Clegg se reporta diretamente à Chief Operating Officer do *Facebook*, Sheryl Sandberg. A decisão de chamar o ex-vice-primeiro-ministro britânico está ligada à necessidade de abordar e resolver questões candentes também em relação à reputação, especialmente no mundo anglo-saxão, como a privacidade do usuário, em especial no que diz respeito à coleta e ao uso de dados pessoais, divulgação de *fake news* e violação de contas (uma invasão de segurança que, em setembro de 2018, envolveu cerca de 29 milhões de usuários).

### O CASO

#### *O governo Trump*

Nos Estados Unidos da América, é comum que um lobista se torne membro do governo federal e vice-versa. A apoteose dessa relação simbiótica veio com a eleição de Donald Trump como presidente em 2017. O próprio presidente Trump, entre 2005 e 2007, trabalhou como lobista, devidamente inscrito na lista especial, no Estado de Rhode Island, para promover uma ação judicial do cassino da cidade de Johnston em nome de sua Trump Entertainment Resorts Holdings. Porém, todos os funcionários do presidente vêm do mundo dos *lobbies*.

No governo, Trump envolveu o CEO da Goldman Sachs, Lloyd Blankfein; Michael Catanzaro, lobista das Indústrias Koch e da Walt Disney Company; Eric Ueland, lobista da Goldman Sachs; William Palatucci, advogado de Nova Jersey e lobista de multinacionais como Aetna e Verizon. Mas os casos mais emblemáticos dizem respeito a David Bernhardt e Paul Manfort.

Bernhardt foi nomeado Ministro do Interior por Trump: anteriormente foi lobista sênior do Brownstein Hyatt Farber Schreck, um dos maiores escritórios de advocacia especializados em *lobbying* de Washington, representando os interesses de multinacionais como Halliburton, Cobalt ou a associação de petroleiros.

Manafort, por sua vez, foi o coordenador da campanha do presidente Trump em 2016: imediatamente após as eleições presidenciais, ele foi indiciado (e posteriormente condenado) por fraude fiscal. Antes de gerenciar a campanha de Trump, Manafort, com sua empresa de *lobby*, a Black, Manafort & Stone, representou perante o governo dos dos Estados Unidos os interesses de ditadores e governadores liberticidas de países como Nigéria, Zaire, Filipinas e Angola.

---

Este fenômeno é particularmente generalizado nos Estados Unidos e no Norte da Europa: acontece frequentemente, de fato, que um agente público responsável pela decisão, especialmente político, após deixar o cargo, passe para o outro lado da mesa ou passe a trabalhar para um *lobby*: é a esse fato que se refere a expressão *revolving door*, literalmente "porta giratória", como a que liga o exterior ao interior nos grandes hotéis.

Em muitos países, existem regulamentos que limitam o *revolving door*, impondo um período de "esfriamento" (o *cooling-off*), ou seja, um período durante o qual, depois que o tomador de decisão deixa o cargo, é proibido de exercer certas funções potencialmente conflitantes. Apesar disso, são inúmeros os casos de "troca de jaqueta" também com papeis invertidos.

O *revolving door* também é difundido no sentido contrário, pois há casos de **lobistas que se tornaram agentes públicos responsáveis pela decisão.**

Foi o que aconteceu, por exemplo, em Bruxelas, por ocasião da nomeação da Comissão Europeia Juncker, ativa de 2014 a 2019. Surpreendeu, naquele caso, a nomeação, entre os comissários europeus, do político britânico Jonathan Hill, que, antes de ser nomeado comissário para a estabilidade financeira, serviços

CAPÍTULO I – OS CONTEXTOS

financeiros e mercado único de capitais, esteve durante anos a serviço de uma prestigiada firma de *lobbying*, a Bell Pottinger Private, e, mais tarde, fundou sua própria empresa de *lobbying*, a Quiller Consultants. A trajetória de Hill tem suscitado muitas dúvidas sobre a presença de conflitos de interesse quanto à imparcialidade com a qual se deve atuar em um campo tão delicado como o da regulação do mercado financeiro, considerando também que, conforme denunciado à época pelo jornal *The Independent*, Hill continuou a possuir um número substancial de ações da empresa de relações públicas Huntsworth, de propriedade do colega conservador Lord Chadlington e que se tornou proprietária da Hill's Quiller Consultants em 2006.

## 1.3 Os lugares do *lobbying*

A atividade de relacionamento do lobista se constrói, também, graças às oportunidades de reunião e de contato que os lugares onde o poder é exercido oferecem e às oportunidades de encontro, mais ou menos reservadas, na vida pública.

Os lugares do *lobbying*, portanto, em primeiro lugar, **situam-se nas instituições públicas**, onde será essencial focar a atenção do interlocutor e sintetizar o conteúdo e as soluções dos problemas expostos. Se o tempo é curto, a atenção e o tempo de leitura do tomador de decisões são ainda mais curtos: vale a pena gastar o pouco que se tem à disposição da melhor maneira.

Além dos locais mencionados, existem outros, mais informais: **clubes, teatros, restaurantes,** onde podem ocorrer reuniões conviviais, com diálogo entre tomadores de decisão e lobistas. Cada cidade, cada país, tem seu próprio mapa de lugares desse tipo: em Roma são notórios alguns restaurantes em torno de Montecitório, cujo grau de relevância para um lobista muda de governo para governo. Em qualquer lugar do mundo, é possível desenhar um mapa real desses lugares informais, discriminados por partido político, corrente, posição e orientação.

Os lugares de processamento de tomada de decisão mudam em relação a dois fatores: em primeiro lugar, a estrutura institucional (poderíamos dizer a forma de Estado), e, em segundo lugar, a estrutura de poderes (poderíamos dizer a forma de governo).

No primeiro caso, o que influi é a modalidade de repartição das competências entre uma instituição central e uma multiplicidade de instituições territoriais. Em ordenamentos multiníveis, isto é, onde existem diferentes autoridades dotadas de poderes, inclusive legislativos, como acontece nos ordenamentos federais ou regionais, haverá diferentes "pontos de acesso" ao tomador de decisão:[36] nessas realidades, o poder está, de fato, disperso entre os diversos atores do cenário político, pois existem centros dotados de autonomia decisória "espalhados" por todo o território.

Vice-versa, em ordenamentos centralizados ou unitários, haverá menos "pontos de acesso" e, portanto, será mais fácil para o lobista identificar o lugar relevante para a decisão de seu interesse.

O segundo caso, por outro lado, diz respeito "à maneira como as várias funções do Estado são distribuídas e organizadas entre os diversos órgãos constitucionais",[37] ou seja, "aquele conjunto de regras, escritas, consuetudinárias ou convencionais, as quais disciplinam as relações entre os órgãos constitucionais que estão no topo do Estado, em uma posição de igual independência e soberania", especialmente "aqueles que são titulares de poderes de natureza política ou que incidem sobre a execução das diretrizes políticas".[38]

Dependendo se se opera em um sistema de governo parlamentarista, presidencialista ou semipresidencialista (para se referir às

---

[36] TRUMAN, David. *The Governmental process*: political interests and public opinion. Nova York: Knopf, 1951, pp. 115-119.
[37] MORTATI, Costantino. *Le forme di governo*. Padova: CEDAM, 1973, p. 3.
[38] VOLPI, Mauro. *Libertà e autorità*: la classificazione delle forme di Stato e delle forme di governo. Torino: Giappichelli, 2013, p. 4.

CAPÍTULO I – OS CONTEXTOS

categorias mais clássicas de forma de governo), haverá uma atitude diferente de grupos de pressão no que diz respeito aos diferentes lugares de tomada de decisão e aos múltiplos centros de poder mais ou menos relevantes para o interesse representado.

Nesse contexto, é possível limitar-se a relembrar os dois principais centros de poder caraterísticos de cada sistema democrático (o legislativo e o executivo) seguindo o mesmo esquema do parágrafo anterior.

### 1.3.1 O Poder Legislativo

O Parlamento é um dos locais privilegiados da atividade do lobista.

Na Itália, na Câmara e no Senado, o contato direto com o tomador de decisões políticas parece ser relativamente limitado em relação aos lugares e modalidades. Se os gabinetes dos parlamentares podem ser considerados o local de reunião ideal, no entanto, o frenesi dos tempos parlamentares exige que os lobistas utilizem, sempre que possível e permitido, os momentos "mortos" entre uma discussão e uma votação, seja em comissão ou em assembleia.

Uma boa oportunidade para encontrar pessoas sensíveis à atividade de pressão do lobista é a *buvette*,[39] um local mais ou menos acessível, dependendo do passe que o lobista possui. Nessa área restrita, frequentemente ocorrem escolhas políticas sobre medidas de importância estratégica. E exatamente na *buvette*,[40] o lobista tenta aproveitar a informalidade do momento para trocar umas palavras antes do almoço ou de uma pausa, na movimentada agenda parlamentar do tomador de decisão. Entre uma mordida e outra durante a refeição, entre um suco e um café,

---

[39] N.T. A expressão francesa *buvette* indica um pequeno bar em locais públicos, como teatros, cinemas e mesmo em repartições públicas; lanchonete.
[40] Cf. nota anterior.

pode acontecer de se ver um lobista se aproximar de seu alvo de interesse e tentar usar os poucos minutos disponíveis para explicar sua posição. Obviamente, esse ponto de encontro se caracteriza pela capacidade de proporcionar uma modalidade fragmentada de acesso, que tem a sua qualidade mais evidente no fato de ser reservada e não institucionalizada: um momento útil para fazer um primeiro contato, mas certamente não adequado para representar corretamente os interesses.

Outra oportunidade de contato de tipo reservado são as amplas salas aonde os parlamentares vão para tomar um fôlego fora da Câmara, ou simplesmente para revisar e combinar os próximos passos de sua ação parlamentar. Entre esses espaços, é emblemático o chamado "Transatlântico" da Câmara dos Deputados, cujo acesso não é permitido a todos os visitantes do edifício. Esse grande salão, localizado no diâmetro do hemiciclo da Câmara, deve seu nome curioso à presença de lustres particulares nas paredes, típicos dos grandes navios do início do século XX. Também aqui é possível interceptar os parlamentares para apresentar os seus documentos de posicionamento, os seus interesses, as alterações ou as seções de interesse de um articulado, enquanto, em paralelo e de repente, está acontecendo a discussão do ato regulamentar sobre o qual é necessário intervir.

*FOCUS*: O ACESSO DOS LOBISTAS AO MONTECITÓRIO

Durante muitos anos, o acesso dos lobistas ao Montecitório (sede da Câmara dos Deputados na Itália) foi deixado à pura discricionariedade de alguns deputados com o título de "questores". Cabia a eles a tarefa de emitir passes de acesso permanente para pessoas externas ao palácio: geralmente, era concedido sem maiores problemas às organizações comerciais e aos sindicatos, bem como às empresas estatais e, nos últimos anos, a todas as empresas prestadoras de serviços para a Câmara. Isso criou uma discriminação evidente, especialmente nos setores (como energia

## CAPÍTULO I – OS CONTEXTOS

> ou telefonia) em que coexistiam empresas outrora estatais e agora a participação pública com novas empresas de capital privado.
>
> Em 8 de fevereiro de 2017, o *Ufficio* da presidência da Câmara dos Deputados adotou normas específicas para regulamentar o acesso de lobistas ao palácio. De acordo com as novas disposições – que serão examinadas extensivamente no capítulo II – quem, profissionalmente, exercer atividades de influência voltadas aos deputados da Câmara deve se cadastrar em um registro publicado *online* no *site* da Câmara, descrevendo a atividade que pretende realizar, bem como os parlamentares a serem contatados. O regulamento também introduz uma espécie de proibição de *revolving door*, ao prever que ex-deputados e ex-membros do governo não possam se inscrever no registro nos doze meses sucessivos ao término de seus cargos. Quem se inscreve obtém um cartão de acesso às salas da Câmara, com validade anual, mas não pode ter acesso nem ao Transatlântico nem aos corredores em frente às comissões e órgãos parlamentares, podendo, em vez disso, ficar exclusivamente numa sala destinada especificamente a isso.

Da mesma forma que o Transatlântico, os corredores em frente às salas que hospedam as comissões parlamentares representam uma área adicional de plantão para os lobistas. Na fase instrutória e de discussão preliminar das medidas nas comissões competentes, os lobistas ficam do lado de fora da porta, aguardando os parlamentares para conhecer, em tempo real, a evolução do debate, prontos, se necessário, a redigir emendas para defender o interesse protegido pelo artigo que um possível adversário tente suprimir ou modificar, em proveito próprio. Compartilham-se as emendas apresentadas, são avaliados, em tempo real, os impactos potenciais sobre os interesses que os lobistas representam. A capacidade de ler instantaneamente a situação torna-se decisiva no curto espaço de tempo de discussão na comissão. É preciso dizer que, dada a arquitetura dos prédios da Câmara e do Senado e dada a contiguidade das salas das várias comissões e o método de autorização, o que permite a entrada em todo o andar indistintamente, muitas vezes também é possível o acesso às comissões onde, em teoria, não se teria direito de ficar.

### 1.3.2 O Poder Executivo

Outro lugar crucial na atividade do lobista é o governo com seu aparato. Os **lugares** do *lobbying* são principalmente os gabinetes dos diretores-gerais dos ministérios ou dos conselhos dos órgãos territoriais, bem como da Comissão Europeia. Nesses gabinetes, a atividade de representação é mais pontual e atenta do que no frenesi dos trabalhos parlamentares: o lobista, recebido na sala do diretor, expõe, ainda que em curto espaço de tempo, o interesse representado e propõe um leque de soluções que visam à satisfação do próprio interesse, tentando, ao mesmo tempo, não prejudicar os interesses de outros.

O bom lobista é aquele que, como já foi dito, não quer criar conflitos; é aquele que busca soluções de compromisso, pontos de mediação; não aspira a ganhar tudo, mas a mediar entre os interesses em jogo, permitindo, assim, ao tomador de decisão adotar uma decisão que não gere divisões, mas, na medida do possível, seja adequada para tutelar o interesse geral. Nesses contextos, de alto conteúdo técnico, o lobista representa sua própria posição diretamente perante o responsável pelo processo de tomada de decisão: aqui, a ideia política de intervenção deve se concretizar em um esquema específico de medidas, contando com os dados analíticos elaborados por técnicos especialistas na área de interesse.

Frequentemente acontece que os lobistas solicitem também reuniões com a autoridade política que está no ápice da administração e que sejam recebidos: nesses casos, a reunião deve ter um conteúdo menos técnico e enfocar perfis de natureza política que possam justificar a atenção do agente político responsável pela decisão.

O erro mais comum que se comete nesses contextos consiste em não compreender quem está à sua frente, a sua história e o grau

## CAPÍTULO I – OS CONTEXTOS

de conhecimento sobre o tema representado: pressupondo que o seu interesse seja de conhecimento de todos, o lobista expõe, assim, posições, problemas e soluções completamente incompreensíveis para o ouvinte, tornando o encontro totalmente inútil.

Outros pontos de contato ideais com os chefes das administrações centrais – objetivo principal de uma estratégia de *lobby* precisa e de longo impacto – são, nos ministérios, os *Uffici di collaboração diretta*. Alocados no andar nobre dos edifícios das instituições, o *Ufficio di Gabinetto*, a Secretaria Técnica, a Secretaria Privada e o *Ufficio Legislativo* representam os possíveis alvos para os quais é possível descrever, de um ponto de vista técnico e político, os problemas relativos ao interesse representado pelo lobista. Nesses casos, a conversa pode ter um tom mais técnico e pontual, mas permanece o conceito de que ambos poderão agir única e exclusivamente após terem adquirido o compartilhamento da autoridade política. Sendo assim, dependendo do setor de referência, é útil para o lobista manter contatos com figuras de referência desses gabinetes, lembrando sempre que reuniões com assistentes ou assessores, ou com dirigentes e funcionários, podem ser mais decisivas do que um encontro com o próprio ministro, considerando também a maior disponibilidade de tempo e de propensão para ouvir. De fato, é em seus escritórios que as decisões são tomadas, as alterações são redigidas e os atos são motivados.

As **modalidades de acesso** a esses locais variam de país para país: na Itália, como se verá, por não haver uma regulamentação única, o acesso é confiado principalmente ao puro arbítrio do tomador de decisão, exceto em algumas administrações nas quais há uma forma primitiva de regulação que exige transparência nos contatos (é o caso dos ministérios do Meio Ambiente, do Desenvolvimento Econômico, das Políticas Agrícolas).

Mais difícil, mas não impossível de alcançar, é a antecâmara do **Conselho de Ministros**. No imaginário de quem começa a abordar a profissão de representante de interesses, esse é o lugar de excelência para legitimar a sua capacidade de pressão.

Antes de estar perante o Conselho de Ministros, os lobistas, se bem credenciados, podem representar suas necessidades e preocupações diretamente aos membros do governo, de forma a "proteger" seus interesses em relação aos projetos discutidos, ou aos decretos-leis e decretos legislativos, bem como regulamentos que o Conselho de Ministros pode aprovar. Do lado de fora da sala do Conselho, os lobistas testam suas últimas chances de influenciar ou vigiar seus interesses. Sempre são possíveis mudanças que podem perturbar os esquemas das medidas: o lobista deve estar pronto para defender sua posição até seu interlocutor entrar no Conselho.

A possibilidade de intervenção nesse espaço se dá pela possibilidade de acesso, graças a um passe específico, à sala adjacente à entrada da sala onde se realiza o Conselho. De fato, os ministros, acompanhados pelos respectivos chefes de gabinete, entram pela única porta que permite o acesso ao local, passando através de uma sala adjacente. Aqui, depois de eles terem saído do elevador em direção à sala onde ficarão os seus acompanhantes, o lobista pode informar o governo sobre a sua posição e tentar formalizar a sua influência na decisão a ser tomada.

Outra direção para a qual se concretizam as intervenções de pressão e influência na atual organização do Estado, conforme já referido, são as *authorities*, as chamadas **"autoridades independentes"**, instituições de controle dos ramos economicamente mais importantes das forças produtivas do país.

### 1.3.3 Clubes e *think tanks*

Ao lado dos locais institucionais dos processos de tomada de decisão, existem – não podemos ignorá-los – **locais informais** onde ocorrem as reuniões entre os agentes públicos responsáveis por decisões e as partes interessadas.

## CAPÍTULO I – OS CONTEXTOS

Na Grã-Bretanha, como na França, nos Estados Unidos, em Bruxelas, na Itália e no Canadá, existem, de fato, clubes e outros locais de convívio que, com certa periodicidade, acolhem reuniões entre tomadores de decisão e grupos de pressão: nesses contextos, nenhuma decisão é tomada e, portanto, seria errado simplesmente categorizá-los entre os "locais de decisão", da mesma forma que uma sala de tribunal ou uma comissão parlamentar. No entanto, eles são lugares em que a decisão é formada, pode adquirir substância e é objeto de discussão e compartilhamento.

Portanto, em vez de lugares onde uma decisão é tomada, deve-se falar de lugares onde a decisão é discutida geralmente antes da tomada de decisão, mas, às vezes, até depois, para que seja questionada e modificada.

Cada país tem os seus próprios **clubes,** aos quais só podem ter acesso os sócios e os seus convidados: é precisamente a natureza da exclusividade que suscita dúvidas sobre as ações de *lobbying* realizadas em tais contextos. O "clube desportivo", "o clube de caça", "o clube de xadrez", os próprios clubes de magistrados ("il circolo della Corte de Conti")[41] ou de gestores públicos ("il circolo degli Esteri")[42] são locais de compartilhamento nos quais, entre um encontro de lazer e uma conferência de estudo, acontecem trocas de opiniões sobre temas comuns. Obviamente, cabe ao tomador de decisão, caso seja um membro de tais círculos ou mesmo um convidado ocasional, avaliar cuidadosamente também essas opiniões sem ser "capturado". É igualmente óbvio que é impensável intervir para proibir ou limitar esses momentos de relacionamento, pois isso questionaria os direitos e as liberdades fundamentais dos indivíduos, como a liberdade de associação ou de expressão de pensamento.

---

[41] N.T. Tribunal de Contas.
[42] N.T. *Esteri* é abreviação para *Ministero degli Affari Esteri*, correspondente ao Ministério das Relações com o Exterior.

Os think tanks, já mencionados no parágrafo dedicado aos "lobistas impróprios", respondem a uma lógica completamente diferente e sobre a qual falaremos novamente no último capítulo dedicado às técnicas.

Os *think tanks* nascem justamente para permitir, em contextos informais, a troca de opiniões e posições. Verdadeiros "lugares para pensar", os *think tanks* são locais de formação de ideias, geralmente livres de qualquer relação com partidos políticos, liderados por acadêmicos de reconhecida independência, especializados em temas limitados.

O debate público dos EUA é dominado por *think tanks*: de acordo com uma pesquisa da Universidade da Pensilvânia, realizada em 2019, existem 1.835 *think tanks* nos Estados Unidos, enquanto na Grã-Bretanha apenas 288.

De acordo com o relatório anual divulgado pelo *Think Tanks and Civil Societies Program* (TTCP) em 2022, os dez *think tanks* mais influentes do mundo são os seguintes:

1. Brookings Institution (Estados Unidos);

2. Chatham House (Reino Unido);

3. French Institute of International Relations (IFRI) (França);

4. Center for Strategic and International Studies (CSIS) (Estados Unidos);

5. Carnegie Endowment for International Peace (Estados Unidos);

6. Bruegel (Bélgica);

7. RAND Corporation (Estados Unidos);

8. Woodrow Wilson International Center for Scholars (Estados Unidos);

9. Fundação Getúlio Vargas (FGV) (Brasil);

10. Council on Foreign Relations (CFR) (Estados Unidos).

---

*FOCUS*: A "CHATHAM HOUSE RULE"

Chatham House é a sede, em Londres, do Royal Institute of International Affairs, um centro de estudos britânico considerado o segundo maior *think tank* do mundo por influência. Aqui, em 1927, a regra convencional de confidencialidade foi desenvolvida pela primeira vez, segundo a qual a fonte de informações trocadas durante reuniões a portas fechadas deve ser protegida. Reescrita várias vezes, a regra assumiu a seguinte formulação em 2002: "Se uma reunião, ou parte dela, for realizada de acordo com a regra da Chatham House, os participantes são livres para usar as informações recebidas, mas não para divulgar a identidade ou a filiação dos presentes nem de qualquer outro participante". Com a aplicação desta regra, os presentes na reunião podem exprimir um pensamento sem se preocupar com o cargo nem com as possíveis repercussões em sua reputação.

---

De acordo com o *Global go to think tank index report*, de janeiro de 2021, o primeiro *think tank* do mundo em termos de influência é o US Carnegie Endowment for International Peace, o segundo é o Bruegel College (um dos mais renomados centros de estudo e treinamento da União Europeia) e o terceiro do mundo é a Fundação Getúlio Vargas (FGV) do Brasil.

Na Itália, segundo a mesma pesquisa da Universidade da Pensilvânia, quatro "lugares de pensamento" aparecem na lista dos 150 melhores *think tanks* do mundo:

66. Italian Institute for International Political Studies (ISPI) (Itália);

83. Istituto Affari Internazionali (IAI) (Itália);

133. Istituto Bruno Leoni (IBL) (Itália);

150. Fondazione Eni Enrico Mattei (FEEM) (Itália).

> ### *FOCUS*: O MÉTODO ASPEN
>
> O prestígio do Aspen é tão relevante que deu o seu nome a um "método" de trabalho, conhecido como "método de Aspen", replicado em muitas ocasiões por quase todas as associações que operam na Itália.
>
> Conforme consta no *site* do instituto, "o 'método Aspen'" privilegia o encontro e o debate a portas fechadas", favorece o relacionamento interpessoal e permite uma atualização efetiva dos temas em discussão. Em torno da mesa Aspen, líderes do mundo industrial, econômico, financeiro, político, social e cultural se reúnem em condições de absoluta confidencialidade e liberdade de expressão.
>
> O objetivo não é encontrar respostas unânimes ou simplesmente tranquilizadoras, mas evidenciar a complexidade dos fenômenos do mundo contemporâneo e encorajar aquele aprofundamento cultural do qual possam emergir valores e ideais universais, capazes de inspirar uma liderança moderna e consciente.

Os dois primeiros são institutos de pesquisa na área de relações internacionais; o terceiro é o principal *think tank* nacional para estudos de economia e Direito Tributário, promotor da proposta de *flat tax* em 2018, feita por várias forças políticas; a quarta é a fundação da multinacional ENI, envolvida há anos, com investimentos expressivos, em estudos no setor da energia.

Os *think tanks* operam de duas maneiras: em primeiro lugar, organizando mesas redondas e seminários de portas fechadas, para os quais convidam portadores de interesses organizados e tomadores de decisão públicos relevantes para um ou mais setores específicos;

em segundo lugar, elaborando e apresentando à imprensa reportagens, índices, estudos e trabalhos nos quais examinam um tema específico e procuram apresentá-lo à atenção da classe dirigente, delineando possíveis soluções.

Durante as conferências, os seminários e as reuniões que acontecem a qualquer título, a interação ocorre de acordo com a *Chatham House Rule,* ou seja, de forma confidencial.

Entre os mais prestigiados *think tanks* italianos está o Aspen Institute, uma associação privada, independente, internacional, apartidária e sem fins lucrativos caracterizada pelo aprofundamento, a discussão, a troca de conhecimento, as informações e os valores, inicialmente promovida nos Estados Unidos e posteriormente estendida a vários países, incluindo Itália, França, Alemanha, Japão, Índia, Romênia, Espanha, República Tcheca, México e Ucrânia.

Como os outros "lugares de pensamento", Aspen também atua colocando em torno de uma mesa tomadores de decisão públicos, grandes empresários e grupos de interesse de vários tipos. Na Itália, o conselho é composto por vários ex-presidentes do Conselho e ex-ministros, de diferentes orientações políticas, o que atesta o caráter intrapartidário da associação.

### 1.4 Os tempos do *lobbying*: a curva de influência normativa

Além do seu lugar, cada ação de pressão tem seu tempo.

O sucesso da ação de *lobbying,* desde o envolvimento de representantes de interesses nos lugares e nos momentos dedicados ao *iter* legislativo, depende sempre do **timing** do lobista, da sua capacidade de ler o momento político, da confiança e do uso das ferramentas à sua disposição nos tempos certos.

Uma tal consideração é também confirmada em nível teórico pela chamada "Teoria da curva de influência legislativa", desenvolvida em 2007 pelo cientista político francês Daniel Guéguen em sua obra de análise do contexto europeu, *European Lobbying*.

Segundo essa teoria, imaginando o andamento do processo decisório como uma linha reta que tende à decisão, quanto mais próximo da conclusão o percurso legislativo estiver, mais complicado será para um lobista poder influenciá-lo. Em outras palavras, uma ação de *lobbying* em um processo regulatório quanto mais cedo for lançada, mais provável será que ela tenha sucesso.

A possibilidade de grupos de pressão permearem o processo regulatório pode ocorrer em múltiplas fases com diferentes níveis de incidência.

Desde o momento preparatório da intervenção regulatória, em que a vontade do tomador de decisão ainda é potencial à formulação da proposta e à sua discussão na arena política, até o momento da formalização da decisão, a atividade de *lobbying* vê em todos os momentos do processo normativo um diferencial de sucesso, cuja consistência foi analisada na curva de influência legislativa, que pode ser replicada em todos os diferentes ordenamentos (figura 1.6).

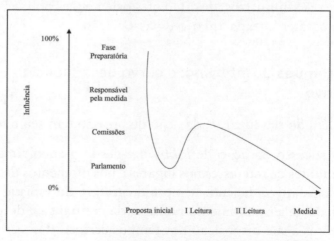

Fig. 1.6 *Curva de influência legislativa.*

Fonte: Elaboração de D. Guéguen (2007).

## CAPÍTULO I – OS CONTEXTOS

O envolvimento dos representantes dos interesses nos lugares e nos momentos que antecedem o *iter* legislativo concreto é fundamental para o sucesso da atividade de *lobbying*; pelo contrário, à medida que a norma vai para frente, envolvendo cada vez mais atores, e com a conclusão das fases que compõem o processo, as chances de sucesso na atividade de *lobbying* diminuirão.

A curva de Guéguen é configurada com base nos tempos do processo decisório e destaca como até mesmo os custos da ação de *lobbying* são mais baixos se a atividade começar cedo.

Na Itália, também, é fundamental iniciar a atividade de pressão desde o começo do processo regulatório, ou quando, melhor ainda, está na mente do tomador de decisão. Dessa forma, desde o momento da elaboração do ato será possível exercer uma influência maior e mais profunda para proteger e promover os próprios interesses. A partir da formalização da estrutura da medida, também considerando a multiplicação dos atores do cenário político e jurídico que podem afetar o texto e a publicidade da vontade do tomador de decisão (como acontece, por exemplo, nas tramitações parlamentares), a capacidade de influência estará em constante diminuição, tendendo a se anular no momento da decisão.

Influenciar o agente público responsável pela decisão desde as fases preliminares permite, portanto, concentrar esforços em um arco de tempo menor e sobre um número menor de interlocutores, possibilitando, na prossecução do processo regulatório, implementar uma estratégia conservadora voltada para a defesa da eventual posição adquirida. Limitar-se a operar apenas durante as várias etapas subsequentes da passagem regulatória significa ter que agir "correndo atrás", ou seja, participar de uma batalha política em que o interesse terá que ser negociado em um contexto multíplice, afetando negativamente a eficácia da estratégia de *lobbying*.

Para que isso seja possível, no entanto, é imprescindível operar de acordo com as técnicas que serão descritas no capítulo III, criando um *lobbying* compartilhado ao máximo, capaz de construir, principalmente em organizações complexas estruturadas territorialmente, um diálogo constante entre o nível nacional e o local.

Para fazer o melhor uso dos instrumentos de *lobbying* nas dimensões articuladas no território, como no caso de uma organização de categoria, ou de um sindicato de trabalhadores, ou de uma associação de proteção ambiental, ou de defesa dos direitos dos animais, é essencial o protagonismo dos territórios, ou seja, a capacidade de ativar a comunidade a que pertencem; para fazer isso, no entanto, o "local" deve estar sempre atualizado sobre o que está fazendo no Parlamento ou no governo o "seu" tomador de decisão político. Consequentemente, por exemplo, o "nacional" poderá enviar semanalmente aos escritórios locais uma ficha, no máximo de uma página e que seja de fácil leitura, com atualizações sobre as atividades, as declarações, as ações realizadas pelo político "local" em termos nacionais. Isso permitiria aos escritórios territoriais interagir com ele, demostrando ter conhecimento de seu comportamento e das batalhas que está travando.

Ao mesmo tempo, segundo aquele jogo em conjunto e de troca recíproca do qual se falou, é imprescindível que os escritórios territoriais reportem à sede nacional "quem" é relevante na dimensão local, ou seja, quem são os verdadeiros tomadores de decisão no contexto local; sobretudo porque, muitas vezes, o tomador de decisão local pode interagir diretamente com o nacional e, portanto, uma vez convencido o primeiro, caberá a ele agir sobre o segundo para convencê-lo.

Isso implica que ambos os níveis não devem se limitar a um mero monitoramento de processos ou atos normativos (leis, regulamentos etc.), mas também de pessoas, comunidades, tomadores de decisão.

Em suma, é de fato possível identificar diferentes tipos de *inputs* que as dimensões nacional e local podem trocar entre elas.

1. O nacional transmite informações ao local sobre o quê, quem, como, o porquê, quando.

## CAPÍTULO I – OS CONTEXTOS

2. O nacional informa constantemente o local sobre os procedimentos de tomada de decisão que pretenderia ativar, pedindo informações sobre como aquele determinado tomador de decisão opera em nível local, eventualmente acionando o local para contatá-lo (quando, como e com quais tipos de solicitações).

3. Paralelamente, o local aciona o nacional quando é necessário influenciar os processos decisórios territoriais, considerando também que, muitas vezes, no território, a autoridade política atua de acordo com as disposições da autoridade política nacional de referência.

4. No entanto, deve haver uma troca de informações entre as diferentes dimensões territoriais (de "local" para "local") uma vez que o mesmo assunto pode já ter sido abordado em outro território e, portanto, torna-se relevante compreender a atitude da autoridade política no outro contexto, sistematizando as ações de *back office* das quais falaremos e, mais uma vez, colocando em rede as ações de *front office*.

As ações implementadas, portanto, mudam de acordo com o tempo em que são elaboradas e realizadas.

# CAPÍTULO II
## AS REGRAS

O fenômeno lobístico, ou seja, a relação entre grupos de pressão e agentes públicos responsáveis pela decisão, precisa ser regulamentado para poder ser compatível com a democracia, como foi amplamente destacado no primeiro capítulo.

A visão democrática do *lobbying* ou, em outras palavras, a abordagem anglo-saxônica do processo de tomada de decisão se justifica somente na presença de normas que garantam a transparência do processo e igual acesso ao tomador de decisão. De fato, os princípios constitucionais nos quais o *lobbying* se fundamenta precisam ser equilibrados com outros princípios constitucionais, tais como o bom andamento da Administração Pública, a imparcialidade do agente público responsável pela decisão, a publicidade dos processos decisórios e a igualdade dos diferentes portadores de interesses.

Trata-se, portanto, de entender quais regras foram introduzidas pelos ordenamentos democráticos a fim de regular o fenômeno do *lobby*.

A análise comparativa destaca a resposta de diferentes democracias ao fenômeno do *lobbying*, da Europa à América do

Norte, da América Latina à Oceania.[43] São 24 os ordenamentos que introduziram uma regulamentação do fenômeno lobístico: entre as décadas de 1940 e 1990, encontramos os Estados Unidos da América, Alemanha, Austrália, Canadá e União Europeia; a partir de 2001, Geórgia, Lituânia, Peru, Argentina, Polônia, Israel, Taiwan, Macedônia, França, México, Eslovênia, Países Baixos, Áustria, Chile, Colômbia, Reino Unido, Irlanda, Montenegro e Hungria. O considerável aumento, a partir de 2001, do número de ordenamentos democráticos que possuem legislação sobre *lobbying* destaca a atualidade da questão e o interesse para a compreensão dessa disciplina.

Nas páginas a seguir serão examinados alguns desses ordenamentos, procurando-se destacar, para cada um deles, os elementos que caracterizam a regulamentação introduzida.

Ao dedicar maior espaço às experiências mais significativas, começaremos descrevendo os institutos jurídicos introduzidos a fim de delinear seus elementos comuns. Graças ao estudo das características comuns das várias regulamentações, será possível, para fins meramente utilitários e sem pretensões exaustivas, dividir os ordenamentos em três modelos regulatórios, de forma a simplificar a reflexão e evidenciar semelhanças e diferenças.

## 2.1 Os Estados Unidos da América

*O contexto institucional.* Os Estados Unidos da América representam, até hoje, o arquétipo do Estado federal, fundado em uma Constituição que reconhece a autonomia política, legislativa e administrativa dos estados-membros que o integram, os quais, por sua vez, possuem Constituição própria. Ademais, os Estados Unidos representam o arquétipo da forma de governo presidencialista que se caracteriza pela eleição direta por sufrágio universal

---

[43] OCDE. *Lobbyists*: governments and public trust. vol. 3. Paris: OECD, 2014.

CAPÍTULO II – AS REGRAS

do chefe de Estado (o presidente dos Estados Unidos da América) e por uma separação rígida dos três poderes tradicionais (Legislativo, Executivo e Judicial). Essa separação é moderada apenas pela jurisprudência da Suprema Corte[44] e pelo princípio do equilíbrio de poderes (os chamados *checks and balances*), segundo o qual, por meio de um sistema de freios e contrapesos, cada poder tem a possibilidade de controlar e condicionar os demais no exercício das respectivas funções. Caracterizam, também, a forma de governo norte-americana o bicameralismo do Congresso, dividido entre a Câmara dos Representantes e o Senado, a própria natureza do Senado (um órgão de representação igualitária dos estados que elegem dois senadores cada) e o papel fundamental desempenhado pela Suprema Corte.

### 2.1.1 Origem e fundamento do direito constitucional de fazer *lobbying*

No imaginário coletivo, quando se fala em *lobbying*, o caso mais emblemático é, sem dúvidas, o estadunidense. O envolvimento direto dos *lobbies* no processo decisório é uma caraterística típica dos Estados Unidos; não por acaso, isso encontra seu fundamento na própria Constituição.

A primeira emenda à Constituição Federal, que entrou em vigor em 15 de dezembro de 1791, institui, de fato, o *right to petition to the government*.

O erro comum é traduzir esta fórmula literalmente, traduzindo, em especial, *petition* por "petição" e *government* por "governo". O efeito é o de não entender o alcance da primeira emenda e acreditar que ela confere o mero direito dos cidadãos de peticionar ao governo. Trata-se de um erro clamoroso porque, na linguagem jurídica italiana, a palavra "petição" remete a uma

---

[44] N.T. Órgão correspondente ao Supremo Tribunal Federal.

atividade específica de escassa eficácia concreta e que, em nosso ordenamento, não tem nenhum efeito prático.

Ao contrário, a palavra *petition* deve ser inserida na realidade histórica na qual a primeira emenda foi redigida e, para traduzi-la para o italiano, devemos nos perguntar que significado tinha naquele momento e naquele contexto.

Assim, verifica-se que, com o termo *petition* pretendia-se referir a uma atividade destinada a influenciar políticas públicas a fim de proteger um determinado interesse: ou seja, *petition* é sinônimo de *lobbying*. Como vimos, de fato, a palavra *lobbying*, naquele período histórico, ainda não era utilizada para indicar a ação de pressão de sujeitos privados contra o poder decisório político, por isso, então, se utilizava o termo *petition* e não *lobbying*.

A primeira emenda, portanto, estabelece o direito de fazer *lobbying* em relação ao *government*, ou seja, ao aparelho público e não apenas ao governo.

O direito das associações organizadas de cidadãos, consistente em influenciar a tomada de decisões públicas, está, portanto, na base da fundação do ordenamento constitucional dos Estados Unidos.

Como aponta James Madison, um dos pais da Constituição dos Estados Unidos, no número 10 dos *Federalist Papers*, publicado em 22 de novembro de 1787, uma facção é um grupo de cidadãos unidos e movidos pelo mesmo e comum impulso de paixão ou de interesse, em contraposição com os direitos de outros cidadãos ou com os interesses permanentes e complexos da comunidade. Dessa maneira, ele destaca a característica própria dos Estados Unidos da América: a presença de fortes grupos de pressão que, desde o nascimento daquele país, desempenham um papel decisivo.

Teorizando a necessidade de federalizar os estados individuais presentes em solo americano, a fim de criar um Estado "maior" e, portanto, menos permeável às influências das facções, Madison

## CAPÍTULO II – AS REGRAS

retoricamente se pergunta "o que são as várias categorias de legisladores senão partes e advogados das causas sobre as quais deliberam", e destaca a frequência com que o agente público responsável pela decisão é também o portador do interesse particular sobre o qual é chamado a decidir. Para resolver essa situação, Madison teoriza a necessidade de estabelecer assembleias representativas mais amplas em que os mais variados interesses sejam representados.

Partindo, portanto, da constatação de que as facções, no contexto norte-americano, não podem ser eliminadas por serem um elemento característico, Madison se propõe a identificar regras e formas adequadas para regular os efeitos da contraposição entre as facções.

Esta é uma realidade que parece clara para Alexis de Tocquevile em 1831, quando, em sua *Viagem aos Estados Unidos*, ele destacou como:

> entre os povos democráticos, são as associações que devem manter o lugar das forças individuais que desapareceram devido à igualdade de condições. Muitos habitantes dos Estados Unidos, assim que concebem um sentimento ou uma ideia a ser espalhada pelo mundo, procuram um ao outro e, quando se encontram, se unem. A partir desse momento não são mais homens isolados, mas uma potência que se avista de longe, cujas ações servem de exemplo; que fala e é ouvida.

Ser ouvido pelo agente público responsável pela decisão antes que a escolha seja feita: esse é o direito constitucional de fazer *lobbying* nos Estados Unidos.

### 2.1.2 A regulação dos grupos de pressão

Na implementação desse princípio constitucional, o *lobbying* foi inicialmente regido pelo Regulamento da Câmara dos Representantes em 1852, estabelecendo a proibição, para jornalistas parlamentares, que apoiassem ou se opusessem a uma disposição (em nome de terceiros) de acompanhar, da galeria da imprensa, as sessões de Congresso quando aquela disposição estava sendo discutida.

Na década de 1930, o termo *lobby* apareceu pela primeira vez em uma lei: a *Public Utilities Holding Company Act*, de 1935, que exigia que os "lobistas" de empresas privadas que exerciam serviços públicos se cadastrassem em um registro especial mantido pelas secretarias de ambas as Câmaras, porém, sem definir o conteúdo de sua atividade e sem estabelecer limites. No ano seguinte, com o *Merchant Marine Act*, essa obrigação foi estendida aos "lobistas" de empresas industriais e, em 1938, com a *Foreign Agents Registration Act*, a agentes de governos estrangeiros ou empresas que operavam em Washington.

A primeira lei orgânica sobre *lobbies* é de 1946. Resultado de um complexo trabalho realizado no âmbito do *Joint Committee on the Organization of Congress*, o *Federal Regulation of Lobbying Act 1946* representa o **primeiro exemplo** no mundo **de legislação** sobre o fenômeno do *lobby*. Na verdade, essa lei constituía um trecho de uma legislação mais complexa, que visava estabelecer regras comuns para os poderes constitucionais, desde o presidente federal ao Congresso. Ao regular, portanto, o exercício dessas funções constitucionais, o Congresso considerou um dever estabelecer normas destinadas a regular as relações entre os titulares desses órgãos e os portadores de interesses particulares, estabelecendo um registro público e introduzindo obrigações significativas de transparência.

A lei de 1946 previa a obrigação, para quem quisesse influenciar o processo legislativo, de inscrever-se em um registro especial, mantido pelos secretários-gerais de ambas as Câmaras, para prestar juramento indicando os seus dados pessoais, os interesses protegidos e as quantias em dinheiro recebidas ou entregues, e para enviar um relatório trimestral à secretaria-geral de cada Câmara, com indicação dos contatos realizados e do valor despendido ou recebido. O lobista foi definido como a pessoa que "solicita ou

## CAPÍTULO II – AS REGRAS

recebe dinheiro" para contribuir para a aprovação ou rejeição de uma medida pelo Congresso, ou para influenciar, direta ou indiretamente, a aprovação ou rejeição de uma medida pelo Congresso. O lobista registrado tinha acesso permanente aos gabinetes dos parlamentares, podia solicitar ser ouvido com prioridade pelas comissões e enviar *position papers* com sugestões ou comentários.

De acordo com a lei, ele tinha um fundo de caixa cujo valor era publicado no registro e prestava juramento solenemente perante um funcionário público. Era obrigado a manter uma detalhada prestação de contas desse fundo, indicando as contribuições recebidas ou pagas, independentemente do valor; os nomes e endereços das pessoas que fizeram contribuições iguais a 500 dólares e a data em que o pagamento foi feito; todas as despesas incorridas em nome dessa organização ou retiradas do fundo à disposição do lobista; os nomes e endereços das pessoas a favor das quais a despesa foi feita e a data em que o pagamento foi feito. Em caso de violação das disposições da lei, o lobista enfrentaria uma multa de 5.000 dólares a um máximo de 20 meses de prisão. A essas penas, acrescentava-se a cassação do registro e a proibição de acesso a cargos públicos por uma série de anos. Com a entrada em vigor da lei, em 1º de janeiro de 1947, mais de 4.000 profissionais que haviam permanecido nas sombras até aquele momento ganharam visibilidade e reconhecimento social.

A lei de 1946 logo foi declarada parcialmente inconstitucional pela Suprema Corte. Em duas sentenças, em 1953 e 1954, o Tribunal considerou que as obrigações introduzidas pela lei prejudicavam a 1ª Emenda, impondo restrições excessivas ao exercício do direito constitucional de *lobby*. Consequentemente, a Corte limitou a aplicação das disposições contidas na lei de 1946 somente àqueles que praticavam *lobby* profissionalmente e de forma exclusiva. Assim decidindo, o Tribunal decretou a substancial não aplicação da lei de 1946, com o paradoxo que a maior associação da categoria, a National Association of Manufacturers, podia continuar a pressionar os políticos sem aparecer no registro de lobistas autorizados. E assim, apesar da presença de mais de 47.000 advogados e 15.000 especialistas em relações públicas em Washington, apenas 7.000 foram registrados como representantes de interesses.

A substancial ineficácia da lei de 1946 levou o Congresso a introduzir, em 1995, uma nova legislação sobre o assunto, o *Lobbying Disclosure Act*, de 1995, ato emendado em 2007, com o *Honest Leadership and Open Government Act*.

A legislação em vigor impõe a obrigatoriedade de inscrição em um registro público para qualquer um que exerça a atividade de representação de interesses por meios da organização de "contatos lobísticos" durante pelo menos 20% do seu expediente.

Por "contato lobístico", a legislação em vigor entende qualquer atividade realizada em apoio a esse contato, incluindo preparação, planejamento, pesquisa e qualquer outro trabalho preparatório, destinado a ser utilizado em contatos e trabalhos de coordenação com atividades semelhantes realizadas por outros sujeitos. A definição inclui qualquer comunicação oral ou escrita e comunicações eletrônicas, em qualquer caso dirigidas a um oficial público membro de um gabinete de Executivo ou Legislativo, realizadas em nome de um cliente e relativas à formulação, modificação e adoção de leis federais; à formulação, modificação, adoção de uma norma federal, regulamento, *Executive Order* (ministerial) ou qualquer outro programa, ou qualquer política ou posição tomada pelo governo dos Estados Unidos; à administração e/ou execução de um programa federal (incluindo a negociação, concessão, estipulação e administração de um contrato federal, empréstimo, permissão, licença); à nomeação ou confirmação de uma pessoa para um cargo sujeito a parecer ou ratificação pelo Senado Federal.

Por "oficial público do Executivo", a lei entende o presidente federal, o vice-presidente, qualquer funcionário do Gabinete Executivo do Presidente, qualquer funcionário dos níveis I, II, III, IV, V da Executive Schedule, qualquer membro de serviços militares nos termos do artigo 201º do Título 87º do Código dos Estados

## CAPÍTULO II – AS REGRAS

Unidos, qualquer funcionário que desempenhe um cargo de natureza confidencial e que determine, decida ou aconselhe políticas públicas. Por "funcionário público do legislativo", o sucessivo parágrafo 4º entende um membro do Congresso, um oficial público eleito em uma das duas Casas, qualquer funcionário que trabalhe na equipe de um membro do Congresso, ou de uma comissão, de um líder da Câmara ou do Senado, de uma comissão bicameral ou especial do Congresso, de um grupo de trabalho ou convenção política[45] organizada a fim de fornecer serviços legislativos, ou outro tipo de apoio aos membros do Congresso.

No registro, os lobistas devem indicar pontualmente os seus dados de contato e os da sua empresa, a atividade principal, os dados do cliente, o interesse que pretendem tutelar, os nomes das pessoas que apoiam essa atividade com pagamentos superiores a 10.000 dólares por semestre, o setor em que pretendem desenvolver a sua atividade de *lobbying* e, na medida do possível, as questões específicas, projetos de lei ou projetos de medidas que, à data do cadastro, já tenham sido ou se espera que sejam objeto de atividade lobística. Além disso, se o registro for realizado por uma *lobbying firm*, ou uma empresa de *lobby* terceirizada, esta deve indicar quantos, dentro de sua estrutura, exercem atividades de *lobby* e se, no passado, foram funcionários públicos ou ocuparam cargos semelhantes nos dois anos anteriores à inscrição.

Cada vez que o lobista tiver um encontro com um agente público responsável pela decisão, ele é obrigado, nos 45 dias a seguir, a registrá-lo em uma seção especial do *site* da Secretaria-Geral da Câmara ou do Senado. Todo "contato", toda reunião realizada e todo financiamento recebido ou concedido devem ser relatados detalhadamente em relatório a ser enviado, a cada

---

[45] N.T. O autor usa o termo *caucus*, que indica uma reunião de pessoas geralmente simpatizantes ou membros de movimentos políticos. O termo é usado nos sistemas derivados do anglo-saxão. No texto, traduzimos por "convenção política".

quatro meses, ao secretário-geral da Câmara e do Senado. Cada relatório, nos termos do art. 5º da lei, deve conter uma lista das questões específicas colocadas pelo lobista, incluindo uma lista de leis, projetos de lei, circulares, *orders* apoiadas ou contra as quais foi feita oposição. Por último, no caso das empresas de *lobbying*, existe a obrigação de estimar, "de boa-fé", o montante total de todos os recursos recebidos por meio da atividade de *lobbying* ou das despesas efetuadas com essa atividade.

### 2.1.3 Ética e conduta para os agentes públicos responsáveis por decisões

Em virtude do papel reconhecido aos grupos de pressão, de forma a evitar que a ação de influência possa capturar o regulador e levá-lo a tomar decisões contrárias ao interesse geral, foram adotadas diversas disposições que limitam a conduta dos agentes públicos responsáveis pela sua interlocução com os lobistas. O *Ethics Manual for Members, Officers and Employees of the U.S. House of Representatives*, publicado pela primeira vez em 1992 e codificado em 1999, nos art. 22 e 25 do regulamento da Casa, proíbe expressamente os parlamentares, seus funcionários e funcionários públicos de receberem presentes no valor de mais de 50 dólares por ano de qualquer pessoa, em qualquer forma, incluindo *meals, food or refreshments*.

O art. 25, § 5º, I, 3 do Regulamento da Câmara e o art. 35, § 1º, III, 17 do Regulamento do Senado[46] especificam que é proibido aceitar hospitalidade, mesmo que ocasional, de lobistas, mesmo no caso de amigos pessoais ou parentes. E é acrescentado que, em qualquer caso, mesmo os presentes recebidos pelos membros da família, se excederem o valor global de 250 dólares por ano,

---

[46] N.T. O autor, para se referir ao art. 25 do Regulamento da Câmara dos Representantes e ao art. 35 do Regulamento do Senado dos Estados Unidos, usa a estrutura italiana, indicando *articolo*, *comma*, *lettera* e *numero* na forma abreviada: art. 25, c.5, lett. *a*, n.3 e art. 35, c.1, lett. *c*, n.17. Por isso, optamos para usar a estrutura brasileira nesta tradução.

## CAPÍTULO II – AS REGRAS

podem ser aceitos, mas devem ser inscritos em um registro público mantido pela secretaria da Câmara de referência.

Da mesma forma, fica estabelecido que um parlamentar ou um integrante da equipe ou da burocracia interna não pode ser, de forma alguma, remunerado por um discurso (*speech*) proferido ou por um artigo escrito, nem pode receber direitos autorais de obras publicadas (mesmo que anteriores ao mandato parlamentar), nem pode ser reembolsado pelas despesas incorridas para chegar a um local para o qual foi convidado como deputado ou senador.

O art. 25 do Regulamento da Câmara, também conhecido como *House of Gift Rule*, define o termo "dom" ou "presente" de uma forma extremamente ampla, como "uma gorjeta, um favor, descontos, formas de entretenimento, hospitalidade, um empréstimo, tolerância aos prazos de pagamento, ou outros elementos de valor monetário". Em determinadas circunstâncias, um presente para um familiar de um parlamentar, de um gerente, de um funcionário, nos termos do art. 25, c. 5 (a) (2) (B) (i) do Regulamento da Câmara,[47] está sujeito às mesmas proibições quando o presente foi

---

[47] N.T. Vide texto original da *House Rule* XXV, §1100. Disponível em: https://budgetcounsel.com/laws-and-rules/%C2%A7375-house-rule-xxv-limitations-on-outside-earned-income-and-acceptance-of-gifts/. Acessado em: 21.12.2021.
"House Rule XXV. [Clause 5]."
5. (a)(1)(A)(i) A Member, Delegate, ResideNT.Commissioner, officer, or employee of the House may not knowingly accept a gift except as provided in this clause.
(ii) A Member, Delegate, Resident Commissioner, officer, or employee of the House may not knowingly accept a gift from a registered *lobby*ist or agent of a foreign principal or from a private entity that retains or employs registered *lobby*ists or agents of a foreign principal except as provided in subparagraph (3) of this paragraph.
(B) (i) A Member, Delegate, Resident Commissioner, officer, or employee of the House may accept a gift (other than cash or cash equivalent) not prohibited by subdivision (A)(ii) that the Member, Delegate, Resident Commissioner, officer, or employee reasonably and in good faith believes

"aceito" pelo parlamentar ou funcionário público (que, portanto, estava ciente disso), ou foi feito em virtude do cargo institucional ocupado pelo próprio familiar.

O art. 23 do regulamento da Câmara também introduz um Código de Conduta Oficial, válido tanto para parlamentares como para gerentes e funcionários parlamentares.

O Código tem por objetivo regular ao máximo possível as situações em que os parlamentares podem se encontrar e garantir a ética e a transparência em seu trabalho. De acordo com as 18 "cláusulas" do Código, de fato, os parlamentares devem, em todos os momentos, se comportar de maneira adequada ao cargo que ocupam; cumprir e aderir ao espírito das regras do Parlamento e não aceitar remunerações que possam influenciar a sua posição; manter seus fundos pessoais separados daqueles usados para campanhas eleitorais e não usar estes últimos para uso pessoal.

Essas disposições como um todo devem ser lidas em conjunto com as normas que regulam, com finalidade preventiva, os conflitos de interesses dos parlamentares.

―――――――――― O CASO ――――――――――

## O escândalo Abramoff

Entre o final de 2005 e o início de 2006, a opinião pública americana foi abalada pelo "escândalo Abramoff", que atingiu o

---

to have a value of less than $50 and a cumulative value from one source during a calendar year of less than $100. A gift having a value of less than $10 does not count toward the $100 annual limit. The value of perishable food sent to an office shall be allocated among the individual recipients and not to the Member, Delegate, or Resident Commissioner. Formal recordkeeping is not required by this subdivision, but a Member, Delegate, Resident Commissioner, officer, or employee of the House shall make a good faith effort to comply with this subdivision".

CAPÍTULO II – AS REGRAS

então líder dos Republicanos na Câmara, Tom De Lay, e o porta-voz do mesmo partido, Dennis Hastert, forçando-os a renunciar aos cargos. Jack Abramoff – como demonstram as longas reportagens de alguns jornalistas do Washington Pos –, ativista republicano e presidente de um *think tank* católico fundamentalista (o Toward Tradition), trabalhava em Washington como lobista em nome das empresas Preston Gates e Ellis e Greenberg Traming. Nessa qualidade, durante as eleições presidenciais de 2000 e de 2004, ele arrecadou da comunidade indígena dos Coushatta (proprietários de um cassino produtivo em Louisiana, em risco de fechamento) mais de 80 milhões de dólares, dos quais 2 milhões destinados à criação de PACs em favor de George Bush; no entanto, as investigações mostraram que parte do dinheiro (cerca de 200.000 dólares) foi usada por Abramoff para dar aos deputados e senadores republicanos (não apenas a eles) férias em campos de golfe escoceses, cartões de entrada em *resorts* e clubes esportivos exclusivos e de prestígio, jantares nos melhores restaurantes, ingressos para jogos de futebol e rúgbi. Nenhuma dessas "doações" foi tornada pública pelos tomadores de decisão. Em 29 de março de 2006, após confessar outros desvios de dinheiro e corrupção, Abramoff foi condenado a cinco anos e dez meses de prisão, bem como a uma indenização de 21 milhões de dólares às partes prejudicadas. O filme *Casino Jack* (2010), dirigido por George Hickenlooper e estrelado por Kevin Spacey, foi baseado em sua história.

---

As regras previstas para o conflito de interesses da House of Representatives não têm o objetivo de proibir de maneira absoluta uma possível convergência entre os interesses econômicos pessoais e o interesse público. Nenhuma lei federal ou regulamento interno da Câmara proíbe, *a priori*, funcionários ou membros da Câmara de possuírem bens que possam entrar em conflito ou afetar sua atividade na Casa. Em geral, de fato, os membros e funcionários não devem se privar de seus bens após a posse, nem os parlamentares devem sacrificar suas opiniões não votando em questões que, em termos gerais, dizem respeito a seus interesses econômicos privados, tanto que a Câmara raramente decidiu que um parlamentar devesse se abster de votar caso existisse um interesse pessoal direto comprovado.

Conforme observado pela *Bipartisan Task Force on Ethics* da Câmara dos Representantes, é bom que os membros do Congresso se tornem portadores de certos interesses particulares, precisamente como representantes do povo:

> essa comunhão de interesses é da natureza do governo representativo e, portanto, inevitável. Por outro lado, um conflito de interesses pode se transformar em corrupção quando um funcionário público ou deputado usa sua posição para influenciar seus interesses econômicos pessoais. Entre esses dois extremos existem circunstâncias ambíguas que podem criar um conflito de interesses real ou potencial. O problema é, justamente, identificar os casos em que ele permite que seus interesses privados comprometam sua independência de julgamento na condução de seus deveres públicos.[48]

A melhor ferramenta para garantir a necessária flexibilidade das regras sobre conflito de interesses é a transparência, que deve ser entendida, conforme destaca a *House Commission on Administrative Review*, como uma ferramenta capaz de fornecer as informações necessárias para permitir que os representados julguem a conduta de seus representantes: "os potenciais conflitos de interesses são freados pela transparência e pela disciplina eleitoral. Outras ferramentas são fracas, ou em termos de razoabilidade, ou em termos de viabilidade, e arriscam comprometer, em vez de proteger, a relação entre representantes e representados".

Para garantir a transparência, os membros da Câmara, os candidatos e alguns funcionários devem preencher um "formulário financeiro" a cada ano que resume as informações sobre sua

---

[48] *Report on H.R., 3660*, sessão de 21 de novembro de 1989.

## CAPÍTULO II – AS REGRAS

posição econômica, a do cônjuge e dos filhos dependentes. Entre outras informações, esse formulário deve contabilizar indenizações, investimentos, propriedades e transações econômicas.

Também por esses motivos, a legislação norte-americana regula detalhadamente a proibição de *revolving door*, ou seja, de passagem do papel de tomador de decisão para o de lobista (e vice-versa), prevendo um certo período de *cooling-off* (esfriamento), ou seja, de abstenção da assunção de determinados cargos.

---——— O CASO ———---

*Revolving door (porta giratória)*

Não obstante as regras sobre a proibição de *revolving door*, nos Estados Unidos, há casos marcantes, dois em especial.

O primeiro caso clássico é aquele do senador Billy Tauzin, quem, depois ter representado o Estado da Louisiana por 35 anos, logo após o fim de seu mandato parlamentar, aceitou, por 2 milhões de dólares anuais, o cargo de presidente da Pharmaceutical Research and Manufaturers of America, cujos interesses ele frequentemente apoiara durante seu longo mandato no Parlamento.

O segundo, frequentemente citado, é o de Jeffrey Shockey, que foi assistente de um deputado da Califórnia durante oito anos; depois, por outros cinco anos, lobista representante de empresas localizadas no mesmo colégio do "seu" ex-deputado; depois, ainda, por três anos, se tornou deputado e, em seguida, lobista novamente em nome de grandes multinacionais.

---

Em particular, o *Ethics in Government Act*, de 1978, aprovado após o escândalo Watergate, e o *Ethics Reform Act*, de 1989, proíbem ex-funcionários públicos de "retornarem" como lobistas às administrações que chefiavam anteriormente e ex-parlamentares e membros de suas equipes de representarem interesses em nome de terceiros no Congresso, no ano imediatamente seguinte ao término do cargo ou do mandato.

### 2.1.4 A participação dos *lobbies* nos trabalhos do Congresso

Desde sempre, nos Estados Unidos, em virtude da legitimação constitucional garantida pela primeira emenda, os grupos de pressão tiveram uma relação estreita com a máxima instituição representativa, o Congresso, definido, não por acaso, como o reino da mediação entre interesses locais e o presidente federal.

Nas Assembleias da Câmara e do Senado, não há aquela contraposição entre maioria e oposição típica de alguns sistemas competitivos (como o britânico). A verdadeira antítese entre dois partidos opostos ocorre apenas fora do Parlamento e, especialmente, durante a eleição do presidente federal. É, de fato, a campanha eleitoral presidencial que polariza o embate e torna efetiva a competição entre os dois principais partidos, republicanos e democratas. No entanto, não se trata de uma competição baseada em posições ideológicas opostas ou em programas efetivamente alternativos.

De fato, nos Estados Unidos, os partidos são movimentos não ideológicos, profundamente divididos internamente, sem uma verdadeira disciplina partidária, com diferentes ambições e perspectivas.

### *FOCUS: MR. SMITH VAI PARA WASHINGTON*

Um dos primeiros filmes americanos sobre *lobbying* é de 1939, obra do gênio de Frank Capra: *A mulher faz o homem* [*Mr. Smith goes to Washington*]. O filme conta a história de Jefferson Smith, quem, de repente e por acaso, se torna senador: o senhor Smith, embora não seja um especialista político, não conhecendo o funcionamento das instituições, imediatamente percebe que transformar uma proposta em lei não é "brincadeira de criança",

## CAPÍTULO II – AS REGRAS

> porque precisa ouvir todas as partes interessadas e depois discutir, discutir e discutir novamente. E, acima de tudo, entender que seu dever como parlamentar é essencialmente mediar entre uma pluralidade de *lobbies* contrapostos.

A estrutura federalista do ordenamento, a vastidão do território estadunidense, as profundas diferenças culturais e econômicas entre os estados (especialmente entre os do Norte e os do Sul, evidentes até hoje) e as diferenças sociais têm impedido os partidos federais de definir posições comuns, plataformas programáticas compartilhadas entre eleitores e dirigentes de todos os estados.

Por consequência, o sistema político americano é baseado em coalizões, negociações, compromissos, nos quais não se pode dizer que um grupo governe e outro esteja permanentemente na oposição (por isso, a definição de sistema político "não conflituoso"): no Congresso estadunidense, a legislação muitas vezes requer um complicado trabalho de acordos e coalizões entre diferentes grupos.

Nesse contexto, um papel extremamente importante é desempenhado pelas **comissões parlamentares**. Elas fazem a gestão integral da fase instrutória de cada medida e, para esse efeito, dispõem de todos os meios para a obtenção de informações. Os regulamentos de ambas as Assembleias, encarregando as comissões de preparar os trabalhos das Casas da forma mais orgânica e completa possível, formalizam algumas ferramentas para a atividade instrutória e, em particular, as *hearings* (audiências), ou seja, as "audiências públicas", reais válvulas de escape do sistema por meio das quais se dá voz às solicitações e às expectativas dos mais diversos portadores de interesses.

As *hearings* são, geralmente, públicas e preanunciadas com pelo menos uma semana de antecedência, mediante a publicação da convocação no *Daily Digest* (o boletim que informa sobre os trabalhos parlamentares) e o seu envio por e-mail a todos os interessados inscritos no registro instituído pela lei de 1995 que tenham real "direito" de serem ouvidos pela comissão.

Cada interveniente, em qualquer caso e salvo se expressamente prorrogado, pode apresentar as suas razões por um tempo estabelecido (e igual para todos), sendo, depois, submetido às perguntas dos membros da comissão, com os quais se realiza um verdadeiro contraditório.[49] Na conclusão das audiências, a comissão (ou a subcomissão responsável) realiza o chamado *markup* (marcação), ou seja, a modificação ou a integração do projeto de lei à luz das observações dos sujeitos ouvidos.

Uma vez que há sempre muitos interesses em jogo quando uma medida é discutida, há inúmeras audiências convocadas por comissões permanentes e, mais frequentemente, por subcomitês criados *ad hoc*. No *site* institucional de ambas as Assembleias é possível acompanhá-las ao vivo e até participar de uma discussão virtual (em *chat*) com os demais espectadores.

Portanto, por meio das *hearings*, os portadores de interesses representam diretamente sua posição perante o agente público responsável pela decisão, esclarecendo frequentemente a situação com dados científicos ou com reviravoltas dignas de um programa de televisão.

Dessa forma, utilizando verdadeiras técnicas de comunicação publicitária e *marketing*, os *lobbies* "usam" as *hearings* para influenciar diretamente o conteúdo da medida, contando com as emoções e os sentimentos mais comuns.

---

[49] N.T. No texto original, Petrillo usa o termo *contraddittorio*. "CONTRADDITTORIO: adj. e s. m. [do Lat. tardo contradictorius, adj.]. 2. s. m. Discussão pública entre duas pessoas que sustentam e defendem posições contrárias" (tradução nossa). Em: ISTITUTO DELLA ENCICLOPEDIA ITALIANA. *Vocabolario Online Treccani*. Disponível em: www.treccani.it/vocabolario/contraddittorio. Acessado em: 21.10.2021.

CAPÍTULO II – AS REGRAS

### 2.1.5 Os *Political Action Committees*

Uma das principais ferramentas usadas para influenciar o agente público responsável pela decisão estadunidense é o financiamento das campanhas eleitorais e da política.

A normativa em matéria (o FECA – *Federal Election Campaign Act*, de 1971, significativamente emendado em 2002, com o *Bipartisan Campaign Reform Act*) reconhece a cada cidadão ou associação o direito de constituir *Political Actions Commitees* (PACs), ou seja, grupos de captação de recursos para financiar a campanha dos candidatos que abertamente apoiam os seus interesses. Na prática, esses comitês coletam recursos e os direcionam para o candidato que compartilha determinadas batalhas.

Existem, essencialmente, dois tipos de PACs, os *Separate Segregated Funds* (SSFs) e os *Nonconnected Committees*: os primeiros são administrados por sociedades, empresas privadas e sindicatos (que podem solicitar contribuições apenas de seus associados ou inscritos); os últimos são administrados também por cidadãos ou por organizações sem fins lucrativos, somente se seu valor exceder 1.000 dólares e não houver conexão alguma com outros PACs.

Além dessas, a Suprema Corte introduziu uma terceira categoria, os chamados *Super PACs* ou *Independent Expediture-Only Committee*, ou seja, PACs não voltados à captação de recursos para uma campanha eleitoral, mas para apoiar atividades políticas ou partidárias, independentemente da campanha eleitoral, consequentemente permitindo que o destinatário dos fundos use-os para fins múltiplos.

Os PACs são a arma eleitoral dos grupos de pressão, a ferramenta mais eficaz (sobretudo, porém, nas eleições para o Congresso) por meio da qual os interesses podem ser solidificados, quantificados em termos econômicos e oferecidos no mercado da política federal.

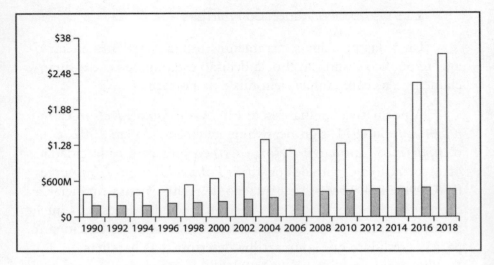

Fig. 2.1 *Contribuição total/candidatos: eleições do Congresso 1990-2018* (em branco o valor econômico PACs, em cinza o número de candidatos em cada eleição).

Fonte: www.opensecrets.org/pacs/.

De fato, na prática, os grandes grupos de pressão estabelecem um certo interesse (por exemplo "aumentar as despesas militares", "abolir o porte de armas", "apoiar as políticas antiaborto") e coletam recursos em torno desse interesse: quem o compartilha financia o PAC. Cada contribuição é registrada pela *Federal Election Commission*, a autoridade independente chamada para supervisionar o financiamento da política. O fundador do PAC, depois de ter arrecadado determinada quantia, fecha a arrecadação e "oferece" à política – e, primeiramente, aos candidatos – os recursos arrecadados com a condição de que incluam a tutela daquele interesse em seu programa.

O candidato que aceita os fundos assume um vínculo exclusivamente político: uma vez eleito, não é obrigado legalmente a perseguir os interesses daqueles que o financiaram, mas é obrigado, de um ponto de vista social, político e moral, pois obteve o consenso também por ter aceitado aquele determinado interesse.

## CAPÍTULO II – AS REGRAS

Esse processo é totalmente transparente. Qualquer pessoa pode saber, com um clique, quem financia quem e quem adere a qual PAC, quem apoia um determinado interesse e quem aderiu a esse interesse. O eleitor, na hora da votação, sabe para quem está votando e sabe qual interesse seu candidato aceitou e qual ele rejeitou.

> *FOCUS*: "PESO" DOS *LOBBIES* DA SAÚDE SOBRE O CONGRESSO DOS ESTADOS UNIDOS
>
> Por meio do instrumento dos PACs e de outros instrumentos de financiamento da política americana, grandes grupos de pressão no setor de saúde influenciaram os membros do Congresso. Os *lobbies* da saúde (farmacêuticos, seguros, médicos *in primis*) exploraram, de fato, todas as ferramentas permitidas por lei para intervir nos processos de tomada de decisão e determinar o conteúdo das decisões.
>
> Analisando as contribuições feitas pelas indústrias do setor saúde por ocasião das campanhas eleitorais para parlamentares, de 2000 a 2010 (ano da aprovação da reforma sanitária pretendida pelo presidente Obama), observa-se um constante aumento: em 2000, totalizaram 52.600.039 dólares, que passaram de pouco mais de 54 milhões em 2002, depois quase 85 milhões de dólares em 2004, para passar para 88 milhões em 2006, 94.133.283 em 2008 e 127.896.300 em 2010. Só em 2018, o dinheiro gasto pelos *lobbies* da saúde para apoiar suas posições junto aos membros do Congresso foi de cerca de 1,4 milhão de dólares, de um total de 373 milhões de dólares doados por grandes grupos de pressão farmacêuticos durante as campanhas eleitorais desde 2012 até 2018.
>
> Fazendo uma análise comparativa entre os diferentes *sites* institucionais e as declarações das contribuições recebidas, elaboradas anualmente pelos parlamentares, verifica-se que esses recursos se destinaram a apoiar as campanhas eleitorais dos deputados e senadores que, nas eleições, em conclusão, foram

> nomeados membros das comissões de Saúde ou Finanças da Câmara e do Senado, ou seja, as duas comissões mais importantes para os *lobbies* da saúde. É o caso, por exemplo, da ex-senadora democrata, representante do estado de Arkansas, Blanche Lincoln, que, quando era membro do Comitê de Finanças do Senado e presidente do Subcomitê de Saúde, obteve mais de 6 milhões de dólares em financiamento por parte de *lobbies* da área da saúde; ou do senador republicano, representante do estado de Utah, Orrin G. Hatch, Vice-Presidente do Comitê de Finanças e do Subcomitê de Saúde do Senado, que recebeu mais de 5,5 milhões de dólares para o financiamento da sua campanha eleitoral, e outros 300.000 dólares para uma fundação (Utah Families Foundation) presidida por ele; ou o senador Max Baucus, um democrata de Montana, presidente do poderoso Comitê de Finanças, recebedor de mais de 2,5 milhões de dólares de contribuições de *lobbies* da área da saúde e promotor de um intergrupo parlamentar bipartidário (jornalisticamente chamado de "Gang of Six") com o propósito de chegar a uma posição comum em matéria de saúde. De acordo com a legislação dos EUA, trata-se de contribuições legais e transparentes, uma vez que são publicadas no *site* da Comissão Eleitoral Federal e podem ser consultadas por todos.

A disciplina sobre o financiamento privado da política sofreu mais uma mudança profunda com a sentença da Suprema Corte *Citizens United vs. Federal Election Commission,* 558 US (2010), de 22 de janeiro de 2010. Para a Corte Suprema, mensagens publicitárias independentes financiadas por empresas, sindicatos e associações durante as campanhas eleitorais e produzidas graças aos recursos captados pelos PACs não podem ser proibidas ou limitadas de qualquer forma, exceto por violação à primeira emenda da Constituição.

Se o número de PACs registrados para as eleições presidenciais se manteve estável ao longo dos anos, atingindo 567 unidades em 2018, a contribuição econômica geral para as campanhas federais

CAPÍTULO II – AS REGRAS

aumentou progressivamente, passando de 34 milhões de dólares em 1977, para 150 milhões em 1980, para 600 milhões em 2000, para quase 1,8 bilhão em 2014, até quase 3 bilhões de dólares em 2018 (figura 2.1).

## 2.2 Os ordenamentos latino-americanos

*O contexto institucional.* Os países latino-americanos caracterizam-se pela recente transição constitucional que, para a maioria deles, podemos dizer que foi concluída. Claramente, no entanto, a transição constitucional ainda não se impôs inteiramente, devido ao sistema político anterior, tanto que os poderes Executivo, Legislativo e Judiciário continuam condicionados por um entrelaçamento de "poder residual", "prerrogativas militares" e "autoritarismos". A característica desses sistemas constitucionais é uma forma completamente original de governo presidencial que, embora profundamente influenciada pela estadunidense, se distingue por uma centralização de poderes nas mãos do presidente eleito diretamente pelo corpo eleitoral, ao qual muitas vezes se contrapõe um parlamento sem qualquer vínculo político com o dirigente do país. O arquétipo norte-americano de Estado federal foi aplicado na realidade latino-americana de forma deformada, tornando os poderes do presidente hipertróficos e reduzindo significativamente o papel do Legislativo. Esse contexto, ainda que com nuances e tendências diferenciadas, caracteriza-se, portanto, por três elementos: a) a presença de partidos políticos divididos, fracos, pouco institucionalizados ou sempre dominados por lideranças carismáticas, ou estruturas partidárias hegemônicas; b) a sobrevivência de uma relação de *mutuo bloqueo* entre Executivo e Legislativo no sentido de que um poder bloqueia o outro; c) a coexistência de duas políticas (e dois níveis normativos) às vezes contrapostas: a do presidente, que exerce poderes especiais ou faz uso extensivo do seu poder de decretar; a do Parlamento, que funciona para a satisfação dos interesses, muitas vezes pessoais, dos parlamentares. Nos sistemas políticos assim caracterizados, a ação dos grupos de pressão encontra terreno fértil, muitas vezes apenas para mediar entre as posições do presidente e as do Congresso.

### 2.2.1 Peru

O Peru foi o primeiro país latino-americano a aprovar uma lei para regulamentar o *lobbying*. Emitida em 12 de julho de 2003, a *Ley de gestión de intereses en la administración pública* (*Ley de Lobby*) n. 28.024 visa garantir a transparência das relações entre lobistas e tomadores de decisão públicos.

A lei peruana define um complexo sistema de regras, com o objetivo de tornar pública a atividade de *lobbying* e regular a relação entre lobistas e tomadores de decisão públicos.

Como em outros países latino-americanos, o *lobbying* é definido como *gestión de intereses* ou como aquela atividade por meio da qual as pessoas físicas ou jurídicas, inclusive as de nacionalidade não peruana, promovem de forma transparente seu interesse no processo de tomada de decisão, a fim de orientar a decisão final a seu favor.

Quem pretenda exercer essa atividade está obrigado a inscrever-se em registro público, indicando o interesse que representa, o eventual cliente e reportando semestralmente a atividade desenvolvida (artigo 15º).

A lei, em particular, prevê que o lobista registre todo *ato de gestión* ou qualquer comunicação oral ou escrita dirigida a um agente público responsável pela decisão, a fim de influenciar sua decisão. Por agente público responsável pela decisão, entende qualquer *funcionario público con capacidad de decisión pública* ou *aquellos que durante el ejercicio de sus funciones se encuentran en capacidad de influir en la toma de decisiones de la administration pública o tienen capacidad para adoptar una decisión pública* (art. 3º), independentemente da sua natureza política.

## CAPÍTULO II – AS REGRAS

Por sua vez, o agente público responsável pela decisão tem o dever de manter um registro de todas as reuniões e de todos os lobistas com os quais se reuniu.

A lei identifica duas categorias diferentes de lobistas: o *gestor de intereses propios*, ou seja, o lobista *in-house*, e o *gestor profesional* ou o lobista terceirizado.

Na esteira da lei, o governo aprovou um regulamento de implementação que, no art. 37, estabelece uma série de princípios de deontologia profissional do lobista, como a obrigação de transmitir sempre informações verídicas, a proibição de oferecer presentes de qualquer natureza e o compromisso de reportar a atividade de *lobby* realizada.

Existem também regras que proíbem o chamado *revolving door*, impedindo que os agentes públicos responsáveis por decisões exerçam atividades de *lobbying* nos dois anos seguintes ao encerramento do mandato.

―――――――――― O CASO ――――――――――

### A lobista "perfeita"

Juliana Reymer é uma personagem muito conhecida no Peru. Primeira a se cadastrar no registro de lobistas em 2003, a Reymer foi a única a cumprir as obrigações da lei de forma literal. Em 2010, enquanto tutelava os interesses das microempresas peruanas, ficou famosa por ter denunciado um parlamentar conhecido e pressionado por ela; ele se recusou a dar consentimento para tornar pública a reunião entre ambos. Candidata às eleições presidenciais em 2011 por um partido da esquerda, Reymer fundou uma empresa de *lobby* para proteger os interesses dos mais fracos, das mulheres e do microcrédito.

Esse sistema regulatório complexo, entretanto, permaneceu amplamente inaplicável. De 2004 a 2022, apenas 23 lobistas se inscreveram. Desses 25, apenas um apresentou relatório semestral. Nenhum agente público responsável pela decisão informou sobre contatos com grupos de pressão e muitos se recusam a assinar o cadastro de lobistas, não confirmando a reunião. A razão dessa falha encontra-se, para alguns, na complexidade da legislação: a vontade de regulamentar cada um dos aspectos da vida pública, introduzindo amplas e relevantes obrigações de transparência para quem decide, é, consequentemente, considerada a causa da falha na aplicação da lei.

### 2.2.2 México

A regulamentação do *lobbying* no México tem uma história complexa.

No passado, o *lobbying* era feito pelo governo federal, que, a partir da presidência de Miguel de la Madrid (1982-1988), contratou várias empresas de comunicação para influenciar a política dos Estados Unidos em favor do México e de seu povo. Assim, na década de 1980, havia 75 empresas de *lobby* registradas no Registro de Lobistas dos Estados Unidos vinculadas ao México, com uma despesa média – custeada pelo governo – de 45 milhões de dólares por ano.

---

*FOCUS*: **O CENSO**

Em 19 de novembro de 2018, a Câmara dos Deputados deliberou, por ampla maioria, de proceder ao censo dos lobistas ativos em ambas as Câmaras. Ao mesmo tempo, estabeleceu o número máximo de lobistas credenciados para cada comissão parlamentar em 20, salvo exceções. Criou também um *site* de acesso público que permite a qualquer pessoa conhecer os nomes dos lobistas e os interesses representados, estabelecendo que quem se recusasse

## CAPÍTULO II – AS REGRAS

> a autorizar o tratamento desses dados devia ser eliminado do Elenco de lobistas. De acordo com o primeiro censo, no final de 2018, estavam cadastrados 561 lobistas, divididos igualmente entre a Câmara e o Senado.

O fim da hegemonia do Partido Republicano sobre o sistema político mexicano, com a derrota nas eleições parlamentares de julho de 1997, e a alternância à Presidência da República nas eleições de 2000 transformaram o papel do Congresso e do Poder Legislativo: de órgão de legitimação das decisões do presidente a sujeito promotor de um modelo plural de discussão e deliberação.

Consequentemente, o Congresso se tornou o principal lugar de ação para lobistas. Não é por acaso que, desde 2002, um longo debate se desenvolveu no Parlamento e nos jornais sobre a necessidade de regulamentar essa atividade a fim de evitar "a captura da política pelo dinheiro" e para contrastar a perda de legitimidade e confiança dos cidadãos em suas instituições.

Seguindo essa lógica, a Câmara dos Deputados, em 2010, e o Senado, em 2011, alteraram os regulamentos parlamentares a fim de regulamentar a atividade de *lobbying* e as formas de relacionamento entre lobistas e membros das Câmaras.

O artigo 263º do regulamento da Câmara e o artigo 298º do regulamento do Senado definem com o termo "lobista" (*cabildeo*) qualquer um que realize uma atividade voltada a influenciar os parlamentares para obter ato favorável a si ou aos seus representantes.

Todos aqueles que pretendem exercer essa atividade devem se cadastrar em um Elenco, publicado *online* e atualizado de seis em seis meses. No Elenco, o lobista deve indicar as suas referências, a empresa para a qual trabalha e o interesse representado, os ramos de atividade e as comissões parlamentares de interesse. Qualquer documento elaborado pelo lobista, incluindo notas, deve ser conservado em arquivo público e pode ser consultado livremente.

É vedado ao parlamentar pedir ao lobista qualquer tipo de favor ou vantagem, bem como receber dele qualquer tipo de presente ou serviço, mesmo gratuitamente. Após uma alteração no regulamento introduzida no final de 2013, a proibição de aceitar presentes ou serviços de lobistas foi estendida também aos familiares do agente público responsável pela decisão ou a conviventes, de forma a evitar que se possa influenciar indiretamente sua atividade política.

### 2.2.3 Argentina

O caso argentino é certamente interessante, embora não haja uma lei orgânica sobre grupos de pressão.

Em 1999, o presidente da República, de la Rúa, criou uma autoridade nacional de combate à corrupção para contrastar diversos fenômenos de corrupção gerados por ações ilegais de *lobby*. Dois anos depois, os numerosos escândalos de corrupção envolvendo vários senadores colocaram fortemente a necessidade de regulamentação do *lobbying*.

Em dezembro de 2003, após várias reuniões públicas e um rico debate na opinião pública, o presidente da República Néstor Kirchener expediu o Decreto n. 1.172/2003 a fim de melhorar a qualidade da democracia e de suas instituições. O objetivo do decreto é regulamentar o mecanismo de participação dos cidadãos, individualmente ou em associação, nas audiências públicas, estabelecendo o quadro geral para o seu desenvolvimento.

A audiência pública, nos termos do art. 3º do decreto, é uma instância de participação no processo decisório, no qual a autoridade responsável confere ao cidadão um "espaço institucional" para representar, de forma transparente, o seu interesse. O escopo da audiência pública é permitir e promover a participação efetiva dos interesses organizados.

Portanto, o decreto não regula a atividade de *lobbying tout court* realizada junto a membros do Executivo e de qualquer órgão

## CAPÍTULO II – AS REGRAS

governamental, mas, sim, as modalidades de exercício do direito dos cidadãos, associações e *lobbies* para participarem do processo decisório público.

O anexo III do decreto contempla, na verdade, uma série de disposições relativas à *gestión de intereses*, entendendo por essa expressão todas as atividades exercidas por pessoas físicas ou jurídicas, públicas ou privadas, por conta própria ou por conta de terceiros – com ou sem lucro – cujo escopo é influenciar o desempenho de qualquer uma das funções e/ou decisões dos órgãos, entidades, sociedades, sucursais e de qualquer outra entidade que funcione sob a jurisdição do dirigente nacional.

No entanto, basicamente, essa atividade de *lobbying* consiste exclusivamente, em primeiro lugar, em solicitar o início de um procedimento normativo "aberto" de uma audiência pública e, em segundo lugar, em solicitar um pedido de informação. Com efeito, de acordo com a legislação introduzida, qualquer pessoa pode solicitar à autoridade competente a abertura de uma audiência pública, mas aquela não tem obrigação em ativá-la; da mesma forma, qualquer pessoa pode solicitar informações, mas disso não deriva direito algum de obtê-las.

No entanto, o que chama a atenção é que, por um lado, quem deseja influenciar o agente público responsável pela decisão, solicitando a ativação de uma audiência pública, deve estar inscrito em um registro público no qual declara os interesses dos quais é portador e a razão de sua solicitação; por outro lado, existe a obrigação do agente responsável pela decisão (mas apenas do governo) em manter um registro detalhado de todas as reuniões e audiências realizadas com esses sujeitos, inclusive indicando a hora de início e de término, juntamente com os tópicos tratados e os participantes.

O decreto não parece ter surtido os efeitos desejados. Um estudo realizado pela *Association of Civil Rights* (ADC) e a *Open Justice Initiative* mostrou que, dos 140 pedidos de informação, 40% não tiveram resposta, 17% uma resposta satisfatória, 14%

uma resposta "de não competência" do tomador de decisão e 8% responderam apenas verbalmente. O motivo desse insucesso está essencialmente relacionado a dois fatores: a) trata-se de um decreto presidencial e, portanto, um ato jurídico que pode ser alterado a qualquer momento por decreto posterior; b) o decreto presidencial não pode estabelecer qualquer tipo de obrigação para o Poder Legislativo, o Judiciário e as autoridades independentes e, consequentemente, não prevê qualquer obrigação de transparência por parte de importantes poderes do Estado.

Em março de 2018, foi apresentado um projeto de lei do governo, a *Ley de lobbying*, com o objetivo de superar o atual sistema regulatório, mas que infelizmente ainda não iniciou seu processo de aprovação.

### 2.2.4 Colômbia

A regulamentação de audiências públicas e, em parte, do *lobbying*, também se encontra na Colômbia.

A Constituição colombiana de 1991 prevê expressamente que os atos legislativos sejam elaborados segundo uma lógica participativa, por meio do envolvimento dos cidadãos e dos interesses organizados.

Na implementação desse princípio, os art. 32 e 33 da Lei n. 489 de 1998, sobre a administração pública, estabelecem expressamente que "todos os entes públicos, na implementação do princípio da democracia participativa, devem envolver os cidadãos e as organizações da sociedade civil nas várias fases de planeamento, elaboração, execução, verificação e execução dos atos públicos". Para o efeito, prevê-se que os mesmos entes organizem, cada um na sua área de competência, "audiências públicas" para se relacionarem com os portadores de interesses e que promovam o desenvolvimento e a organização de associações de interesse para que todas as necessidades possíveis estejam representadas de acordo com uma lógica de

## CAPÍTULO II – AS REGRAS

transparência e compartilhamento. Exatamente como na Argentina, nesse caso também, as "audiências públicas" podem ser solicitadas diretamente por cidadãos ou organizações de interesses; nesse caso, os entes públicos têm o dever de dar um retorno ao pedido, fundamentando a resposta, no prazo de uma semana.

Em 2009, a Constituição colombiana foi modificada justamente para reconhecer um verdadeiro direito fundamental: o art. 144 da Constituição agora prevê que, com base em uma lei específica, os *lobbies* devem ser envolvidos no processo público de tomada de decisão de forma transparente e igualitária.

Dez anos após a emenda constitucional, nenhuma lei foi aprovada na Colômbia.

Em agosto de 2011, no entanto, a Câmara dos Deputados aprovou a Resolução n. 2.348, com a qual estabeleceu algumas primeiras regras para a atividade de *lobbying*. O atual regulamento (apenas na Câmara), após reiterar que o *lobbying* é o exercício de um princípio constitucional, prevê que "indivíduos ou grupos de indivíduos organizados de forma autônoma para tornar conhecidas suas posições em defesa de interesses particulares no âmbito do processo legislativo e em relação a qualquer proposta da Câmara dos Representantes" devem ser registradas em registro público, declarando o interesse representado.

Os sujeitos inscritos no registro têm o direito de se reunir com os deputados para representar suas posições também por ocasião de projetos de lei específicos; recebem carteirinha que os identifica e podem entrar fisicamente em todos os locais parlamentares, com exceção da Câmara e das comissões. Em caso de declaração não fidedigna das informações solicitadas, a resolução prevê a sanção da cassação do registro e a proibição de novo cadastro durante os cinco anos a seguir.

A regulamentação introduzida não produziu efeitos substanciais. No período 2010-2014, resultavam inscritos 152 lobistas, principalmente advogados; no período seguinte, 2014-2018, o número de cadastrados caiu para 24, o que demonstra a substancial inutilidade de uma regulação tão insuficiente.

Um estudo realizado pela Presidência da República da Colômbia, em março de 2018, mostrou o insucesso dessa legislação e das leis aprovadas, de 2009 a 2019, para aumentar a transparência nos processos decisórios (o chamado estatuto anticorrupção). Segundo o levantamento da presidência, 70% das empresas nacionais e 75% das multinacionais que operam na Colômbia financiaram a política, considerando esse "investimento" particularmente vantajoso para a proteção de seus interesses; apenas 17% das empresas nacionais e 41% das multinacionais têm regulamentos que regem as relações com os agentes públicos responsáveis pela decisão; 87% das empresas nacionais e 75% das multinacionais contrataram ex-funcionários públicos ou ex-políticos, sem aplicar nenhuma regra de proibição de *revolving door* e sem nenhum período de "esfriamento".

### 2.2.5 Chile

O Chile regulamentou o *lobbying* com a Lei n. 20.730, que entrou em vigor em 8 de março de 2014.

De acordo com o art. 2º da lei, o *lobbying* é uma atividade remunerada, exercida por pessoas físicas ou jurídicas, chilenas ou estrangeiras, que visa promover, defender ou representar um determinado interesse, influenciando as decisões públicas independentemente do local em que ocorram e do destinatário da atividade, seja ele um político ou um técnico.

———————— O CASO ————————

*O lobby antidemissão*

A atividade de *lobbying* realizada no Chile, nos meses de maio e junho de 2018, pelo *Movimiento No a la Reforma Laboral* para evitar a revogação da Lei n. 80, de 1976, sobre indenização em caso de demissão sem justa causa, provocou muito barulho. O movimento afixou grandes cartazes em todos os colégios eleitorais do país, com a caricatura do deputado eleito naquele colégio, o número do telefone de seu gabinete e o *slogan* "No derogation / Ley 80 / Chame seu deputado / Defenda seus direitos". Paralelamente, o movimento lançou uma campanha na *web* com a *hashtag* *#noallareformalaboral*. A ação de *lobbying* funcionou, e a proposta de reforma foi interrompida. Conforme afirmou o porta-voz do movimento, Edwin Ocasio, fazer *lobbying* foi fundamental *porqué la presión política directa a los representantes fue mucha, y esta vez haremos lo mismo: exigirles a los representantes y senadores que protejan los derechos de los trabajadores.*

---

O art. 2º também esclarece o que e entende por "interesse particular", ou seja, "qualquer finalidade ou benefício, independentemente do fator econômico, de uma pessoa física ou jurídica, chilena ou estrangeira, ou de um determinado órgão ou associação". Essa definição, portanto, inclui qualquer reunião, independentemente do fato que o interesse seja privado.

Qualquer pessoa que pretenda exercer essa atividade pode inscrever-se em registro público indicando os seus dados pessoais, a empresa para a qual trabalha, os interesses que representa e os eventuais titulares, a participação em reuniões com agentes públicos responsáveis por decisões, a natureza, profissional ou não, das atividades realizadas, as despesas incorridas por conta própria e aquelas incorridas para a organização de reuniões com agentes públicos responsáveis por decisões ou para permitir a participação desses em reuniões, conferências, missões. Ela também deve indicar prontamente quaisquer presentes ou brindes de cortesia concedidos àqueles tomadores de decisão.

A lei criou um comitê de transparência com a função de manter o registro e atualizar as informações a cada três meses.

O lobista é obrigado a fornecer informações rápidas e precisas ao tomador de decisão, a divulgar as reuniões, a declarar quem representa e o quanto percebe pela atividade.

Um novo elemento desse regulamento é a obrigação dos tomadores de decisão de se reunirem com os lobistas registrados de forma igual e paritária, permitindo que todos os interesses em jogo interajam com eles.

Cinco anos após a entrada em vigor da nova lei, os dados mostram um aumento significativo na transparência da atividade regulatória: basta pensar que o Índice de Transparência Legislativa (ITL), elaborado a cada dois anos pela Rede Latino-Americana de Transparência (RED), passou de 61%, em 2011, para 69%, em 2018, tornando o Chile o primeiro país em transparência entre os aqui considerados no contexto latino-americano.

### 2.2.6 Uma visão geral

O exame da legislação introduzida no Peru, no México, no Chile e na Colômbia destaca uma abordagem jurídica comum para o fenômeno lobístico. Todas as regras introduzidas, de fato, preveem substancialmente certos mecanismos de controle frágeis, como teremos oportunidade de destacar no final deste capítulo.

No México e no Peru, também é regulamentado um regime de incompatibilidades, estabelecendo proibições ou limitações ao exercício de atividades de *lobbying* para sujeitos que ocupam cargos institucionais, funcionários públicos ou seus parentes.

Nos ordenamentos jurídicos considerados, existe uma definição comum de *lobbying*, entendido como a atividade que, através de qualquer forma de comunicação com o agente público responsável pela decisão, influencia o processo regulatório. Quanto à terminologia usada no México e na Colômbia, fala-se de *cabildeo*; no Peru, de "gestão de interesses" ou "ato de gestão"; no Chile, de *cabildeo* e *lobbying* quando se faz referência a uma atividade remunerada,

CAPÍTULO II – AS REGRAS

e de "gestão de interesses" quando a atividade é exercida para representar os próprios interesses.

Em todas as normativas introduzidas, o *lobby* por conta de terceiros é distinto do *lobbying in-house*, intervindo para regular apenas o primeiro caso; da mesma forma, os lobistas sem fins lucrativos estão excluídos do regulamento.

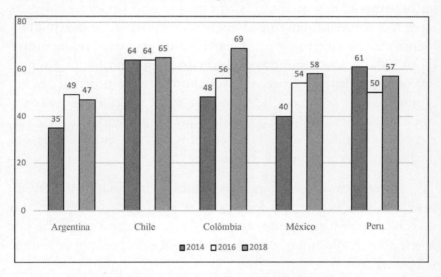

Fig. 2.2 *Andamento do índice de transparência média anual por país.*

Fonte: elaboração original com dados do IV Índice Latino-americano de transparência Legislativa – ILTL 2019.

Outro elemento comum às quatro regulamentações latino-americanas diz respeito à definição de "agente público responsável pela decisão". No caso do México e da Colômbia, como a atividade é regulamentada apenas na esfera legislativa, o tomador de decisão é apenas o parlamentar. Nos casos do Peru e do Chile, porém, as regras são mais amplas e detalhadas, pois a legislação interessa também ao Poder Executivo, à Administração Pública e parte do Judiciário, bem como aos governos locais.

No Chile, diante das dificuldades de determinar quem deve ser considerado lobista, o legislador preferiu enfocar não tanto quem exerce a atividade, mas, sim, quem a "recebe", introduzindo o conceito de "sujeito passivo".

Outro denominador comum aos regulamentos introduzidos é a existência de um "Registro de Interesses". Nos quatro países latino-americanos analisados, o registro está dividido em duas partes: a primeira, em que se registra a informação destinada a identificar os sujeitos – pessoa física ou jurídica – realizadores da atividade, e a segunda, que consiste em uma lista de temas de interesse. Inicialmente, são solicitadas mais informações em alguns países, como o Chile, onde se é obrigado a informar sobre as decisões públicas concretas que se pretende influenciar, e o México, onde é necessário comunicar com quais comissões parlamentares se pretende tratar.

Em todos os ordenamentos, em caso de violação da lei, são previstas sanções: se um lobista inserir informações enganosas ou falsas no registro, pode ser proibido de exercer a atividade por cinco anos (Colômbia), ou cancelado (México), ou pagar multas (Chile e Peru).

O caso argentino, conforme mencionado, é um caso à parte, visto que a lei se limitou a estabelecer um registro de interesses com o único objetivo de regular os procedimentos para a realização das "audiências públicas" sem, na realidade, regular o *lobbying*.

Desse quadro sintético emerge, ao menos em tese, a intenção do legislador sul-americano de tutelar, por meio da regulamentação introduzida, três tipos de direitos: o direito de acesso às informações, o qual exige transparência nas decisões públicas, o direito de participar do processo de tomada de decisão e o direito a oportunidades iguais para representar os interesses próprios ou de terceiros.

A raiz comum das regulamentações latino-americanas é justamente a urgência da transparência nas decisões públicas para

CAPÍTULO II – AS REGRAS

promover a legitimidade dos poderes públicos em contextos caracterizados, como mencionado, por regimes hiperpresidencialistas.

De acordo com o *Índice Latino-Americano de Transparência Legislativa*, elaborado por uma das principais organizações não governamentais latino-americanas, as regulamentações introduzidas, embora fragmentadas e de pouca aplicação concreta (a esse ponto, voltaremos nos parágrafos 7 e 8 deste capítulo), produziram, com exceção do Peru, um maior nível de transparência nos processos de tomada de decisão pública.

## 2.3 A União Europeia

*O contexto institucional*. A União Europeia, como instituição à parte, tem sido o local ideal para a proliferação de grupos de pressão desde a sua constituição. A natureza negocial da dimensão comunitária, a estrutura da *governance* europeia, o pluralismo de suas instituições, a forma de governo da União, "normativamente colaborativa, que visa a um envolvimento participativo procedimental com prevenção de conflitos jurisdicionais",[50] promoveram a formação e o crescimento de *lobbies*.

Ordenamento composto, a União é uma babel de diferentes línguas, culturas e histórias, as quais devem ser todas representadas igualmente nas suas instituições: os agentes públicos responsáveis por decisões, também, são expressão da diversidade que caracteriza os territórios constituintes da União.

A ausência de partidos políticos estruturados e organizados em nível europeu e a complexidade social, econômica, cultural e linguística da União são duas das principais razões pelas quais os grupos de pressão desempenharam e desempenham um papel central na formação das decisões europeias: simplificam a demanda

---

[50] PALERMO, Francesco. *La forma di Stato dell'Unione Europea*: per una teoria costituzionale dell'integrazione europea. Padova: CEDAM, 2005, p. 120.

da sociedade, fazem a mediação entre as diversidades europeias e veiculam os interesses dos territórios em instituições geográficas e culturalmente distantes. Ademais, à medida que a União e as suas instituições adquiriram novas competências e mais poderes de decisão, a participação eleitoral em nível europeu diminuiu. Através do envolvimento direto dos *lobbies* no processo de tomada de decisão, a União tem procurado, dessa maneira, mitigar o assim chamado "déficit democrático" que caracteriza suas instituições.

As três instituições mais relevantes são o Conselho Europeu, a Comissão e o Parlamento. O Conselho reúne os governos dos países-membros e tem diferentes composições a depender de quem reúne, sejam os chefes de Estado e de governo ou os ministros dos vários setores, da energia à pesca, da defesa à segurança (para cada setor existe um Conselho). A Comissão é o motor do processo normativo: mesmo após a aprovação do Tratado de Lisboa, a sua composição (em virtude do complexo procedimento de nomeação, os comissários são alheios à lógica intergovernamental e, portanto, aparentemente independentes, sem qualquer vínculo nacional e político), a sua estrutura (baseada em direções-gerais correspondentes às competências dos comissários, em múltiplos "serviços" gerais e internos, em mais de 1.000 comitês consultivos de gestão e de regulação que instruem as práticas, desempenhando uma função preparatória e de "filtro" para a Comissão) e a sua centralidade no processo de tomada de decisão tornaram-na facilmente permeável a grupos de pressão.

### 2.3.1 O direito a fazer *lobbying*

Em Bruxelas, os *lobbies* desempenharam um papel decisivo na construção da União e no processo de integração europeia, muitas vezes agindo "como estratagema[51] para conter preconcei-

---

[51] N.T. O autor usa o termo *grimaldello*, que literalmente significa "picareta", mas, em sentido figurativo, indica mais uma solução encontrada para evitar ou solucionar um problema; portanto, nesse caso, a palavra se torna sinônimo

CAPÍTULO II – AS REGRAS

tos e furores nacionalistas",[52] por serem portadores de interesses transnacionais. De agentes de transmissão de questões particulares aos agentes públicos responsáveis por decisões, transformaram-se em verdadeiros protagonistas do processo de tomada de decisão. Nesse contexto, os *lobbies* funcionam, também dentro do Parlamento, como "antenas do sistema democrático", como base de legitimação das iniciativas comunitárias.

O art. 11 do Tratado da União Europeia (TUE) exprime claramente essa evidência ao reconhecer o direito dos cidadãos e das associações representativas de fazer conhecer suas opiniões e de trocar publicamente ideias com os tomadores de decisão europeus. É responsabilidade desses últimos – de acordo com o parágrafo 2º do art. 11 – manter um diálogo aberto, transparente e regular com as associações representativas e a sociedade civil; por essa razão, cabe à Comissão, "a fim de garantir a coerência e a transparência das ações da União", realizar consultas amplas e constantes das partes interessadas.

O art. 15 do Tratado sobre o Funcionamento da União (TFUE), mencionando o art. 255 do Tratado da Comunidade Europeia, especifica, ainda, que a transparência e o diálogo contínuo e constante com os cidadãos e as associações são obrigações não só da Comissão, mas de todos os órgãos e organizações da União que devem "promover o bom governo e garantir a participação da sociedade civil".

Com uma base jurídica tão clara, a Comissão Europeia e o Parlamento, já há algum tempo, introduziram vários mecanismos de participação, tanto na fase que antecede a aprovação de uma norma quanto na sua implementação e na fase subsequente de verificação da norma.

---

de truque, escapatória, expediente, brecha, estratagema e, nesse contexto, o último parece ser o significado mais pertinente.
52 GRAZIANO, Luigi. *Le lobbies*. Roma-Bari: Laterza, 2002, p. 49.

O quadro regulatório europeu dos *lobbies* está em constante evolução, como se verá. Resumindo, é possível antecipar como, em nível da União, existe um registro no qual os lobistas que pretendem influenciar a Comissão e o Parlamento podem se cadastrar sem, no entanto, terem prerrogativas especiais. Essa medida está ligada a uma série de disposições, muitas vezes fragmentadas, as quais, como um todo, apresentam uma legislação caracterizada pelo envolvimento de lobistas (muitas vezes chamados de *stakeholders*) no processo de tomada de decisão.

### 2.3.2 O Registro para a Transparência

Em 23 de junho de 2011, a Comissão Europeia e o Parlamento assinaram o *Interinstitutional Agreement* que visa à criação de um Registro de Transparência para organizações, pessoas jurídicas e trabalhadores independentes envolvidos na elaboração e na implementação das políticas da União.

Esse acordo regula as modalidades de participação dos grupos de pressão no que diz respeito aos processos de produção legislativa que envolvem as duas instituições signatárias do próprio acordo.

A base legal do contrato encontra-se no referido art. 11 do Tratado da União Europeia e no art. 295 do Tratado sobre o Funcionamento da União Europeia, os quais sancionam que as instituições europeias podem celebrar acordos interinstitucionais a fim de definir métodos de cooperação.

O acordo entre o Parlamento e a Comissão estabelece e identifica o sistema de gestão de um registro comum para a transparência, para o cadastro e o controle das organizações, pessoas jurídicas e trabalhadores independentes envolvidos na elaboração e na implementação das políticas da União. Esse acordo foi alterado em setembro de 2014, especificando, como se verá, de forma mais eficaz, a noção de lobista e o sistema de

## CAPÍTULO II – AS REGRAS

incentivos à inscrição, sem, no entanto, resolver as principais questões problemáticas do registro.[53]

Precisamente para resolver os problemas decorrentes do acordo de 2011, dez anos após sua adoção e um longo debate, em 11 de junho de 2021, a Comissão Europeia, o Parlamento e o Conselho adotaram um novo acordo que substitui totalmente o acordo de 2011 (emendado em 2014).

A primeira novidade é que qualquer pessoa que faça *lobby* junto às três instituições da UE (Comissão, Parlamento e Conselho) é de fato obrigada a se registrar em um registro público (o "Registro de Transparência").

O Registro é composto por três seções:

1. A primeira parte contém as orientações sobre o âmbito de aplicação do registro, as atividades elegíveis e as isenções, as categorias para as quais é aberto o cadastro (Anexo I), as informações exigidas daqueles que pretendem se registrar, incluindo as obrigações de informações financeiras (Anexo II);

2. A segunda seção (Anexo III) contém o Código de Conduta;

3. A terceira (Anexo IV) versa sobre o mecanismo de reclamação e as medidas aplicáveis em caso de violação do Código de Conduta.

### *FOCUS*: O REGISTRO ANTERIOR DE LOBISTAS

Em 1996, o Parlamento Europeu já possuía um registro no qual precisavam se cadastrar todos aqueles que desejassem obter a

---

[53] SASSI, Silvia. "La trasparenza a presidio del processo legislativo europeo: qualche considerazione in margine alla regolamentazione delle lobbies". *In*: DI GREGORIO, Angela; MUSSELLI, Lucia. *Democrazia, lobbying e processo decisionale*. Milano: Franco Angeli, 2015, pp. 109 e ss.

carteirinha de acesso permanente às instalações do palácio a fim de influenciar o trabalho dos parlamentares. Essa disposição contida no regulamento parlamentar não regulava o *lobbying*, mas previa uma série de obrigações de transparência destinadas essencialmente a regular o acesso à instituição. De fato, de acordo com o art. 9º, § 4º do regulamento, os "visitantes regulares" do Parlamento (*long term visitors*) que quisessem "fornecer informações aos deputados no âmbito do seu mandato parlamentar para seu próprio interesse ou de terceiros" tinham direito a obter um passe por um período mínimo de três meses e máximo de um ano. Os titulares da carteirinha deviam inscrever-se em um registro público no qual precisavam informar, além dos seus dados pessoais, os dados relativos à empresa/organização à qual pertenciam, o tipo de relação, o cargo, os interesses representados e os nomes dos deputados que, eventualmente, poderiam fornecer garantias ou referências sobre eles. Com a inscrição no registro, os sujeitos se comprometiam a cumprir o Código de Conduta aprovado pelo Parlamento Europeu e contido no art. 3º do Anexo X do regulamento. O Código previa disposições de dois tipos: as primeiras eram referentes às relações diretas com os deputados, seus assistentes e pessoal administrativo; as segundas, para evitar situações de conflito de interesses. Em particular, o "visitante regular" tinha obrigação de declarar sempre a sua identidade e a empresa à qual pertencia; de não divulgar, a terceiros e com fins lucrativos, cópias de documentos obtidos no Parlamento; de não ostentar qualquer tipo de vínculo com a instituição nas relações com terceiros; abster-se de realizar ações destinadas a obter informações de forma desonesta. Paralelamente, o lobista era obrigado a declarar no registo qualquer contrato ou aconselhamento oferecido e aceite pelos deputados, seus assistentes ou familiares. Qualquer violação do Código, passível de contestação por qualquer pessoa e julgada pelo colégio dos Questores, conduziria à retirada do passe e, nos casos mais graves (independentemente da relevância criminal do crime cometido), ao banimento permanente da instituição, incluindo a adesão empresarial do lobista expulso.

## CAPÍTULO II – AS REGRAS

Os secretários gerais do Parlamento e da Comissão são responsáveis pela supervisão do sistema e por todos os principais aspectos operacionais, através de um "Secretariado do Registro para a Transparência", sob a coordenação de um chefe de unidade do Secretariado-Geral da Comissão Europeia. Os secretários-gerais apresentam um relatório anual sobre o funcionamento do registro aos vice-presidentes competentes do Parlamento e da Comissão, após consulta dos interessados.

De acordo com art. 8º do documento, todas as atividades realizadas com o objetivo de influenciar, direta ou indiretamente, a elaboração ou implementação das políticas e processos de tomada de decisão das instituições da União recaem no âmbito do registro, independentemente dos canais ou meios de comunicação utilizados.

Essa definição inclui, por exemplo, as seguintes atividades:

• iniciativas realizadas graças aos meios de comunicação, contratos com intermediários especializados, centros de estudos, *think tanks* e fóruns;

• contatos com membros, funcionários ou outros agentes das instituições da União; preparação, divulgação e transmissão de cartas, material de informação ou documentos de debate e resumos; organização de eventos, reuniões, ações promocionais e iniciativas sociais ou conferências;

• contribuições voluntárias e participação de consultas formais sobre futuros atos legislativos ou outros atos jurídicos da União ou de outras consultas abertas.

O art. 9º especifica que os lobistas são convidados a se cadastrarem no registro. Para necessidades operacionais de transparência e praticidade, os inscritos são divididos em seis categorias:

1. empresas de consultoria especializada, escritórios de advocacia e consultores independentes;

2. lobistas internos e associações de classe ou profissionais;

3. organizações não governamentais;

4. centros de estudos, institutos acadêmicos e de pesquisa;

5. organizações representativas de igrejas e comunidades religiosas;

6. organizações que representam as administrações locais, outras entidades públicas ou mistas.

São excluídos do registro, conforme informado no art. 10, operadores cujas atividades se enquadram nos seguintes tipos:

• serviços de consultoria jurídica, na medida em que se relacionam ao exercício do direito fundamental do cliente a um julgamento justo, incluindo o direito de defesa em processos administrativos desempenhados por advogados ou outros profissionais;

• atividades de partes da sociedade civil (sindicatos, associações patronais etc.) no exercício da função que lhes é conferida pelos tratados;

• respostas a solicitações diretas e individuais de uma instituição da União ou de um deputado, tais como solicitações específicas ou periódicas de informações sobre fatos, dados ou pareceres, e os convites individuais para participação em audiências públicas ou comitês consultivos.

Para alguns assuntos particulares, foram previstas disposições específicas, a fim de identificar corretamente a eventual inscrição no registro. É esse o caso de:

• igrejas e comunidades religiosas (art. 11);

• partidos políticos (art. 12);

• autoridades locais, regionais e municipais (art. 13).

## CAPÍTULO II – AS REGRAS

Esses órgãos institucionais são excluídos do registro: porém, caso criem ou apoiem gabinetes, entidades jurídicas ou associações que os representem em suas relações com as instituições da União, essas organizações são obrigadas a registrar-se.

As redes, as plataformas ou outras formas de atividade coletiva sem *status* jurídico ou personalidade jurídica, mas que sejam de fato uma fonte organizada de persuasão e que se dediquem a atividades de *lobbying*, podem registrar-se indicando um responsável pelas relações com a administração do registro, conforme exigido pelo art. 14.

No ato da inscrição, que ocorre total e exclusivamente por meio eletrônico, os sujeitos deverão fornecer as seguintes informações, indicadas no Anexo II:

• informações gerais e básicas, que incluem nome, endereço, número de telefone, endereço de *e-mail* e *site* da organização, contato para as atividades previstas no âmbito de atuação registro, finalidade/mandato, setores de interesse, atividades, número de pessoas envolvidas nessas atividades;

• informações específicas, as quais incluem as principais propostas legislativas que afetaram a atividade de quem se inscreveu no ano anterior e informações financeiras sobre o ano de atividade referente ao último exercício.

Ao se cadastrar, conforme informa o art. 17, os lobistas:

• dão o consentimento para que as informações fornecidas para o cadastro se tornem públicas;

• comprometem-se a agir de acordo com o Código de Conduta;

• garantem a exatidão das informações fornecidas;

• dão o consentimento para que qualquer reclamação contra eles seja tratada de acordo com o Código de Conduta que acompanha o registro;

- dão o consentimento para que possam estar sujeitos às medidas aplicáveis em caso de violação do Código de Conduta;

- tomam ciência de que o Parlamento e a Comissão podem, mediante pedido, divulgar documentos relacionados às suas atividades, sem prejuízo das disposições da lei relativas ao acesso do público aos documentos do Parlamento Europeu, do Conselho e da Comissão.

Com a alteração do acordo institucional em setembro de 2014, a partir de 1º de janeiro de 2015, foi introduzido um sistema de incentivos para a inscrição tipo "sanfona",[54] ou seja, modulável discricionariamente pelo Parlamento e pela Comissão Europeia e para necessidades temporárias. Esse sistema prevê, portanto, a possibilidade de que as duas instituições determinem para os tomadores de decisão, com atos internos e mesmo apenas no que se refere a procedimentos específicos, a obrigação de reunião apenas com sujeitos inscritos ou a atribuição de carteirinhas de acesso permanentes e o envio de comunicações via *e-mail* e alertas que sinalizam o início de consulta pública apenas para assuntos inscritos.

O acordo original (de 2011, emendado em 2014) previa necessariamente tal sistema de "incentivos" ao registro porque este era voluntário: em essência, antes da revisão de 2021, os lobistas europeus não eram obrigados a se registrar, mas, se o fizessem, desfrutavam de certos privilégios em termos de reuniões com os tomadores de decisão públicos. O novo acordo de 2021 alterou profundamente o sistema ao prever, como mencionado acima, uma obrigação real para os lobistas de se registrarem.

Anexo ao registro encontra-se um Código de Conduta que se limita a indicar de forma operacional as regras de conduta que os

---

[54] N.T. A expressão original é "a fisarmônica". Na linguagem informal, indica a caraterística de mudar de dimensões e depois voltar à dimensão inicial, como uma sanfona.

## CAPÍTULO II – AS REGRAS

inscritos devem respeitar. Particularmente nas suas relações com as instituições da União, os lobistas:

- identificam-se sempre com o seu nome, indicando a entidade ou as entidades para as quais trabalham ou que representam;

- declaram os interesses, objetivos e metas promovidas e, se for o caso, especificam os clientes ou membros que representam;

- evitam obter ou tentar obter informações ou decisões de maneira desonesta; não reivindicam qualquer relação oficial com a União ou com uma das suas instituições nas suas relações com terceiros;

- garantem que, tanto quanto é de seu conhecimento, as informações prestadas são completas, atualizadas e não enganosas;

- abstêm-se de vender cópias de documentos recebidos de uma instituição da União a terceiros;

- não induzem os membros das instituições da União a violar as disposições e as normas de conduta que lhes são aplicáveis.

### *FOCUS*: UM REGISTRO INÚTIL?

O Registro de Transparência da União Europeia, imediatamente após sua adoção em 2011, foi objeto de inúmeras críticas. O caráter voluntário da inscrição, a ausência de vantagens substanciais para os membros que tornem "interessante" a inscrição e as obrigações de transparência que não correspondem a direitos efetivos de participação dos membros representam os pontos fracos da regulamentação dos *lobbies* em Bruxelas. A Comissão e o Parlamento iniciaram, portanto, desde 2012, uma reflexão para a reforma do registro e a alteração do acordo

> interinstitucional. Após inúmeras tentativas sem sucesso, em 2016, ao término de um longo processo de consulta, a Comissão Europeia apresentou ao Parlamento uma proposta de alteração do acordo interinstitucional a fim de tornar o cadastro obrigatório, prever uma série de direitos para os sujeitos registrados de forma a diferenciá-los, mesmo em nível operacional, daqueles não registrados e estender as obrigações de transparência também ao Conselho Europeu e ao Conselho de Ministros Europeus. Em abril de 2018, teve início o "trílogo" sobre a proposta, ou seja, a interação entre o Conselho, o Parlamento e a Comissão, e foram identificados os mediadores para cada instituição. Esses debates levaram, como vimos, à adoção do novo acordo de 2021, que estendeu, entre outras coisas, ao Conselho Europeu as obrigações de transparência inicialmente previstas apenas à Comissão e ao Parlamento.

A violação do Código de Conduta pode resultar, após inquérito efetuado a respeito do princípio da proporcionalidade e do direito de defesa, na adoção de medidas de acordo com o procedimento previsto no Anexo IV. As sanções previstas variam, dependendo da voluntariedade, da gravidade e da reincidência da violação, desde a notificação escrita até suspensão e ao cancelamento do registro por dois anos, acompanhado da retirada dos títulos de acesso ao Parlamento Europeu. Também está previsto que a eventual medida seja publicamente mencionada no registro.

No entanto, o Registro para a Transparência teve a vantagem de fazer emergir um número significativo de lobistas até então desconhecidos, impondo alguma forma de transparência nas relações entre os agentes públicos europeus responsáveis por decisões e os portadores de interesse privados.

Em 2022, resultam inscritos mais de 13.000 sujeitos, divididos conforme indicado na figura 2.3.

CAPÍTULO II – AS REGRAS

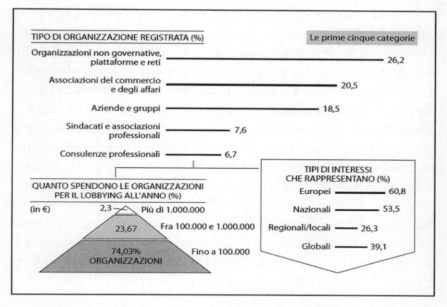

Fig. 2.3 *Dados dos inscritos no Registro UE*. Dados em porcentagem atualizados em junho de 2019.

### 2.3.3 O *lobbying* na Comissão Europeia

A Comissão Europeia, como já dissemos, representa o motor da ação normativa da União, tendo, essencialmente, o monopólio da iniciativa legislativa.

Para elaborar uma proposta de regulamento ou de orientação, a Comissão recorre a comitês de peritos compostos de maneira pouco transparente, cujos trabalhos contam frequentemente com a participação de portadores de interesses privados, escolhidos a critério do diretor-geral da Comissão competente para o assunto.

No entanto, uma vez apresentada a proposta, a Comissão deve avaliar o impacto sobre os potenciais destinatários. Esse mecanismo faz parte do plano de ação europeu geral para garantir a qualidade da regulamentação, a assim chamada *better regulation*.

A *better regulation*, uma estratégia de simplificação desenvolvida pela União para reduzir os encargos e aumentar a competitividade das empresas, nasceu como resultado dos Conselhos europeus de Gotemburgo (junho de 2001) e de Laeken (dezembro de 2001), quando foram introduzidas entre os objetivos de União, por um lado, a avaliação dos efeitos das iniciativas legislativas adotadas nas dimensões social, econômica e ambiental e, por outro, a simplificação e melhoria do contexto regulatório. Anteriormente, para atingir esses objetivos, a Comissão costumava realizar análises setoriais de utilidade duvidosa; por esse motivo, após os dois Conselhos de 2001, foi lançado o *Better regulation package*,[55] reforçado em 2003 pelo Acordo Interinstitucional entre o Parlamento, a Comissão e o Conselho *On better law-making* e, em 2005, pela comunicação "Uma regulamentação melhor para o crescimento e o emprego na União Europeia".[56]

> **FOCUS: SIMPLIFICAR A *BETTER REGULATION***
>
> Há dúvidas quanto à real utilidade desse complexo sistema realizado para garantir uma "melhor regulamentação" da União. É suficiente pensar na quantidade de documentos, comunicações, decisões, regulamentos adotados desde 1995 para implementar os princípios de uma *better regulation*: se impressos, somam quase 1.350 páginas. E é suficiente uma simples pesquisa no *site* da Comissão para perceber a complexidade do processo de simplificação implementado: são pelo menos três os órgãos de controle, mais ou menos independentes, encarregados de supervisionar a *better regulation*; cerca de seis canais e ferramentas diferentes para consulta à disposição dos *stakeholders*, frequentemente sobrepostos; pelo menos quatro programas (conhecidos) destinados a simplificar

---

[55] COMMISSION OF THE EUROPEAN COMMUNITIES. *COM (2002) 276*. Bruxelas, 05 jun. 2002.
[56] Cf. COM (2005) 97.

## CAPÍTULO II – AS REGRAS

> o *acquis communautaire* (desde o REFIT ao *Fitness Check*, do *Lighten the Load* ao *Think Small First*).

Em 19 de maio de 2015, com a comunicação intitulada *Better regulation for better results – An EU Agenda*,[57] a Comissão europeia lançou uma nova fase no longo caminho voltado para a melhoria da qualidade da regulamentação da União. Em particular, com essa última comunicação, a Comissão redefiniu o calendário e os métodos dos **procedimentos de consulta** dos *stakeholders*.

> ### *FOCUS*: OS GRUPOS DE ESPECIALISTAS
>
> A fim de ajudar a Comissão na elaboração de propostas normativas, operam em Bruxelas mais de 800 grupos de peritos que incluem representantes do mundo acadêmico, do setor público, do setor privado e de associações. Esses grupos assistem as direções gerais da Comissão e são a forja do Direito europeu, tanto na fase de planejamento como na fase de avaliação do impacto *a posteriori*, a fim de avaliar a alteração das regras introduzidas. Até 2017, a Comissão elegia os membros dos vários grupos de trabalho de forma discricionária, baseando-se essencialmente em relações de amizade e de conhecimento. A Comissão Juncker instituiu, em novembro de 2017, um novo mecanismo de seleção baseado em *calls* (convites a apresentar candidaturas) publicadas mensalmente no *site* da Comissão. De acordo com as novas regras, quem quiser fazer parte desses grupos representativos do setor privado ou de associações deve estar inscrito no Registro para a Transparência.
>
> A relevância desses grupos para os *lobbies* é evidente: fazer parte desses grupos significa determinar o conteúdo da ação reguladora do governo da União e ter um impacto significativo

---

[57] Cf. COM (2015) 215.

> nas políticas europeias antes mesmo de chegarem à mesa do Conselho e do Parlamento.

As inovações dizem respeito a dois perfis:

1. A Comissão introduziu um mecanismo de notificação automática para envolver os *stakeholders* interessados em participar de determinados processos de tomada de decisão. Está prevista uma primeira rodada de consultas com duração de pelo menos 12 semanas, seguida por eventuais propostas dos Parlamentos nacionais com base no princípio da subsidiariedade, e então uma nova rodada de consultas será lançada por mais oito semanas a fim de adquirir os *feedbacks* dos *stakeholders*. As propostas recebidas serão recolhidas pela Comissão e apresentadas ao Parlamento Europeu e ao Conselho para avaliação;

2. Espera-se que todos os *stakeholders* recebam retorno imediato sobre as avaliações que apresentaram e que os projetos dos *delegated acts* e dos *implementing acts* sejam reabertos para novas consultas públicas durante, pelo menos, quatro semanas.

Por que, então, é tão importante ter expandido o procedimento, o tempo e os métodos para as consultas? Essencialmente porque as consultas estão na base da Análise de Impacto da regulamentação, introduzida em nível europeu nos anos 2000 e substancialmente obrigatória para todos os atos promovidos pela Comissão a partir de 2007. O problema dessas análises, porém, é que dizem respeito ao texto licenciado pela Comissão, que pode então ser reescrito total ou parcialmente pelo Parlamento e pelo Conselho: por esse motivo, a Comissão, também na comunicação de maio de 2015, convida o Parlamento e o Conselho a dotarem-se de elementos inclusivos e transparentes, semelhantes aos descritos até agora, lembrando que, face às mais de 700 análises de impacto realizadas pela Comissão de 2007 a

CAPÍTULO II – AS REGRAS

2014, o Parlamento elaborou cerca de 20 análises referentes ao mesmo número de emendas, enquanto o Conselho apenas uma.

Esse procedimento permite que os grupos de pressão afetem o processo regulatório europeu assim que a fase instrutória é iniciada.

### 2.3.4 A transparência dos parlamentares

O Parlamento Europeu, muito antes do Registro para a Transparência de 2011, adotou várias medidas destinadas a garantir a máxima publicidade dos interesses dos agentes públicos responsáveis por decisões.

Em primeiro lugar, destaca-se o art. 9º do regulamento, que obriga os parlamentares a tornarem públicos os interesses dos quais são portadores, a qualquer título, indicando a definição das modalidades concretas de aplicação em um anexo ao próprio regulamento.

Os art. 1º e 2º do Anexo I do regulamento, de fato, dispõem que cada deputado, "para ser validamente nomeado titular de um cargo do Parlamento ou de um dos seus órgãos (...) ou participar em delegação oficial", em primeiro lugar, precisa declarar, num registro público apropriado (acessível *online*), as atividades profissionais exercidas e qualquer outra função ou atividade remunerada e, em segundo lugar, quaisquer apoios recebidos de terceiros ao longo do mandato, sejam eles de natureza econômica ou material (como um secretariado ou um serviço de tradução), indicando, nesse caso, a identidade do doador. Além disso, por um lado, o deputado, antes de falar em qualquer discussão oficial, deve declarar se tem interesse direto no assunto em discussão e, por outro lado, comprometer-se a não aceitar qualquer tipo de liberalidade no exercício de seu mandato (art. 2º, § 2º, anexo I, RP).

A falta de declaração no registro, ou a falta de atualização anual do seu conteúdo, acarreta uma sanção particularmente eficaz (nos termos do art. 2º, § 5º, anexo I, RP, conforme alterado na sessão de 11 de março de 1999): dispõe-se que, após ter sido devidamente solicitado a respeitar a obrigação prevista, se o deputado não cumpri-la, em primeiro lugar, o seu nome é publicado na ata de cada reunião após o decurso do prazo e, em segundo lugar, face à persistência do incumprimento, o Presidente do Parlamento aciona o procedimento de suspensão do mandato de parlamentar nos termos do art. 147 RP. O âmbito da sanção tem garantido que qualquer pessoa, tendo acesso ao *website* do Parlamento, possa conhecer as relações dos deputados em exercício com as partes interessadas e, em particular, os presentes recebidos. Essas regras traduzem concretamente aquele princípio de transparência do processo decisório consagrado no art. 1º, § 2º, do Tratado da União Europeia (e, antes disso, pelo art. 225, par. 2º, do Tratado que institui a Comunidade Europeia), promovendo uma maior conscientização dos cidadãos europeus e, ao mesmo tempo, mais legitimidade, eficiência e responsabilidade da administração entendida em sentido amplo.

Além disso, à luz da experiência, o art. 2º do Anexo X ao regulamento prevê para os assistentes parlamentares também a obrigatoriedade de inscrição com seus deputados/empregadores e que declarem, por escrito e periodicamente, qualquer outra atividade profissional ou qualquer outra função ou atividade remunerada por eles exercida.

Por último, existem disposições contidas no Estatuto dos Funcionários (adotado com o Regulamento CEE n. 259 de 1968) destinadas à burocracia parlamentar: em particular, o título II, ao definir os direitos e deveres dos funcionários, exige que "sirvam exclusivamente à comunidade europeia, sem pedir ou aceitar instruções de nenhum governo, autoridade, organização ou pessoa alheia à administração à qual pertencem". O Guia dos deveres dos funcionários e agentes do Parlamento Europeu, aprovado em 2000, especifica que é dever de todos os burocratas relacionar-se com os cidadãos (incluindo os lobistas) de forma a fornecer sempre informações claras e completas.

O art. 9º do regulamento dita também regras mínimas de conduta para os deputados, prevendo, em primeiro lugar, que

CAPÍTULO II – AS REGRAS

estes atuem sempre tutelando a dignidade do Parlamento e sem comprometer o bom andamento dos trabalhos parlamentares.

O art. 34 disciplina os chamados "intergrupos" parlamentares, cuja origem remonta à experiência parlamentar britânica. Estabelece-se, assim, que deputados podem constituir intergrupos ou agrupamentos de deputados não oficiais "para realizar trocas informais de pontos de vista sobre temas específicos entre diferentes grupos políticos, com a participação de membros de diferentes comissões parlamentares, e para promover contatos entre os deputados e a sociedade civil".

Na prática, os intergrupos se formam sob pressão dos *lobbies* que pretendem, assim, superar as divisões políticas por um lado e as divisões linguísticas e culturais por outro, procurando coalizar o maior número possível de deputados em torno do seu interesse comum. Em todo caso, de acordo com o § 2º do art. 9º, esses agrupamentos não podem realizar atividades suscetíveis a gerar confusão com as atividades oficiais dos parlamentares e do Parlamento. Qualquer tipo de apoio recebido, em qualquer caso, tanto de grupos parlamentares oficiais como de partidos externos, de natureza econômica ou não, deve ser tornado público e declarado em registro especial pelo presidente do intergrupo: o art. 2º do Anexo I do Regulamento, de fato, dispõe que deve ser declarado "qualquer apoio, em dinheiro ou em espécie (por exemplo, assistência de secretaria), que, se fosse oferecido aos deputados individualmente, estaria sujeito à obrigação de relatório nos termos do presente artigo".

### 2.3.5 A transparência da Comissão

A partir de dezembro de 2014, a Comissão decidiu tornar públicas as reuniões com lobistas, publicando a agenda transparente das reuniões realizadas na instituição. Especificamente, com as decisões C (2014) 9048 e C (2014) 9051, a Comissão estabeleceu a obrigação, respectivamente, para os seus diretores-gerais e para os comissários e seus funcionários, de fornecer qualquer informação útil sobre as reuniões realizadas com portadores de interesses especiais.

As duas decisões, substancialmente idênticas no conteúdo, encontram a sua base jurídica, por um lado, nos art. 10 e 11 do Tratado da União, nos quais se estabelece que as instituições devem dar aos cidadãos e às associações de representação a possibilidade de informar aos agentes públicos responsáveis por decisões sobre suas posições de acordo com as regras de transparência e igualdade de acesso e de participarem da vida democrática da União; por outro lado, no art. 2º do Protocolo 2, se versa sobre a aplicação dos princípios da subsidiariedade e da proporcionalidade, segundo o qual a Comissão deve realizar amplas consultas públicas antes de apresentar um ato legislativo.

Consequentemente, qualquer pessoa, pelo *website* da Comissão, pode tomar conhecimento das reuniões dos comissários, dos seus funcionários e dos diretores-gerais com os lobistas, estes últimos definidos como as organizações ou os *freelancers* que se propõem o objetivo de influenciar o processo de decisão europeu (art. 2º, II, de ambas as decisões). No final de cada reunião e no prazo de 15 dias após a sua conclusão, os dirigentes dos diversos gabinetes devem tornar públicos a data e o motivo da reunião, o nome do agente público responsável pela decisão presente, o tema tratado e o nome da empresa atendida (observe-se que: o art. 5º das decisões especifica que o nome do lobista atendido só pode ser tornado público se ele expressamente concordar; caso contrário, será publicado apenas o nome da pessoa jurídica para a qual trabalha).

Todavia, nem todas as reuniões precisam ser relatadas dessa forma. Os art. 2º e 3º das decisões, de fato, preveem numerosos casos aos quais não se aplicam as novas regras: reuniões com partes sociais,[58] com representantes de partidos políticos, de

---

[58] NT. No texto original, *parti sociali*. *Parti sociali, social partners,* interlocutores sociais são amplamente usados na Europa "para definir os representantes

instituições nacionais e locais, de organismos internacionais, de comunidades ou associações religiosas ou "filosóficas e não confessionais" (art. 3º, § 1º).

A finalidade dessa decisão parece evidente e insere-se no processo de "diálogo aberto e estruturado" com os grupos de pressão começado pela Comissão desde 1992 com a comunicação homônima, a qual tinha como base o princípio do tratamento justo dos grupos de pressão pela burocracia interna.

Essa decisão – a primeira do gênero na história das instituições da União – é também o resultado das polêmicas que afetaram alguns comissários europeus da Comissão Juncker, acusados de claro conflito de interesses por serem lobistas profissionais ou apoiados economicamente por lobistas. O próprio presidente Juncker foi acusado pelo *International Consortium of Investigative Jornalists* de ter sido financiado durante anos por alguns *lobbies* alemães de pneus e armamentos; da mesma forma, a vice-presidente da Comissão, Federica Mogherini, foi acusada de ter escolhido como porta-voz Catherine Ray, casada com o diretor de uma grande empresa de *lobbying* que também cuida dos interesses da multinacional russa Gazprom. Não há dúvida, portanto, que essa decisão, tomada poucas semanas após a posse oficial, responda também a essas polêmicas, introduzindo mecanismos de transparência que – mesmo que mínimos – são certamente preciosos.

As decisões de novembro de 2014 encontram, portanto, seu fundamento "político" na necessidade de garantir a transparência desse processo em um contexto institucional em que a participação desses atores parece ser uma escolha não modificável ou negociável. Para tal fim, a Comissão utilizou uma ferramenta presente em vários

---

dos executivos das empresas e dos trabalhadores (organizações dos empregadores e sindicatos)". Disponível em: http://ec.europa.eu/employment_social/esf/fields/partnership_it.htm. Acessado em: 11.08.2021.

ordenamentos em que, já há algum tempo, são previstos registros públicos das reuniões entre tomadores de decisão e lobistas.[59]

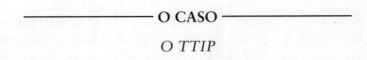

## O TTIP

O TTIP, *Transatlantic Trade and Investment Partnership*, é a parceria transatlântica para o comércio e os investimentos, ou seja, um acordo de livre comércio entre a União Europeia e os Estados Unidos da América. A negociação para a elaboração do tratado começou em 2012 e ainda não foi concluída. Em 2015, o acordo parecia caminhar para uma conclusão positiva; no mesmo período, o número de reuniões de empresas de *lobby* junto à direção-geral do Mercado Interno da Comissão Europeia aumentou consideravelmente, mais de uma por dia, incluindo também sábados, domingos e feriados: dessas reuniões, apenas 17% diziam respeito ao alto escalão da Comissão e foram registradas, enquanto o restante, 83%, número relativo aos níveis "inferiores" ou técnicos, não teve registro e ocorreu, consequentemente, fora da regra de transparência introduzida pela Comissão em 2014.

---

Correspondem à mesma lógica as duplas decisões tomadas pela Comissão Juncker entre 2014 e 2018, as quais estabelecem:

1. não aceitar reuniões com lobistas não cadastrados no Registro de Transparência e

2. aumentar o período de *cooling-off*, ou seja, o tempo em que é proibido aos Comissários assumirem cargos após o termo dos seus mandatos.

---

[59] OCDE. *Lobbyists*: governments and public trust. vol. 3. Paris: OECD, 2014.

## CAPÍTULO II – AS REGRAS

Em relação ao primeiro ponto, a partir de outubro de 2014, a Comissão introduziu unilateralmente a regra "sem inscrição, sem reunião", estabelecendo a proibição de reunião com lobistas não inscritos no registro. Essa regra, no entanto, aplica-se apenas a reuniões com os Comissários, com os seus chefes de gabinete e diretores-gerais, deixando quase todos os gerentes e altos funcionários da Comissão "descobertos": de acordo com uma pesquisa realizada em 2017 pela Alter-EU, uma das principais associações cívicas europeias, as obrigações de transparência só se aplicariam a 250 pessoas, deixando de fora os 30.000 funcionários e as direções-gerais europeias. A mesma pesquisa destacou ainda que 81% das reuniões realizadas com lobistas na direção-geral para o mercado interno (DGFISMA) não tiveram registro, uma vez que as reuniões foram realizadas com gestores e funcionários de nível inferior ao diretor-geral e que os *lobbies* do setor econômico e financeiro foram protagonistas em mais de 90% dos casos, deixando essencialmente os motivos e os resultados dos encontros desconhecidos.

Em segundo lugar, a partir de janeiro de 2018, a Comissão Europeia adotou um novo Código de Conduta para comissários e chefes de gabinete e direções-gerais, alterando especialmente os regulamentos sobre o chamado *revolving door*. As novas regras estendem o período de *cooling-off* de 18 meses para 2 anos, no caso de ex-comissários, e de 18 meses para 3 anos, no caso de ex-presidentes de Comissão. Nesse período, em que não podem assumir cargos conflitantes com o cargo anterior, os comissários recebem uma indenização – o chamado *transitional payment* – equivalente a cerca de 60% da remuneração anterior introduzida a partir de 1967, justamente para remunerar, durante três anos, a perda de receita dos comissários decorrente da proibição de *revolving door*.[60]

---

[60] SILVA, M. "The European Union's revolution door problem". *In*: DIALER, Doris; RICHTER, Margarethe. *Lobbying in the European Union*. Berlim: Springer, 2019.

A decisão de rever as regras é consequência do "escândalo Barroso", o ex-presidente da Comissão Europeia que, após ter presidido a Comissão durante dez anos e ter cessado o seu mandato em outubro de 2014, foi nomeado, em junho de 2016, *Chairman* da Goldam Sachs, um dos maiores bancos de investimento do mundo e cujo gasto em *lobbying* é da cifra de mais de 1 milhão de dólares por ano em Bruxelas. De fato, foram inúmeros os casos no "estilo Barroso" na história das instituições europeias: emblemático é o caso de Neelie Kroes, uma das principais lobistas europeias (era também lobista da multinacional de armas Lockheed) e que se tornou, em 2014, comissária europeia de competitividade e de agenda digital; após ter deixado o cargo, sem sequer concluir o período de "esfriamento", Kroes foi nomeada assessora especial da Uber (plataforma de aluguel de veículos com motorista) e do banco de investimentos americano Merrill Lynch, impondo à Comissão Europeia, em 2016, uma intervenção para chamá-la a respeitar as regras (sem, no entanto, sancionar seu comportamento).

### 2.3.6 O Conselho permanece obscuro

O Conselho da União Europeia é um organismo multiforme: embora seja uma entidade jurídica única e unitária, reúne-se em dez "formações" diferentes, dependendo do assunto tratado. Existem, portanto, dez Conselhos da União diferentes dos quais participam os ministros dos Estados-membros, competentes na matéria, conforme mostrado a seguir:

1. Agricultura e pesca;

2. Competitividade;

3. Economia e finanças;

4. Meio Ambiente;

5. Emprego, política social, saúde e consumidores;

## CAPÍTULO II – AS REGRAS

6. Educação, juventude, cultura e esporte;

7. Relações Exteriores;

8. Assuntos Gerais;

9. Justiça e assuntos internos;

10. Transportes, telecomunicações e energia.

O Conselho da União exerce o Poder Legislativo em decisão conjunta com o Parlamento. No entanto, não se deve confundir com o Conselho Europeu, que é um órgão colegiado que define as prioridades e as orientações políticas da União e analisa os problemas do processo de integração, desempenhando um papel puramente político e de orientação geral.

As propostas normativas da Comissão são enviadas ao Conselho de Ministros competente, contemporaneamente ao envio do texto ao Parlamento. De acordo com o Tratado sobre o Funcionamento da União europeia, os ministros dos Estados-membros examinam a proposta e interagem durante as reuniões do Conselho das quais participa ativamente o Comissário Europeu que fez surgir a iniciativa.

Os trabalhos do Conselho são realizados em duas fases: existe o *momento visível*, público, que coincide com o próprio Conselho, ou seja, quando os ministros se reúnem; depois, existe o *momento invisível*, o qual antecede as reuniões do Conselho e tem como protagonistas os diplomatas e os especialistas ao longo de reuniões instrutórias, a portas fechadas, das quais participam os funcionários da Comissão e do Conselho e os delegados dos Estados-membros.

As reuniões do Conselho são, de fato, precedidas e instruídas pelo Comitê de Representantes Permanentes dos Governos (COREPER), do qual participam os embaixadores representantes dos Estados-membros e por mais de 150 grupos e comitês especializados conhecidos como "órgãos preparatórios do Conselho".

Os órgãos preparatórios podem ser divididos em três categorias principais:

1. comitês instituídos por tratados, decisões intergovernamentais ou atos do Conselho que são, em sua maioria, permanentes;

2. comitês e grupos instituídos pontualmente pelo COREPER e que tratam de assuntos muito específicos;

3. comitês *ad hoc* instituídos pela Presidência da União para fins específicos, como o exame de uma única proposta legislativa.

Consequentemente, existem, por exemplo, o Grupo do Meio Ambiente e o Grupo Internacional do Meio Ambiente, os quais elaboram todos os dossiês para a mesa dos Conselhos de Ministros do Meio Ambiente; o Grupo da Concorrência, o Grupo da Competitividade, o Grupo do Direito das Sociedades e dez outros subgrupos que instruem os trabalhos do Conselho de ministros da "competitividade"; ou cerca de quarenta (*sic*!) grupos *ad hoc* para examinar as várias questões trazidas à atenção do Conselho de Ministros da Agricultura e Pescas.

---

*FOCUS*: A SENTENÇA DE CAPITANI

Uma das fases do processo legislativo europeu é o denominado *Trílogo*, ou seja, quando alguns representantes do Parlamento Europeu e do Conselho da União, assistidos pela Comissão Europeia, se reúnem para tentar encontrar um ponto de encontro entre as várias posições sobre a mesma proposta legislativa. O *Trílogo* ocorre de maneira informal e não é possível conhecer as posições expressas pelos representantes individualmente, mas apenas o resultado.

Na sentença *De Capitani vs. Parlamento*, de 22 de março de 2018, o Tribunal da União Europeia ordenou ao Parlamento e ao Conselho que tornassem público qualquer ato relacionado ao *Trílogo* e garantissem a máxima transparência nas fases de negociação, incluindo as informais. A partir do caso concreto,

## CAPÍTULO II – AS REGRAS

> o tribunal destacou como os documentos das reuniões a portas fechadas devem ser acessíveis, pois é "precisamente a transparência do processo legislativo que contribui para dar às instituições uma maior legitimidade aos olhos dos cidadãos da União e para aumentar a sua confiança". Portanto, o acesso "deve ser possível, no caso de pedido específico apresentado com base no regulamento relativo ao acesso do público aos documentos do Parlamento Europeu, do Conselho e da Comissão".

O que esses grupos decidem? Quem participa? Quais são as pautas diárias e como são examinadas? Nada se sabe a respeito. Tudo é obscuro.

Os trabalhos preparatórios do Conselho são o último bastião da obscuridade da União Europeia: o único dado conhecível é quando e onde se reúnem. De resto, é impossível saber, às vezes até mesmo para os governantes, quem participou ou quais são os posicionamentos dos Estados ou o que os participantes se disseram. Tudo é obscuro, mas não impenetrável pelos interesses mais astutos.

Nos trabalhos dos grupos e dos diferentes comitês, onde se forma a orientação posteriormente submetida à votação do Conselho dos Ministros (Conselho que não discute os pontos sobre os quais já se tenha um consenso no respectivo grupo técnico, aprovando-os automaticamente), participam os delegados dos ministérios: embora normalmente se trate de funcionários públicos, pode acontecer de alguns países enviarem técnicos ou especialistas que representam interesses organizados específicos, delegando-os para tratar do assunto. Dessa forma, o *lobby* substitui o tomador de decisão, contornando qualquer regra, inclusive ética; na ausência de transparência, entretanto, não é possível contestar, nem impedir esse comportamento inadequado.[61]

---

[61] N.T. O quadro "*Focus*: a sentença de Capitani" se refere ao Acordo do Tribunal Geral (Sétima Secção alargada), de 22 de março de 2018, relatado por Emilio De Capitani contra o Parlamento Europeu: Acesso aos documentos – Regulamento

## 2.4 Os ordenamentos europeus

### 2.4.1 França

Historicamente, o ordenamento jurídico francês tem relutado em reconhecer qualquer função aos grupos de pressão.

Como dito anteriormente, é na França que nasceram as teorias políticas, filosóficas e jurídicas que fundamentam a vontade geral – conteúdo essencial de cada decisão pública – em valores e princípios preestabelecidos, os quais o tomador de decisão deveria conseguir entender de forma abstrata. É na França jacobina e revolucionária, de fato, que se afirma a teoria da proibição de um mandato imperativo, combinada com a da lei como expressão da vontade popular, definindo o que se denomina "constitucionalismo jacobino", em contraposição ao "constitucionalismo anglo-saxão", que concebe a vontade geral como fruto de uma negociação permanente entre interesses particulares opostos. Retomando, ao menos em parte, as teorias sobre o contrato social proclamadas por Rousseau, na Declaração dos Direitos do Homem e do Cidadão de 1789, no art. 6º, fica estabelecido, como já foi dito, que "a lei é a expressão da vontade geral. Todos os cidadãos têm o direito de participar, pessoalmente ou através de seus representantes, na sua formação. Deve ser igual para todos, quer proteja, quer castigue". Nesse contexto, portanto, culturalmente definido, por muito tempo a atuação dos grupos de pressão foi considerada ilegítima, pois visava influenciar o agente público responsável pela decisão.

---

(CE) n. 1049/2001 – Documentos relativos a um processo legislativo em curso – Trílogos – Quadros de quatro colunas respeitantes à proposta de regulamento do Parlamento Europeu e do Conselho relativo à Europol e que revoga as Decisões 2009/371/JAI e 2005/681/JAI – Recusa parcial de acesso – Recurso de anulação – Interesse em agir – Admissibilidade – Artigo 4º, n. 3, primeiro parágrafo, do Regulamento nº 1049/2001 – Exceção relativa à proteção do processo decisório – Inexistência de uma presunção geral de recusa de acesso aos quadros de quatro colunas elaborados no âmbito dos trílogos Processo T-540/15.

## CAPÍTULO II – AS REGRAS

Tal visão foi posta de lado pelo legislador francês a partir de 2009 quando, ao final de um longo debate parlamentar e de doutrina, a Assembleia Nacional e o Senado aprovaram, com duas resoluções distintas, algumas medidas sobre *lobbying*.

Superando a visão jacobina do interesse geral e abstrato, o Gabinete da Presidência da Assembleia Nacional, modificando as assim chamadas Instruções Gerais do Gabinete da Presidência, que continham uma série de regras que complementavam o regulamento parlamentar, introduziu algumas obrigações de transparência para os portadores de interesses, estabelecendo um registro público, no qual os lobistas interessados em influenciar a tomada de decisão parlamentar são obrigados a se cadastrar, e reconhecendo a eles o direito de acesso às sedes parlamentares. Ao mesmo tempo, foram proibidos de fornecer ao parlamentar informações parciais, errôneas ou inexatas e de exercer atividades comerciais ou publicitárias dentro do Parlamento.

Três anos após a entrada em vigor, as previsões introduzidas em 2009 foram objeto de uma revisão profunda efetuada por uma comissão de estudos presidida pelo deputado Christoph Sirugue.

Como resultado dos trabalhos desenvolvidos pela Comissão Sirugue, a Assembleia Nacional adotou, em 2012, um "Código de conduta para os representantes de interesses", o qual distingue seis categorias de lobistas de acordo com o interesse protegido: empresas, autoridades administrativas e entidades públicas, entidades de pesquisa públicas ou privadas, organizações não governamentais, organizações representativas de categorias profissionais, dos empregadores ou dos sindicatos, empresas de consultoria e escritórios de advogados.

Essas pessoas têm a obrigação, nos seus contatos com os agentes públicos responsáveis por decisões, de indicar o comitente e os objetivos da ação de *lobbying*, podendo publicar as suas próprias contribuições, propostas e alterações no *site* da Assembleia, sobre as disposições inscritas na ordem do dia do Plenário e das comissões.

Em 2013, as Instruções Gerais do Gabinete da presidência foram novamente alteradas, ditando uma nova disciplina em relação às audiências e aos inquéritos, prevendo um verdadeiro direito dos lobistas de participar de forma transparente e igualitária e exigindo, nos relatórios de acompanhamento de um projeto de lei, que fosse feita menção explicita às audiências realizadas e as posições nelas representadas.

Seguindo a mesma lógica, o Senado francês adotou disposições semelhantes em outubro de 2009, usando a mesma fonte jurídica da Câmara e introduzindo um Código de Conduta para lobistas, definindo regras específicas para o acesso às sedes parlamentares.

─────────────── O CASO ───────────────

*Maillard e os outros*

Entre 2017 e 2019, vários membros da Assembleia Nacional, por considerarem o regulamento introduzido em 2009 e alterado em 2013 insuficiente em termos de transparência, decidiram tornar públicas as reuniões que tiveram com os lobistas. O primeiro a publicar a pauta de suas reuniões foi Sylvain Maillard, deputado de En Marche: a decisão foi tomada após uma série de polêmicas referentes a um almoço com alguns lobistas da Danone, da Coca-Cola e da operadora de transportes Transdev. Respondendo às críticas, Maillard reivindicou seu direito e dever de se relacionar com as partes interessadas, anunciando, por meio de um tweet, em 19 de julho de 2017, que a partir daquele momento tornaria pública a lista das reuniões: *lobbys et représentants d'intérêts: je veux agir pour sortir de l'ère du soupçon généralisé*. O exemplo de Maillard foi seguido por muitos deputados, incluindo Aurore Bergé, Matthieu Orphelin, Bérangère Abba, Paula Forteza, Barbara Pompili.

## CAPÍTULO II – AS REGRAS

O que parece evidente é como as Secretarias da Assembleia Nacional e do Senado têm regulamentado o diálogo entre parlamentares e *lobbies* de forma indireta no sentido de que, ao introduzir Códigos de Ética com conteúdo vinculativo para os parlamentares, entenderam que, para implementá-los, seria preciso, consequentemente, adotar disposições voltadas aos grupos de pressão.

Em ambos os casos, de fato, as instruções gerais das respectivas secretarias foram alteradas para introduzir obrigações de transparência para os parlamentares, proibindo também, por exemplo, a aceitação de "presentes" de valor superior a 150 euros (inclusive sob a forma de reembolso de despesas no caso de participação de uma iniciativa pública). Só mais tarde foram elaboradas modalidades específicas de diálogo entre tomadores de decisão políticos e interesses organizados.

Tanto as disposições aprovadas na Assembleia Nacional como as aprovadas no Senado, no entanto, não definem o que se entende por *lobbying* e quais os sujeitos que devem se inscrever: essa questão foi resolvida pela Lei n. 2016-1961, de 9 de dezembro de 2016 (a chamada "Lei Sapin 2"), que introduziu novas disposições sobre a transparência dos agentes públicos responsáveis por decisões (políticos também) e as primeiras medidas para regular de maneira homogênea o *lobbying*.

O art. 25 da Lei Sapin 2 estabeleceu uma lista na qual certas categorias de lobistas devem se registrar para o exercício de seus negócios, indicando os interesses representados, os recursos humanos e econômicos disponíveis e as relações existentes. Especificamente, a lei e os decretos de implementação subsequentes definem os lobistas como pessoas físicas ou jurídicas, privadas ou públicas, que aspiram, mesmo que não seja o seu objetivo social predominante, influenciar o agente público responsável pela decisão. Em sua essência, portanto, a lei se refere a lobistas internos e lobistas terceirizados, mas não a outras categorias de lobistas.

Por agentes públicos responsáveis por decisões entendem-se os membros do governo ou os membros de suas equipes ministeriais, os parlamentares ou seus colaboradores, os funcionários parlamentares, o Chefe de Estado e seus colaboradores, os gestores públicos, qualquer pessoa que ocupe um cargo por deliberação do Conselho dos Ministros, qualquer um que seja titular de uma função ou de um mandato previsto em lei, incluindo Presidente do Conselho regional, Presidente do Conselho departamental, prefeitos de municípios com mais de 20.000 habitantes, vereadores regionais, vereadores departamentais, diretores adjuntos, vice-diretores e chefes de gabinete das autoridades territoriais. Para supervisionar a eficiência do registro, foi criada a Alta Autoridade para a Transparência na Vida Pública (HATVP), cuja tarefa é verificar o cumprimento da lei e impor eventuais sanções.

É estritamente proibido aos lobistas oferecer presentes, dons ou qualquer vantagem de valor significativo, obter informações ao comunicar aos tomadores de decisão informações incorretas ou por meio de manobras destinadas a enganá-los, divulgar para terceiros informações obtidas, para finalidades comerciais ou publicitárias, vender a terceiros cópias de documentos do governo, de uma autoridade administrativa ou pública independente, ou usar papéis timbrados e logotipos de autoridades públicas ou órgãos administrativos.

Do lado do governo, entretanto, embora faltem regras dedicadas aos *lobbies*, foram aprovadas disposições para garantir a transparência dos interesses dos agentes do governo responsáveis por decisões. De fato, em 17 de maio de 2012, o governo francês aprovou a *Charte de déontologie des membres du gouvernement*, um verdadeiro código de ética articulado em uma premissa e cinco princípios que devem inspirar os membros do governo.

CAPÍTULO II – AS REGRAS

> ### *FOCUS*: O ESCÂNDALO CAHUZAC
>
> Jerome Cahuzac foi um famoso cirurgião francês que, em 1993, deixou a medicina para fundar uma consultoria voltada para empresas farmacêuticas. Com a sua empresa e graças aos excelentes contatos com os dirigentes do Partido Socialista, Cahuzac influenciou o processo decisório francês no setor farmacêutico durante quase vinte anos, até ser nomeado, em maio de 2012, Ministro do Orçamento pelo primeiro-ministro Ayrault, sob a presidência de Hollande. Poucos meses depois, em dezembro de 2012, um *site* de notícias francês, Mediapart, acusa o ministro Cahuzac de ter contas secretas na Suíça e em Cingapura, resultantes de lavagem de dinheiro. Cahuzac nega, se defende, jura no Parlamento que não tem conta alguma; em março de 2013, o presidente Hollande o destitui do cargo após uma primeira investigação judicial que confirma a presença de contas no exterior. Em dezembro de 2016, Cahuzac é condenado em primeira instância a três anos de prisão; em maio de 2018, após a apelação, é declarado culpado definitivamente por lavagem de dinheiro e condenado à pena de dois anos de reclusão e cinco anos de interdição dos cargos públicos.
>
> Segundo o jornal suíço *L'Hebdo*, por trás do furo do *site Mediapart* estão os *lobbies* do setor de armamentos: Cahuzac, de fato, como Ministro do Orçamento, havia iniciado o desuso do porta-aviões *Charles de Gaulle* e encerrado os contratos para a compra de numerosos helicópteros de combate, submarinos nucleares e novos armamentos sofisticados para o exército francês.

O segundo parágrafo da *Charte* prevê que os integrantes do governo ouçam constantemente os cidadãos e a opinião pública, inclusive por meio de consultas específicas que devem ser reconhecidas nos projetos de lei. Ao mesmo tempo, os membros do governo são obrigados a tornar públicos os interesses econômicos dos quais são portadores, publicando-os no *website* da Presidência.

De acordo com a *Charte*, os ministros estão proibidos de aceitar qualquer convite que possa ter um valor econômico (por exemplo, uma hospedagem em um hotel ou um bilhete para um jogo de futebol) e têm obrigação de devolver ao Estado qualquer presente que exceda os 150 euros recebidos durante o mandato.

> ### *FOCUS*: O TRÁFEGO DE INFLUÊNCIAS
>
> Na França, desde 1889, o "tráfego de influência é um crime". O *Code pénal* francês contém, de fato, uma disciplina articulada dos crimes de *trafic d'influence*, distinguindo várias hipóteses normativas dependendo do sujeito (público ou privado) autor do crime dos oficiais públicos sobre os quais foi exercida a influência indevida. As disposições mais relevantes são aquelas relativas ao tráfico de influência passivo e ativo de um privado (art. 433 - 2°, §§ 1° e 2°, do Código Penal), e tráfico de influência passivo e ativo de uma pessoa que exerce uma função pública (art. 432 -11°, § 2 e 433° - 1°, §§ 1 e 2, do Código Penal).
>
> Basicamente, do texto dos artigos emerge que é punida a pessoa que (autoridade pública ou privada) solicitar ou aceitar indevidamente, a qualquer momento, direta ou indiretamente, promessas, presentes ou qualquer outra vantagem, para si ou para outros, para abusar ou por ter abusado de sua influência, real ou presumida, a fim de obter emprego ou outras decisões favoráveis de autoridade pública. Também é punido quem ceder às solicitações de um privado ou de uma autoridade pública ou quem oferece indevidamente presentes ou qualquer outra vantagem a outras pessoas para abusar da influência, real ou presumida, que estas podem exercer sobre uma autoridade pública a fim de obter emprego ou qualquer outra decisão favorável.
>
> No âmbito do tráfico de influência passivo e ativo de um privado (art. 433-2), o objeto da transação criminosa é, portanto, a obtenção da decisão favorável que deve ser oferecida ou combinada em decorrência da exploração da influência possuída sobre o

## CAPÍTULO II – AS REGRAS

> funcionário público. A orientação interpretativa tradicionalmente aceita na França, no que se refere aos limites da legalidade do trabalho de intermediação perante a Administração Pública, estabeleceu que "a influência ilegal é a que decorre da amizade ou da relação pessoal com o funcionário, enquanto a lícita se baseia na competência ou experiência profissional do mediador".
>
> A mesma conduta (*trafic d'influence* passivo) praticada por pessoa no exercício de função pública (hipótese regulada autonomamente pelo art. 432-11) é punida com dez anos de prisão e multa de 150.000 euros (a pena é, portanto, muito mais grave do que em relação aos cinco anos de prisão e à multa de €75.000 prevista caso o sujeito ativo do crime seja um privado).

Além da *Charte*, o governo teve que intervir de forma mais assertiva entre 2013 e 2018, após o escândalo de Cahuzac.

O caso Cahuzac mostrou à opinião pública a substancial falta de transparência dos governos franceses. Consequentemente, em abril de 2013, o governo apresentou às Câmaras um projeto de lei com o objetivo de "moralizar a vida pública", aprovado definitivamente alguns meses depois.

A "lei *de moralisation de la vie politique*", de 2013, estabeleceu a obrigação para quem detém um mandato eletivo de publicar uma declaração referente aos próprios bens e aos bens de seus familiares, delegando a uma autoridade específica – a Alta Autoridade para a Transparência da Vida Pública, HATVP – a tarefa de verificar qualquer aumento anômalo durante o mandato ou nos dois anos seguintes.

Essas medidas foram ainda reforçadas pela lei de 15 de setembro de 2017, *pour la confiance dans la vie politique*, fortemente desejada pelo presidente Macron: entre as medidas introduzidas, destacamos a proibição para os tomadores de decisão políticos de contratar familiares em até segundo grau de parentesco (prática muito comum na França) ou lobistas ativos, e para os colaboradores de parlamentares e membros do governo de exercer qualquer tipo de função, mesmo não remunerada, por conta dos *lobbies*, a fim de evitar qualquer possível conflito de interesses.

A lei de 2017 impôs a publicação dos currículos de todos os candidatos a cargos públicos, criando um portal *online* denominado "Banco da Democracia" para juntar currículos, declarações patrimoniais e a indicação de todas as fontes de financiamento de campanha eleitoral para todos os candidatos e todos os partidos.

### 2.4.2 Alemanha, Áustria e Países Baixos

O **ordenamento alemão** foi o primeiro na Europa a introduzir uma regulamentação, ainda que mínima, do fenômeno do *lobby*.

O Anexo 2 do regulamento que rege o funcionamento do Bundestag (ou seja, a Câmara Política), introduzido em 1972, prevê que as pessoas jurídicas que desejam representar interesses junto aos membros do Bundestag ou do governo federal para influenciar o processo de tomada de decisão devem ser inscritas em "lista pública", atualizada anualmente e colocada sob controle de um gabinete interno da Câmara.

No momento da inscrição, é preciso indicar o tipo de interesse representado, o eventual cliente, a natureza da empresa e quantas pessoas trabalham nela, as atividades que se pretendem exercer.

Os registrados podem pedir para ser ouvidos nos trabalhos das comissões parlamentares e dos comitês governamentais prodrômicos à elaboração de medidas regulatórias. Na verdade, a "lista" não é um registro profissional por meio do qual os lobistas podem exercer suas atividades sem estarem registrados, mas a falta de registro determina a impossibilidade substancial de serem ouvidos no Parlamento ou em comitês do governo. Quem não está inscrito, de fato, só pode ser envolvido a partir de um convite formal do agente público responsável pela decisão, o que raramente acontece.

CAPÍTULO II – AS REGRAS

> ### *FOCUS*: BUNDESTAG – REGULAMENTO PARA O CADASTRO DAS ASSOCIAÇÕES E DE SEUS REPRESENTANTES
>
> Anexo 2
>
> 1. O Presidente do Bundestag cuida de um Elenco Público no qual são registradas todas as associações que representam interesses perante o Bundestag ou o governo.
>
> 2. Os portadores de interesses só podem ser ouvidos no Parlamento se estiverem inscritos no Elenco público e tiverem fornecido as seguintes informações:
>
> - nome e sede da associação;
> - composição da presidência e da diretoria;
> - âmbitos de interesses da associação;
> - número de membros;
> - nome do representante da associação;
> - endereço do gabinete na sede do Bundestag e do governo.
>
> 3. Para os indivíduos inscritos, são emitidas carteirinhas de reconhecimento.
>
> 4. O registro no Elenco, todavia, não constitui um direito de ser ouvido ou de receber, em qualquer caso, a carteira de identificação.
>
> 5. O Elenco deve ser publicado anualmente pelo presidente da Bundestag no "Diário Oficial".

A legislação alemã, portanto, parece mínima e voltada, pelo contrário, a definir um critério de acesso ao Parlamento mais do que a relação entre os portadores de interesses e os agentes públicos responsáveis por decisões.

Também faltam regras sobre a transparência da vida pública, e a disciplina do *revolving door* só foi adotada em 2015, após inúmeros escândalos: a legislação que limita as transformações repentinas de agentes públicos responsáveis por decisões que cessaram mandato em lobistas não introduz proibições precisas, mas a obrigação do ex-agente público responsável pela decisão de comunicar todas os cargos assumidos nos 18 meses sucessivos ao término do mandato, prevendo a possibilidade de que o governo possa não autorizar um cargo em casos de evidente conflito de interesses.

## O CASO

### *Schröder e o lobby da Gazprom*

Um caso emblemático de *revolving door* na Alemanha teve como protagonista Gerhard Schröder, ex-chanceler social-democrata de 1998 a 2005. Seis meses após a cessação do cargo governamental, Schröder foi nomeado *Chairman* do consórcio NordStream, ou seja, do consórcio de empresas – liderado pela empresa Gazprom – para a construção de um gasoduto da Rússia à Europa através do Mar Báltico, inaugurado em 2012. Basicamente, a sua tarefa era facilitar os procedimentos administrativos e de autorização durante a construção do gasoduto, tendo fácil acesso aos chefes de governo dos países onde o trabalho deveria ser realizado. Seu papel foi tão significativo que a empresa Gazprom o confirmou no cargo mesmo após a conclusão do trabalho, forçando a chanceler Merkel a se distanciar de seu antecessor e a se comprometer publicamente (em 2017), declarando que, uma vez cessado seu mandato, não aceitaria cargo algum no mundo privado. Em seu próprio partido (CDU), não faltam casos de *revolving door* no sentido oposto também. Os protagonistas

## CAPÍTULO II – AS REGRAS

do escândalo "Dieselgate", por exemplo, tinham passado várias vezes do governo para as indústrias automotivas e vice-versa: é o caso de Eckart von Klaeden, quem, primeiro, foi político da CDU, depois foi chefe do departamento de *lobby* da Daimler (uma empresa automobilística alemã) e, em seguida, assessor da chanceler Merkel até 2013, ano em que voltou a ser lobista; outro caso é o do colega de partido Matthias Wissmann, chefe da associação alemã das indústrias automotivas e por muitos anos chefe de gabinete do Ministro Federal dos Transportes.

---

As mesmas disposições estavam contidas nos regulamentos do **Bundestag austríaco**. Em 2012, todavia, o Parlamento austríaco aprovou a lei *Lobbying- und Interessenvertretungs-Transparenz--Gesetz – LobbyG und Änderung des Gerichtsgebührengesetzes*, que entrou em vigor em 1º de janeiro de 2013.

Essa lei redefiniu a relação entre lobistas e tomadores de decisões públicos ao introduzir mecanismos de transparência absoluta.

A "lei austríaca para a transparência do *lobby* e da representação de interesses" foi adotada juntamente com um pacote mais amplo de medidas lançadas pelo Parlamento para tornar as relações entre os grupos de pressão e os políticos mais transparentes, a par de outras medidas que intervêm no financiamento dos partidos e nas medidas anticorrupção.

A introdução dessas regras responde aos inúmeros escândalos que se seguiram nos anos 2000, devido à nova competição entre grupos intermediários, estimulada pela profissionalização da figura do lobista; o sistema neocorporativo anterior, por outro lado, havia delegado de fato o monopólio da representação aos sindicatos e às organizações setoriais.

De acordo com a lei, *lobby* deve ser entendido como "qualquer contato organizado e estruturado com um agente público responsável pela decisão, com o objetivo de influenciar o processo decisório de acordo com um interesse específico". O agente público responsável pela decisão é identificado nos órgãos Executivo e Legislativo, incluindo também as equipes dos tomadores de decisão e a alta gerência da Administração Pública, tanto em nível central como local.

Na Áustria, aqueles que pretendem exercer atividades de *lobbying* são obrigados a se inscrever em um registro público, mantido pelo Ministério da Justiça, dividido em 4 (quatro) categorias: empresas de *lobby* ou lobistas por conta de terceiros; lobistas *in-house* que trabalham em empresas; associações setoriais; associações e organizações não governamentais e sem fins lucrativos. As fundações ligadas a partidos políticos, representações de autoridades locais e comunidades religiosas reconhecidas estão excluídas do registro. No ato da inscrição, os lobistas devem indicar informações relativas à titularidade dos interesses representados e de seus clientes, o valor dos contratos assinados para a realização de atividades de *lobby* e contatos lobísticos que ocorreram com autoridades governamentais.

Os lobistas também devem se comprometer a cumprir um Código de Conduta, parte integrante da lei, cujas violações podem causar a suspensão da atividade até a caducidade dos contratos de trabalho existentes (observe-se que as associações setoriais estão isentas de sanções). A lei, porém, não prevê nenhum sistema de congelamento, o assim chamado *cooling-off*, para políticos e administradores públicos que, ao final do mandato, desejem seguir a carreira de lobista.

O cadastro e os dados fornecidos pelos lobistas e atualizados periodicamente são publicados no sítio institucional do Ministério da Justiça: os lobistas inscritos em 30 de janeiro de 2019 são em total 314.

Nos **Países Baixos**, à semelhança do que foi observado para o ordenamento alemão e, pelo menos até 2012, na Áustria, a Câmara baixa dos Estados Gerais de Haia (como é chamado o Parlamento dos Países Baixos) instituiu, em 1º de julho de 2012, com regulamento próprio, um registro público de lobistas ao qual é preciso estar registrado para obter acesso permanente à sede da Assembleia: os que não estão inscritos podem, naturalmente, exercer atividades de *lobby* sem problemas e podem até obter um cartão de acesso ao Parlamento, mas diário e renovável dia a dia.

─────────── O CASO ───────────

*Cash for laws e Telekom Affairs*

Em 12 de março de 2011, o Sunday Times publica um vídeo polêmico no qual Ernst Strasser, ex-Ministro do Interior e deputado do partido popular austríaco FPÖ, concorda com o pedido de um jornalista que se faz passar por lobista para apoiar a introdução de emendas a uma proposta de regulamento em análise no Parlamento Europeu. Strasser, em troca do seu apoio, aceita receber 100.000 euros anuais como compensação pela sua atividade de "consultoria", vangloriando-se, entre outras coisas, de estar já trabalhando para 5 outros clientes pelo mesmo montante. Por esses fatos, Strasser, em outubro de 2014, foi condenado definitivamente a três anos de prisão por corrupção.

Em 2012, o então Ministro da Tecnologia, Hubert Gorbach, e o deputado do Partido Popular do FPÖ, Mathias Reichhold, foram condenados por receber propinas milionárias de lobistas da "Telekom Austria" a fim de favorecer a empresa nas licitações públicas.

───────────────────────

O registro – que parece não ter nenhuma utilidade – está aberto a três categorias específicas de lobistas: lobistas por conta de terceiros e lobistas *in-house*; representantes de organizações não governamentais e associações setoriais; representantes de municípios e províncias.

Em 30 de janeiro de 2019, no registro dos Países Baixos, estavam inscritos 112 lobistas: entre estes não constam os principais *lobbies* e as principais organizações setoriais e empresas do país.

### 2.4.3 Irlanda

Em 2015, a Irlanda também adotou uma lei orgânica sobre o fenômeno do *lobby*: o *Regulation of Lobbying Act 2015*.

A reflexão em torno da lei de 2015 começou quatro anos antes, quando o Departamento para os Gastos Públicos e a Reforma realizou uma importante consulta, convidando as partes interessadas a apresentar suas observações a fim de introduzir uma regulamentação eficaz de *lobby* na Irlanda. A participação foi muito positiva e organizações e indivíduos apresentaram um conjunto consistente de propostas, que foram levadas em consideração pelo Departamento na elaboração do projeto de lei, junto aos princípios da OCDE sobre o tema, as recomendações do Conselho da Europa, a abordagem em vigor nas instituições da União Europeia e as normas adotadas em nível internacional.

No final desse trabalho, precisamente em março de 2015, entrou em vigor o *Regulation of Lobbying Act 2015*. Trata-se de uma medida que, apesar de ser enxuta e linear, aborda quase todos os nós obscuros no que diz respeito à matéria, apresenta soluções clássicas já experimentadas em outros países e cumpre plenamente o objetivo principal, ou seja, tornar o processo de tomada de decisão mais transparente.

Muito resumidamente, a lei regulamenta:

1. a instituição de um registro de *lobbying* acessível ao público;

2. as funções de controle da *Standards in Public Office Commission* (*The Standards Commission*);

3. a obrigação para os lobistas de se registrar e fornecer regularmente informações sobre seus negócios e seus clientes;

4. um Código de Conduta para lobistas;

## CAPÍTULO II – AS REGRAS

5. a introdução de um período de *cooling-off* durante o qual certos ex-funcionários ou agentes públicos responsáveis por decisões não podem exercer atividades de *lobbying*.

Em relação ao primeiro ponto, existe uma obrigação de registro específica para todos os lobistas, e são considerados como tais os que atendem às seguintes condições:

- comunicam direta ou indiretamente com um "funcionário público designado";

- comunicam "uma questão relevante";

- comunicam uma questão que não seja especificamente "isenta";

- pertencem a uma das seguintes categorias: a) um terceiro que representa um cliente (quando o cliente é um empregador com mais de dez funcionários em tempo integral, ou é um organismo de representação ou de *advocacy* que tem pelo menos um funcionário em tempo integral); b) empregador com mais de dez empregados quando o *lobby* for exercido em seu nome; c) um organismo de representação (com pelo menos um funcionário) que substitua os que dele façam parte por intermédio de seu próprio funcionário ou titular; d) um organismo de *advocacy* (com pelo menos um funcionário que lida com interesses especiais) no qual um funcionário remunerado ou um titular da organização desempenha a função de representar esses interesses especiais; e) qualquer pessoa que represente interesses inerentes ao desenvolvimento ou zoneamento do terreno.

De acordo com a lei, são "funcionários públicos designados" os ministros e os representantes do governo e das autoridades locais, os parlamentares, os membros do Parlamento Europeu eleitos nos colégios eleitorais do país, os conselheiros especiais nomeados de acordo com a seção 11º da *Public Service management Act 1997*, os funcionários públicos reconhecidos como tais e quaisquer outros titulares de cargos públicos. Com relação a essas duas últimas categorias, é preciso esclarecer que cabe ao ministro competente identificar as personalidades públicas que podem ocupar esse cargo em função das suas funções, níveis de remuneração, graus ou outros fatores semelhantes. A lista designada por lei, de fato, não é obrigatória e pode ser alargada por decreto ministerial a outras categorias.

Em particular, um dos regulamentos de implementação do *Lobbying Act 2015* (o chamado *Designed Public Act*) contém uma lista dos departamentos e agências que designaram funcionários públicos de acordo com a seção 6 (1) (f) do *Lobbying Act*.

Além disso, os órgãos públicos são obrigados a publicar em seus *websites* institucionais a lista de "funcionários públicos designados" em suas organizações.

Em relação ao segundo ponto, a *Standards in Public Office Commission* é um organismo independente criado em dezembro de 2001 pelo *Standards in Public Office Act 2001*, composto por seis membros e presidido por um ex-juiz da Alta Corte. As suas funções incluem a supervisão da atividade de representação dos interesses (especificamente, no que diz respeito ao registro de lobistas), assim como a fiscalização do cumprimento dos requisitos de liquidação fiscal, disciplina nas doações, despesas eleitorais e verbas do Estado recebidas pelos partidos políticos.

---

### *FOCUS*: O QUE É "QUESTÃO RELEVANTE"?

De acordo com o *Lobbying Act*, uma "questão relevante" é aquela relativa a: a) início, desenvolvimento ou modificação de qualquer política pública ou programa público; b) proposta ou alteração de qualquer lei (incluindo a legislação secundária como instrumentos estatutários e estatutos); c) concessão de qualquer subvenção, empréstimo ou outro apoio financeiro, contrato ou

## CAPÍTULO II – AS REGRAS

> outro acordo, ou de qualquer licença ou de outra autorização que envolva fundos públicos; d) qualquer outro programa, reconhecimento ou questão de natureza técnica.

No que se refere ao terceiro ponto, para o cadastro, é preciso fornecer à Comissão as seguintes informações: a) nome da organização ou nome da pessoa (se o cadastro ocorre para um indivíduo); b) endereço e domicílio; c) qualquer endereço de *e-mail*, número de telefone ou endereço de *website* relacionado ao negócio ou às atividades principais; d) os números de identificação referentes ao registro da empresa.

Como pessoa registrada, o lobista deve apresentar relatórios específicos (o chamado *return*) à Comissão no prazo de 21 dias após o final de cada "período relevante" (ou seja, a cada quatro meses). Qualquer pessoa que tenha feito *lobbying* durante esse período deve indicar no relatório: quais "funcionários públicos designados" foram abordados; o objeto das atividades de *lobbying* e os resultados alcançados; o tipo de atividades realizadas (identificáveis por meio de um formulário específico disponível *online*); o nome da pessoa que, em cada organização, tem a responsabilidade primária de gestão das atividades de *lobbying*; informações relevantes sobre os clientes; o nome de qualquer pessoa que é ou já foi (antes e depois da aprovação da lei) um funcionário do governo designado e que foi contratado para realizar as atividades de *lobbying* para as quais o relatório é realizado (por exemplo, se está sendo encarregado um ex-parlamentar ou alto funcionário público); qualquer alteração ocorrida no período de referência em relação às informações prestadas pelo usuário em fase de cadastro.

Em relação ao quarto ponto, a lei exige que a *Standards in Public Office Commission* produza e, de tempos em tempos, revise um Código de Conduta para Lobistas, a fim de promover altos padrões profissionais e boas práticas. Antes de elaborar ou de modificar o Código, a comissão é obrigada a consultar as pessoas que exercem atividades de *lobby*, os órgãos que as representam e todos os sujeitos que a Comissão decidir consultar. O Código, o qual os lobistas são obrigados a respeitar, deve receber publicidade adequada, nas formas que a Comissão considerar apropriadas. Esse Código entrou em vigor em 1º de janeiro de 2019 e segue, essencialmente, os mesmos códigos de conduta dos restantes dos países europeus, com o cumprimento de um conjunto de obrigações de transparência e a transmissão de informações verídicas e completas.

Por último, no que se refere ao quinto ponto, a lei prevê que determinados funcionários públicos designados não sejam autorizados a exercer atividade de *lobbying* durante um ano após a cessação de suas funções (a menos que obtenham uma dispensa da Comissão), por serem obrigados a um período de *cooling-off*.

Do quadro delineado, emerge claramente que a principal intenção do legislador foi garantir a plena transparência do processo decisório por meio de medidas que permitam a todos os atores envolvidos tomar conhecimento e, por sua vez, fazer conhecer os interesses subjacentes a qualquer atividade de *lobbying* realizada.

### 2.4.4 Polônia, Lituânia, Eslovênia, Hungria, Romênia, Macedônia, Montenegro

Uma concentração particular de países que adotaram alguma (forma de) regulamentação de grupos de pressão pode ser encontrada no centro-oeste da Europa, entre aqueles que se tornaram membros da União Europeia entre 2004 e 2007 ou obtiveram o *status* de país candidato a entrar na União entre 2007 e 2018: é o caso de Polônia, Lituânia, Eslovênia, Hungria, Romênia, Macedônia e Montenegro.

Nesses países, de acordo com a *Transparency International* (dados de 2017), a percepção da corrupção é muito elevada: enquanto a Eslovênia, a Polônia e a Lituânia apresentam valores respectivamente de 61, 60 e 59 pontos, ligeiramente abaixo da

## CAPÍTULO II – AS REGRAS

média europeia de 66,65 pontos, Romênia e Hungria estão mostrando tendências mais negativas, colocando-se respectivamente em 59° e 66° lugar no *ranking* mundial, com um índice igual a 48 e 45 pontos em 100. Os dados da Macedônia e do Montenegro são ainda piores, com o primeiro país ficando em 112° lugar, com um índice de 35, e o segundo em 67° lugar, com um valor de 46.

Diante desses dados, substancialmente coerentes nos últimos dez anos, os países que foram objeto de análise consideraram útil a introdução de regras voltadas para a disciplina das relações entre portadores de interesses privados e os agentes públicos responsáveis por decisões, consideradas uma das principais causas dos fenômenos de corrupção.

Os instrumentos normativos introduzidos para o efeito em cada um desses países são semelhantes na configuração e na finalidade, embora se revelem diferentes nos âmbitos de aplicação e na concreta atuação das disposições de lei.

A Lituânia foi o primeiro país do centro-oeste da Europa a aprovar, em 2000, uma lei sobre atividades de *lobbying*, a qual entrou em vigor em 8 de maio de 2001 e foi alterada pela última vez em 20 de junho de 2017; a Polônia interveio em julho de 2005, com uma lei *ad hoc*, que entrou em vigor em 7 de março de 2006, e com três decretos executivos[62] finalizados em 2011; a Eslovênia incluiu a regulamentação do *lobby* na lei sobre integridade e prevenção da corrupção de 26 de maio de 2010, exatamente como Montenegro fez, em dezembro de 2014, ao criar uma agência específica para a prevenção da corrupção e que tem também funções de "controle de *lobbies* e partidos políticos e campanhas eleitorais"; na Macedônia, uma primeira versão da lei sobre *lobby* entrou em vigor em setembro de 2008 e foi revisada em 2012.

---

[62] N.T. No texto original é *decreto attuativo*, um momento particular do *iter* legislativo que detalha os procedimentos necessários para completar os efeitos da norma.

No entanto, os casos da Hungria e da Romênia são diferentes.

Na Hungria, uma regulamentação específica foi introduzida em 2006 e depois revogada em 2010, após críticas de organizações não governamentais que consideraram a lei muito genérica, fraca, frágil. Posteriormente, em janeiro de 2011, entrou em vigor o marco regulatório sobre a participação da sociedade no processo decisório, que se limita a regulamentar a forma como os lobistas são ouvidos durante o processo legislativo.

Na Romênia, por outro lado, na ausência de uma lei específica, interveio, pela primeira vez, a Câmara dos Deputados, aprovando, em 2012, um regulamento que visa regulamentar a participação de organizações não governamentais nas audiências parlamentares[63] (não, portanto, as atividades de *lobbying*); posteriormente, interveio o governo, com um decreto presidencial de 2016, que estabeleceu uma agenda única para reuniões entre agentes públicos responsáveis por decisões e portadores de interesses.

Os atos legislativos adotados têm a mesma estrutura narrativa: em primeiro lugar, definem o que se entende por *lobby*, lobista e agente público responsável pela decisão; depois, preveem um registro no qual os lobistas devem se registrar, tendo a obrigação de respeitar, em qualquer caso, um código de conduta elaborado pelo legislador; listam uma série de deveres e direitos do agente público responsável pela decisão e do lobista; finalmente, preveem mecanismos sancionatórios em caso de descumprimento da lei.

No que diz respeito à definição de *lobbying*, existe uma homogeneidade substancial, ao ser entendido como atividade legítima destinada a influenciar o agente público responsável pela decisão para a adoção (ou rejeição) de uma medida legislativa, embora haja

---

[63] N.T. No texto original é *audizioni parlamentari*. Trata-se de uma expressão que, no ordenamento jurídico, se refere a uma das ferramentas por meio das quais as Comissões parlamentares podem coletar informações ou pareceres necessários para executar corretamente suas atividades constitucionais.

## CAPÍTULO II — AS REGRAS

uma diferença no âmbito de referência: a lei polonesa limita-se às atividades desenvolvidas no âmbito do processo legislativo por iniciativa parlamentar ou governamental em nível central; as leis eslovenas, macedônias e montenegrinas estendem o âmbito também aos processos locais; a legislação lituana, por outro lado, amplia o âmbito de aplicação ao procedimento de adoção ou rejeição de atos administrativos.

A partir da leitura das normas, a definição de lobista parece praticamente homogênea, assimilando a pessoa física à pessoa jurídica terceirizada ou *in-house*. Em dois casos, vemos algumas exceções: na Polônia, a definição é limitada apenas a lobistas em nome de terceiros, ou seja, para aqueles que realizam atividades remuneradas de consultoria profissional em nome de terceiros; na Lituânia, o lobista é definido apenas como um indivíduo que opera em nome de um cliente ou da empresa em que trabalha, excluindo organizações não governamentais da definição (e, portanto, do âmbito de aplicação da lei). Por outro lado, em Montenegro, os representantes dos interesses de empresas públicas ou com participação do Estado não são considerados lobistas.

O registro de lobistas é a ferramenta geralmente usada para tornar transparente o relacionamento entre as partes interessadas e os agentes públicos responsáveis por decisões. Em todos os casos examinados, o registro é de natureza obrigatória: cada lobista deve, portanto, registrar-se para poder exercer a sua atividade, em alguns casos mediante o pagamento de uma taxa de registro anual (como na Eslovênia, Polônia, Lituânia e Montenegro), em outros, fazendo um exame de qualificação (Montenegro) ou certificando um nível de educação universitária (Macedônia, Montenegro). Na Polônia, existem três registros: um para o governo, um para a Câmara Baixa do Parlamento (Sejm) e um para a Câmara Alta (Senat). Todos os registros preveem a obrigação do lobista de fornecer dados pessoais e do cliente, o orçamento disponível para a atividade de *lobbying*, bem como um relatório anual. Por outro lado, na Romênia, o registro diz respeito apenas às ONGs e foi criado na Câmara dos Deputados.

Cada legislação dá grande ênfase aos direitos e deveres dos lobistas, muitas vezes dedicando um título inteiro da lei a eles.

―――――――― O CASO ――――――――

*Os Tobacco kiosks na Hungria*

Em 2012, o Parlamento húngaro examinou o *Tobacco Retailing Bill*, um projeto de lei de iniciativa governamental que visava redefinir os critérios de licenciamento para a venda de tabaco, com o efeito de reduzir o número de lojas autorizadas de 40.000 para 6.000. Após a aprovação, a medida foi enviada, em abril de 2013, à Comissão Europeia para notificação. Na ocasião, um jornalista investigativo húngaro, examinando as propriedades do arquivo *Word* enviado, descobriu que o autor do texto elaborado pelo governo era Janos Santa, presidente da federação das empresas de tabaco húngaras e diretor-geral da indústria do tabaco Continental, proprietária da maioria das lojas autorizadas. (Cf. o livro *Lobbying in Europe: Public Affairs and the Lobbying Industry in 28 EU Countries*, p. 188) Após esse caso, entrou em vigor o Decreto Presidencial n. 50 de 2013, que versa "sobre integridade pública".

―――――――――――――――――――――――――――

Todas as leis consideradas reconhecem o direito dos lobistas de informar ao agente público responsável pela decisão e de que sejam envolvidos no processo regulatório, podendo enviar documentos, posicionamentos e comentários sobre determinada medida em consideração, bem como de participar de reuniões consultivas, audiências ou de grupos de trabalho; ao mesmo tempo, exigem que os lobistas se identifiquem de forma adequada em todos os contatos com o tomador de decisão, apresentem relatórios periódicos sobre a atividade desenvolvida, para o cumprimento dos códigos de conduta.

## CAPÍTULO II – AS REGRAS

No que diz respeito às funções do agente público responsável pela decisão, as leis em vigor na Polônia, Eslovênia, Montenegro e Romênia preveem a obrigação de apresentar um relatório anual sobre as atividades de *lobbying* das quais ele foi "alvo" e de publicar cada reunião realizada numa agenda pública específica; todas as leis dos países acima mencionados preveem a proibição de receber presentes ou benefícios de qualquer espécie. Uma disposição semelhante à agenda da reunião foi introduzida na Hungria com o Decreto Presidencial "sobre integridade pública" n. 50 de 2013, que prevê que qualquer reunião entre o titular de um cargo público (incluindo um funcionário do governo) e um lobista deve ser registrada e autorizada pelo seu gerente ou por um funcionário de nível hierárquico superior.

### O CASO

*Política e lobbying na Eslovênia*

Em março de 2011, um escândalo na Eslovênia envolveu Zoran Thaler, um parlamentar europeu e ex-ministro das Relações Exteriores. Thaler foi filmado aceitando 100.000 euros de um suposto lobista (que, na verdade, era um jornalista investigativo) para apresentar uma emenda a uma proposta de diretiva europeia então em análise no Parlamento. Descoberto, Talher confessou-se culpado, negociando uma redução da pena a dois anos e seis meses e uma multa de 32.250 euros.

No mesmo ano, o ex-primeiro-ministro Janez Ivan Janša foi acusado (e condenado) de intermediação ilegal e abuso de poder por ter favorecido os lobistas da empresa finlandesa Patria em algumas licitações públicas para a compra de veículos blindados e armas pelo governo esloveno. No decorrer das investigações, emergiu a substancial inutilidade da lei de *lobbying* para evitar fenômenos patológicos de corrupção.

Alguns dos sistemas examinados também preveem regras específicas destinadas a impedir a transição do *status* de agente público responsável pela decisão para o de lobista, prevendo um período de congelamento: esse mecanismo, chamado de *closing the revolving door* na Eslovênia, está previsto durante dois anos após a cessação do mandado, enquanto, na Macedônia, durante seis meses. Outra ferramenta que caracteriza a relação entre agentes públicos responsáveis por decisões e lobistas, em termos de transparência, é o chamado *legislative footprint*, instrumento normativo que obriga o agente público responsável pela decisão de deixar registrado no texto das medidas – nas premissas ou nos anexos que as acompanham – as atividades de influência exercidas pelos grupos de pressão ao longo do processo. Esse instrumento foi expressamente previsto na Polônia e na Eslovênia.

Por último, todas as leis examinadas identificam uma autoridade específica responsável pela aplicação e o subsequente monitoramento da atuação da lei: na Polônia é o Ministério do Interior; na Eslovênia, a Comissão para a prevenção da corrupção; na Lituânia, é a Comissão para a Ética na Administração Pública; na Macedônia, o Ministério da Justiça; em Montenegro, a Autoridade Nacional Anticorrupção. Em casos de irregularidades, cada lei prevê a possibilidade de tais autoridades aplicarem sanções que vão desde a suspensão até o cancelamento do registro. Só no caso polonês as sanções pecuniárias variam entre 3.000 e 50.000 PLN (cerca de 800 a 12.000 euros) para os infratores, desde que o fato não constitua crime nos termos previstos na lei.

As regras assim resumidas parecem seguir as previsões mais significativas do sistema estadunidense; porém, na realidade, lembram mais o contexto sul-americano do que o norte-americano, tendo recebido pouca implementação ou sendo, em alguns casos, totalmente desconsideradas.

Examinando os registros de lobistas nos países considerados, os dados, em 30 de março de 2019, não conseguem retratar a real

## CAPÍTULO II – AS REGRAS

extensão do fenômeno do *lobby*: na Polônia, estão registrados 397 lobistas profissionais; na Eslovênia, 68; na Lituânia, 77 indivíduos (dos quais apenas 8 afirmaram ter feito *lobby* no período 2015-2018); na Macedônia, 1 lobista; em Montenegro, 6.

Parece evidente, em relação aos dados reais, que esses regulamentos têm sido mais uma resposta aos estímulos vindos da comunidade internacional, em particular das instituições europeias e, em alguns casos, de organizações não governamentais (como a Open Society Fundações na Macedônia), do que uma resposta a uma necessidade da sociedade civil ou do mercado para melhorar as jovens democracias da Europa Central e Oriental.

Pensem, por exemplo, no fato de que os códigos de conduta previstos nas leis, com exceção da Lituânia e da Eslovênia, ainda nem sequer foram elaborados; ou de que a agenda pública das reuniões dos agentes públicos responsáveis por decisões, quando prevista, nunca foi publicada; ou, por último, no fato de os sujeitos chamados a fiscalizar o cumprimento da legislação serem órgãos ou decretos governamentais e, portanto, manifestamente desprovidos do grau de independência necessário para assegurar a eficácia de disposições dessa natureza.

Tab. 2.1 A regulamentação do lobbying no centro-leste da Europa, 2019.

| MEDIDA | LITUÂNIA 2019 | POLÔNIA 2005 | HUNGRIA 2006-2010 | MACEDÔNIA 2008 | ESLOVÊNIA 2010 | MONTENEGRO 2014 | ROMANIA 2011 |
|---|---|---|---|---|---|---|---|
| Regulamentação | Lei | Lei | Lei | Lei | Lei | Lei | Reg. Parl. |
| Registro de lobistas | O | O | O | O | O | O | V |
| Inscrição para: | | | | | | | |
| a. ONGs | X | | | X | X | X | X |
| b. Empresas | X | | | X | X | X | |
| c. Lobistas terceirizados | | X | | X | X | X | |
| Tomador de decisão: | | | | | | | |
| a. Legislativo | X | X | | X | X | X | X |
| b. Executivo | X | X | | X | X | X | X |
| Agenda dos tomadores de decisão | | X | | | X | X | |
| *Revolving doors* | | | | X | X | | |
| *Legislative footprint* | | X | | | X | | |
| Sanções Administrativas | X | X | | X | X | X | |
| Penalidades financeiras | | X | | | | | |
| Acesso aos dados pela internet | X | X | X | | X | | X |
| Código de conduta dos lobistas | X | | | | X | | |

Legenda: O = obrigatório; V = voluntário; X = a instituição é regulamentada.

CAPÍTULO II – AS REGRAS

## 2.5 Grã-Bretanha

*O contexto institucional.* A Grã-Bretanha representa o berço do constitucionalismo parlamentar: a relação de confiança entre o governo e a Câmara dos Comuns, a coincidência entre o líder do partido que obtém mais cadeiras na Câmara e o primeiro-ministro e o papel fundamental para a oposição parlamentar são os três elementos que caracterizam a forma de governo parlamentar. Também em virtude de um sistema eleitoral majoritário que favorece o bipartidarismo e produz uma maioria sólida para o governo, o parlamentarismo britânico se baseia essencialmente na oposição entre dois partidos, um no governo e outro, na oposição. A forma de governo britânica foi definida como uma forma com "oposição garantida" justamente pelo papel oficial que a oposição desempenha no exercício das funções de controle e crítica do Executivo e de proposta de uma direção política alternativa. A oposição no Reino Unido é reconhecida, institucionalizada e valorizada e constitui o chamado *shadow government*,[64] com uma estrutura que espelha exatamente a do governo oficial (assim, por exemplo, o líder da oposição atua como primeiro-ministro desse *governo sombra*). Os próprios regulamentos parlamentares reconhecem e garantem os instrumentos adequados para o exercício da função de oposição, como os *opposition days,* ou seja, os dias de debate parlamentar (pelo menos 20 por sessão anual) em que cabe à oposição definir a ordem do dia; ou o *Prime Minister's Question Time*, que vê o líder da oposição e o primeiro-ministro justapostos todas as quartas-feiras; ou os pedidos urgentes de discussão inseridos a pedido da oposição. Isso permitiu que o Parlamento britânico se tornasse um lugar sempre ativo, com convocação permanente, em que os partidos políticos realizam uma campanha eleitoral perene e onde as questões da atualidade do país são amplamente discutidas. O Parlamento de Sua Majestade tornou-se assim o

---

[64] N.T. De fato, um "gabinete paralelo" sem conotações antidemocráticas.

receptor das reivindicações da comunidade e o seu "megafone". Um Parlamento composto por duas câmaras, a Câmara dos Comuns, eleita por sufrágio universal e direto, e a Câmara dos Lordes, antes composta apenas por nobres e aristocratas, agora por nomeados do governo e algum herdeiro de títulos nobiliários ou religiosos.

### 2.5.1 A regulamentação dos grupos de pressão

Na língua inglesa, a palavra *lobby* ainda indica um amplo salão comum dos hotéis onde costumam se encontrar hóspedes e visitantes externos. No meio político, o termo entrou em 1640, para indicar o amplo *hall* de entrada da *House of Commons* de Londres, aberto ao público e onde conversavam parlamentares, jornalistas e titulares de interesses especiais que, por frequentarem o *lobby*, eram "lobistas". Essa expressão pertence tão claramente (e historicamente) à linguagem política britânica a ponto de tornar-se evidente o papel central desempenhado pelos *lobbies* no sistema institucional da Grã-Bretanha. Um papel percebido positivamente, como contribuição essencial para enriquecer o processo de tomada de decisão.

Nessa lógica, os *lobbies* sempre foram vistos como um elemento típico da democracia parlamentar e, como tal, regulado por hábitos rotineiros de autocontrole.

No entanto, esse sistema regulatório não escrito entrou em crise no início dos anos 2000, após uma série de escândalos que tiveram como protagonistas agentes públicos responsáveis por decisões e lobistas inescrupulosos, exigindo a regulamentação de pelo menos algumas situações jurídicas.

### *FOCUS*: UMA BOA LEI?

A lei de 2014 representa um divisor de águas no sistema de relacionamento entre agentes públicos responsáveis por decisões e lobistas na Grã-Bretanha. No entanto, as críticas levantadas são inúmeras, por três razões:

1. em primeiro lugar, critica-se o fato de que apenas os lobistas terceirizados, que representam uma pequena parte dos lobistas da Grã-Bretanha, devam se registrar;

2. em segundo lugar, a noção de agente público responsável pela decisão, destinatário da atividade de *lobbying*, é muito restrita por se limitar aos membros do Executivo; o resultado é que não há obrigação para quem exerce pressão sobre parlamentares ou membros de gabinetes de apoio;

3. em terceiro lugar, para os subscritores, não existe qualquer exigência de transparência além do mero registo: não é obrigatória a divulgação das reuniões ou do orçamento utilizado para as ações de *lobbying*.

O *Transparency of Lobbying, Non-Party Campaigning and Trade Union Administration Act* de 2014, também conhecido como *Lobbying Act* do Reino Unido, aprovado no início de 2014, por iniciativa do governo de Cameron, é a primeira lei orgânica sobre *lobby* na Grã-Bretanha. Essa lei não somente introduziu pela primeira vez a obrigação de se cadastrar em um registro para exercer a atividade de *lobbying*, mas também regeu o fenômeno em vários aspectos.

Em particular, a lei regula os *consultant lobbists*, ou seja, os lobistas terceirizados cujas atividades são direcionadas para membros do Executivo, excluindo os que trabalham *in-house* em grandes empresas, empresas de consultoria jurídica ou financeira e as fundações ou associações.

O registro é mantido por um órgão independente do governo, o *Office of the Registrar of Consultant Lobbyists*, que é responsável pela conservação, pela gestão e pela publicação do registro. Em particular, as responsabilidades do *Office of the registrar* incluem a criação e administração do registro e a vigilância sobre o cumprimento da obrigação de registro. Para o legislador britânico, de fato, o cadastro no registro permite o exercício da profissão, à semelhança da ordem profissional, constituindo como hipótese precisa de crime o exercício abusivo de *lobbying* por consultores lobistas não inscritos.

Antes da lei de 2014, as associações mais representativas no mundo das relações institucionais, nomeadamente a *Association of Professional Political Consultants* (APPC), o *Chartered Institute of Public Relations* (CIPR) e a *Public Relations Consultants Association* (PRCA), estabeleceram uma espécie de Registro Público de todos aqueles que interagem profissionalmente com as instituições governamentais ou que assessoram tais interações, segundo uma lógica de autorregulamentação. Esse cadastro era atualizado trimestralmente e continha os nomes dos lobistas e os principais detalhes de suas ações de pressão, a fim de promover a confiança dos cidadãos por meio da transparência, da responsabilidade e de uma autorregulamentação eficaz.

Em 30 de junho de 2015, após a entrada em vigor da Lei de *Lobbying*, uma das três principais organizações, o *Chartered Institute of Public Relations* (CIPR), escreveu a todos os associados para apresentar um novo registro voluntário: o *UK Lobbying Register* (UKLR), que segue basicamente a estrutura e as funções do anterior, mas com algumas diferenças. Em primeiro lugar, é necessário esclarecer que, embora seja administrado pelo CIPR, ainda é um registro aberto, universal e gratuito. Em segundo lugar, esse registro, ao contrário do anterior, opera em tempo real, o que torna muito mais fácil e rápida a atualização dos dados. Em terceiro lugar, todos aqueles que ingressam no registro são obrigados a respeitar um Código de Conduta.

CAPÍTULO II — AS REGRAS

> **FOCUS: SELF-CONTROL**
>
> Não surpreende que, no Reino Unido, tenham sido as associações de lobistas as primeiras a introduzirem um registro e um Código de Conduta para lobistas. A Grã-Bretanha é, como se sabe, um modelo de *common law* e, nesse contexto, os códigos éticos ou códigos de conduta emitidos por associações setoriais têm força jurídica substancialmente assimilável às leis estaduais, e sua eventual violação envolve não tanto um sanção penal ou pecuniária, mas uma muito mais eficaz, de natureza moral ou social. Num contexto caracterizado por meios de comunicação independentes e uma cidadania ativa e atenta aos acontecimentos institucionais, o lobista que viola o Código de Conduta, embora não seja submetido a julgamento em tribunal, macula a sua reputação, comprometendo as suas relações e as relações com possíveis clientes. Em outras palavras, na Grã-Bretanha, a opinião pública é tão atenta a essas questões e a situação do mercado é tal que o lobista "desonesto" não tem espaço porque, caso seja apurada uma conduta desprezível, nenhuma empresa estará mais disposta a contratá-lo e nenhum agente público responsável pela decisão estará disposto a se encontrar com ele.

### 2.5.2 Financiamento da política, doações e grupos de pressão

Até a década de 2000, quando o *Political Parties, Elections and Referendums Act* (PPERA) foi aprovado, o financiamento de partidos políticos por sujeitos privados, pessoas físicas ou jurídicas não tinha sido objeto de regulamentação na Grã-Bretanha.

A lei de 2000, significativamente modificada em julho de 2009, com o *Political Parties and Elections Act* e, mais recentemente, em 2014, com o *Lobbying Act*, introduziu uma disciplina baseada na transparência do mecanismo de doação por sujeitos privados em favor de partidos políticos, fundações coligadas a partidos, membros de partidos ou movimentos políticos.

As mudanças adotadas em 2014 afetaram principalmente os mecanismos de financiamento privado das campanhas eleitorais e, além de exigirem o máximo de transparência, também introduziram alguns limites polêmicos.

De acordo com o disposto na primeira parte da lei, os partidos políticos e as associações ou fundações a eles ligadas são obrigados a registrar-se na *Electoral Commission*, órgão independente e especificamente criado para a fiscalização do financiamento dos movimentos políticos.

Os membros desses partidos, as fundações registradas e os titulares de cargos eletivos, definidos como *regulated donees*, podem receber dos *permissible donors* (de acordo com a definição do art. 54 do PPERA) presentes em dinheiro e bens, subscrições, fornecimentos de bens, serviços ou facilidades, empréstimos em dinheiro, desde que comunicados à *Electoral Commission*. No caso de recebimento de doação por parte de doador que se enquadre na categoria de "doadores não permitidos", o partido político é obrigado a devolver a doação ou, caso não seja possível identificar o doador, entregar o valor recebido do *Electoral Commission* (artigos 56-57 do PPERA).

As doações recebidas devem ser comunicadas à Comissão Eleitoral por meio de relatórios, os quais devem ser feitos a cada três meses ou todas as semanas em período de campanha eleitoral. Após as eleições gerais, os partidos políticos são obrigados a enviar um relatório à Comissão Eleitoral com detalhes das despesas efetuadas durante a campanha eleitoral.

Portanto, não há limites para as doações que um candidato pode receber, seja durante a campanha eleitoral ou fora desse período, exceto pelo fato de que as doações acima de £ 50 devem vir de doadores permitidos.

Por último, estão previstas inúmeras sanções em caso de violação do procedimento instituído para garantir a transparência do financiamento de sujeitos privados aos partidos políticos. Por exemplo, em caso de falsas declarações nos relatórios periódicos, o chefe do movimento, ou o partido político ou o membro do partido que recebe o financiamento corre o risco de ser condenado a até um ano de prisão.

Há também penas pecuniárias como o pagamento de multas de até 5.000 libras caso partidos ou movimentos políticos aceitem doações que não poderiam aceitar (e nesse caso, além da multa, está prevista a restituição da doação aceita ilegalmente).

### 2.5.3 O papel dos grupos de pressão na campanha eleitoral

O *Lobbying Act 2014*, definiu ainda mais a legislação sobre o financiamento da política, identificando três despesas eleitorais diferentes:

1. despesas "realizadas para promover uma parte ou suas políticas em geral" (as chamadas *campaign expenditure*);[65]

2. despesas "incorridas por terceiros registados para promover partidos candidatos" (as chamadas *controlled expenditure*);[66]

3. despesas "incorridas para promover um determinado candidato" (as chamadas *election expenditure*).[67]

A mesma medida regia também aquelas pessoas jurídicas chamadas de *non-parties campaigners*[68] ou *third parties* que, embora estranhas ao circuito eleitoral, não candidatas e distintas

---

[65] N.T. Despesas de campanha.
[66] N.T. Despesas controladas.
[67] N.T. Despesas eleitorais.
[68] N.T. Organizações e indivíduos que fazem campanha eleitoral, mas não são candidatos. Para mais informações sobre o código de conduta dessas "terceiras partes", é possível consultar o *site* https://www.electoralcommission.org.uk/.

dos partidos políticos, ainda influenciam a campanha eleitoral ao chamarem a atenção dos eleitores sobre temas específicos ou interesses. A lei refere-se essencialmente a grupos de pressão, interesses organizados, associações e movimentos, fundações que, embora não tenham um papel direto na campanha eleitoral, determinam o conteúdo da agenda política.

Para os *non-parties campaigners*, a lei prevê quatro tipos de limites de gastos:

1. quanto pode ser gasto sem obrigação de registro;

2. quanto pode ser gasto em qualquer uma das quatro regiões do Reino Unido, depois de ser registrado;

3. quanto pode ser gasto em um determinado colégio eleitoral;

4. quanto pode ser gasto em apoio a um determinado partido político.

É importante compreender cada tipo de limite, considerando que isso é válido apenas no chamado *regulated period* (ou seja, o período pré-eleitoral durante o qual se aplicam as regras sobre financiamento aos partidos e doações).

Em relação ao primeiro tipo de limite de despesa, importa esclarecer que o registro de grupos na lista da *Electoral Commission* é permitido apenas a determinados tipos de indivíduos e organizações. Para aqueles não registrados (e isso também se aplica aos que não estão aptos), existem limites de gastos que foram reforçados pelo *Lobbying Act*: 20.000 libras (antes 10.000) na Grã-Bretanha e 10.000 (anteriormente 5.000) em outras partes do Reino Unido (seção 94 do PPERA). Portanto, uma vez inscrito, um *non-parties campaigner* pode gastar mais, mas também deve seguir regras muito específicas no que diz respeito às condições das despesas, as doações e as informações a serem transmitidas para a tutela da transparência.

## CAPÍTULO II – AS REGRAS

Em relação ao segundo tipo, a Lei de *Lobby* cortou em mais da metade o limite máximo total de gastos para cada região do Reino Unido no ano anterior a uma eleição geral (seção 94 (7) do PPERA).

No que se refere ao terceiro tipo, a lei também impôs limites adicionais para gastos em colégios eleitorais específicos. Esses são os chamados *constituency limits* no valor de 9.750 libras, considerados necessários para conter gastos excessivos no nível local (seção 94, "Limits on controlled expenditure by third parties", do *Act 2000*).

Tab. 2.2 O limite máximo de gastos totais para fins eleitorais para cada região do Reino Unido no ano anterior a uma eleição geral.

| REGIÕES DO REINO UNIDO | LIMITES DE GASTOS |
|---|---|
| Inglaterra | £ 319.800 |
| Escócia | £ 55.400 |
| Gales | £ 44.000 |
| Irlanda do Norte | £ 46.100 |

Tab. 2.3 O limite de gastos quando um partido político registrado não autoriza um "gasto direcionado".

| REGIÕES DO REINO UNIDO | LIMITES DE GASTOS DIRECIONADOS |
|---|---|
| Inglaterra | £ 31.980 |
| Escócia | £ 3.540 |
| Gales | £ 2.400 |
| Irlanda do Norte | £ 1.080 |

Com relação ao quarto tipo, o *Lobbying Act* impôs limites (os chamados *targeted spendind limits*)[69] sobre quanto um militante não partidário registrado pode gastar em uma campanha em relação às chamadas "despesas direcionadas". São essas as despesas que "podem ser razoavelmente consideradas como destinadas a influenciar os eleitores a votar a favor de um determinado partido ou de um de seus candidatos, e não de qualquer outro partido". Os limites dependem do fato de o partido ter autorizado formalmente ou não seus *campaigners* a realizar o gasto direcionado.

Por fim, em caso de violação da lei, estão previstas sanções e até a prisão nos casos mais graves.

---

### FOCUS: NON-PARTY CAMPAIGNING

As críticas à medida foram várias. A mais comum foi referente à "incerteza regulatória significativa" que a lei gera com suas disposições não suficientemente claras. Mas a medida também foi chamada de "lei da mordaça" devido às medidas de financiamento de políticas muito restritivas. Além disso, tem sido frequentemente relatado um efeito inibidor, especialmente sobre a liberdade de expressão das organizações do terceiro setor. De fato, foram principalmente as instituições de beneficência e outros grupos de ativistas que se opuseram à lei.

---

### 2.5.4 A transparência dos agentes públicos responsáveis por decisões

Um segundo elemento na regulação do fenômeno do *lobby* diz respeito, como sabemos, à transparência dos agentes públicos responsáveis por decisões. Desde 1974, a Câmara dos Comuns adotou uma série de medidas destinadas a garantir a

---

[69] N.T. Limite de gastos direcionados.

## CAPÍTULO II – AS REGRAS

transparência dos interesses dos deputados, entre elas o Registro de Interesses dos Parlamentares.

No registro, os parlamentares são obrigados a declarar, no início de cada legislatura, se exerceram cargos remunerados em empresas públicas ou privadas, ou se exercem outras profissões, se obtiveram patrocínio de pessoa física durante a campanha eleitoral, se receberam presentes ou benefícios financeiros relevantes (geralmente superiores a £ 1.000 por ano), se são titulares de ações, títulos ou outros investimentos e se possuem terras ou imóveis em solo britânico ou no exterior.

Com a publicação do primeiro registro de interesses dos parlamentares, os Deputados e (desde 1996) os Lordes devem informar, por escrito, os Secretários-Gerais da Câmara a que pertencem, dos interesses dos quais são, direta ou indiretamente, portadores.

Entre 1984 e 1985, a Câmara dos Comuns criou três outros registros, um para os *all parties groups* (que já mencionamos e aos quais voltaremos), um para os assistentes e colaboradores dos parlamentares e um para os jornalistas parlamentares, obrigando-os a declarar qualquer outra atividade remunerada exercida.

Essas disposições foram incorporadas a um verdadeiro Código de Conduta em 1996. O *Parliamentary Commissioner for Standards*, ou seja, um comissário independente encarregado de supervisionar a aplicação correta do Código de Conduta e as regras que se aplicam aos membros do Parlamento.

### *FOCUS*: E PARA A ADMINISTRAÇÃO PÚBLICA E O GOVERNO?

Algo semelhante ao Código de Conduta dos Deputados foi introduzido em junho de 1998, após o escândalo do "Lobbygate", para o pessoal da Administração Pública, através da promoção da *Guidance for Civil Servants*, que visa regular os contatos entre lobistas e funcionários públicos. O Guia exige que os funcionários mantenham o controle das reuniões com lobistas, especialmente quando os interesses na área não são claros. No ano seguinte, em resposta a uma pergunta escrita, o *Cabinet Secretary*, Sir Richard Wilson, estendeu esse Código também aos ministros, deixando-os livres, no entanto, para avaliar, caso a caso, se registrariam ou não as reuniões tidas com os portadores de interesses, por se tratar, na maioria das vezes, de contatos confidenciais.

O Código estabelece que os deputados exerçam seu mandato no interesse exclusivo da nação e do colégio em que foram eleitos; além disso, que são titulares dos interesses gerais e resolvam os eventuais conflitos entre estes e os interesses particulares, privilegiando sempre o interesse geral. O Código reitera, por um lado, a proibição de parlamentares aceitarem pagamentos em apoio ou oposição a moções, projetos de lei e medidas em exame na Câmara, e, por outro lado, a obrigação de declarar qualquer interesse particular e de manifestar tal interesse em qualquer comunicação oficial.

*FOCUS*: UM LEGADO HISTÓRICO –
OS "AGENTES PARLAMENTARES"

Em 1860, foram alteradas as regras da Câmara dos Comuns para introduzir a figura do "agente parlamentar", isto é, um advogado que, pessoalmente responsável perante o *speaker* da Câmara, se compromete a apoiar ou bloquear a aprovação de um projeto específico de lei (art. 73). Esse foi o primeiro reconhecimento oficial dos grupos de pressão, estabelecendo, para esses sujeitos, entre outras coisas, a obrigação de se inscrever em um registro mantido pelo Secretário-Geral, de assinar uma declaração de cumprimento das regras de boa conduta e de cumprir fielmente as regras da Câmara, sob pena de multa. O art. 71 do regulamento previa, entre outras coisas, que o nome ou nomes

> dos agentes parlamentares a favor ou contra um projeto de lei fossem indicados na página de rosto do documento. O agente inscrito poderá enviar aos deputados e aos seus funcionários documentos, pesquisas, estudos, posições de trabalho, bem como os artigos do projeto de lei apresentado ou a apresentar. Hoje existem dois tipos de agentes: são os *"Roll A" Parliamentary Agents*, que recebem uma licença profissional específica da Câmara dos Comuns e dos Lordes para elaborar projetos de lei e representar, de forma permanente, interesses particulares aos parlamentares; e os *"Roll B" Parliamentary Agents*, os quais podem, ocasionalmente e após solicitação específica e justificada ao *speaker* de cada Câmara, apresentar petição para se opor ao processo de aprovação de um *private bill*. Em junho de 2019, oito escritórios de advocacia tinham licenças permanentes para operar como agentes parlamentares.

A forma como a questão é regulamentada confirma o que foi destacado no início do parágrafo: o legislador britânico não percebe os grupos de interesse organizados como entidades estranhas ao Parlamento, por isso uma regulamentação mínima é suficiente para garantir a transparência do tomada de decisão e é voltada mais internamente (aos parlamentares) do que externamente (aos lobistas); isso porque apenas os primeiros são responsáveis por suas ações perante o corpo eleitoral (isso também é um exemplo de aplicação do conceito inglês *accountability*).

### 2.5.5 Os intergrupos parlamentares

Um registro do qual falamos, que visa garantir a transparência da atividade dos Deputados, é o dos chamados *all parties groups*. São grupos constituídos por parlamentares de diferentes campos políticos e por sujeitos externos às Câmaras unidos por um objetivo comum ou por uma posição comum a ser apoiada (nesse caso, falamos de *subjects groups*), ou por um interesse ou paixão comum por um único país estrangeiro (os chamados *country groups*).

Na prática, esses intergrupos tornaram-se a principal ferramenta de representação de interesses dos *lobbies*, os quais, assim, reúnem parlamentares de diferentes esferas para defender seus interesses, às vezes até participando pessoalmente.

A organização interna do Parlamento tem incentivado a constituição desses grupos temáticos que têm como protagonistas os chamados parlamentares de "segunda linha", os quais não ocupam cargos específicos nem no governo, nem no partido a que pertencem, e, desde o início do século XIX, constituíram grupos interpartidários compostos por deputados de diferentes partidos, unidos por um interesse comum a ser apoiado.

Em dezembro de 1985, a Câmara dos Comuns aprovou uma resolução que prevê a obrigação de todos os intergrupos se cadastrarem em um registro específico, indicando o objetivo do grupo, os responsáveis, os membros e sua atividade principal, as regras de votação interna e, sobretudo, qualquer assistência econômica ou material prestada por sujeitos externos ao Parlamento, para dar conhecimento ao público do apoio dado, ainda que sob a forma de serviço de apoio administrativo, por grupos de pressão, empresas, sociedades ou movimentos.

Os intergrupos têm à sua disposição instrumentos de intervenção consideráveis: podem se ativar para solicitar, assim que o número mínimo exigido pelo regulamento da Câmara for facilmente alcançado, a inclusão na ordem do dia de interrogações e interpelações,[70] de assuntos a serem discutidos, trazendo, assim, para a

---

[70] N.T. No texto original, *interrogazioni* e *interpellanze*. "As interrogações e interpelações parlamentares são dois atos típicos nos quais se concretiza a função de controle do Parlamento. Deve-se dizer que, embora a *interrogazione* seja uma instituição prevista em todos os sistemas constitucionais mais importantes (por exemplo, art. 8º reg. House of Commons Reino Unido; art. 138 reg.

# CAPÍTULO II – AS REGRAS

atenção de todos os deputados e, sobretudo, da opinião pública, o interesse por eles defendido e, em certa medida, afetando também a agenda do governo.

---

**FOCUS: O REGISTRO PARA OS INTERGRUPOS**

Com a publicação de um registro especial para intergrupos parlamentares pelo *Commitee on Stardards and Privileges*, surgiu um quadro sintomático da cultura de representação de interesses na Grã-Bretanha: em junho de 2019, havia 139 *country groups* e 554 *subjects groups* registrados na House of Commons só, alguns dos quais têm como objetivo aumentar os gastos militares, ou os recursos para a saúde, ou para a energia nuclear ou, pelo contrário, para as energias renováveis (como o Renewable and Sustainable Energy Group, ricamente financiado por todas as empresas que produzem energia a partir de fontes renováveis ou sustentáveis); outros são a emanação direta de empresas relevantes nos setores de indústria de alimentos, tecnologia e cultura (como a Packaging Manufacturing Industry ou o Gas Safety Group, idealizado, apoiado e mantido pelo Conselho de Instaladores Profissionais e Seguros de Gás); outros ainda são a favor de campanhas específicas (como o Pro-Life Parliamentary Group, financiado pela Associação de Educadores Cristãos); outros ainda, como mencionado, visam monitorar países ou promover relações bilaterais (incluindo o All-Party Parliamentary Group for Italy, criado em junho de 2009).

---

National Assembly France; art. 74-75 reg. Senado da França; art. 110-111 reg. Bundestag Alemanha; art. 128 reg. Câmara; art. 145 reg. Senado), o mesmo não se pode dizer da *interpellanza* (art. 105 ss. Reg. Bundestag Alemanha; art. 136 reg. Câmara; artigo 154 do Senado), que é uma instituição não prevista, por exemplo, no Reino Unido ou na França, apesar de se falar de um 'direito de interrogatório' desde a Constituição francesa de 1791" (tradução nossa). Em: ISTITUTO DELLA ENCICLOPEDIA ITALIANA. *Enciclopedia On line Treccani*. Disponível em: https://www.treccani.it/enciclopedia/interrogazioni--e-interpellanze-parlamentari/. Acessado em: 21.10.2021.

Por um lado, os intergrupos permitem que deputados de segunda categoria desempenhem um papel na projetação de uma lei, entrando em contato estreito com grupos de interesse organizados na sociedade civil e, por outro lado, fornecem informações técnicas precisas a todos os membros do Parlamento.

No entanto, os intergrupos, assim como os parlamentares, de qualquer maneira, são obrigados a respeitar certos códigos de conduta que garantem a transparência dos interesses representados, protegidos e negociados nos grupos. Isso, no entanto, não exclui o fato de, muitas vezes, se constituírem a pedido de *lobbies* específicos que, se valendo do "amigo" parlamentar ou do mais "sensível" ao interesse representado, procuram sensibilizar deputados de diferentes vertentes para obter maiorias variáveis em seu favor.

## 2.6 Os ordenamentos de derivação britânica

### 2.6.1 Canadá

*O contexto institucional.* Objeto da colonização britânica e francesa (*Upper and Lower Canada*), o Canadá obteve independência da Grã-Bretanha e sua própria soberania constitucional com o *Constitution Act* de 1982 (chamado de *Patriation*). Essa jovem democracia nasceu como uma sociedade multicultural, caracterizada por fortes contrastes sociais e identitários e com enormes diferenças territoriais. O Canadá é hoje uma monarquia constitucional (o chefe de Estado é formalmente a rainha britânica) e um Estado federal, dividido em dez Províncias autônomas e três Territórios. O chefe de Estado, o governador-geral (que representa a rainha no Canadá) nomeia o líder do partido ou da coalizão majoritária que venceu as eleições (como na Grã-Bretanha) como primeiro-ministro. O governo deve gozar da confiança do Parlamento (a forma de governo é parlamentar). O Parlamento é bicameral: a Câmara dos Comuns é eleita por sufrágio universal e direto através de um sistema eleitoral majoritário, enquanto o

CAPÍTULO II – AS REGRAS

Senado é composto por 104 membros nomeados pelo governador (por indicação do primeiro-ministro) em uma base regional e provincial (portanto, 24 senadores vêm de Québec e Ontário, 10 de algumas províncias e um número menor, de outras). Esse sistema, tão claramente derivado do britânico, se choca, por um lado, com a estrutura federal, por outro, com uma fragmentação acentuada dos partidos políticos mais relevantes.

### 2.6.1.1 A política de intermediação[71] e a ética do agente público responsável pela decisão

As fortes divisões territoriais, linguísticas, culturais e até étnicas que caracterizam o Canadá como um Estado naturalmente multicultural produziram um sistema partidário muito fluido e fragmentado com fortes partidos provinciais, o que favoreceu o surgimento de interesses organizados e estruturados.

Em nível federal, a competição política resultou em um confronto entre pequenos partidos, muito fortes dentro de cada província, mas fracos no geral. Cada partido conseguiu, assim, obter um bom número de cadeiras, mas não o suficiente para formar governos de maioria sólida. Além disso, o sistema eleitoral majoritário e a necessidade de governos com uma minoria numérica formarem grandes alianças transformaram o Parlamento canadense em um fórum de negociação permanente e de resolução de interesses especiais.

Em um contexto tão complexo, amadureceu a chamada "política de intermediação", caracterizada pela necessidade de satisfazer, através do ato político por excelência – a lei –, interesses particulares e também muito diferentes entre si, obtendo em

---

[71] N.T. No original, *brokeraggio*, ou seja, a atividade desempenhada, no setor financeiro, pelo assim chamado *broker*, um intermediador que trabalha em troca de uma comissão calculada em função do volume de negócios que ele ajuda a fechar.

troca o consentimento eleitoral suficiente para governar. Como consequência dessa política de "intermediação" ou "mediação", desenvolveu-se uma relação de *mutual accomodation* entre os partidos e entre eles e os múltiplos interesses econômicos e sociais.

No Canadá, portanto, os grupos de pressão são vistos como o principal recurso de mediação entre o governo e os indivíduos, articulando e agregando diferentes opiniões e protegendo os indivíduos da sujeição ao Estado. Os grupos também ajudam a identificar as *issues*[72] *mais relevantes discutidas nas campanhas eleitorais, uma vez que conseguem incluir expressões da sociedade mais numerosas e variadas do que os partidos políticos. Nesse sentido, o lobby teve* um impacto profundo na direção política do governo.

Em um sistema definido dessa forma, a necessidade de introduzir regras de comportamento para os agentes públicos responsáveis por decisões em geral e para os políticos em particular tem sido debatida por muito tempo.

De fato, a partir da década de 1970, com o *Green Paper on Members of Parliament and Conflict of Interest*, criado pelo governo em 1973, o Parlamento de Ottawa tentou introduzir um Código de Conduta básico para titulares de cargos políticos.

### *FOCUS*: TUDO É PÚBLICO

O que pode surpreender o observador italiano é encontrar, no *site* do Parlamento canadense, um arquivo de fácil leitura com uma lista de todos os presentes recebidos pelo deputado e das viagens que lhe foram oferecidas. Assim, verifica-se que quase todos os deputados canadenses realizaram uma "viagem de estudos" a Israel, organizada pela Associação Canadá-Israel, ou que alguns receberam da Organização Global de Parlamentares Contra a

---

[72] N.T. *Issue*, "questão", em inglês no texto original.

## CAPÍTULO II – AS REGRAS

> Corrupção (GOPAC) cerca de US$ 16.000 em reembolso das despesas de voo apenas de Ottawa para Bali, para participar de uma conferência da organização (cf. http://ciec-ccie.gc.ca).

Nos anos 1980 e 1990, as inúmeras tentativas de expandir esse Código e definir regras mais rigorosas também sobre *revolving door* fracassaram. Após novos debates, a Câmara aprovou, em 29 de abril de 2004, um novo Código de Conduta dos deputados, prevendo a figura do comissário de ética (o *commissioner*). O Senado, alvo de fortes ataques da opinião pública, foi substancialmente forçado a aprovar o Código de Conduta em 18 de maio de 2005, após mais dois anos de debates e 32 anos após a primeira proposta regulatória.

Com a aprovação do *Conflict of Interest Code for Members of the House of Commons* (publicado como anexo ao regimento da Câmara), os deputados foram obrigados a tornar públicos todos os interesses (econômicos e outros) de que são, de várias maneiras, "portadores", bem como aqueles dos quais o seu parceiro e quaisquer filhos coabitantes sejam "portadores".

O objetivo do Código, conforme estabelece o art. 1º, é aumentar a confiança dos cidadãos na integridade de seus representantes e em sua honestidade; demonstrar que os deputados priorizam o interesse público ao deixarem de lado seus interesses pessoais; e fornecer aos deputados orientação comportamental com base no fato de que seus negócios devem ser a serviço da coletividade. Para tal, o Código dita um conjunto de disposições destinadas a tornar públicas todas as relações econômicas e sociais do deputado, do companheiro com quem vive, dos seus filhos e dos filhos do coabitante menores de 18 anos ou que dependem economicamente deles (art. 3º).

As disposições introduzidas são essencialmente de dois tipos: umas visam tornar públicos os interesses dos quais o deputado é portador, outras, mais numerosas, impõem proibições específicas.

Em primeiro lugar, de fato, os art. 12, 13, 20 e 21 do Código estabelecem, por um lado, que o deputado deve sempre declarar, antes da discussão de qualquer medida ou ato político, se possui algum interesse no assunto discutido (e, nesse caso, ele deve abster-se de discussão e não participar na votação); por outro lado, estabelecem que, no prazo de 60 dias após a eleição, o deputado apresente ao *commissioner* uma declaração detalhada na qual descreve o valor de cada bem individual e da sua família (por um valor superior a 10.000 dólares), de cada empréstimo obtido ou concedido, a origem e o montante de todas as suas remunerações e dos membros de sua família (se superior a 12.000 dólares por ano), de todos os benefícios recebidos em qualquer caso e, especialmente, os recebidas em virtude de relações de trabalho com sujeitos privados, de todas as participações em sociedades, cooperativas, fundações, clubes, associações e semelhantes.

Em segundo lugar, o Código proíbe o deputado de se aproveitar da posição assumida, influir em decisões externas ou comunicar informações confidenciais a outras pessoas (art. 9º) ou enriquecer-se com presentes de natureza diversa. Em especial o art. 14 prevê a proibição de o deputado e os seus familiares aceitarem presentes ou vantagens, mesmo indiretos, que em qualquer caso possam prejudicar o livre-arbítrio do deputado, a menos que se enquadrem na expressão normal de cortesia (feriados, aniversários, presentes de Natal etc.) ou nos deveres do protocolo institucional (troca de presentes com autoridades de outros países etc.).

Em todo caso, se o presente ou benefício recebido exceder, individualmente ou no total, o valor de 500 dólares canadenses dentro de um ano solar, o deputado deve notificar o *commissioner* no prazo de 60 dias, indicando a fonte e o valor de mercado, bem como o motivo do presente. De acordo com os art. 16 e 17, portanto, o deputado não pode ter contratos com o governo ou órgãos federais, nem pode ter interesses de qualquer espécie em empresas que tenham relações com o governo ou outros órgãos federais;

quando isso ocorrer, pode escolher entre vender tudo ou confiar esses interesses a um *blind trust* escolhido pelo *commissioner*.

A aprovação, em 2006, da *Federal Accountability Act* também afetou essa matéria, introduzindo o *Conflict of Interest Act* (CIA), que absorve o *Conflict of Interest and Post-Employment Code for Public Office Holders* e amplia o que estava previsto para o primeiro-ministro e a sua equipe a todos os titulares de funções de importância pública, "elevando" as referidas normas ao nível de lei federal ordinária.

As disposições éticas contidas na CIA alteraram algumas disposições do Código de Conduta anterior, transformando o *commissioner* em *Conflict of Interest and Ethics Commissioner*. Como resultado dessa disposição, qualquer pessoa pode saber, por meio do simples acesso ao *website* do Parlamento, quais são os interesses representados por cada deputado (e o seu parceiro) e quais os investimentos e os cargos ocupados por ele.

─────────── O CASO ───────────

*Revolving door canadense*

O novo *Conflict of Interest and Ethics Commissioner* examinou vários casos de aplicação incorreta do Código de Conduta. Um deles, que teve boa repercussão na imprensa, dizia respeito ao ex-ministro do governo Harper, o deputado Jay Hill: de acordo com o inquérito realizado pelo Comissário e concluído em 26 de março de 2013, o ex-ministro, um ano após deixar o governo, teria tentado influenciar três ministros em exercício para convencê-los a assinar acordos comerciais com a companhia de energia onde sua esposa trabalhava. Ao final da investigação, o ex-ministro foi considerado culpado de violação do art. 33 do Código de Ética, que proíbe os funcionários públicos que não estejam mais em funções de tirar vantagem do cargo anteriormente ocupado.

O art. 2º da lei, ao ditar as regras sobre o conflito de interesses dos agentes públicos responsáveis por decisões, identifica-os (*public office holders*) e inclui: ministros, vice-ministros e subsecretários, membros de suas equipes ou seus assessores, ainda que não remunerados; todos aqueles nomeados pelo *governor in council* (incluindo funcionários do governo e parlamentares, juízes e membros da Royal Canadian Mounted Police); bem como todos aqueles nomeados por um ministro para um cargo de público relevo. Entre outras coisas, a lei prevê a proibição de assumir qualquer tipo de cargo junto a entidades privadas com quem se tenha lidado durante o período em que o sujeito foi agente público responsável pela decisão se não após um ano a partir da cessação do cargo, ou dois anos se for ex-ministro, nos termos do art. 35. A lei também estabelece para alguns funcionários públicos a proibição de se tornarem lobistas durante cinco anos após o término do mandato público.

### 2.6.1.2 A regulamentação dos grupos de pressão: o *Lobbyists Registration Act*

O *Lobbyists Registration Act* (LRA), aprovado em 1989 e significativamente alterado pelo *Federal Accountability Act* em 2006, rege, de forma orgânica, a relação entre lobistas e agentes públicos responsáveis por decisões, ou seja, *public office holders*.

A lei alterada em 2006 reafirma: a) que *free and open access to government is an important matter of public interests*;[73] b) que a atividade de influenciar (*rectius:* comunicar com) o agente público responsável pela decisão (*public office holder*) é uma *legitimate activity*; c) que é essencial para o tomador de decisão e para a comunidade conhecer claramente as expectativas e os desejos dos lobistas.

---

[73] N.T. "O acesso aberto e livre ao governo é uma importante questão de interesse público", em inglês no texto original.

## CAPÍTULO II – AS REGRAS

Existem também quatro pilares nos quais a legislação dos grupos de pressão se baseia:

1. uma definição precisa de lobista, de agente público responsável pela decisão e da atividade de *lobbying*;

2. a constituição de um registro no qual os lobistas são obrigados a registrar-se previamente, devendo posteriormente indicar cada contato efetuado;

3. o estabelecimento de um *Registrar* (ou seja, uma autoridade *ad hoc*) com competências de inspeção e sancionamento (chamado *commissioner of lobbying*);

4. a obrigação do *Registrar/commissioner* de apresentar dois relatórios anuais ao Parlamento: um sobre quaisquer violações do Código e as sanções impostas e outro sobre a situação do registro.

Em detalhes, a legislação atual distingue três categorias de lobistas:

• o *consultant lobbist*, ou seja, o funcionário de uma empresa que tem como objeto social fazer *lobby* e recebe por conta de terceiros, por força de contrato de direito privado tipificado pelo legislador, mandato específico para representação de determinados interesses;

• o *in-house corporate lobbist*, ou seja, o funcionário de uma sociedade ou indústria privada encarregado pela empresa na qual trabalha de exercer a atividade de *lobbying* por pelo menos 20% do seu tempo;

• o *in-house organization lobbyist*, ou seja, o funcionário de uma associação sem fins lucrativos encarregado por ela de fazer *lobbying* por pelo menos 20% do seu tempo.

Esses sujeitos são obrigados a se inscrever em um cadastro público mantido pelo *commissioner* e a atualizá-lo periodicamente com a indicação dos contatos que mantiveram com os agentes públicos responsáveis por decisões. Cada membro tem a sua própria "ficha pessoal", disponível a qualquer pessoa também no *site* oficial do *commissioner*, na qual indica os dados de identificação, o objeto da atividade, qualquer cargo anteriormente exercido, os dados da associação do *lobbying firm* a que pertence e, sobretudo, as técnicas de *lobbying* utilizadas ou que pretende utilizar.

Por atividade de *lobbying*, entende-se a atividade destinada a influenciar o agente público responsável pela decisão e também qualquer outra atividade realizada com o objetivo de dar ou receber comunicações do/para o tomador de decisão (art. 5º, § 1, letra a, LRA).

Essa atividade de "comunicação" deve ser documentada e inserida na ficha pessoal sempre que for dirigida, nos termos do art. 2º, § 1º, para *public office holders*, ou seja, a parlamentares ou membros de suas equipes políticas, a membros do governo ou seus funcionários, a funcionários públicos, a membros de comissões de nomeação políticas, ministeriais ou parlamentares, a funcionários do aparelho federal (incluindo tribunais), a membros do exército e agências de aplicação da lei.

As mudanças de 2006, introduziram outras quatro importantes novidades.

1. Instituíram o Gabinete do *commissioner of lobbying* (em substituição do *Registrar*), chamado a verificar o cumprimento da legislação pertinente, formalmente nomeado pelo governador com base em resolução parlamentar conjunta votada por maioria na Câmara e no Senado. O *commissioner* permanece no cargo por sete anos, com mandato renovável apenas uma vez, podendo ser destituído pelo governador com base em resolução parlamentar conjunta votada pela maioria dos membros das Câmaras. O comissário dispõe de uma equipe, constituída por funcionários públicos (por ele

identificados em número considerado adequado) e consultores externos considerados especialistas na área.

2. Todos os lobistas inscritos no registo são obrigados a apresentar ao *commissioner*, até o dia 15 de cada mês, um relatório sobre a atividade desenvolvida no mês anterior, indicando em detalhes os agentes públicos encontrados (nome completo), o objeto do encontro, as datas e os locais da reunião. Esse relatório, entretanto, não é necessário se, no mês anterior, o lobista não tiver se envolvido em nenhuma atividade de *lobbying*. Em todo caso, mesmo que nenhuma atividade tenha sido realizada, o lobista é obrigado a enviar um relatório detalhado pelo menos a cada seis meses, descrevendo a atividade realizada (ou não realizada) nos últimos cinco meses e indicando os recursos empregados, as medidas acompanhadas e cada contato mantido com os agentes públicos responsáveis por decisões.

3. Existe uma restrição significativa ao exercício da atividade de *lobbying* para quem exerceu funções públicas (as chamadas *revolving doors*). O art. 10.11, conforme alterado pela FedAA, impõe a proibição, de fato, para qualquer pessoa que tenha exercido cargos públicos de realizar atividades de *lobbying* (nem mesmo em nome de organizações sem fins lucrativos ou por conta própria) por pelo menos cinco anos a partir do término do cargo público anterior, exceto se o comissário decidir de outra forma, dadas as circunstâncias objetivas (tais como a curta duração do emprego público, a capacidade de influenciar, as informações adquiridas).

4. Os poderes de investigação do *commissioner* e as sanções são significativamente aumentados. Em particular, no artigo 10.4 (2), fica estabelecido que o comissário goza dos mesmos poderes de investigação de um tribunal superior, podendo obrigar uma pessoa a comparecer perante si ou a apresentar documentos (que possa apreender), de acordo com as regras

do processo ordinário. O lobista que declarar falsidade nos relatórios mensais ou semestrais corre o risco de, se for culpado, multa de até 50.000 dólares e reclusão de até seis meses, ou, se o fato for comprovado em juízo, multa de até 200.000 dólares e reclusão até dois anos (art. 14 (1)), além da proibição, até dois anos, de exercer a mesma profissão (14.01). A decisão do comissário é também tornada pública através da aquisição de espaço publicitário em jornais de circulação nacional, nos quais devem ser indicados o nome do responsável, a sociedade a que pertence e os motivos da condenação. Além disso, o comissário deve apresentar ao Parlamento, até 30 de junho de cada ano, dois relatórios detalhados (nos termos do art. 11), um sobre as violações do Código e as sanções impostas, e outro sobre a situação do registro.

---

*FOCUS*: "AGENTES PARLAMENTARES" CANADENSES

Até 1988, as únicas regras relativas à relação entre grupos de pressão e agente público responsável pela decisão estavam contidas no art. 146 do regulamento da Câmara dos Comuns. O art. 146, ainda em vigor, de fato, seguindo as disposições do regulamento da Câmara dos Comuns britânica, rege a ação dos chamados "agentes parlamentares", prevendo que quem quiser atuar na Câmara como "agente parlamentar" deverá ter autorização do presidente da casa e cumprir o regulamento. O mesmo dispositivo obriga o *speaker* da Câmara a manter a lista de agentes parlamentares e os sancionar, em caso de violação das regras, com interdição da Câmara. A disposição, no entanto, não teve aplicação e não existem sujeitos inscritos como agentes parlamentares.

---

### 2.6.1.3 As regras sobre o financiamento da política

A primeira disciplina sobre o financiamento de partidos foi introduzida em 1974, com o *Election Expenses Act*, sucessivamente alterada várias vezes e, por último, com o *Federal Accountability*

CAPÍTULO II – AS REGRAS

*Act* de 2006 (FeedAA). A legislação atual é essencialmente baseada em quatro pontos.

1. Somente cidadãos canadenses ou residentes permanentes não cidadãos podem financiar um partido, os candidatos, as associações eleitorais do colégio (*constituency associations*), por meio de contribuições em dinheiro ou de serviços equivalentes. Todos podem transferir (não em dinheiro, mas por cartão de crédito ou transferência bancária) um máximo de 1.100 dólares canadenses por ano a cada partido registrado ou a cada associação eleitoral ou a cada candidato. De acordo com as alterações introduzidas pela FedAA, são consideradas contribuições e são incluídas no cálculo do teto também as doações feitas por indivíduos por ocasião de reuniões, encontros, festas do partido ou das associações, enquanto a filiação ao partido não é considerada tal, tampouco devem ser declaradas as contribuições de menos de 20 dólares provenientes de indivíduos isolados.

2. As regras introduzidas em 2006 proíbem os candidatos de receber presentes ou vantagens que, segundo o senso comum, possam afetar, pelo seu valor, os eleitos. O candidato deve também declarar todos os presentes e benefícios recebidos por um valor superior a 500 euros desde o momento em que aceitou a candidatura até o encerramento das urnas (*Canada Elections Act*, sec. 92.1 e 92.6).

3. Os partidos podem requerer o reembolso de 50% das despesas realizadas durante a campanha eleitoral, desde que documentadas e desde que tenham obtido pelo menos 2% dos votos válidos a título provincial ou 5% no colégio eleitoral. Candidatos também podem receber esse reembolso, desde que tenham obtido pelo menos 10%.

4. Relativamente aos *loans unpaid claims* (empréstimos concedidos por privados a candidatos em eleições políticas para a cobertura de despesas eleitorais e os quais não têm de ser

devolvidos), a lei prevê a obrigação de os partidos devolverem esses valores em prazos determinados.

As funções de controle do cumprimento desses quatro princípios são atribuídas ao *chief electoral officer* (também chamado de *commissioner of Canada elections*) e ao *director of public prosecutions*, que atua em nome da Coroa com a possibilidade de exercer poderes de investigação.

Em 2004, a Suprema Corte também interveio no financiamento da política, a fim de dirimir uma questão relativa a contribuições econômicas concedidas por sujeitos portadores de interesses especiais, mas não diretamente envolvidos nas eleições (as chamadas "terceiras partes"), para realizar publicidade ou propaganda eleitoral (sentença *Harper vs. Canada*). Nessa ocasião, a Corte decidiu que os limites de gastos estabelecidos pelo *Canada Election Act* para propaganda eleitoral promovida por interesses organizados (as "terceiras partes") não conflitavam de fato com os princípios fundamentais deduzíveis dos art. 2° e 3° da Carta. Em particular, para a Corte, os limites introduzidos eram razoáveis e justificados à luz do art. 1° da Carta, visto que a limitação produz o efeito de "igualdade de condições para quem deseja se engajar no discurso eleitoral, permitindo que os eleitores estejam mais bem informados".[74] Além disso, para a Corte, o direito de participar de uma forma significativa no processo eleitoral inclui o direito de participar *de maneira informada* e, se não houver limites de gastos com propaganda eleitoral, indivíduos ou grupos podem dominar a discussão, impedindo que pontos de vista opostos possam ter espaço.

---

[74] N.T. "A level playing field for those who wish to engage in the electoral discourse, enabling voters to be better informed", em inglês no texto original.

CAPÍTULO II – AS REGRAS

## 2.6.2 Austrália

*O contexto institucional*. A Austrália é uma monarquia constitucional e um Estado federal independente composto por seis estados autônomos (Victoria, Queensland, Nova Gales do Sul, Austrália do Sul, Austrália Ocidental e Tasmânia), o Território do Norte e o da capital Canberra. Tem uma forma de governo parlamentar majoritária, com prevalência do primeiro-ministro, elaborada pela *Commonwealth of Australia Constitution Act*, no modelo inglês. Dessa forma, cabe ao partido ou coligação que detém a maioria na Câmara dos Representantes designar o seu líder como primeiro-ministro, que é então formalmente nomeado pelo governador.

Este último, de nomeação régia, representa localmente o soberano do Reino Unido, que é o chefe de Estado. O Parlamento é bicameral, com as duas Câmaras, a *House of Representatives* e o *Senate*, ambas eleitas pelo povo. A Câmara dos Representantes é composta por 150 deputados; o Senado, por sua vez, é composto por 12 deputados de cada estado. Os senadores têm mandato de seis anos e são renovados pela metade a cada três anos. O sistema eleitoral é um sistema majoritário baseado em colégios uninominais para a Câmara dos Representantes e colégios plurinominais para o Senado, com uma fórmula eleitoral *majority* (quem obtiver a maioria absoluta de votos conquista a cadeira) e com algumas medidas corretivas destinadas a evitar o bloqueio no caso de nenhum candidato obter a maioria exigida.

Na Austrália, onde o papel dos partidos sempre foi relevante, um primeiro regulamento sobre *lobbying* foi introduzido em 1993, com o *Commonwealth Code of Conduct* (com a provisão de um registro privado de lobistas), então revogado em 1996.

Em 2008, o governo federal australiano adotou um novo *Lobbying Code of Conduct* e um *Register of Lobbists*, válidos em todo o território federal e com o objetivo principal de garantir que os contatos entre lobistas e representantes do governo fossem feitos com transparência, integridade e honestidade, para atender às expectativas da sociedade e garantir a máxima confiabilidade no trabalho das instituições.

O Código de Conduta, que define o *lobbying* como atividade legítima e parte importante do processo democrático, exige a inscrição no registro como condição fundamental para o exercício da atividade, vedando o contato entre representantes governamentais e lobistas não inscritos.

Para que um lobista seja cadastrado, ele deve declarar que nunca foi condenado a uma pena de prisão de pelo menos 30 meses e que não foi condenado, nos últimos dez anos, por algum crime do qual um elemento envolva desonestidade, como roubo ou fraude. Além disso, deve declarar que não é membro de um órgão executivo estadual ou federal ou membro de um partido político.

O Código também prevê que apenas algumas informações básicas relativas à pessoa do lobista e às pessoas por conta das quais a atividade é desenvolvida sejam fornecidas no registro, enquanto dados econômicos ou financeiros não são considerados.

O Código também contém definições muito rigorosas de atividades de *lobbist* e *lobbying activities*. Um lobista é toda pessoa, empresa ou organização que exerça atividades de *lobbying* em nome de terceiros ou cujos funcionários realizem atividades de *lobbying* em nome de terceiros, ficando assim expressamente excluídas, por exemplo, instituições de caridade e organizações religiosas, associações sem fins lucrativos e *freelancers* já registrados em outros registros profissionais e que, só em casos pontuais, representem os interesses de seus clientes perante o governo.

> ## *FOCUS*: OS DADOS A SEREM INSERIDOS NO REGISTRO SÃO SUFICIENTES?
>
> Especificamente, o Código estabelece que o Cadastro de Lobistas, documento público que pode ser visualizado no *site* do governo, deve conter as seguintes informações: dados que servem para identificar o lobista e a empresa para a qual trabalha; os nomes dos clientes em nome dos quais o lobista exerce a sua atividade; se o lobista é um ex-representante do governo e a data em que deixou o cargo.
>
> Fica também especificado que o lobista deve fornecer ao secretário, todos os anos, a confirmação de que os dados estão atualizados, juntamente com as declarações estatutárias relativas a todas as pessoas utilizadas, por ele contatadas ou por ele de qualquer maneira envolvidas para o exercício da atividade. O registro de um lobista expira se as confirmações e declarações estatutárias atualizadas não forem fornecidas ao secretário dentro dos prazos específicos.
>
> Em particular, o secretário pode remover um lobista do registro se, em sua opinião, ele se envolveu em uma conduta que violou os termos do Código; quando os detalhes do registro são imprecisos; quando o lobista fornece informações imprecisas; ou quando detalhes de registro não foram confirmados ou atualizados.

No que se refere à definição de *lobbying activities*, estas incluem apenas as comunicações dirigidas a um representante do governo com o objetivo de influenciar o processo de tomada de decisão e que intervêm no processo legislativo, no programa de governo ou nas licitações, concessões ou financiamentos do governo.

Ministros, subsecretários, seus funcionários, agências e gestores públicos são considerados representantes do governo. É interessante notar que a maioria dos agentes públicos responsáveis por decisões são excluídos da definição e, em particular, todo o aparelho legislativo e judicial.

> ### *FOCUS*: DEFINIÇÃO DE LOBISTA
>
> De acordo com o Código, um lobista significa "toda pessoa, negócio ou organização que faz *lobby* em nome de um cliente terceiro ou cujos funcionários fazem *lobby* em nome de um cliente terceiro, mas essa definição não inclui organizações de caridade, religiosas e outras organizações ou fundos aprovados como destinatários de presentes dedutíveis; associações ou organizações sem fins lucrativos criadas para representar os interesses de seus membros que não são elegíveis como destinatários de presentes dedutíveis; indivíduos que intervêm em nome de parentes ou amigos em seus negócios pessoais; pessoas inscritas como agentes fiscais, agentes alfandegários, auditores e liquidatários de empresas, desde que as relações com os representantes governamentais façam parte do dia a dia normal de trabalho dessa profissão; profissionais como médicos, advogados ou contadores e outros prestadores de serviços que fazem declarações ocasionais ao governo em nome de terceiros de forma acessória aos seus negócios".
>
> O Código também prevê que, se uma parte significativa ou contínua dos serviços oferecidos por uma pessoa empregada ou contratada por uma firma de advogados, médicos, contadores ou outros prestadores de serviços envolva a realização efetiva de atividades de *lobby* em nome dos clientes dessa empresa, esta e a pessoa que oferece esses serviços devem se registrar e identificar os clientes para os quais realizam o negócio.

O Código impõe uma série de princípios e regras que os lobistas devem observar em suas negociações com representantes do governo: eles não devem ter nenhuma conduta corrupta, desonesta ou ilegal, nem causar ou ameaçar qualquer prejuízo; devem fazer

## CAPÍTULO II – AS REGRAS

todo o possível para garantir a veracidade e exatidão de todas as declarações e informações fornecidas; não devem fazer afirmações enganosas, exageradas ou extravagantes; eles têm que manter estritamente separada da profissão qualquer atividade pessoal ou qualquer envolvimento em nome de partido político.

Além disso, o Código exige que os lobistas, em seu primeiro encontro, forneçam as seguintes informações aos representantes do governo: *a)* se são lobistas ou funcionários de lobistas, ou contratados por eles; *b)* se estão atualmente listados no registro de lobistas; *c)* o nome de seus clientes e a natureza das questões que eles desejam abordar com os agentes públicos responsáveis por decisões.

Em março de 2012, a Comissão de Finanças e Administração Pública do Senado australiano conduziu uma ampla consulta pública sobre a disciplina de *lobby* vigente para sondar o clima em vista de algumas propostas de reforma do setor, mas, até o momento, ainda não houve novas intervenções.

---

### *FOCUS*: O *REVOLVING DOOR* ESTÁ PREVISTO?

O Código determina a proibição de *revolving door*, estabelecendo um período de *cooling-off* de 12 ou 18 meses. Em particular, o Código prevê duas hipóteses: *a)* as pessoas que se aposentem do cargo de ministro ou de secretário parlamentar não podem, por um período de 18 meses após o término de sua relação de trabalho, exercer atividades de *lobbying* relacionadas a qualquer assunto em que estiveram oficialmente envolvidas nos últimos 18 meses no cargo; *b)* pessoas que foram empregadas nos escritórios de ministros, ou secretários parlamentares que são membros das Forças de Defesa Australianas no nível de coronel ou superior, e os chefes da Agência ou pessoas empregadas sob o *Public Service Act* de 1999 no *Senior Executive Service* não podem, por um período de 12 meses após o término do cargo, exercer atividades de *lobbying* referentes a qualquer questão com a qual tenham tido relações oficiais nos últimos 12 meses de emprego.

### 2.6.3 Israel

*O contexto institucional.* Israel representa a fronteira dos sistemas democráticos em uma área caracterizada por sistemas autoritários ou teocráticos e, em virtude do sistema peculiar de fontes do Direito e do papel que a religião desempenha aqui, é considerado um país *unicum*[75] no campo do Direito Público comparado. Em 2001, com a reforma da lei fundamental sobre o governo, o Estado de Israel adotou uma forma de governo parlamentar de tipo racionalizado.

O motor da direção política é o governo com o primeiro-ministro no topo, que é o líder do maior partido do Knesset (o Parlamento israelense) e que precisa da confiança deste para assumir o cargo. O Parlamento é unicameral, composto por 120 deputados eleitos por sufrágio universal em escala nacional, com sistema proporcional, para quatro anos. O Knesset desempenha as seguintes funções clássicas: a legislativa (também de caráter constituinte), a de aprovação do orçamento apresentado pelo governo e a de controle sobre a atividade governamental (incluindo os poderes de votar pela confiança e desconfiança ao governo). O sistema político é caracterizado por um sistema eleitoral hiperproporcional, o que tem favorecido o multipartidarismo extremo, com alto índice de ideologização e evidentes problemas de estabilidade e eficiência do governo.

No Estado de Israel, os *lobbies* são regidos pela Lei n. 25, de 2008, que introduziu uma regulamentação mínima dos grupos de pressão.

A lei em vigor define claramente os limites da atividade lícita que um lobista, expressamente reconhecido como tal, pode exercer nas cadeiras parlamentares.

---

[75] N.T. "Único". Em latim no texto original.

CAPÍTULO II – AS REGRAS

> ### *FOCUS*: UMA PROPOSTA DE LEI SOBRE *LOBBIES* NUNCA APROVADA
>
> Em janeiro de 2013, o vice-presidente do *Israel Democracy Institute* (IDI), Professor Mordechai Kremnitzer, apresentou uma proposta de lei mais abrangente para regular o *lobbying* em Israel.
>
> A proposta parte do pressuposto de que o *lobbying* é uma atividade legítima e, se conduzida corretamente, também desejável em uma democracia liberal. Portanto, é necessário garantir a sua transparência e introduzir controles oficiais sobre a forma como é realizada. A proposta do IDI visa estender a legislação vigente para que ela possa ser aplicada também a ministros de governo e suas equipes. Além disso, entre as mudanças propostas, há aquelas que exigem que os lobistas: *a)* apresentem relatórios anuais resumindo todas as suas atividades; *b)* identifiquem seus clientes e forneçam mais informações sobre as questões pelas quais exerceram suas atividades. A proposta do IDI também recomenda que, para algumas das proibições previstas na lei em vigor sobre *lobbies*, sejam introduzidos crimes específicos passíveis de sanções pecuniárias.

Para ser considerado um lobista profissional e poder exercer a sua atividade perante os parlamentares do Knesset, o lobista deve, em primeiro lugar, obter a autorização de um comitê parlamentar composto por dois deputados, um da coligação maioritária e o outro da oposição. O lobista deve apresentar uma candidatura a esse comitê, indicando os seus dados pessoais e informações relativas à empresa para a qual trabalha e às pessoas cujos interesses representa. Ele também deve indicar os nomes de todos aqueles que o subsidiaram com dinheiro ou outros benefícios para cumprir sua missão. Se o requerente for membro da comissão eleitoral de um partido, também deve indicar de que partido é. Para acessar a sede do Knesset, o lobista deve apresentar uma carteira de identificação especial (ID) emitida após a obtenção da autorização.

O documento de identidade contém informações relacionadas ao lobista e à empresa para a qual trabalha. No entanto, apesar da carteira, o lobista deve se identificar com todos os membros do Knesset e sua equipe em todas as reuniões. Está autorizado a realizar reuniões dentro das sedes parlamentares e pode receber subsídios dos parlamentares se eles decidirem usar o orçamento anual para apoiar suas estratégias.

Em caso de violação da lei, a comissão presidida pelo *speaker* do Knesset está autorizada a retirar a permissão do lobista ou mesmo a proibi-lo de entrar nas sedes do Parlamento. Se o lobista trabalhar para uma empresa, o comitê poderá tomar medidas semelhantes contra outros lobistas que também trabalhem para essa empresa.

Além disso, de acordo com a lei, conforme previsto, o Knesset deve publicar em seu *website* os nomes dos lobistas que receberam a autorização e os detalhes das informações relativas aos seus empregadores.

## 2.7 O caso italiano

### 2.7.1 Grupos de pressão no sistema jurídico italiano

A palavra *lobby*, na Itália, faz pensar imediatamente em algo obscuro, sombrio, criminoso. Para quase todos, é sinônimo de corrupção, trapaça, subterfúgio. No debate público, os *lobbies* são a causa dos males do nosso país: é culpa dos *lobbies* se as reformas estruturais são adiadas; são os *lobbies* que não querem o bem-estar de todos, mas a riqueza para poucos; os *lobbies* impedem o crescimento da economia e a honestidade dos agentes públicos responsáveis por decisões. Com o seu dinheiro, as suas atrocidades, a sua falta de escrúpulos, os *lobbies* corrompem, contaminam e adoecem qualquer pessoa, arrastam para o seu lado o

## CAPÍTULO II – AS REGRAS

mais rigoroso dos políticos, fazendo-o perder o objetivo virtuoso de proteção do bem comum.

Quantos de vocês não têm essa percepção do fenômeno do *lobby*? Por outro lado, basta ler um jornal para confirmar tudo isso: por trás de qualquer grande escândalo há um *lobby*, por trás de qualquer fato corruptor há um grupo de pressão, por trás de cada político desonesto há alguém que articulou, na escuridão, para convencê-lo a realizar certos atos.

Alimentando essa visão, a política italiana construiu habilmente um álibi atrás do qual escondeu certas escolhas, uma boa desculpa para todos os problemas: "Ah, se não houvesse *lobbies*!"

O efeito foi paradoxal: acusando os *lobbies* dos piores males, os agentes públicos responsáveis por decisões sempre buscaram, na Itália, *lobbies* de todos os tipos para aumentar seu consenso ou entender melhor o alcance de uma determinada decisão, ou para avaliar, seriamente, os efeitos de uma certa escolha. Consciente de não poder prescindir deles, o legislador italiano tem, no entanto, preferido deixar os *lobbies* num contexto de total obscuridade, sem qualquer regulamentação, de forma a evitar que o cidadão conheça o seu rosto, a identidade, o comportamento, as ações e os interesses representados.

Por que essa ausência? Por que, na Itália, o fenômeno do *lobby* foi esquecido pelo legislador e pela doutrina por muitos anos, deixando-o na total obscuridade?

Podemos identificar, pelo menos, três razões que determinaram essa "ignorância" em relação aos *lobbies* e ao seu trabalho: três razões de natureza político-jurídica, de natureza histórico-social e de natureza socioeconômica.

1. Pensem no papel desempenhado pelos partidos políticos na intermediação entre a sociedade e o Estado: durante muito tempo, de fato, acreditava-se que apenas os partidos

políticos tradicionais poderiam atuar como articulação entre os cidadãos, a sociedade e as instituições públicas, e isso em virtude de certa interpretação "partidocêntrica"[76] do art. 49 da Constituição, segundo o qual todos os cidadãos podem formar partidos políticos para contribuir para a determinação da política nacional. Ao endossar essa visão do partido-tudo[77] e do partido monopolista, da relação entre comunidade e aparelho público, considerou-se ilegítima qualquer formação social que não fosse o partido, com a ambição de se tornar portadora de interesses particulares perante os agentes responsáveis por decisões. Em tal contexto, cada intervenção no processo decisório público, diferente daquela mediada pelo partido político, precisava ser estigmatizada e contestada, e toda ação de *lobby* era considerada "uma doença do sistema representativo, um mal a ser combatido", para usar as palavras de Carlo Esposito, um importante constitucionalista da era pós-fascista. O próprio Esposito, em uma conferência de importantes estudiosos, em 1958, argumentou a necessidade de "obstaculizar e combater" os grupos de pressão para não contaminar o sistema democrático e preservar sua "pureza",[78] deixando exclusivamente ao partido político toda função de mediação das necessidades sociais.[79]

2. Em nosso país, pelo menos até a década de 1990, a abordagem "jacobina" para a tomada de decisões, amplamente apresentada no primeiro capítulo, era majoritária.

---

[76] N.T. No texto, o autor usa a expressão *partitocentrica*, querendo designar que os partidos eram o centro de tudo.

[77] N.T. No texto o autor usa a expressão *partito-tutto*, um neologismo sem uma tradução formal. Traduzimos por "partido-tudo" na tentativa de manter a intenção do autor.

[78] ZAGREBELSKY, Gustavo. "La sovranità e la rappresentanza politica". *In*: AA.VV. *Lo stato delle istituzioni italiane*. Milano: Giuffrè, 1994, pp. 83 e 102.

[79] RESCIGNO, Pietro. "La rappresentanza degli interessi organizzati". *Rivista delle Società*, vol. 4, n° 1, 1959.

CAPÍTULO II – AS REGRAS

Isso significa que o interesse geral – do qual a decisão pública devia ser expressão – era considerado preexistente ao momento da escolha, de forma a conduzir a decisões abstratas, completamente alheias à realidade e indiferentes quanto aos possíveis efeitos concretos. De acordo com essa visão, o tomador de decisão tinha a tarefa de interpretar as necessidades coletivas mesmo sem conhecê-las, partindo do pressuposto de que a titularidade de seu cargo fosse, por si só, suficiente para compreender as razões e os fundamentos do bem comum. Portanto, uma vez que o tomador de decisão não poderia interagir com os potenciais destinatários ou verificar antecipadamente o impacto de suas decisões, grupos ou associações de interesses se tornavam desnecessários, sendo, consequentemente, proibidos de se comunicar com o tomador de decisão a fim de evitar que sua influência pudesse desviá-lo de suas ruminações. Nessa perspectiva, não existia uma contraposição entre interesses particulares cujo debate pudesse gerar o interesse geral, mas única e exclusivamente um interesse público estatal que, interpretado pelo agente público responsável por decisões, como única mente pensante, coincidia automaticamente com o interesse geral.[80]

3. Por último, é importante considerar a natureza do tecido econômico italiano caracterizado por pequenas e médias empresas e pelo enraizamento das corporações (desde as associações profissionais aos sindicatos) que durante muito tempo coexistiram ao lado dos partidos políticos, acrescentando a isso um baixo nível de cidadania ativa e controle da sociedade sobre os agentes públicos responsáveis por decisões.

---

[80] N.T. No texto, o autor usa a expressão *solipsisticamente*, que, em vernáculo, se liga ao termo *solipsismo*, mas sem possibilidade de transformar o termo em advérbio de modo. Preferimos usar a expressão "única mente pensante," que retrata o núcleo daquela doutrina.

265

Por essas razões, o fenômeno do *lobby* foi praticamente ignorado pelo legislador na Itália. Como resultado, os *lobbies* tornaram-se um verdadeiro tabu jurídico, um assunto conhecido da imprensa, mas não suficientemente digno de ser analisado do ponto de vista jurídico.

Regular os *lobbies*, de fato, teria significado fazê-los emergir e, ao mesmo tempo, fazer emergir também o tecido relacional entre eles e os agentes públicos responsáveis por decisões, mas isso teria acabado com o álibi, com a desculpa, teria deixado claro que não são os *lobbies* que fazem uma determinada escolha, mas o político, o tomador de decisões.

Tab. 2.4 A ignorância em relação aos *lobbies*: três motivos.

| O PAPEL DO PARTIDO POLÍTICO | A VISÃO JACOBINA | O TECIDO SOCIOECONÔMICO |
| --- | --- | --- |
| Partido monopolista | Interesse geral | Pequenas empresas |
| Partido mediador | Preexistente | Corporações intrapartidárias |
| *Lobby* mal absoluto | Tomador de decisão solipsístico | Cidadania passiva |

2.7.2 Equilibrar a pressão: uma visão geral

A percepção dos grupos de pressão como um tabu legal teve efeitos significativos na forma como as decisões públicas são tomadas.

O processo de tomada de decisão na Itália, de fato, longe de ser purificado da "interferência" dos *lobbies*, ficou em total obscuridade, no sentido de que é impossível reconstruir a cadeia do próprio processo, os atores envolvidos, as motivações subjacentes às decisões tomadas, as responsabilidades, as faltas e os méritos

## CAPÍTULO II – AS REGRAS

individuais e coletivos. Consequentemente, pelos motivos acima mencionados, os *lobbies* se viram livres para operar em uma espécie de *far west* institucional, podendo influenciar a direção política do governo sem assumir qualquer responsabilidade pública, sem ter qualquer legitimidade democrática, e podendo ter acesso ao agente público responsável pelas decisões somente em razão de sua própria "força" econômica ou dos relacionamentos de clientelismo e parentesco.

A crise do "Estado dos Partidos", que atingiu o seu ápice no início dos anos 1990, fez emergir o fenômeno do *lobby* que, anteriormente, se realizava no âmbito de cada partido.

A superação da visão monopolística do partido mediador criou a necessidade de identificar novas formas de representação de interesses, atribuindo aos *lobbies* autonomia de intervenção no debate público, já que os partidos não tinham mais essa função. Não é por acaso que nascem nessa época as primeiras empresas de *lobby* "terceirizadas", isto é, as agências de *lobby* italianas que operam por conta de terceiros.

Tudo isso tem colocado com força, até mesmo no sentimento comum, a necessidade de "equilibrar a pressão" ou de identificar regras destinadas a reger a relação entre agentes políticos responsáveis por decisões (não mais estruturados em partidos políticos tradicionais, mas ligados a movimentos políticos fluidos e personalistas, quase privatistas) e grupos de pressão.

É bom dizer, imediatamente, que essa necessidade ainda não teve nenhum resultado concreto. Na Itália, não há regulamentação orgânica do fenômeno lobístico em nível nacional. No entanto, não faltam regras que visem assegurar a transparência ou a participação dos interesses organizados nos processos de decisão pública. Pelo contrário, existem – no caso – muitas. A questão é que essas regras parecem ter sido esquecidas pelos mesmos autores que as introduziram; são desaplicadas, violadas, contrariadas na prática, a ponto de chegarmos a situações tão paradoxais que, depois de alguns anos, o legislador sente a necessidade de reeditar a mesma norma (ou similar) para reafirmar novamente que a norma existe, embora seja desconsiderada pelo próprio legislador.

No sistema jurídico italiano, de fato podemos encontrar várias disposições que regem a relação entre o *lobby* e o agente público responsável por decisões (e vice-versa). No entanto, trata-se frequentemente de medidas que, de forma confusa, fazem parte de normas cujo objetivo não é, em caso algum, regular o fenômeno do *lobby*; elas, como se dirá melhor, parecem "se ocultar" no ordenamento jurídico, como se o próprio legislador quisesse ocultá-las. Além disso, elas estão desconectadas umas das outras e muitas vezes aparecem em contradição, embora não explicitamente.[81]

Consequentemente, é possível identificar uma regulação complexa, desorganizada e fragmentada do fenômeno do *lobby* que pode ser resumida de acordo com as regras apresentadas na tabela 2.5.

---

[81] N.T. No texto, o autor usa a expressão *strisciare*, que significa rastejar, mover-se numa superfície sem se elevar dela. A ideia é de se ocultar.

CAPÍTULO II – AS REGRAS

Tab. 2.5 As principais fontes normativas sobre o fenômeno do *lobby* na Itália.

| Constituição | Artigos 2º (formações sociais), 3º (igualdade substancial), 18 (liberdade de associação), 49º (participação política), 50º (petições). Lei constitucional n. 2 de 1948 (Sicília). |
|---|---|
| Leis ordinárias, *decreti legge* e *decreti legislativi* | Lei n. 441, de 1982 (*anagrafe patrimoniale*).[82] Leis n. 50, de 1999, e n. 246, de 2005 (Análise do Impacto Regulatório – AIR). *Decreti legislativi* n. 33 e n. 39, de 2013 (transparência dos agentes públicos responsáveis por decisões e incompatibilidade). Lei n. 190, de 2014 (tráfico de influência ilícito). Lei n. 231, de 2001 (empresas). Lei n. 3, de 2019 (reforma do tráfico de influência ilícito e da transparência do financiamento à política). Decreto legislativo n. 50, de 2016 (Código das Licitações). *Decreto legge* n. 149, de 2013, e Lei n. 13, de 2014 (abolição do financiamento público aos partidos). Lei n. 481, de 1995 (*revolving door* das *authorities*). |

---

[82] N.T. Derivada do grego, a palavra *anagrafe* significa "registro". Na Itália, em cada prefeitura, existe o *Ufficio dell'Anagrafe*, uma repartição pública que cuida dos registros da população residente. A *anagrafe patrimoniale* é o objeto das disposições da Lei n. 441, de 1982, sobre a transparência da posição financeira dos titulares de cargos eletivos e de cargos de gerência de algumas entidades.

| | |
|---|---|
| Regulamentos parlamentares | Art. 79 Reg. Câmara (investigação legislativa aberta).<br><br>Art. 143 Reg. Câmara (audiências).<br><br>Art. 144 Reg. Câmara (investigações para a apuração dos fatos).<br><br>Art. 47 Reg. Senado (audiências).<br><br>Art. 48 Reg. Senado (investigações para a apuração dos fatos). |
| Leis regionais | Estatutos Regionais<br><br>Toscana – Lei n. 5, de 2012.<br><br>Molise – Lei n. 24, de 2004.<br><br>Abruzzo – Lei n. 61, de 2010.<br><br>Lazio – Lei n. 12, de 2015.<br><br>Campânia – Lei n. 11, de 2015.<br><br>Calábria – Lei n. 4, de 2016.<br><br>Lombardia – Lei n. 17, de 2016.<br><br>Puglia – Lei n. 30, de 2017. |
| Regulamentos governamentais, Decretos ministeriais e Portarias | DM n. 2284, de 2012, e DM n. 8293, de 2014 (Agricultura – lobistas e consultas).<br><br>Portaria Mise-Min. Lavoro 24 de setembro de 2018.<br><br>DM n. 257, de 2018 (Meio Ambiente – agenda transparente).<br><br>DPCM n. 169, de 2017 (AIR).<br><br>Portaria PCM, de 16 fevereiro de 2018 (consultas AIR). |

CAPÍTULO II – AS REGRAS

| | |
|---|---|
| Outros atos | Câmara dos Deputados, Gabinete Presidencial, resolução de 8 de fevereiro de 2017.<br><br>Câmara dos Deputados, Conselho para o Regulamento, resolução de 26 de abril de 2016.<br><br>Senado da República, Conferência dos chefes dos grupos parlamentares, resolução de 12 de setembro de 2017 (Diretrizes para as consultas).<br><br>Senado da República, resolução de 20 de dezembro de 2017 (Reforma orgânica do Regulamento do Senado). |

Essa lista, evidentemente, é uma mera simplificação, inteiramente aproximativa e indicativa, de algumas das regras que intervieram nos últimos anos para tentar definir, ainda que parcialmente, a relação entre tomador de decisão e lobista.

Segundo o levantamento realizado pelos colaboradores da cadeira de Teoria e Técnicas de *Lobbying* na Universidade Luiss Guido Carli, do período entre 2017 e 2019, existem mais de 450 dispositivos de leis, *decreti legislativi*, *decreti legge*, regulamentos, atos governamentais de qualquer natureza dirigidos a lobistas ou aos agentes públicos responsáveis por decisões. São disposições predominantemente confusas, incluídas em medidas cujos propósitos são muito diferentes, aos quais, nesse contexto, é obviamente impossível e também inútil referir-se. O leitor deve, no entanto, estar ciente dessa situação para se dar conta da esquizofrenia de um legislador que, em vez de regulamentar a questão de forma coerente, introduziu e continua a introduzir disposições confusas e contraditórias no ordenamento jurídico com o objetivo de, principalmente, enviar sinais de atenção à opinião pública sobre uma questão que continua a ser assimilada à corrupção.

Nas páginas seguintes, portanto, para simplificar o raciocínio, nos limitaremos a sintetizar algumas dessas disposições, a fim de fornecer ao leitor algumas informações úteis para a compreensão da regulamentação do fenômeno na Itália. Primeiro, examinaremos a fonte constitucional; depois, as tentativas de legislar sobre o assunto (todas fracassadas também porque nunca foram levadas a sério); em seguida, nos concentraremos em algumas normas destinadas a prever o envolvimento de lobistas na elaboração de leis tanto por parte do governo quanto por parte do Parlamento; por fim, verificar como o acesso aos lugares de poder é regulado.

Posteriormente, dedicaremos nossa atenção aos multíplices casos regionais: como fica evidente, de fato, na tabela 2.5, diante do silêncio do legislador nacional, os legisladores regionais se impuseram e, nem sempre com resultados felizes, introduziram leis orgânicas sobre o assunto.

### 2.7.3 Existe um direito constitucional de fazer *lobbying*?

Não há nenhuma disposição na Constituição que reconheça expressamente o direito de fazer *lobby*. E, no entanto, quando se leem alguns artigos da Constituição italiana de forma a definir uma verdadeira "teoria constitucional geral da participação" no processo legislativo, é possível identificar um "espaço jurídico" para *lobbies* na Itália também.

Podem ser interpretados nesse sentido os art. 2º e 18 da Constituição, pois reconhecem o papel constitucional das formações sociais e garantem o direito de livre associação; ou o artigo 3º, que estabelece, em sua segunda parte, um direito real de participação; o mesmo no art. 49 da Constituição (como fonte de um direito de participação permanente); o art. 50, por sua vez, reconhece o direito de apresentar petições às Câmaras para solicitar medidas legislativas ou expor necessidades comuns (o que não deve ser confundido de forma alguma com *right to petition* dos EUA); o art. 71 é sobre a iniciativa legislativa; o art. 75 é sobre o referendo

## CAPÍTULO II – AS REGRAS

revogatório,[83] da mesma forma que outras disposições as quais preveem referendos a pedido de frações do órgão eleitoral; os art. 54, 97 e 98, por fim, determinam a obrigação para o funcionário público (*rectius*: para o agente público responsável pela decisão) de exercer sua função com disciplina e honra ao serviço exclusivo da nação (conforme estabelece o art. 67 para os parlamentares).

Com base em uma leitura mais próxima dos princípios dos art. 2º, 3º, 18 e 49 da Constituição, a Corte Constitucional, com duas famosas sentenças de 1974, a de n. 01 e a de n. 290, reconheceu como legítima a atividade de influência exercida por sujeitos que são expressão da sociedade organizada perante os órgãos constitucionais.

Em 1974, o Tribunal foi chamado a se manifestar sobre a legitimidade constitucional do art. 503 do Código Penal vigente naquela época, que proibia a chamada greve "política" com o fim de exercer pressão sobre os órgãos constitucionais. Ao considerar essa proibição inconstitucional, a Corte destacou como:

> Admitir que a greve possa ter por finalidade exigir a emanação de atos políticos não significa, de forma alguma, afetar as competências constitucionais com o envolvimento dos sindicatos, nem significa dar aos trabalhadores uma posição privilegiada em relação aos demais cidadãos. Significa apenas reiterar o que a Constituição já mostra: ou seja, a greve é um meio que, necessariamente avaliado no quadro de todos os instrumentos de pressão dos diversos grupos

---

[83] N.T. O referendo previsto no art. 75 da Constituição estabelece que 500.000 cidadãos ou 5 conselhos regionais podem propor a todo o corpo eleitoral "a revogação total ou parcial de uma lei ou de um ato com força de lei". Por lei, entende-se uma lei no sentido formal, que é aprovada pelo Parlamento de acordo com o procedimento ordinário; por "ato com força de lei", entendemos os decretos-lei e decretos legislativos (decretos adotados pelo governo por lei delegada pelo Parlamento).

sociais, é adequado para promover a prossecução dos fins a que se refere o parágrafo 2º do art. 3º da Constituição.

Para a Corte, portanto, o exercício de atividades de pressão sobre os órgãos constitucionais, se não tiver por objetivo "dificultar ou impedir o livre exercício daqueles direitos e poderes em que se exprime, direta ou indiretamente, a soberania popular", deve ser considerado expressão legítima de um direito constitucional e como tal não poderá ser proibido.

Segundo a Corte Constitucional, portanto, a Constituição Republicana, derrubando o modelo fascista,

> invertendo os princípios dessa lógica [repressiva], deu amplo espaço à liberdade de indivíduos e grupos, reconhecendo-a e protegendo-a apenas com os que são estritamente necessários à salvaguarda de outros interesses que contribuem para caracterizar a nova ordem democrática da sociedade.

As duas sentenças da Corte Tribunal, lidas com a perspectiva de hoje, afirmam o fundamento constitucional do *lobbying* e a licitude da ação realizada por titulares de interesses particulares, com o objetivo de proteger os seus próprios ou alheios, norteando as decisões políticas. Ao mesmo tempo, levantam a necessidade de introduzir normas que tornem efetivo o exercício desse direito constitucional.

O Tribunal Constitucional, com a sentença n. 379 de 2004, a respeito do estatuto regional da Emilia-Romagna, voltou a reiterar com mais força a tese defendida em 1974. Afirmando infundadas as questões de legitimidade constitucional levantadas em relação aos art. 17 e 19 da resolução estatutária regional, relativos à assim chamada *istruttoria pubblica*[84] e à consulta das partes interessadas

---

[84] N.T. A *istruttoria pubblica* é momento do *iter* normativo aberto ao público que pode anteceder a adoção de atos legislativos ou administrativos de caráter geral. O principal efeito que produz é a obrigação de motivar a medida final

## CAPÍTULO II – AS REGRAS

no processo legislativo, a Corte dissipa qualquer dúvida possível sobre a relevância, no sistema constitucional italiano, dos titulares de interesses especiais, não gerais. Para o Tribunal de Justiça, de fato, em primeiro lugar,

> prever que, nos processos relativos à formação de atos legislativos ou administrativos de caráter geral, a adoção da disposição final possa ser precedida de *istruttoria pubblica* representa a inclusão, em nível estatutário, de práticas já testadas e que funcionam também em algumas das grandes democracias contemporâneas.

Esse procedimento, portanto, não visa certamente

> expropriar os órgãos legislativos das suas atribuições ou dificultar ou atrasar a atividade dos órgãos da Administração Pública, mas sim melhorar e tornar mais transparente o relacionamento entre os órgãos representativos e os sujeitos mais interessados nas diversas políticas públicas.

Em segundo lugar, observa a Corte:

> O reconhecimento da autonomia dos órgãos representativos e do papel dos partidos políticos de forma alguma é negado por uma disciplina transparente das relações entre instituições representativas e frações da chamada sociedade civil,

---

em relação aos resultados do debate público. É convocada pela Assembleia da região a pedido de pelo menos cinco mil pessoas que tenham completado dezesseis anos e sejam: cidadãos italianos residentes na Emilia-Romagna; cidadãos estrangeiros e apátridas que residam regular e continuamente há pelo menos um ano em uma das cidades da Emilia-Romagna; outras pessoas que exerçam atividade de estudo ou de trabalho na região há pelo menos um ano. Disponível em: https://www.assemblea.emr.it/i-temi/partecipazione-legalita/a-te-la-parola/avvia-unistruttoria-pubblica Acessado em: 21.10.2021.

segundo quanto, aliás, já amplamente experimentado há algumas décadas com base nos estatutos regionais em vigor.

### 2.7.4 Tentativas de introduzir uma disciplina orgânica: desde projetos de lei a mudanças nos regulamentos

Os projetos de lei com o objetivo de regular organicamente o fenômeno do *lobby* foram numerosos (até julho de 2022, eram 102), enquanto houve apenas duas propostas de alteração dos regulamentos parlamentares sobre a matéria.

Os projetos de lei apresentados mostram a evolução da percepção dos grupos de pressão por parte do legislador, tanto que podemos identificar quatro fases na tentativa de regulamentar o tema de forma orgânica por meio de lei.

• A *primeira fase* vai, aproximadamente, de 1976 a 1988. Nesse período, os projetos de lei apresentados caracterizam-se, por um lado, pela confusão entre a atividade de *lobbying* e a atividade de comunicação institucional (a primeira percebida como sinônimo da segunda), e, por outro, pelo julgamento extremamente negativo sobre o *lobbying*, entendido como algo a ser disciplinado para ser limitado.

• A *segunda fase* começa com a entrevista concedida, em novembro de 1988, pelo então Ministro das Reformas Institucionais, Antonio Maccanico, e termina 18 anos depois, em 2006. Pela primeira vez, em novembro de 1988, o governo parecia perceber a existência dos *lobbies*, e Maccanico formulou uma proposta de regulamentação dos grupos de pressão, vinculando-a a uma reforma profunda do sistema institucional. Os projetos de lei apresentados nessa fase continuam mostrando a confusão de papéis entre lobistas e responsáveis das relações públicas, manifestando em geral uma opinião negativa sobre a atividade de *lobbying*, a qual deveria ser regulamentada a fim de evitar qualquer tentativa

## CAPÍTULO II – AS REGRAS

de corrupção da classe política, e demonstrando uma total falta de visão construtiva desse fenômeno.

• A *terceira fase* inicia-se com a aprovação, por parte do governo e iniciativa do ministro para a implementação do programa, Giulio Santagata, de um projeto de lei contendo a "Disciplina da atividade de representação de interesses particulares" (a.S. n. 1866).

O projeto de lei Santagata – elaborado por uma comissão especial de peritos (coordenada pelo Conselheiro de Estado, Michele Corradino, e pelo autor deste manual), aprovado pelo Conselho de Ministros em 12 de outubro de 2007 e transmitido ao Senado – representou um divisor de águas tanto na concepção do fenômeno *lobbying* quanto na regulamentação introduzida.

Depois de definir a atividade de *lobbying*, o projeto de lei Santagata desenvolve a dicotomia entre os direitos e os deveres dos lobistas. Os dois pilares nos quais o texto do governo se baseia são, por um lado, a previsão de uma série de obrigações para os titulares de interesses particulares (incluindo a de inscrição num registro *ad hoc* mantido no CNEL e a de elaborar um relatório sobre a atividade desenvolvida e sobre os recursos financeiros e humanos efetivamente utilizados) e, por outro lado, um conjunto de prerrogativas específicas (também definidas como "direitos" pelo *caput* do art. 6º), como a possibilidade de apresentação de propostas, solicitações, sugestões e análises, documentos de acordo com procedimentos definidos pelos próprios tomadores de decisão. O texto do governo, além disso, teve o mérito de destacar que não é possível regular os grupos de pressão segundo um esquema exclusivamente negativo e não ditar regras em relação ao agente público responsável pela decisão.

A antecipação da dissolução da legislatura, mais uma vez, impediu o exame do dispositivo. Os projetos de lei apresentados nas legislaturas subsequentes, de 2007 a 2013, limitam-se, essencialmente, a acatar as propostas contidas no projeto de lei de iniciativa do governo.

• A *quarta fase* coincide com a apresentação ao Conselho de Ministros, em 5 de julho de 2013, pelo então primeiro-ministro Enrico Letta, de um projeto de lei contendo a "Disciplina da atividade de representação de interesses particulares e demais regras sobre a transparência dos processos de tomada de decisão". A medida, elaborada por uma comissão de especialistas coordenada pelo Conselheiro de Estado Roberto Garofoli e pelo autor deste livro, representou uma novidade na abordagem regulatória do fenômeno.

O projeto de lei do governo, de fato, além de estabelecer um registro obrigatório de lobistas, revolucionava os modelos regulatórios anteriores e intervinha no sentido de introduzir inúmeras obrigações de transparência para os agentes públicos responsáveis por decisões (definindo-os de forma muito ampla), como a de tornar públicas as reuniões semanais com os lobistas e os financiamentos recebidos durante a campanha eleitoral, independentemente do seu valor. Ao mesmo tempo, a disposição regulamentava o envolvimento das partes interessadas na elaboração da lei. Para tanto, introduzia uma espécie de direito dos lobistas de participar do processo de tomada de decisão; propunha rastrear qualquer troca de informações entre os agentes públicos responsáveis por decisões e os lobistas por meio de relatórios periódicos por parte dos lobistas; e previa a menção, nos relatórios de apresentação de projetos de lei, das atividades de *lobbying* realizadas para apoiar ou não as propostas contidas na medida.

O projeto de lei apresentado pelo presidente Letta foi formalmente adiado pelo Conselho de Ministros para um estudo mais aprofundado, mas, de acordo com as reportagens, foi uma verdadeira rejeição devido à falta de acordo sobre as obrigações de transparência por parte de alguns ministros e de algumas forças políticas do governo.[85]

Os projetos de lei apresentados posteriormente (de 2013 a 2022) por deputados e senadores seguem substancialmente o modelo regulatório introduzido pelo "projeto de lei Letta", atribuindo um papel fiscalizador, em alguns casos, à Autoridade Nacional Anticorrupção (ANAC) e, em outros, à Autoridade pela Garantia da Concorrência e do Mercado (AGCM).

> ### *FOCUS*: A PROPOSTA ANDREATTA
>
> A primeira proposta de alteração do regulamento parlamentar sobre *lobby* foi apresentada em 22 de novembro de 1988, pelo senador Beniamino Andreatta. A proposta Andreatta introduzia o art. 71-bis sobre "Atividades de representantes de grupos de interesse". O artigo, inserido no Capítulo IX ("Da ordem das sessões, da Polícia do Senado e das tribunas"),[86] previa que os representantes dos grupos de interesse não tivessem acesso aos locais do Senado durante as atividades da Assembleia e das sessões das comissões permanentes e especiais (parágrafo 1º); que fossem criados espaços especiais para que os representantes dos grupos de interesse pudessem expor oficialmente sua posição sobre os atos legislativos em análise no Senado (parágrafo 2º); que os representantes dos interesses fossem inscritos em registro especial, mantido na sede do Senado e dividido por setores de atividade, a fim de exercer o referido direito de serem ouvidos, bem como o direito de conhecer em tempo real os projetos de

---

[85] GRASSO, Giovanni. "Le mani delle *lobby* sulla politica". *Avvenire*, 12 set. 2014, p. 7. Disponível em: https://www.avvenire.it/attualita/pagine/le-mani-delle-lobby-sulla-politica. Acessado em: 24.06.2022.

[86] N.T. Em italiano, *tribune*. O termo "tribuna", em italiano e no âmbito parlamentar, refere-se a um elemento arquitetônico, a *loggia*, ou seja, uma galeria coberta e vazada para um exterior onde ficam visitantes e imprensa.

> lei e as propostas de emendas sobre matérias de seu interesse (parágrafo 3º). O debate que se seguiu à proposta Andreatta foi extremamente rico, embora substancialmente contrário à emenda por dois motivos: de um lado, os senadores comunistas consideravam a proposta uma provocação por ser voltada a reconhecer apenas os *lobbies* economicamente mais fortes e organizados; de outro, os republicanos e os liberais mostraram-se contrários a impedir que os *lobbies* participassem dos trabalhos parlamentares. Ao final da discussão, a emenda foi retirada pelo senador Andreatta frente ao compromisso do presidente Spadolini de definir regras claras para o acesso dos partidos externos aos trabalhos parlamentares (regras, é claro, até hoje não definidas).

### 2.7.5 A análise de impacto regulatório (AIR) e as regras de transparência

Diante da ausência de uma regulamentação orgânica sobre a matéria, inúmeras são as medidas que, conforme mencionado, intervêm – as vezes de forma casual e, talvez, involuntária – para definir a modalidade de relacionamento entre agentes públicos responsáveis por decisões e portadores de interesses particulares.

Nesse contexto, são relevantes, *por um lado*, as disposições que preveem o envolvimento de lobistas no processo de elaboração dos *disegni di legge*[87] de iniciativa do governo, *por outro*, as

---

[87] N.T. *Disegno di legge* (ou Ddl) é uma proposta de texto normativo redigido em artigos, introduzidos por um relatório explicativo, o qual é apresentado à análise das Câmaras. O Ddl pode ser apresentado por um membro das Câmaras, pelo governo, por pelo menos cinquenta mil eleitores, por um Conselho Regional ou pelo Conselho Nacional de Economia e Trabalho (CNEL). Na Câmara, ao contrário do que acontece no Senado, o termo *disegno di legge* é reservado apenas para iniciativas governamentais. Disponível em: https://www.senato.it/ Acessado em: 22.10.2021.

CAPÍTULO II – AS REGRAS

que exigem transparência dos interesses econômicos dos agentes públicos responsáveis por decisões.

Em relação ao primeiro aspecto, podemos citar, a título de exemplo, o que estava inicialmente previsto pela lei de 8 de março de 1999, Lei n. 50, alterada pela Lei n. 246. De acordo com essa norma, o governo, ao elaborar um *disegno di legge*, deve primeiro verificar o impacto sobre os potenciais destinatários e, para realizar essa verificação, deve consultar os que têm um interesse naquele âmbito específico. O resultado dessa verificação deve ser anexado ao *disegno di legge* em um relatório específico e obrigatório denominado AIR, ou seja, Análise de Impacto da Regulamentação.

A AIR é um

> conjunto de atividades que as Administrações do Estado devem desenvolver na fase de preparação dos atos normativos de forma a verificar, *ex ante*, a necessidade de uma nova intervenção regulatória, tendo em conta os prováveis efeitos na atividade dos cidadãos e das empresas e no funcionamento das administrações públicas.

A AIR está prevista para todos os tipos de atos normativos do governo, incluindo aqueles adotados pelos ministros, medidas interministeriais e *disegni di legge* do governo, com exclusão dos *disegni di legge* constitucionais, dos atos legislativos em matéria de segurança interna e externa do Estado e dos projetos de lei de ratificação de tratados internacionais que não envolvam despesas ou o estabelecimento de novos gabinetes, bem como de outras medidas indicadas, por razões de necessidade e urgência, pelo *Dipartimento per gli Affari giuridici e legislativi della presidenza del Consiglio* (DAGL)[88] e desde que a AIR não seja expressamente

---

[88] N.T. Departamento de Assuntos Jurídicos e Legislativos da Presidência do Conselho.

solicitada pelas comissões parlamentares (nesse caso, ela deve, de todo modo, ser realizada).

A AIR deve relatar as atividades desenvolvidas na fase de instrução e de apuração, indicando expressamente os métodos e os resultados das consultas realizadas: o Decreto do Presidente do Conselho de Ministros n. 169, de 2017, e a diretriz de 16 de fevereiro de 2018 descrevem como as consultas devem ser realizadas justamente para garantir o envolvimento efetivo dos sujeitos que tenham interesse no objeto da norma. Por meio dessa ferramenta, de fato, os portadores de interesses teriam a possibilidade de influenciar o processo de tomada de decisão, determinando o conteúdo regulatório da disposição governamental.

As audições dos portadores de interesse devem ser realizadas pelos gabinetes legislativos dos ministérios. Compete a esses gabinetes, inseridos nas estruturas de colaboração direta dos ministros, submeter as várias hipóteses de regulamentação aos potenciais destinatários, de forma a verificar previamente seus potenciais efeitos.

Para tal fim, o Ministério das Políticas Agrícolas, Alimentares e Florestais, com o Decreto ministerial[89] n. 2284, de 6 de fevereiro de 2012, seguindo o modelo dos procedimentos de consulta dos *lobbies* previstos pela União Europeia, regulamentou, pela primeira vez na Itália, as modalidades de participação dos portadores de interesses particulares do setor agroalimentar nos processos de elaboração dos *disegni di legge* e dos regulamentos de competência do ministério. A disposição se baseava em dois pontos: por um lado, a previsão de uma lista de lobistas (ou seja, de sujeitos, pessoas físicas ou jurídicas, que exercem profissionalmente atividade de influência no processo decisório público), por outro, a previsão de

---

[89] N.T. Em italiano, *decreto ministeriale*. Trata-se de um ato administrativo emanado por um ministro no âmbito da área de competência do seu ministério. Disponível em: https://miur.gov.it/glossario-amministrativo. Acessado: 22.10.2021.

## CAPÍTULO II – AS REGRAS

um procedimento cronologicamente definido de consulta permanente de lobistas. De fato, de acordo com o disposto no decreto, os lobistas que pretendessem participar das consultas ou transmitir documentos, propostas e sugestões ao ministério precisavam inscrever-se numa lista pública (Lista dos Portadores de Interesses Particulares). O decreto de 2012 foi revogado em julho de 2014, para ser parcialmente restaurado com o Decreto n. 8.293, de 29 de julho de 2014. De acordo com a informação disponível, no entanto, a implementação dessa disposição foi essencialmente nula.

No que se refere ao segundo aspecto, nomeadamente o da **transparência dos interesses dos agentes públicos responsáveis por decisões**, podemos limitar-nos a considerar o disposto pela Lei n. 441 e pelo *Decreto legislativo* n. 33, de 14 de março de 2013.

A primeira lei introduziu o chamado *anagrafe patrimoniale degli eletti*,[90] prevendo a obrigação, para os titulares de cargos eletivos de todos os níveis, de apresentar, no prazo de três meses após a proclamação, uma declaração relativa a qualquer tipo de propriedade, bens móveis ou imóveis possuídos, ações de empresas, participação em sociedades, ao exercício de funções de administrador ou de *sindaco di società*,[91] apresentando também cópia da última declaração de imposto de renda e declaração de despesas com a campanha eleitoral. Essa declaração deve ser entregue também pelos cônjuges não separados e pelos filhos coabitantes dos parlamentares em exercício, desde que autorizados. Além disso: de acordo com o artigo 4º da mesma lei, no prazo de três meses da cessação do mandato, os membros eleitos devem apresentar mais uma declaração sobre o andamento de sua situação patrimonial, de

---

[90] N.T. Cf. nota 35. "Registro Patrimonial dos Eleitos".

[91] N.T. O *sindaco di società* è um membro do assim chamado *Collegio Sindacale*, órgão de fiscalização das sociedades e comparável ao Conselho Fiscal, que tem como missão fiscalizar a atividade dos administradores verificando se a gestão e a administração são efetuadas com respeito da lei e dos estatutos societários.

forma a evidenciar eventuais rendas não compatíveis com o salário recebido. Em caso de descumprimento, o presidente da Assembleia a que o eleito pertence intima-o para cumprir tal exigência em até 15 dias e, se o descumprimento persistir, informa a Assembleia. As mesmas regras aplicam-se aos membros do governo, incluindo os não parlamentares, nos termos da Lei n. 215 (a chamada Lei Frattini).

A segunda medida, em aplicação do disposto na Lei n. 190 (a chamada Lei Severino), prevê uma série de obrigações de transparência para os agentes públicos responsáveis por decisões, inclusive os não eleitos, entendendo por "transparência" a acessibilidade total das informações referentes à organização e à atividade das administrações públicas, a fim de favorecer formas amplas de controlo do exercício das funções institucionais e da utilização dos recursos públicos. Em particular, o Decreto Legislativo n. 33, de 2013, mandou publicar, no *website* da administração a que pertencem, as declarações de imposto de renda dos dirigentes da Administração Pública, bem como dos chefes de gabinetes que colaboram diretamente com os ministros.

Na ausência de uma regulamentação orgânica do fenômeno do *lobby*, obviamente não há regulamentação do *revolving door* na Itália, ou melhor, da "mudança de casaco" de lobista para tomador de decisões e vice-versa. No entanto, de acordo com a abordagem descrita neste manual, existem inúmeras disposições que, espalhadas por todo o ordenamento jurídico, estabelecem proibições de *revolving door* em certos casos e para certo tipo de *fattispecie*.[92]

---

[92] N.T. Optamos por manter o original *fattispecie*. No Brasil, de um modo geral, usamos a expressão "tipo" para expressar a descrição de circunstâncias elementares de um ato ou fato jurídico."FATTISPECIE: s. f. [do lat. *facti species* 'aparência de fato', fato imaginado para servir de paradigma], invar. – 1. Na linguagem jurídica italiana, o conjunto de circunstâncias objetivas que afetam uma relação jurídica: *f. criminale*, o conjunto de elementos exigidos por lei para a aplicação de uma sanção penal; é distinguida em *f. oggettiva*, o conjunto de elementos objetivos do crime, e *f. soggettiva*, como uma descrição do elemento psíquico e, também, em *f. giuridica astratta*, que consiste no

## CAPÍTULO II – AS REGRAS

Por exemplo, o Decreto legislativo n. 39, de 8 de abril de 2013, estabeleceu alguns casos de *inconferibilità*[93] **de cargos.** O art. 4°, em especial, dispõe: aos indivíduos que, nos dois anos anteriores, tenham exercido funções e ocupado cargos em entidades de direito privado ou financiadas pela Administração ou órgão público responsável por outorgar a atribuição, ou que tenham exercido atividades profissionais por conta própria reguladas, financiadas ou, em qualquer caso, remuneradas pela Administração ou órgão que contrata a função, não podem ser atribuídos: a) cargos administrativos de direção nas administrações estaduais, regionais e locais; b) cargos de administrador de entidade pública, em nível nacional, regional e local; c) cargos de direção externa, qualquer que seja a designação, nas administrações públicas de órgãos públicos relacionados com o departamento específico ou órgão da Administração que exerça poderes normativos e financeiros. Outros artigos do mesmo decreto também previram um período de *cooling-off* de dois anos para os ocupantes de cargos políticos, mesmo em âmbito local, prevendo, por exemplo, a proibição de ocupar cargos em empresas de saúde, ou na administração em

---

que é previsto em abstrato pelo legislador, e contrapõe-se a *f. concreta*, que inclui os elementos que realmente ocorreram no caso concreto" (tradução nossa). Em: ISTITUTO DELLA ENCICLOPEDIA ITALIANA. *Vocabolario Online Treccani*. Disponível em: www.treccani.it/vocabolario/fattispecie/. Acessado em: 21.10.2021.

[93] N.T. Optamos por manter o original *inconferibilità*. A recente legislação anticorrupção introduziu, como medida geral de prevenção de conflitos entre interesses particulares e interesse público, uma nova disciplina da *inconferibilità* e das incompatibilidades dos encargos públicos na Administração Pública, fortemente inovadora em relação à disciplina vigente. A disciplina diz respeito aos encargos administrativos, aqueles no alto da hierarquia e aqueles de dirigentes, ao mesmo tempo que se ocupa do regime de acesso e de permanência nos cargos em órgão de caráter político. As novidades mais relevantes dizem respeito às causas de *inconferibilità* (condenação por crimes, ainda que não definitiva; origem em empresa reguladas ou financiadas pela Administração Pública; origem em órgão de natureza política), à aplicação em todos os níveis de governo e à previsão de sanções específicas em caso de violação das normas.

que o indivíduo tenha exercido cargo político, ou em entidades controladas por aquela administração.

Por outro lado, uma medida anterior, a Lei n. 481, de 1995, introduziu um período de *cooling-off* semelhante para os membros das autoridades administrativas independentes, obrigando-os a "ficarem parados", sem poder aceitar cargos profissionais nos dois anos subsequentes ao fim do seu mandato.

### 2.7.6 Regulamentos parlamentares

Entre as primeiras normas do ordenamento jurídico italiano que regularam alguns aspectos da relação *lobbies*/agentes públicos responsáveis por decisões estão os regulamentos da Câmara e do Senado, os quais introduziram, a partir de 1971, regras para a *istruttoria legislativa*[94] "ampliada", identificando, assim, novos vínculos entre Parlamento e sociedade civil organizada.

Pense-se nas disposições dos artigos 144 r.C.[95] e 48 r.S.,[96] segundo os quais cada comissão poderá proceder a ouvir, além dos representantes do governo, "representantes de órgãos territoriais, entidades privadas, associações setoriais e outros especialistas na matéria em questão", para obtenção de notícias, informações e

---

[94] N.T. O conceito jurídico de *istruttoria* baseia-se no artigo 72 da Constituição italiana, segundo o qual todo projeto de lei, antes de ser apresentado à Câmara ou ao Senado para a aprovação, deve ser precedido de uma fase de análise durante a qual uma comissão permanente reúne todas as informações e os elementos úteis para compreensão da necessidade, da coerência e das consequências do projeto de lei em questão. Durante a *istruttoria*, informações e pareceres também podem ser solicitados a órgãos externos ao Parlamento. Essa fase preliminar sempre termina com a elaboração de um texto a ser proposto à assembleia. Como podem existir inúmeros projetos de lei referentes ao mesmo assunto, o texto apresentado pode não corresponder a um determinado projeto ou *disegno di legge*, mas ser o ponto de encontro das várias propostas apresentadas.

[95] N.T. Abreviação para "regulamento da Câmara".

[96] N.T. Abreviação para "regulamento do Senado".

## CAPÍTULO II – AS REGRAS

documentos úteis à atividade parlamentar. É importante pôr em evidência a importância que as audiências representam para o lobista: ele precisa chegar a ser ouvido por uma comissão e deve fazer com que os elementos fundamentais da posição que representa estejam presentes no relatório final. Igualmente importante para o portador de determinado interesse é intervir nas audiências legislativas, muitas vezes informais, que fazem parte da fase de *istruttoria* dos projetos de lei para adquirir rapidamente elementos de conhecimento sobre a matéria em questão e ter um quadro mais ou menos definido dos níveis de aprovação ou oposição das forças sociais interessadas na iniciativa legislativa.

Ao proceder com a fase de audiências, porém, a comissão pode ouvir quem quiser, pelo tempo que quiser, sem obedecer a nenhuma ordem; pode negar o acesso a determinadas pessoas e dar permissão a outras, sem ter que se justificar; a comissão pode ouvir alguns por uma hora e outros por cinco minutos. A discricionariedade é soberana; muitas vezes, as audiências são informais e, portanto, nem registradas; não é raro que a audiência seja utilizada pela própria maioria para fazer com que outros (os chamados "especialistas") reafirmem suas posições e orientações.

### O CASO

*Pistelli do Ministério para a ENI*

Apesar do que está previsto pela lei, os casos de transição de agente público responsável por decisões para portador de interesses particulares foram inúmeros. Entre eles, podemos destacar o caso do deputado Lapo Pistelli que, ainda em funções no governo de Renzi como Vice-Ministro dos Negócios Estrangeiros e da Cooperação Internacional, foi nomeado vice-presidente executivo responsável pelas relações internacionais da multinacional petrolífera ENI (Stakeholder Relations for Business Development Support). O caso levou a Autoridade da Concorrência e do Mercado a abrir uma investigação que se concluiu com a confirmação da plena legalidade da "transição", por não existirem regras contrárias.

Além dessas disposições, segundo uma lógica, por assim dizer, espelhada em relação ao previsto para os atos normativos do governo com obrigatoriedade de AIR, o Regimento da Câmara prevê, no artigo 79, a necessidade de que, durante a fase de análise dos *disegni di legge* na comissão, sejam avaliadas as consequências concretas das propostas sobre os destinatários potenciais, desde as administrações públicas às categorias sociais, aos interesses privados. Para examinar esses aspectos, o regulamento contempla uma série de ferramentas, incluindo, de fato, audiências e investigações de apuração de fatos, oportunidades para os lobistas se relacionarem – muitas vezes em um contexto muito informal e não público – com os parlamentares e aproximá-los de suas posições.

---

### *FOCUS*: AS CONSULTAS NO SENADO

Em 12 de setembro de 2017, a Conferência de líderes de grupos do Senado aprovou as "Diretrizes para consultas promovidas pelo Senado". Trata-se de um documento que identifica 11 princípios que regem o procedimento consultivo iniciado pelas Comissões ou Gabinetes e definem as fases e principais atividades em que esse procedimento se articula. Quem garante o cumprimento das diretrizes e é responsável pelo procedimento é o presidente do órgão promotor da consulta, que se apoia, para o efeito, nos competentes Gabinetes da administração do Senado.

Durante a 17ª legislatura (que terminou em 2018), foram realizadas apenas quatro consultas públicas: uma da Comissão do Meio Ambiente sobre a economia circular; uma da Comissão da Indústria com o objetivo de obter informações e avaliações das partes interessadas sobre o apoio às atividades produtivas através de sistemas de geração, armazenamento e autoconsumo

## CAPÍTULO II – AS REGRAS

> de energia elétrica; e duas da Comissão para o Emprego sobre os *disegni di legge* referentes aos *caregivers* (cuidadores) familiares (com o envolvimento de 43 associações e de algumas empresas privadas) e na prevenção de abusos em creches e asilos. No entanto, com o início da décima oitava legislatura, essas diretrizes não parecem mais ter sido aplicadas, e as consultas públicas parecem cobertas novamente por um véu de obscuridade impenetrável.

### 2.7.7 A regulamentação introduzida na Câmara dos Deputados

No contexto de um quadro normativo maior, inseriu-se a decisão do Gabinete de Presidência da Câmara dos Deputados de introduzir, a partir de abril de 2017, algumas normas básicas sobre a questão.

O ato adotado pelo Gabinete da Presidência, em 8 de fevereiro de 2017, prevê que qualquer pessoa que exerça profissionalmente a atividade de influência sobre os deputados e esteja fisicamente presente na Câmara deve inscrever-se em um registro, publicado *online* no *site* da Casa, discriminando a atividade a ser realizada, bem como os parlamentares que deseja contatar. Quem se inscreve obtém um cartão de acesso à sede da Câmara, válido por um ano, mas não tem acesso ao Transatlântico (o grande corredor em frente à entrada principal da Câmara e à *buvette*) e aos corredores de frente das salas das comissões e dos órgãos parlamentares.

O ato adotado também introduz uma espécie de proibição de *revolving door*, ao dispor que ex-deputados e ex-membros do governo não possam ser inscritos no registro nos doze meses seguintes ao término do mandato.

Infelizmente, a decisão do Gabinete da Presidência é afetada por alguns momentos de miopia: o mais significativo é, sem dúvida, dado por decisões para limitar a obrigatoriedade de inscrição no

Registo a quem exerce atividade de *lobbying* estando fisicamente presente nas sedes da Câmara, de forma profissional (e não se explica o que se entende por essa expressão), e apenas em relação aos deputados (nem mesmo aos colaboradores, muitas vezes muito mais importantes, ou aos assessores parlamentares – cuja relevância no momento decisório está fora de discussão). Basicamente, de acordo com as novas disposições, o lobista que fica fisicamente fora da Câmara poderá continuar a exercer a sua pressão sem se expor: o importante é que não atravesse a entrada do *Montecitório*.[97] É evidente que, a fim de convencer um parlamentar a entregar uma emenda, a sugerir uma posição, o contato físico certamente não é necessário, pois um *e-mail*, por exemplo, pode ser usado no caso.

Outro aspecto questionável é a opção de não afetar as audiências, prevendo a não aplicação dessas regras de *lobbying* às reuniões solicitadas pelas comissões. Como já destacamos, as audiências realizadas pelas comissões na fase *istruttoria* de um projeto de lei são, na sua maioria, informais, no sentido de que as pessoas a serem auditadas são escolhidas de forma extremamente discricionária (geralmente cada grupo parlamentar indica algum especialista do seu agrado) e que o encontro não é registrado nem divulgado, deixando assim tudo na total obscuridade. Infelizmente, o art. 1º do ato adotado exclui expressamente que as novas regras se apliquem às audiências: no entanto, teria sido mais racional prever que apenas os inscritos no Registo possam ser auditados, pelo menos os que pertencem às categorias de "lobistas" profissionais definidas no mesmo artigo.

É evidente também que quem redigiu as novas regras só teve em mente o chamado *lobbying one-shot*, ou seja, aquela ação de pressão que visa especificamente influenciar a aprovação ou a não aprovação de uma única norma. Isso é evidente pelo fato de que,

---

[97] N.T. Palácio Montecitório (em italiano: *Palazzo di Montecitorio*) é um palácio italiano localizado em Roma. Atualmente acolhe a sede da Câmara dos Deputados da Itália.

## CAPÍTULO II – AS REGRAS

no art. 2º, pede-se ao lobista para indicar, a partir do momento do registro, quem pretende contatar e quais ações pretende realizar. Pelo contrário, sabe-se que o *lobbying* também consiste em um monitoramento permanente de 360 graus: e é justamente em decorrência desse monitoramento que a pessoa se ativa – quando necessário – para contatar o agente público responsável pela decisão. É, portanto, difícil, senão impossível, indicar quem será contatado e o que será feito desde o início, a menos que se queira inserir uma descrição muito genérica (e inútil, no caso) e os nomes de todos os 630 deputados para não correr o risco de ser sancionado. Por fim, qualquer tipo de envolvimento econômico permanece indetectável: quem se registra, de fato, não precisa indicar quantos recursos econômicos possui ou se contribuiu para a campanha eleitoral daquele deputado ou daquele partido.

---

### *FOCUS*: A TENTATIVA NO SENADO

Ciclicamente, o Senado também tenta introduzir uma regulamentação interna do fenômeno do *lobby*, mas sem muita determinação. Em fevereiro de 2012, por exemplo, por ocasião da votação do *disegno di legge* de conversão do *decreto legge* sobre as liberalizações, surgiu uma polêmica sobre a presença de *lobbies* no espaço em frente à Comissão de Orçamento, onde a medida estava sendo examinada. O então Presidente do Senado, Schifani, aparentemente bem intencionado, declarou que era necessário intervir e estabelecer regras claras sobre o assunto e, consequentemente, convocou, em 28 de fevereiro de 2012, o Conselho de Presidência da Assembleia para aprovar as "diretrizes para a elaboração de regulamentos internos sobre a representação de interesses, a fim de regular as relações entre senadores e titulares de demandas da realidade econômica, social e cultural à luz dos princípios do pluralismo e da transparência". Esse regulamento nunca veio à luz.

Existem, também, outras questões problemáticas, não menos relevantes, introduzidas pelas regras adotadas: desde o absurdo de limitar a ação física dos lobistas numa pequena sala do *Montecitório* de onde é possível acompanhar as sessões relativas às medidas mais relevantes, à disposição de que os deputados, caso sejam mencionados pelos lobistas em seus relatórios anuais, devem ser informados e dar o consentimento, passando ainda pela discriminação – verdadeiramente incompreensível – a favor dos *lobbies* corporativos (organizações dos sindicatos e dos empregadores), os quais têm direito a quatro crachás de acesso, enquanto dois são reservados a outras organizações e um é concedido a pessoas físicas.

Todavia, apesar dessas perplexidades, a decisão do Gabinete da Presidência tem um significado tão inovador e revolucionário que os defeitos desse regulamento ficam em segundo plano. As regras adotadas provavelmente não são as melhores normas possíveis, mas são alguma coisa e, em um contexto em que as decisões políticas estão envoltas em um véu impenetrável, elas podem servir para trazer um mínimo de luz. A comprovação da sua utilidade é dada pela decisão de junho de 2019, do presidente *pro tempore* da Câmara dos Deputados, Roberto Fico, de censurar o comportamento de 11 lobistas inscritos, eliminando-os do registro por terem fornecido informações parciais e incompletas no momento da inscrição ou no relatório periódico das atividades. Essa decisão destacou o aspecto positivo dessa legislação fragmentária e primordial.

### 2.7.8 Os registros "faça você mesmo"

O Ministério do Desenvolvimento Econômico, o Ministério dos Transportes e das Infraestruturas, o Ministério do Meio Ambiente, o Ministério do Trabalho e o Ministro da Administração Pública[98] introduziram, além do que tem sido feito pelo Ministério das Políticas

---

[98] N.T. No original, "Ministro della Funzione Publica". O Departamento da Função Pública, de fato, é uma estrutura que faz parte da Presidência

## CAPÍTULO II – AS REGRAS

Agrícolas, Alimentares e Florestais, regras próprias para tentar definir formas de relacionamento com os portadores de interesses.

A partir de setembro de 2016, o **Ministério do Desenvolvimento Econômico** previu que qualquer pessoa que deseje solicitar uma reunião com o ministro e os altos dirigentes da Administração para representar um interesse particular deve se inscrever em um registro público, indicando, entre outras coisas, os objetivos da sua atividade, os sujeitos representados e os recursos atribuídos para o efeito. O *site* do ministério lista os lobistas registrados (1.602 em 2022) e acompanha as reuniões entre eles e os tomadores de decisão públicos. No entanto, deve-se notar que os dados são atualizados a cada seis meses, e a agenda dos tomadores de decisão é frequentemente atualizada até mesmo uma vez por ano (em alguns casos, a cada dois anos), com dados tão gerais que são substancialmente inúteis. Entre outras coisas, o mesmo *site* do ministério especifica que as informações constantes da Lista de Lobistas não estão sujeitas a qualquer controle, nem são fornecidas nos termos da legislação em vigor: na prática, qualquer pessoa pode registrar-se na Lista, escrevendo o que deseja, e, por outro lado, o agente público responsável por decisões não é obrigado, em substância, a atualizar a pauta das reuniões e especificar quem exatamente ele recebeu e para que finalidade, nem se algum material foi entregue para ele.

O mesmo Cadastro e as mesmas regras foram estendidos ao **Ministério do Trabalho e das Políticas Sociais,** a partir de setembro de 2018.

Na verdade, o primeiro a apresentar uma lista pública de reuniões realizadas com lobistas foi o **Vice-ministro de Infraestrutura e Transportes,** Riccardo Nencini (governos Letta, Renzi e Gentiloni): em seu *site* institucional, a partir de janeiro de 2015, Nencini tem de fato divulgado, até o término do seu mandato, uma

---

do Conselho dos Ministros e o ministro competente é o Ministro da Administração Pública.

relação de todas as reuniões realizadas com as partes interessadas, indicando o local, o horário e a duração do encontro, o tema, o nome e o sobrenome dos lobistas e colaboradores presentes e os materiais entregues, relação atualizada todas as semanas, com pontualidade. Com a conclusão da legislatura, das eleições e do início do governo Conte, o registro foi cancelado e os sucessores de Nencini não seguiram seu exemplo.

Seguindo seu exemplo, no entanto, em novembro de 2016, a Ministra do Administração Pública do governo Renzi, Marianna Madia, adotou uma agenda transparente contendo reuniões com os *stakeholders* em formato de *open-data*. Também nesse caso, com a mudança de governo e de ministro, o Registro Público foi suprimido.

Dois meses após sua posse, em agosto de 2018, o **Ministro do Meio Ambiente e da Proteção do Território e do Mar** do governo Conte, General Sergio Costa, seguiu os passos de seus antecessores e, com o Decreto n. 257, de 1º de agosto de 2018, estabeleceu uma série de obrigações de transparência para ele, seus colaboradores e consultores, para os subsecretários e suas equipes, bem como para os altos dirigentes do ministério. Em particular, o decreto estabelecia a obrigação desses agentes públicos responsáveis por decisões de publicar e atualizar semanalmente a relação das reuniões realizadas com lobistas segundo o modelo Nencini, com um grau considerável de detalhamento. Esse decreto foi revogado pelo ministro subsequente (governo Draghi) em maio de 2021 porque ele considerava que tornar públicas as reuniões entre os tomadores de decisão públicos e os lobistas violava a privacidade de ambas as partes (uma teoria absurda, já que o interesse geral em transparência absoluta na gestão do bem público prevalece sobre a privacidade do indivíduo).

Se compararmos os regulamentos "faça você mesmo" introduzidos pelos 6 ministérios acima mencionados, incluindo o das Políticas Agrícolas e o da Câmara dos Deputados, de fevereiro de 2017, evidencia-se certo grau de confusão terminológica a tal ponto que, por exemplo, a mesma pessoa pode ser considerada

CAPÍTULO II – AS REGRAS

lobista pelo Ministério do Desenvolvimento Econômico, mas não pela Câmara dos Deputados e vice-versa. Tudo isso confirma a natureza fragmentada e desorganizada da regulamentação italiana.

Para adicionar ainda mais confusão ao quadro regulamentar geral, o legislador italiano aprovou, a partir de 2012, uma série de leis em que a atividade de *lobbying* é disciplinada, estabelecendo "o que não deve ser", ou seja, pelo contrário. A assim chamada Lei Severino (n. 190, de 2012) introduziu o art. 342-bis no código penal, contendo o caso de "tráfico de influências ilícitas", segundo o qual é punida com pena de prisão de um a três anos qualquer pessoa que, além dos casos de corrupção e extorsão, "explorando as relações existentes com um funcionário público ou com um responsável de um serviço público, faz dar ou prometer dinheiro ou outra vantagem financeira, para si próprio ou para outrem, como preço de sua mediação ilícita com funcionário público ou responsável de um serviço público ou para remunerá-lo, em relação à prática de ato contrário aos seus deveres ou à omissão ou à demora de ato do seu Gabinete. A mesma pena é aplicada a quem indevidamente dá ou promete dinheiro ou outra vantagem patrimonial". Essa é uma disposição legislativa que, na ausência de uma regulamentação positiva do fenômeno do *lobby*, tem lutado para ser aplicada e, quando aplicada, tem gerado muitas perplexidades em termos de legitimidade constitucional.[99]

Essas preocupações levaram o legislador a mudar a *fattispecie* em 2019, com a Lei n. 3, de 9 de janeiro de 2019, (a chamada "Lei *Spazzacorrotti*"[100] ou "Lei Bonafede"), que mesclava os dois casos distintos de crime de tráfico de influências ilícitas e *millantato credito*.[101]

---

[99] GIAVAZZI, Stefania; MONGILLO, Vicenzo; PETRILLO, Pier Luigi. (Coord.). *Lobbying e traffico di influenze illecite*: dalla regolamentazione amministrativa alla tutela penale. Torino: Giappichelli, 2019.

[100] N.T. "Limpa-corruptos".

[101] N.T. *Fattispecie* formalmente revogada e unificada com a *fattispecie* de tráfico de influências ilícitas pela "Lei Bonafede". Crime cometido por alguém

O artigo atual 342-bis do Código Penal, conforme alterado em 2019, agora pune qualquer pessoa que, explorando ou se vangloriando de relações existentes ou alegadas com um agente público responsável pela decisão, faz dar ou prometer indevidamente, a si mesmo ou a terceiros, dinheiro ou outros benefícios como o preço da própria mediação ilícita para o agente público responsável pela decisão, ou para o remunerar pelo exercício dos seus poderes ou funções ou pela prática de ato contrário às suas funções. A regulação "negativa" do fenômeno do *lobby* em seus aspectos patológicos emerge claramente: ao mesmo tempo, o absurdo dessa disposição surge na ausência de uma regulação "positiva" do *lobby*. De fato, para entender quando a mediação possa ser considerada "ilegítima" ou "indevida", é indispensável que haja uma regra que defina os limites da atividade de mediação ou influência, que estabeleça como, onde, quem pode exercê-la e em qual âmbito.

### 2.7.9 Participação e *lobby* nas regiões italianas

No âmbito regional, encontram-se as primeiras regras que previam o envolvimento de *lobbies* no processo de tomada de decisão: antes mesmo do nascimento da Constituição republicana, com a necessidade do governo provisório italiano de apaziguar as frustrações sociais e os tumultos separatistas, foi aprovado o Estatuto da **Região Sicília** com o Real Decreto Legislativo n. 455, de 15 de maio de 1946, posteriormente convertido na Lei constitucional n. 2, de 26 de fevereiro de 1948.

Após ter atribuído o poder de iniciativa legislativa ao governo regional e a cada um dos deputados, bem como a uma fração dos eleitores, o artigo 12 do Estatuto da Sicília estabelece, no § 3º, que

---

que, fingindo ter ou ostentando ter uma influência eficaz sobre um agente público, pede dinheiro para essa sua atividade de influência. O bem jurídico protegido pela lei é o prestígio da Administração Pública; o elemento subjetivo é a intenção dolosa genérica; e a pena prevista era de 1 a 5 anos.

## CAPÍTULO II – AS REGRAS

os projetos de lei sejam elaborados pelas comissões da Assembleia da região "com a participação de representantes de interesses profissionais e órgãos técnicos regionais". O regulamento da Assembleia Regional, nos artigos 71, 72 e 73, especifica quanto disposto no estatuto: a) o art. 71 estabelece uma Lista pública de "representantes de interesses profissionais" composta por "representantes regionais de organizações de trabalhadores, empregadores, organismos profissionais". Essa Lista é mantida pelo secretariado regional da Assembleia e é atualizada anualmente; b) o art. 72 estabelece um verdadeiro direito para os sujeitos inscritos na referida Lista de participarem dos trabalhos das comissões regionais, prevendo sua participação como obrigatória "quando a matéria do projeto de lei diga respeito a problemas econômicos e sindicais"; c) o art. 73 especifica que os representantes de interesses profissionais e os titulares de interesses gerais podem participar das reuniões das comissões em número estabelecido em cada ocasião pelo presidente da comissão, o qual, por sua vez, avalia se deve envolver esses sujeitos na fase de elaboração do projeto de lei na sua totalidade.

No entanto, essa regra nunca foi aplicada: não há lista de portadores de interesses, enquanto os relatórios das reuniões das comissões regionais mostram como estas procedem com as audiências de sujeitos externos, especialistas nos temas tratados, segundo critérios de absoluta discricionariedade.

A modificação do Título V da Constituição italiana, com a Lei Constitucional n. 3, de 18 de outubro, impôs aos conselhos regionais, como sabemos, a aprovação de novos Estatutos. Todos os Estatutos regionais contemplam a participação de indivíduos, grupos e interesses, mais ou menos organizados, nas escolhas políticas regionais, mesmo após o encerramento das urnas. De fato, respondendo a um sentimento comum, os legisladores regionais parecem ter aproveitado a oportunidade para reformar os Estatutos, ou melhor, aprovar novos, identificando múltiplas formas e métodos inovadores para a aplicação do princípio da subsidiariedade tanto vertical como horizontalmente, e considerando, consequentemente, as organizações como expressões da sociedade pluralista, sujeitas a serem envolvidas na definição das políticas públicas, titulares de uma "cidadania ativa" mais completa.

Sem qualquer pretensão de exaurir o assunto e remetendo a outras doutrinas para um exame mais aprofundado, é possível identificar, a partir da leitura "comparativa" dos Estatutos regionais, três formas distintas de articular cidadãos, interesses organizados e instituições regionais.

1. Vários Estatutos definem **formas "abertas"** de *istruttoria legislativa*, de modo a permitir (e legitimar) a intervenção de qualquer sujeito portador de interesses particulares: é o caso dos Estatutos da Emilia-Romagna (art. 3º, 15, e 19), Toscana (art. 19 e 72), Piemonte (art. 32 e 86), Marche (art. 19 e 53), Umbria (art. 20), Lazio (art. 33), Liguria (art. 26), Campânia (art. 11) e Lombardia (art. 9º e 36), que preveem consultas prévias e contextuais ao exame de um projeto de lei regional pelas comissões competentes por meio de audiências específicas.

Desse ponto de vista, o Estatuto da Emilia-Romagna parece ser o mais inovador, prevendo *istruttorie pubbliche* em que quaisquer sujeitos portadores de interesses gerais ou particulares, bem como os titulares de interesses generalizados em forma de associação, podem resultar prejudicados por algum ato regional (art. 15, § 3º). Esses sujeitos, no entanto, devem ser inscritos num registro geral de associações, organizado por comissões de conselho e regido com base num protocolo de consulta. Embora seja evidente, nesse construto estatutário, a influência do modelo de participação no procedimento administrativo a que se refere a Lei n. 241, de 1990, e, portanto, na mesma lógica, o governo contestou essa medida perante a Corte Constitucional. Com a sentença n. 379, de 2004, a Corte especificou que a previsão de uma disciplina transparente destinada a garantir a participação no processo legislativo dos órgãos associativos representativos

## CAPÍTULO II – AS REGRAS

de interesses particulares (sociais ou econômicos) não afeta negativamente nem limita a independência da Assembleia representativa, mas, pelo contrário, reforça seu papel como receptor de demandas coletivas.

2. Grupos de cidadãos (geralmente 5.000), sindicatos, órgãos representativos de categorias sociais podem apresentar **petições** ou *interrogazioni* escritas ao Conselho ou à Junta para conhecer as intenções do órgão político ou representativo, ou para verificar se um fato corresponde à realidade.

3. Em todos os Estatutos, está prevista (melhor: reafirmada, dado que é um princípio também contido nos Estatutos anteriores) a contribuição das organizações sociais no ordenamento econômico, social e territorial da Região, também através de um órgão específico como a "Conferência regional permanente de ordenamento econômico, territorial e social". Nessa lógica, precisamos inserir os dispositivos que visam à elaboração dos chamados **orçamentos participativos** com base nos quais partes do orçamento regional são definidas de acordo com as demandas dos cidadãos (e grupos organizados). São experiências emprestadas de outros sistemas jurídicos testados ainda antes da entrada em vigor dos novos Estatutos, por exemplo, na Região do Lazio onde a Lei Regional n. 4, de 2006, prevê, no art. 44, que o envolvimento das partes interessadas é uma parte essencial do processo de preparação do orçamento. Seguindo uma lógica semelhante, alguns estatutos regionais formalizam momentos de consulta para obtenção de acordos preliminares entre os parceiros sociais e o Executivo regional (que, em algumas regiões, terão de ser "orientados" pelo Conselho).

Os instrumentos de participação assim definidos reforçam o circuito da representação tradicional, melhorando o seu funcionamento através da integração de procedimentos e métodos de governação inovadores.

> ## *FOCUS*: AS REGIÕES EM BRUXELAS
>
> A Lei n. 52, de 6 de fevereiro de 1996, no art. 58, § 4º, permite às Regiões e às Províncias Autônomas "estabelecerem nas sedes das Instituições da União Europeia, os seus Gabinetes de ligação, individuais ou compartilhados (com outras Regiões ou entidades pertencentes à União Europeia no âmbito da cooperação transfronteiriça ou de acordos internacionais). Os escritórios regionais e provinciais mantêm relações com as instituições comunitárias nos assuntos da sua competência". Com base nessa disposição, todas as Regiões criaram os seus próprios escritórios de representação nas instituições da União a partir das quais operam como verdadeiros *lobbies* (ver capítulo 1).

Essa necessidade de envolver indivíduos e interesses organizados no processo regulatório foi mais sentida em algumas regiões onde, para além das disposições dos Estatutos, foram aprovadas leis específicas sobre o *lobby*: são as regiões da Toscana, Molise, Abruzzo, Lombardia, Calábria e Puglia, das quais examinaremos agora as leis específicas destinadas a regular o fenômeno do *lobby*. A essas são acrescentadas algumas disposições introduzidas na Campânia e uma lei extravagante aprovada no Lazio.

### 2.7.9.1 Toscana e Molise

A região **Toscana** foi a primeira a regulamentar o fenômeno do *lobby* de forma orgânica, com a Lei n. 5, de 18 de janeiro de 2002, que contém "Regras para a transparência da atividade política e administrativa do Conselho Regional da Toscana".

O art. 1º da Lei Regional reconhece três objetivos distintos e ambiciosos para a medida: assegurar a transparência da atividade política e administrativa, garantir o acesso e a participação de um número cada vez maior de sujeitos e favorecer os conselheiros regionais no desempenho das suas funções.

CAPÍTULO II — AS REGRAS

A Lei Regional não oferece uma definição do que se entende por *lobby*, mas, no art. 2°, distingue dois tipos: aqueles que representam categorias econômicas, sociais e do terceiro setor mais representativas em nível regional e provincial; e outros grupos de qualquer maneira ativos no território toscano. Para ambos é obrigatório a inscrição no registro dos grupos de interesse credenciados, mas enquanto, para os primeiros, é feita automaticamente, para os segundos, é necessário enviar um pedido ao Conselho a partir de um modelo disponível no *site* da Região. Em particular, de acordo com o art. 6° das disposições para a aplicação da lei, ficam automaticamente inscritos os grupos admitidos, direta ou indiretamente, à mesa de concertação na fase de planejamento econômico. Ao mesmo tempo, a medida não define em que consiste o *lobby*, mas prevê que quem deseja influenciar os membros do Conselho Regional (mas não da Junta)[102] deve cumprir as disposições introduzidas.

O art. 2°, § 5°, da lei limita a possibilidade de inscrição no registro apenas aos grupos "cuja organização interna se rege pelo princípio democrático", "com interesses a serem protegidos de acordo com o ordenamento jurídico", e que "tenham sido constituídos há pelo menos seis meses da data do pedido de registro". Esse é um primeiro ponto crítico, uma vez que tal formulação torna praticamente impossível para uma firma de *lobby* se inscrever no registro; o legislador, com um espírito (talvez muito) realista, parece, portanto, acreditar que estejam interessados em fazer *lobby* no Conselho apenas as associações cívicas e os comitês, mas não, por exemplo, sociedades, grandes empresas monopolistas e multinacionais. Em todo caso, grupos organizados em associações ou fundações, ainda que não reconhecidas, ou em comissões com fins temporários, podem inscrever-se.

---

[102] N.T. Enquanto o Conselho Regional (em italiano, *Consiglio Regionale*) é o órgão legislativo da Região, a Junta Regional (em italiano, *Giunta Regionale*) é o órgão executivo.

Para a inscrição, os grupos de interesse devem apresentar, além do pedido e da ata de constituição, o estatuto e a resolução dos órgãos estatutários referentes à representação externa do grupo. Se das verificações posteriores ao cadastro no Registo se constatar que um ou mais grupos de interesse não possuem os requisitos previstos pela lei, o Gabinete da Presidência do Conselho Regional comunicará aos interessados o resultado da verificação e o seu eventual cancelamento do registro.

O registro divide-se em setores de acordo com as matérias da competência das comissões ordinárias do conselho: atividades institucionais; agricultura e atividades produtivas; saúde; cultura e turismo; território e meio ambiente. No ato da inscrição, os grupos interessados deverão indicar o setor ou setores para os quais é solicitado o credenciamento, em relação às suas finalidades sociais, bem como os responsáveis pela representação do grupo no Conselho Regional após o credenciamento.

De acordo com o art. 3º, § 2º da lei em questão, os pedidos representados por sujeitos credenciados podem ser referentes a atos já propostos ou a serem propostos para análise do Conselho. No primeiro caso, os representantes dos grupos de interesse podem pedir para que sejam ouvidos pelas comissões do conselho encarregadas da *istruttoria*; no segundo caso, os pedidos formais dos grupos de interesse e a respectiva documentação são transmitidos indistintamente a todos os grupos políticos do Conselho Regional, sem prejuízo do princípio de autonomia e da liberdade de decidir, em conformidade com a legislação em vigor e a transparência, seus próprios métodos de relacionamento. As propostas relativas a atos já em apreciação nas comissões são submetidas ao serviço competente pela gestão do *iter* dos atos do conselho, o qual se encarrega de encaminhá-las às comissões competentes em até cinco dias; caso contrário, são enviadas para todos os grupos do conselho. Sobre esses atos, os grupos credenciados também têm direito – a exemplo do que ocorre com as *hearings* (audiências) nos Estados Unidos – de pedir para que sejam ouvidos pelas comissões.

CAPÍTULO II – AS REGRAS

Os representantes dos grupos credenciados podem acessar as sedes do Conselho; podem acompanhar *online* as reuniões das comissões de seu interesse específico, de acordo com os procedimentos regidos pelo regimento interno do conselho. Podem ainda ter acesso aos gabinetes do Conselho Regional para informações e esclarecimentos de natureza técnica relativos aos atos do seu interesse ou relativos à organização procedural dos trabalhos do próprio Conselho, de acordo com os princípios estabelecidos na lei regional sobre o acesso aos autos, com métodos e critérios de exaustividade e tempestividade adequados para salvaguardar os fins de transparência previstos pela própria lei.

O Conselho Regional de Molise adotou exatamente a mesma lei, ao copiar (é o caso de se dizer) cada palavra da Lei Regional n. 24, de 22 de outubro de 2004, contendo, exatamente como o toscano, "Regras para a transparência da atividade política e administrativa do Conselho Regional de Molise". Em Molise, no entanto, essa disposição não teve qualquer implementação concreta.

### 2.7.9.2 Abruzzo, Calábria, Lombardia e Lazio

Para tentar interpretar a mudança de cenário e a relação dos centros regionais de decisão com os *lobbies*, três regiões diferentes intervieram de 2010 para hoje: Abruzzo em 2010 e, em 2016, Calábria e Lombardia.

**Abruzzo,** com a Lei Regional n. 61, de 22 de dezembro de 2010, que contém "Disciplina sobre a transparência da atividade política e administrativa e sobre a atividade de representação de interesses particulares", adotou uma legislação tecnicamente mais avançada do que as anteriores, ainda que com uma estrutura parecida.

A lei de Abruzzo sobre *lobbies* define a atividade de representação de interesses particulares de forma extremamente ampla, incluindo toda atividade realizada por grupos de interesse particular por meio de propostas, solicitações, sugestões, estudos, pesquisas, análises, *position papers* (documento que identifica a posição do grupo de interesse particular) e qualquer outra iniciativa ou comunicação oral e escrita, inclusive por meio eletrônico, destinada a perseguir interesses legítimos próprios ou de terceiros, mesmo de natureza não econômica, perante agentes públicos responsáveis por decisões, a fim de influenciar processos de tomada de decisão de agentes públicos em andamento, ou para fazer começar novos processos de tomada de decisão.

No entanto, a lei não impõe a obrigatoriedade de inscrição no registro de *lobbies* para quem exerce essa atividade, dispondo a possibilidade de requerer o credenciamento mediante inscrição no registro (art. 3º, n. 1), mas podendo exercer a profissão sem estar inscrito.

O art. 5º da lei inclui "Direitos dos representantes de interesses", mas a única vantagem real dos lobistas registrados consiste na possibilidade de solicitar serem ouvidos "com prioridade" pelas comissões do conselho, as quais não podem recusar a audiência, exceto em casos de necessidades particulares de rapidez da *istruttoria* (art. 5º, § 5º), visto que os demais "direitos" previstos no artigo em questão reproduzem o direito geral de acesso aos atos administrativos ou o direito de qualquer pessoa de enviar documentos ou propostas a agentes públicos responsáveis pelas decisões.

O elemento mais inovador consiste, portanto, não tanto na disponibilização de um Cadastro, mas em definir como "tomadores de decisão públicos" também o presidente da Junta Regional e os assessores, além dos vereadores. Essa medida, igualmente, é de fato desprovida de efeitos perceptíveis: os 24 indivíduos inscritos no registro, em junho de 2019, são coligados a várias associações e ordens profissionais menores que, com base nos relatórios das comissões do conselho, não parecem ter uma atitude proativa em relação ao processo regulatório da região.

Com a Lei Regional n. 4, de 12 de fevereiro de 2016, a Calábria introduziu uma primeira "disciplina sobre a transparência da

## CAPÍTULO II – AS REGRAS

atividade política e administrativa e de seus órgãos instrumentais na atividade de representação de interesses particulares".

Seguindo um modelo clássico, a lei estabelece um registro no qual todos os sujeitos que pretendem exercer atividades de influência junto ao Conselho, à Junta e aos gestores regionais são obrigados a se cadastrar. Os sujeitos inscritos, nos termos do art. 5º da lei, têm o direito de serem ouvidos e de apresentarem propostas, sugestões, estudos ou qualquer outra iniciativa que persiga os objetivos dos seus grupos de interesse aos órgãos, grupos ou conselheiros, bem como o direito de acesso aos gabinetes do Conselho Regional e da Junta, para informações e esclarecimentos de natureza técnica relativos aos atos de seu interesse ou relativos à organização processual dos trabalhos do Conselho, das Comissões e do Executivo.

O art. 8º rege as prerrogativas e as obrigações dos agentes públicos responsáveis por decisões: em particular, os agentes públicos levam em consideração solicitações, propostas e iniciativas de grupos de interesse compativelmente com os interesses da comunidade. Mais uma vez, por uma questão de transparência, prevê-se que a atividade de representação de interesses particulares realizada em relação aos agentes públicos responsáveis por decisões seja mencionada, se for caso disso, no relatório explicativo ou no preâmbulo das leis e das diretrizes ou nas premissas dos atos administrativos gerais, introduzindo o chamado *legislative footprint* (pegadas legislativas).

Com a Lei Regional n. 17, de 20 de julho de 2016, que contém a "Disciplina para a transparência da atividade de representação de interesses nos processos de decisão pública no Conselho Regional", em 2016, a região da Lombardia também introduziu uma legislação sobre a matéria, mais concisa do que as anteriores, dispondo o cadastro em uma Lista pública dos grupos que pretendem realizar atividades de influência.

A lei reconhece aos lobistas não somente obrigações (incluindo a apresentação de relatório anual sobre a atividade desenvolvida), mas também direitos (direito de submeter aos tomadores de decisão solicitações de reuniões, propostas, sugestões, estudos, pesquisas, análises, memórias escritas, documentos e qualquer outra comunicação, bem como acesso às sedes institucionais).

A Lista dos representantes de interesses no Conselho de Administração entrou efetivamente em vigor na sequência das Deliberações do Gabinete de Presidência n. 15, de 25 de janeiro de 2017, e n. 479, de 20 de dezembro de 2017, que aprovaram, respectivamente, as disposições de execução e o relatório anual sobre a atividade de representação de interesses desenvolvida no ano anterior no Conselho.

A Lista de representantes de interesses na Junta Regional e nos órgãos do sistema regional foi implementada com a aprovação do Regulamento Regional n. 6, de 13 de outubro de 2017, que define os procedimentos operacionais para a realização da atividade e disponibiliza os formulários a serem utilizados para o registro na Lista.

Por outro lado, a região do Lazio aprovou uma "lei para fazer uma lei" sobre os *lobbies*. Com a Lei Regional n. 12, de 6 de agosto de 2015, que contém "Disposições para a proteção da legalidade e transparência na Região Lazio", a região comprometeu-se a aprovar por lei, no prazo de doze meses, o estabelecimento de uma Lista regional de portadores de interesses. Basicamente, o legislador da região aprovou uma lei dizendo que aprovaria outra lei para regular o fenômeno do *lobby*, outro dispositivo legal que, é claro, nunca foi apresentado.

### 2.7.9.3 Puglia

A Lei da Região de Puglia n. 30, de 24 de julho de 2017, introduziu uma primeira disciplina orgânica da atividade de *lobbying* junto aos agentes públicos responsáveis por decisões.

De acordo com a lei regional, por atividade de *lobbying* entende-se "qualquer atividade de grupos de interesse particular,

## CAPÍTULO II – AS REGRAS

destinada a influenciar de forma lícita os processos de tomada de decisão dos agentes públicos e realizada através da apresentação, por escrito, de propostas, documentos, observações, estudos, pesquisas que contenham, de forma meramente identificativa, a posição do grupo".

O âmbito de aplicação das regras é ampliado à Junta Regional, aos chefes de departamentos e à alta direção das empresas regionais estratégicas e às empresas e órgãos do Serviço de Saúde da Região.

As ferramentas de transparência previstas nos artigos são duplas: de um lado, no art. 5°, é estabelecido um registro obrigatório de grupos de interesses, cuja inscrição está sujeita à aceitação de um Código de Conduta; por outro lado, o art. 7° introduz uma agenda pública por meio da qual as reuniões entre agentes públicos responsáveis por decisões e grupos de interesse devem ser anunciadas.

Os sujeitos inscritos no registro de lobistas podem apresentar propostas, solicitações, comunicações, sugestões, estudos, pesquisas, análises, resumos escritos e qualquer outra documentação relativa ao interesse representado; têm o direito de serem ouvidos pelas comissões do conselho sobre os atos propostos para exame do Conselho Regional ou da Junta; podem acessar os locais da Junta e do Conselho para informações e esclarecimentos relativos aos atos de seu interesse. Por outro lado, os agentes públicos responsáveis por decisões são obrigados a divulgar a atividade de *lobbying* no relatório explicativo dos atos normativos e dos atos administrativos gerais.

O art. 10 introduz também o conceito de *closing revolving door*, prevendo a incompatibilidade para o exercício de atividades de *lobbying* nos dois anos seguintes à cessação do cargo ou do mandato para agentes públicos responsáveis por decisões, consultores do órgão regional ou de outras administrações públicas, jornalistas e membros da ordem. Com a Resolução da Junta n. 641, de 24 de abril de 2018, o registro público dos representantes de interesses foi criado junto ao secretariado-geral da presidência do conselho regional. Com a mesma resolução, em aplicação do art. 6º da lei, a Junta Regional aprovou as diretrizes para a apresentação de pedidos de credenciamento, para os respectivos procedimentos de *istruttoria* e para os procedimentos de inscrição no registro, bem como o Código de Conduta para representantes de grupos de interesses particulares. Por outro lado, o art. 7º da Lei da Puglia, que dispõe que o Conselho e a Junta estabeleçam, de comum acordo, a agenda pública das reuniões, tem sido ativado só em parte. No entanto, enquanto se aguardava a assinatura do acordo com o Presidente do Conselho Regional, a Junta Regional, com a Resolução n. 1275, de 18 de julho de 2018, estabeleceu unilateralmente, a título experimental, a agenda pública dos seus agentes-membros e dos chefes de departamento pertencentes à estrutura administrativa da Junta, ao convidar os chefes das agências regionais estratégicas, as empresas e os órgãos do SSR[103] a dotarem-se de um instrumento semelhante, podendo utilizar também o disponibilizado pela região.

### 2.7.9.4 Campânia

A Campânia seguiu um caminho diferente para definir uma modalidade de relacionamento entre lobistas e agentes públicos responsáveis por decisões. Em vez de regulamentar o fenômeno do *lobbying*, aprovou, de fato, uma medida específica relativa à participação de grupos de interesse nas fases de elaboração das propostas legislativas da Junta Regional.

A Lei Regional n. 11, de 14 de outubro de 2015, introduziu a obrigação, para todos os *disegni di legge* de iniciativa da Junta, de desenvolver previamente uma análise de impacto da regulação (AIR), exatamente como acontece em nível nacional. Para a elaboração do AIR, o art. 6º da lei prevê que cada projeto de *disegno di legge* esteja sujeito a consultas com as partes interessadas públicas ou privadas, a serem realizadas pela estrutura administrativa proponente, ainda

---

[103] N.T. Serviço de Saúde da Região.

## CAPÍTULO II – AS REGRAS

que eletronicamente, se os destinatários da legislação proposta não forem diretamente identificáveis, de modo a quantificar o seu impacto e verificar sua utilidade para a comunidade.

Inspirado nos princípios europeus da chamada *better regulation*, ou seja, da qualidade da regulamentação, a Lei da Campânia previu substancialmente o envolvimento dos destinatários das medidas durante a fase de sua elaboração, de modo a poder quantificar e avaliar antecipadamente os seus potenciais efeitos e garantir uma elaboração mais eficaz das normas. Ao mesmo tempo, dessa forma, a lei possibilita traçar as inter-relações entre os portadores de interesses e os agentes públicos responsáveis por decisões, tornando o mecanismo relacional transparente.

No entanto, deve-se observar que os dispostos na Lei n. 11, de 2015, foram substancialmente desaplicados a partir de julho de 2018, tornando assim inúteis as disposições previstas pela legislação três anos antes e jogando mais uma vez em um cone de sombra a atividade reguladora da iniciativa da Junta Regional.

──────────── O CASO ────────────

*A Lei do Cinema*

O mecanismo introduzido na Campânia foi efetivamente testado em 2016 para a elaboração de disegno di legge sobre o cinema, que mais tarde se tornou a Lei Regional n. 30, contendo "Cinema Campânia. Regras para o apoio, a produção, a valorização e a fruição da cultura cinematográfica e audiovisual". De acordo com a norma introduzida, o Gabinete Legislativo da Junta Regional tem promovido diversos encontros com especialistas do setor cinematográfico, através da convocação de grupos de trabalho e através do site institucional regional. Participaram representantes do comitê para uma lei regional do cinema da Campânia, que reuniu cerca de 350 técnicos e profissionais do setor, a fundação Film Commission Regione Campania, que colabora com a realização de cerca de 500 projetos desde 2005, gerando um impacto de despesa direto para produção in loco estimada em 130 milhões de euros, a Rai Cinema, a Associação Nacional dos Gestores de Cinemas e as associações de atores e produtores. Todas as propostas apresentadas foram relatadas e resumidas na ficha AIR da medida, anexada ao disegno di legge apresentado pelo governo regional ao Conselho Regional para o início do iter regulatório. Uma vez proposta pela Junta Regional, a disposição viu o início dos trabalhos de apreciação da VI Comissão Competente, em 8 de setembro de 2016, e todo o processo legislativo serem concluídos em pouco mais de um mês, através da ampla partilha de conteúdos entre os vários partidos políticos representados na Assembleia Regional, contribuindo para reduzir o atrito entre os portadores de interesses, cujas posições foram previamente consideradas e compostas durante a elaboração do texto legislativo.

### 2.7.10 Uma leitura comparativa da regulamentação regional

O quadro que emerge do levantamento dos instrumentos regulatórios em nível regional pode parecer, à primeira vista, bastante reconfortante; no entanto, as tentativas descritas não conseguiram atingir o objetivo de tornar transparente e participativa a relação entre os agentes públicos responsáveis por decisões e os interesses organizados, carecendo sobretudo de eficácia na implementação e na prática.

As normas analisadas parecem seguir a mesma arquitetura de estrutura, emprestada do Acordo Interinstitucional, de 19 de setembro de 2014, entre o Parlamento Europeu e a Comissão Europeia sobre o Registro para a Transparência das Organizações e dos profissionais que desenvolvem atividades de participação na elaboração e implementação de políticas da União Europeia.

## CAPÍTULO II – AS REGRAS

Os instrumentos normativos em vigor em nível regional visam tornar o fenômeno mais reconhecível. Além disso, identificam (com algumas diferenças mínimas) de forma semelhante o objeto da atividade dos portadores de interesse e os sujeitos para os quais tal atividade é realizada, estabelecendo (geralmente da mesma forma) um Registro Público dos portadores de interesse ao qual não estão conectadas vantagens evidentes ligadas à inscrição.

De modo geral, pode-se observar como, em nível regional, se comparam sistemas já obsoletos, como o toscano ou o de Molise, os quais não respondem mais ao correto posicionamento das instituições regionais no processo regulatório – cujos níveis máximos de permeabilidade se mostram na fase preparatória da medida na Junta e não durante a transição para as assembleias eletivas –, e sistemas em que a implementação de disposições regulamentares é elusiva, parecendo mais um exercício de estilo do que uma resposta às necessidades do mercado: é suficiente pensar na lei regional calabresa, ainda não implementada hoje, ou na lei lombarda ou na estupenda lei-não-lei do Lazio.

Os espaços de diálogo previstos caminham para a desmaterialização do contato entre lobistas e agentes públicos responsáveis por decisões. Outras administrações avançaram nesse sentido: por exemplo, a Campânia, que, como já foi referido, em vez de regulamentar o lobista, regulamentou um aspecto importante do seu diálogo com os agentes públicos responsáveis por decisões, aquele relativo à elaboração das leis por iniciativa do Executivo regional.

O quadro que se apresenta em nível regional, portanto, é bastante decepcionante: como mostra a tabela 2.6, de fato, as regulamentações introduzidas ou permaneceram inativas, ou tiveram um acompanhamento inconsistente, a ponto de sugerir que sua aprovação é ligada a meros fins de comunicação. Ou seja, tem-se a impressão de que essas múltiplas leis regionais, algumas copiando umas às outras, tinham como objetivo último convencer o eleitorado de que algo foi feito sobre o assunto, deixando inalteradas, na realidade, as modalidades de relação entre lobista e tomador de decisão.

O contexto regional parece, portanto, seguir plenamente aquela visão esquizofrênica e desorganizada que caracteriza a dimensão nacional, o que confirma, desse modo, a dificuldade, claramente cultural, de nosso país em introduzir regras claras e eficazes sobre o assunto.

Tab. 2.6 Atuação normativa regional sobre o fenômeno lobístico.

| REGIÃO | NORMATIVA REGIONAL | ATUATIVOS PREVISTOS | N. ATO ATUATIVO | REGISTROS INSCRITOS |
|---|---|---|---|---|
| Sicilia | Art. 12° e. 3°, Estatuto (Lei n. 2 de 1948) | Regulamento regional Deliberação Gabinete da Presidência | Nunca atuado | - |
| Toscana | L.r. 18-1-2002, n. 5 | Art. 2°, e. 2°: Deliberação Gabinete da Presidência do Conselho | Deliberação do Gabinete de Presidência 18 de novembro de 2010, n. 85 | 129 |
| Molise | L.r. 22-10-2004, n. 24 | Art. 2°, e. 8°: Deliberação Gabinete da Presidência do Conselho | Nunca atuado | - |
| Abruzzo | L.r. 22-12-2010, n. 61 | Art. 3°, e. 3°: Deliberação Gabinete da Presidência do Conselho | Deliberação do Gabinete de Presidência 27 de dezembro de 2012, n. 211 | 24 |
| Lazio | L.r. 6-8-2015, n. 12 | Art. 2°, e. 5°: Conselho disciplina com lei o *lobbying* (até 31-12-2015) | Nunca atuado | - |
| Campânia | L.r. 14-10-2015, n. 11 | DPGR n.137/2016 (disciplina AIR e consultações públicas) / Desaplicado desde julho de 2018 | - | - |
| Calábria | L.r. 12-2-2016, n. 4 | Art. 3°, e. 3°: Deliberação Gabinete da Presidência do Conselho (em até 90 dias) Deliberação Giunta (em até 90 dias) | Nunca atuado | - |
| Lombardia | L.r. 20-7-2016, n. 17 | Art. 3°, e. 4°: Deliberação Gabinete da Presidência do Conselho (em até 180 dias) Art. 1°: Regulamento regional para a Giunta em até 12 meses) | Deliberações do Gabinete de Presidência de 25 de janeiro de 2017, n. 15 e 20 de dezembro 2017, n. 479 Regulamento regional 13 de outubro de 2017, n. 6 | 20 |
| Puglia | L.r. 24-7-2017, n. 30 | Art. 4°, e. 1: Deliberação da Giunta para a instituição do registro Art. 7, e. 1: Deliberação Giunta e Gabinete de Presidência do Conselho para a instituição da agenda pública (em até 90 dias) | Deliberações da *Giunta regionale* n. 641, de 24 de abril de 2018, e n. 1275, de 18 de 2018. | - |

Nota: Dados do registro atualizados em julho de 2019.

## 2.8 Os modelos de regulamentação do *lobbying*

Nas páginas anteriores, foi examinada uma pluralidade de sistemas jurídicos norte-americanos, latino-americanos, europeus e da Oceania. O exame das normativas adotadas permite classificá-las em três modelos regulatórios:

1. a regulamentação-transparência;

2. a regulamentação-participação;

3. a regulamentação rastejante com tendências esquizofrênicas.

### 2.8.1 A regulamentação-transparência

O primeiro modelo regulatório do fenômeno do *lobbying* pode ser definido como *regulamentação-transparência*. As regras que representam esse modelo têm por objetivo garantir a transparência do processo de tomada de decisão também por meio da disponibilização de um registro público no qual os lobistas são obrigados a registrar-se, ou por meio da publicação dos interesses representados, mais ou menos diretamente, pelos agentes públicos responsáveis pela decisão.

Encontramos esse modelo na Grã-Bretanha, Canadá, Holanda, Irlanda, Israel, França e Austrália: examinando esses ordenamentos, podemos identificar alguns elementos comuns que os caracterizam. Vamos tentar resumir as características comuns e os institutos jurídicos adotados.

Em primeiro lugar, no que se refere às regras que visam regular a atividade de *lobbying*, encontramos, ainda que com nuances diferentes, a previsão da obrigação, para quem exerce essa atividade, de inscrever-se em registros ou listas públicas.

A esse respeito, podemos relembrar as disposições na Grã-Bretanha do *Transparency of Lobbying, Non-Party Campaign and Trade Union Administration Act* de 2014. O art. 1º da lei

## CAPÍTULO II – AS REGRAS

prevê expressamente que lobistas consultores, ou que façam *lobby* em nome de terceiros, devem registrar-se em Registro Público, indicando suas referências e as de seu cliente, bem como os pagamentos recebidos (artigos 4-5-6 e anexo 1).

Há anos encontramos o mesmo mecanismo em Israel, Austrália e Canadá, onde, desde 1989, com o *Lobbyists Registration Act (LRA)*, os lobistas são obrigados a inscrever-se em um Registro Público, indicando todos os seus dados, o propósito de sua ação e as fontes de financiamento, bem como a elaborar um relatório anual sobre a atividade desenvolvida.

Na França, este instrumento jurídico foi introduzido em 2009, quando as duas Assembleias, como já referido, reconhecendo o papel fundamental dos *lobbies* no processo regulatório, criaram um registro público no qual os lobistas são obrigados a registrar-se.

Em segundo lugar, nesses ordenamentos jurídicos, no que diz respeito aos agentes públicos responsáveis pela decisão, foram introduzidas regras que os obrigam a indicar, pronta e periodicamente, não apenas as rendas recebidas, mas também qualquer interesse, inclusive cultural ou social, do qual, por qualquer motivo, são portadores.

A lei britânica é emblemática a esse respeito. Desde 1996, os *Codes of Conduct* da Câmara dos Comuns e, desde 2009, o equivalente para os *Lords*, cuja aplicação é assegurada pelo *Parliamentary commissioner for Standards*, assumindo as regras de conduta em vigor em Westminster desde 1830, estabeleceram quatro registros públicos: o registro de interesses parlamentares; o registro de interesses de assistentes e colaboradores de parlamentares; o registro de interesses dos jornalistas parlamentares; o registro de interesses dos "intergrupos parlamentares" (*all-party groups*).

Certamente menos rigorosa do que a britânica, mas com os mesmos objetivos de transparência, é a regulamentação introduzida na França pela *Charte de déontologie des membres du gouvernement*, a qual, como vimos, contém um verdadeiro Código de Ética articulado em uma premissa e cinco princípios que devem inspirar os membros do governo.

Muito parecidas com a britânica são a normativa introduzida no Canadá (*Federal Accountability Act 2006*) e a legislação em vigor na Austrália desde 2007, quando o governo, após ter realizado um trabalho de simplificação regulatória e revogado a legislação sobre *lobbying*, introduziu, com seus próprios decretos, o *Lobbying Code of Conduct*.

O objetivo dessa regulamentação é tornar o local de decisão transparente, como se tivesse paredes de vidro: tanto o cidadão como o portador de interesses especiais têm o direito de ver o que se passa dentro da sala e de ouvir a discussão, mas estão do lado de fora e não participam do processo, exceto quando o tomador de decisão sai da sala e, de forma pública, se relaciona com o portador de interesses.

### 2.8.2 A regulamentação-participação

O segundo modelo pode ser definido como *regulamentação-participação* e é possível encontrar suas características nos sistemas jurídicos dos Estados Unidos da América, Áustria, Alemanha e, em certa medida, da União Europeia. Nesses contextos, o ordenamento jurídico reconhece, à semelhança do modelo anterior, a transparência do processo decisório como elemento indispensável, mas, além disso, visa à participação dos titulares de interesses especiais no processo de tomada de decisão.

Assim, por exemplo, em nível europeu, como vimos, existe a obrigação de os membros da Comissão e os membros do Parlamento declararem os interesses do qual são portadores, e, a partir de 1º de novembro de 2014, a Comissão introduziu também a obrigação de os agentes públicos responsáveis pelas decisões manterem um registro das reuniões realizadas com lobistas.

CAPÍTULO II – AS REGRAS

Da mesma forma, na Áustria, a Lei Federal de 2012, *Lobbying- und Interessenvertretungs-Transparenz-Gesetz – LobbyG und das Gerichtsgebührengesetz*, em vigor desde 1º de janeiro de 2013, introduziu mecanismos de transparência absoluta para os agentes públicos responsáveis pelas decisões e para os lobistas.

Nesses ordenamentos jurídicos, portanto, encontramos as mesmas regras que se encontram nos modelos de regulamentação-transparência; além disso, entretanto, existe a previsão, para os portadores de interesses, de um verdadeiro direito de participarem do processo de tomada de decisão.

O envolvimento direto de *lobbies* no processo decisório dos Estados Unidos, por exemplo, tem seu alicerce na própria Constituição, conforme já mencionado nos parágrafos anteriores. Qualquer tentativa de limitar esse direito foi declarada inconstitucional pela Suprema Corte: desde as primeiras sentenças, como *Estados Unidos vs. Rumely*, 345 US, 41 (1953) e *Estados Unidos vs. Harriss*, 347 US, 612 (1954), até o caso mais recente: *Citizens United vs. Federal Election Commission*, 558 EUA (2010), de 22 de janeiro de 2010.

A consequência imediata desse princípio foi, por um lado, a previsão no regulamento do Congresso do envolvimento de grupos de pressão desde a fase *istruttoria* das medidas, através de *hearings* específicas (o que seria errado traduzir por "audições"), e, por outro lado, a legislação "participativa" sobre o financiamento privado da política por meio do PAC, ou seja, do *Political Action Commitee*.

Em alguns aspectos, encontramos a mesma lógica participativa no contexto da União Europeia, onde os Tratados preveem expressamente o envolvimento das partes interessadas em todas as fases do processo preliminar, tanto no Parlamento como na Comissão.

Nesses ordenamentos jurídicos, portanto, o local de decisão é, utilizando a mesma metáfora anterior, uma sala com paredes de vidro em que, todavia, os interessados têm o direito de entrar e sentar-se à mesa de decisão, existindo a obrigatoriedade, mais ou menos regulamentada, de o agente público responsável pela decisão explicar as razões de sua escolha e evitar qualquer possível situação de (potencial) conflito com lobistas.

### 2.8.3 A regulamentação rastejante com tendências esquizofrênicas

Ao lado desses dois modelos, existe uma terceira modalidade de regulamentação do fenômeno do *lobby* que pode ser definida como regulamentação rastejante com tendências esquizofrênicas. Esse modelo (obviamente negativo) é formulado com base no caso italiano, mas também caracteriza os sistemas jurídicos do Peru, Argentina, Colômbia, México e Chile, bem como os da Europa Central e Oriental.

No que se refere ao caso italiano, a noção se baseia em três características:

1. ausência de regulamentação orgânica do fenômeno *lobbying*;

2. vigência no *corpus* normativo de várias disposições que, embora não sejam voltadas expressamente para regulamentar esse fenômeno, preveem obrigações de transparência para lobistas e agentes públicos responsáveis pelas decisões e, em alguns casos, direitos de participação no processo de tomada de decisão para os lobistas;

3. não aplicação das normas (fragmentadas) em vigor pelas mesmas autoridades que as introduziram.

Na Itália, se, por um lado, a normativa afirma a necessidade de incluir os interessados na fase *istruttoria* de qualquer processo normativo, por outro, consolidam-se as práticas que visam anular os próprios resultados da fase *istruttoria*.

O quadro geral que emerge no contexto italiano mostra, em primeiro lugar, a consciência do legislador sobre a importância

## CAPÍTULO II – AS REGRAS

da integração dos interesses organizados no processo de tomada de decisão, através da criação de momentos participativos tanto no governo como no Parlamento; e, em segundo lugar, a vontade do próprio legislador de não aplicar essas regras (muitas vezes mínimas) de transparência e participação.

As disposições introduzidas na Itália e teoricamente voltadas a regular o fenômeno do *lobby* evidenciam, na verdade, um sistema normativo ambíguo e contraditório, uma vez que consideram os grupos de pressão como componentes do contexto político e elementos a serem envolvidos na fase de elaboração, mas, ao mesmo tempo, mostram o receio do legislador de implementar realmente o que foi estabelecido.

Basta pensar nas regras sobre a *istruttoria legislativa* "aberta" introduzidas pelos regulamentos da Câmara e do Senado que preveem a abertura da *istruttoria legislativa* também a titulares de interesses particulares, através de audições, averiguações e apresentação de documentos e *position papers*. Ou podemos pensar na implementação do previsto AIR realizada pelo governo. Um rápido exame dos *sites* institucionais do governo e do Parlamento é suficiente para perceber que essas disposições são, na maioria das vezes, desconsideradas e que o acesso aos agentes públicos responsáveis pelas decisões, longe de ser regulamentado de forma uniforme e transparente, depende quase exclusivamente de relações de "força" política, eleitoral e econômica.

Do mesmo modo, se pense na aplicação que foi dada, durante muitos anos, à Lei n. 441, de 5 de julho de 1982, sobre a *anagrafe patrimoniale* dos eleitos. Durante algum tempo, essa lei tem sido aplicada por regiões, províncias e municípios, mas não por deputados, os quais, até 2013, sempre se recusaram a tornar públicos seus dados financeiros (limitando-se a publicar meras declarações de Imposto de Renda) por razões de privacidade (absurdas e infundadas). Para deputados e senadores, existe a mera obrigação de remeter tais informações aos respectivos Serviços de

Prerrogativas e Imunidades das duas assembleias, mas, para que sejam tornadas públicas, é expressamente necessária a anuência do declarante, contornando-se, assim, os próprios objetivos da lei.

Para confirmar um contexto regulado de forma casual, fragmentada, episódica e, em última instância, completamente inútil, podemos citar mais dois exemplos.

Em primeiro lugar, se pense no disposto no artigo 22, § 1 do Código dos Contratos Públicos, o Decreto Legislativo n. 50, de 18 de abril de 2016, segundo o qual "as entidades devem publicar todas as contribuições recebidas de portadores de interesse em relação a obras, suprimentos e serviços públicos, tanto no planeamento como nas etapas de projetação e de execução", anexando as atas das reuniões realizadas a essas partes.[104] Essa disposição obviamente não foi implementada, uma vez que não foi definido o que se entende por "portador de interesse" e sendo, em vez disso, previsto pelo código penal, conforme mencionado, o caso de tráfico de influências ilícitas, o que, pelos termos vagos de sua formulação e por suas possíveis implicações, intimida qualquer agente público responsável pela decisão.

Em segundo lugar, precisamos considerar as regras relativas ao financiamento da política: a Itália é um dos poucos países europeus onde não existe uma regulamentação rígida e orgânica sobre as contribuições privadas, uma vez que também é possível financiar a campanha eleitoral apenas com fundos privados.

O financiamento da política, como veremos no próximo capítulo, é uma ferramenta de *lobbying*. Por isso, em vários países democráticos, existem normas para exigir que as pessoas saibam quem financia a política, mesmo que por apenas alguns centavos. Na

---

[104] CARLONI, Enrico. "Regolazione del lobbying e politiche anticorruzione". *Rivista Trimestrale di Diritto Pubblico*, nº 2, 2017, p. 381; CARLONI, Enrico. *L'amministrazione aperta*: regole strumenti limiti dell'open government. Rimini: Maggioli, 2014, p. 132.

CAPÍTULO II – AS REGRAS

Itália, essa disposição de transparência foi introduzida com a Lei n. 3, de 9 de janeiro de 2019 (a chamada "Lei *Spazzacorrotti*"),[105] que estabelecia a obrigação de tornar públicos os nomes dos financiadores das campanhas eleitorais. Em 2013, quando o Parlamento ordenou a abolição do financiamento público dos partidos, introduzindo apenas contribuições privadas, a publicação dos dados dos financiadores só foi possível após autorização expressa do credor. Em outras palavras, se um sujeito quisesse evitar que se tornasse público seu financiamento a um determinado partido, teria sido suficiente para ele não autorizar a publicação dos dados para permanecer na total obscuridade.

Essas disposições revelam um "modelo" regulatório que definimos "rastejante": essas regulamentações, de fato, longe de introduzirem uma estrutura homogênea, insinuam-se no sistema "ziguezagueante" entre disposições que dizem respeito a outros temas. Em vez de fazer parte do sistema jurídico, essas regras, consequentemente, rastejam dentro dele.

Assim, emerge um complexo de regras, desconectadas umas das outras e que mostram, de fato, a consciência do legislador sobre a dupla necessidade de garantir, por um lado, a transparência do processo decisório (regras sobre a *anagrafe patrimoniale*, normas sobre o financiamento da política), e, por outro, a participação no próprio processo de sujeitos privados portadores de interesses particulares (disposições sobre *a istruttoria legislativa* ou a AIR).

Esses aspectos também caracterizam os sistemas da América Latina e da Europa Centro-Oriental que estamos analisando.

Em tais contextos, como na Itália, de fato, as regras introduzidas são não orgânicas, indiretas; rastejam à medida que se desenvolvem lentamente na superfície, quase silenciosamente; são unilaterais porque, ao mesmo tempo que permitem ao tomador de decisão "ouvir" os interesses, não garantem que, na realidade,

---

[105] N.T. "Limpa-corruptos".

sejam ouvidos, produzindo efeitos discriminatórios e que distorcem o sistema representação; têm uma tendência esquizofrênica porque, ao mesmo tempo que são introduzidas no ordenamento jurídico, são contornadas e desaplicadas pelo legislador.

Os efeitos dessa regulamentação rastejante são o distanciamento ainda maior da democracia da imagem do círculo em que todos os pontos da circunferência (indivíduos) são equidistantes do centro (do poder) e a aproximação da imagem da pirâmide com alguns soberanos no topo, uma base indistinta e, no meio, mediadores ocultos e irresponsáveis.

## 2.9 Regulamentação do *lobbying* e forma de governo

Por que é tão importante conhecer as regras que definem a relação entre o lobista e o agente público responsável pela decisão? É relevante para o operador, o portador do interesse, para que, conhecendo-as, as respeite.

Também será relevante para o agente público para que garanta que a escolha das suas interlocuções esteja em conformidade com esse aparato regulatório. Certamente é o caso, mas não é suficiente.

Voltemos ao que mencionamos no início desse amplo capítulo: o *lobby* é uma das características do sistema democrático. Onde a democracia é limitada ou negada, o *lobby* também é. Não há espaço para influenciar o processo de tomada de decisão nos contextos em que o agente público responsável pela decisão é o único tomador de decisão, em que o pluralismo é negado, e as formações sociais, proibidas. Portanto, conhecer as **regras que definem a relação entre lobista e agente público responsável pela decisão** serve para entender **o nível de democracia**[106] do país em que se vive ou trabalha.

---

[106] N.T. No original, o autor usa o termo *democraticità*.

## CAPÍTULO II – AS REGRAS

Quem detém o poder público deve tomar decisões de interesse geral.

Por isso, é imprescindível que as modalidades de formação da decisão pública sejam transparentes, permitindo uma comparação entre os diversos interesses em igualdade de condições, sem favorecer os grupos economicamente mais fortes ou politicamente mais relevantes.

Essa reflexão assume maior interesse nos países onde os partidos políticos perderam o seu papel tradicional de mediadores das questões sociais e de elo entre a sociedade e as instituições. Tradicionalmente, a doutrina constitucional examina o "peso" dos partidos na forma de governo dos sistemas democráticos ou na maneira como são formadas a direção política e a tomada de decisões públicas. Além disso: a doutrina mais respeitada destaca como há um "vínculo funcional entre os partidos e a dinâmica da forma de governo".[107]

Desenvolvendo essas premissas, várias formas de governo foram classificadas: governo parlamentar com bipartidarismo rígido; governo parlamentar com multipartidarismo temperado; governo parlamentar com multipartidarismo exasperado; governo presidencial; governo com componente presidencial e parlamentar; governo diretorial, dependendo também do papel assumido pelo partido político na definição da direção política.

Essas noções são de grande importância, mas não relevantes para os propósitos dessa discussão. Para os nossos fins, no entanto, precisamos destacar como, com a crise dos partidos políticos e o surgimento (impetuoso e, às vezes, prepotente) de grupos de pressão, é necessário iniciar uma reflexão sobre a ligação entre estes e as formas do governo. O vazio deixado pelos partidos tradicionais

---

[107] CRISAFULLI, Vezio. "I partiti nella Costituzione italiana". *In*: AA.VV. *Studi per il XX anniversario dell'Assemblea costituente, II*. Firenze: Vallecchi, 1969, p. 136.

como mediadores de necessidades sociais parece agora ser preenchido, pelo menos em certos contextos e sob certas condições, por grupos de pressão: esse é um fenômeno ligado à evolução da relação entre instituições e cidadãos, mas que não produzirá uma redução dos espaços da democracia desde que essa nova mediação, como temos dito amplamente, ocorra de forma transparente e regulada.

As consequências dessas mudanças sobre o funcionamento da forma de governo são diferentes: se o raciocínio anterior for correto, de fato,

> não é mais o sistema partidário que, pelo menos em prevalência absoluta, determina concretamente o desempenho das regras jurídico-formais que constituem aquela forma [de governo], mas o complexo de ações e reações de sujeitos sociais muito diversos, cuja função sistêmica não é mediar entre os interesses privados e os públicos, mas ser portador direto dos interesses privados na esfera pública, sem nenhuma mediação especificamente "político-partidária".[108]

Admitindo, portanto, como o fazemos aqui, que o sistema partidário contribui para qualificar a forma de governo de um ordenamento e que o sistema partidário mudou profundamente nos últimos vinte anos a ponto de fazer emergir grupos de pressão como sujeitos autorizados a influenciar a direção política dos órgãos constitucionais, é necessário, agora, referir-se (também) a esses sujeitos no estudo das formas de governo. Na realidade, essa não é uma abordagem metodológica tão inovadora se considerarmos que Bentley, em *The Process of Government*, já destacava o fato de que, para se entender um sistema de governo, era necessário entender antes de tudo o mecanismo de mediação de interesses.

---

[108] LUCIANI, Massimo. "Il paradigma della rappresentanza di fronte alla crisi del rappresentato". *In*: ZANON, Nicolò; BIONDI, Francesca. (Coord.). *Percorsi e vicende attuali della rappresentanza e della responsabilità politica*. Milano: Giuffrè, 2001, p. 564.

## CAPÍTULO II – AS REGRAS

Nas formas de governo em que os partidos políticos continuam a desempenhar um papel vital na conexão entre sociedade e instituições públicas, a atividade dos grupos de pressão encontra espaço limitado. A demanda social (necessariamente fragmentada) é, nesses contextos, articulada por meio dos partidos políticos que participam da determinação das decisões públicas nas Assembleias representativas, tornando-se politicamente responsáveis por elas. Porém, mesmo nesses contextos, operam os *lobbies*, justamente pela natureza fragmentada da demanda e pela impossibilidade de a dialética parlamentar representar plenamente a dinâmica dos interesses organizados. Mas a regulamentação que rege o acesso às sedes institucionais visa principalmente garantir a transparência do processo decisório e não também sua participação no próprio processo. É o caso da Grã-Bretanha, França e, em certa medida, do Canadá.

Em sistemas políticos em que, ao contrário, os partidos políticos estão mal estruturados ou não são mais capazes de conectar suas próprias necessidades com as da comunidade que representam (ou aspiram representar), o espaço dos grupos de pressão é mais amplo, e sua função tende a mudar, o que os torna verdadeiros atores institucionais. Nesses sistemas jurídicos, a regulação dos grupos de pressão tende a fazer com que estes participem do processo decisório também para aumentar o consenso em torno da decisão pública tomada.

Não é por acaso que, nos Estados Unidos e nos países da América Latina, onde os partidos são principalmente máquinas eleitorais a serviço de dirigentes carismáticos, as regras dos *lobbies* foram aprovadas justamente para regular sua participação nas fases de prospecção e de elaboração das decisões públicas.[109]

Essas considerações aplicadas às formas de governo nos levam a adaptar **os três modelos de regulamentação** do fenômeno

---

[109] N.T. Mas, infelizmente, no Brasil, nada existe a respeito da matéria até este momento.

do *lobbying* acima descritos com **três diferentes subtipos de formas de governo:** assim, onde a relação *lobby*/agente público responsável pela decisão é definida de acordo com o modelo da regulamentação-transparência, a forma de governo parlamentar, presidencialista ou semipresidencialista (qualquer que seja) pode ser declinada "com interesses transparentes"; quando a relação é definida de acordo com o esquema de regulamentação-participação, a forma de governo pode ser qualificada como "com interesses garantidos"; e, por último, a regulamentação rastejante corresponderá a uma forma de governo "com interesses obscuros".

Vale reforçar que essa reflexão certamente não visa redefinir as categorias desenvolvidas pela doutrina em relação às formas de governo, mas, sim, evidenciar uma característica que influencia sua atuação, afetando a própria relação entre os diversos órgãos constitucionais. Os subtipos, portanto, longe de assumirem um caráter prescritivo da forma de governo, desempenham uma função descritiva; portanto, não devem ser vistos "como uma camisa de força capaz de prender a realidade em fórmulas pré-constituídas".[110]

- Em primeiro lugar, as **formas de governo "com interesses transparentes"** são aquelas em que a relação entre os órgãos constitucionais e os componentes do sistema político que influenciam essa relação se baseia em regras que visam garantir a transparência nos processos de decisão. Em outras palavras, com essa expressão entendemos aquelas formas de governo em que existem regras de comportamento; agentes públicos responsáveis pelas decisões que preveem, no mínimo, a publicação de todos os interesses de que sejam titulares, mas também o livre acesso a atos parlamentares e governamentais; disposições rígidas sobre incompatibilidade, inelegibilidade e conflitos de interesse;

---

[110] VOLPI, Mauro. *Libertà e autorità*: la classificazione delle forme di Stato e delle forme di governo. Torino: Giappichelli, 2013, p. 155.

## CAPÍTULO II – AS REGRAS

regras sobre o financiamento privado da política voltadas a divulgar nomes, interesses e recursos de lobistas.

Essa qualificação é, portanto, uma especificação do tipo de relação que se estabelece entre os órgãos sociais, podendo haver formas parlamentaristas, presidencialistas ou semipresidencialistas de governo "com interesses transparentes", porque a presença de interesses não diminui o caráter parlamentarista ou presidencialista de uma determinada forma de governo. Podem ser definidas nesses termos as formas de governo da Grã-Bretanha, Canadá, França, Israel. A caraterística que qualifica esses sistemas, ainda que com as devidas diferenças, parece ser a da transparência que fundamenta a forma de relacionamento dos vários órgãos constitucionais com os componentes do sistema político (partidos e *lobbies*, *in primis*).

Nessas formas de governo, portanto, os diversos sujeitos, mesmo não institucionais, que influenciam a formação da direção política são públicos no sentido de que é possível reconstruir a cadeia decisória e entender quais interesses o tomador de decisão considerou ter que satisfazer e/ou não satisfazer. Isso só é possível graças à ferramenta jurídica especificamente introduzida pelo ordenamento através da previsão, por um lado, da obrigação de registrar os interesses dos tomadores de decisão, dos lobistas e das respetivas reuniões, da proibição de presentes ou contribuições de determinado valor, de medidas específicas sobre conflito de interesses e da proibição de *revolving doors* e, por outro lado, de relatórios periódicos sobre a atividade desenvolvida pelos lobistas, de limites ao financiamento da política com requisitos estritos de transparência absoluta e de autoridades fiscalizadoras independentes do poder político, a quem qualquer pessoa pode contatar para solicitar verificações.

- Em segundo lugar, **as formas de governo "com interesses garantidos"** são aquelas em que as relações entre os órgãos constitucionais e um componente essencial e inevitável do sistema político (os grupos de pressão) são, por um lado, transparentes e, por outro, objetivas no sentido de que os grupos de pressão contribuem para determinar a direção política segundo mecanismos e procedimentos codificados de relação, consulta e participação. Nesses contextos, o local físico de decisão não só tem paredes de vidro, para que todos possam ver e saber o que se passa lá dentro, mas também permite que grupos de pressão se sentem à mesa de decisão. Qualquer pessoa, permanecendo fora do local de decisão, pode, entretanto, ver o que acontece dentro e decidir de acordo. Ao mesmo tempo, garantem-se também os "interesses" dos cidadãos-eleitores, que podem, a qualquer momento, conhecer os fatores que levaram os agentes públicos responsáveis pelas decisões a fazer *aquela* determinada escolha, bem como os sujeitos que a influenciaram e os mecanismos que a determinaram. São esses, portanto, os critérios que qualificam uma forma de governo em termos de "interesses garantidos", o que, a nosso ver, caracteriza Estados Unidos, Áustria, Alemanha, Austrália e, com algumas ressalvas, as instituições da União Europeia.

Nesses contextos, a direção política não é apenas influenciada, mas também determinada por uma participação regulada e transparente dos grupos de pressão nos processos de tomada de decisão. De fato, nesses ordenamentos jurídicos, ao lado dos instrumentos de transparência próprios da forma anterior de governo, operam regulamentações que, conforme mencionado, permitem aos *lobbies* determinar o conteúdo da ação política desde o momento eleitoral, ou negociar publicamente com o agente público responsável pela decisão o conteúdo da decisão por meio de *hearings*, análises de impacto e *istruttorie legislative* abertas. A direção política é, portanto, o resultado de um esforço conjunto entre tomadores de decisão e interesses públicos

## CAPÍTULO II – AS REGRAS

(não surpreendentemente definidos como "garantidos"), sem prejuízo da responsabilidade final do agente público.

• Em terceiro lugar, **as formas de governo "com interesses obscuros"** são aquelas em que as regras de comportamento para os agentes públicos responsáveis pelas decisões estão ausentes, insuficientes ou não são aplicadas; em que é impossível tomar conhecimento de forma fácil e detalhada das fontes de financiamento da política; e em que o agente público negocia o conteúdo da decisão com os *lobbies* sem que isso aconteça de acordo com regras claras, certas, transparentes, iguais para todos. Nesses sistemas, a relação entre os órgãos constitucionais e os componentes do sistema político que influenciam seu poder é envolta por um véu impenetrável de escuridão: o lugar de decisão, longe de ter paredes de vidro, lembra uma taberna do século XIX, cheia de fumaça e mau cheiro, onde, mesmo entrando, é difícil distinguir pessoas, vozes, movimentos. É o caso da Itália e da Espanha, mas também dos sistemas da América Latina aqui considerados e de alguns sistemas da Europa Centro-Oriental (Polônia e Hungria em primeiro lugar).

Dessa análise simplificada, verifica-se que os *lobbies* não representam um fator de distorção nos processos de tomada de decisão, desde que sejam regidos por princípios transparentes e iguais para todos.

Se quisermos recorrer a uma metáfora, é possível comparar grupos de pressão em sistemas democráticos a um grande rio: a corrente de um rio em cheia pode inundar tudo à sua frente, superar aterros e inundar cidades inteiras, causando graves danos. Isso acontece na ausência de manutenção adequada do rio; se margens muito baixas foram construídas; se as distâncias de segurança entre o rio e os centros habitados não foram respeitadas. Em outras palavras, se não houver regras ou se as que existem não forem cumpridas, esse rio pode tornar-se perigoso. O rio em si não é a causa do perigo; é a falta de regras ou a falta de aplicação delas. Aqui, os grupos de pressão são como o nosso rio: podem oferecer uma contribuição importante para o processo de tomada de decisão, influenciando e determinando os rumos políticos (e, portanto, a evolução da forma de governo de um país) desde que existam regras claras e homogêneas a determar a máxima transparência do próprio processo.

A análise comparativa – realizada com referência aos países da Europa, América, Médio Oriente e Oceania – evidencia como nos sistemas em que o Parlamento é "forte" – no sentido de que desempenha um papel significativo nos processos políticos e na formação da orientação política – existe uma regulamentação orgânica da relação entre a representação parlamentar e o *lobby*; pelo contrário, a ausência de regulamentação é acompanhada por um Parlamento "fraco" e interesses organizados obscuros. Não é por acaso que no contexto comunitário, com o reforço do papel decisório do Parlamento, colocou-se a questão de como regular as relações entre a instituição e os grupos de pressão.

As regras a serem introduzidas serviriam, portanto, para dar ordem à "confusão social" que caracteriza as democracias pluralistas na ausência de normas; ao mesmo tempo, regras (mais) orgânicas e (mais) precisas serviriam para evitar fenômenos degenerativos tão difundidos na Itália e para "fortalecer" a conotação democrática do Direito.

# CAPÍTULO III
## AS TÉCNICAS E AS FERRAMENTAS

### 3.1 Das relações institucionais ao *public policy manager*

A atividade de representação de interesses e de influência no processo de tomada de decisão pode ser exercida de três formas diferentes. A cada uma dessas modalidades correspondem diferentes técnicas e ferramentas.

> 1. O primeiro modo de ação é o clássico das "relações institucionais". O lobista explora principalmente relacionamentos pessoais, geralmente amizades, para ter acesso ao agente público responsável pela decisão e tentar influenciar o processo de tomada de decisão. Ele é um mero "embaixador" de interesses; não tem envolvimento direto, não consegue fazer uma análise do conteúdo, não tem poder de negociação. Ele é mais um intermediário do que um lobista: relaciona o titular do interesse com o agente público responsável pela decisão, geralmente graças às suas próprias relações pessoais ou a uma autoridade que deriva de experiências anteriores,

especialmente públicas (se pense em um ex-ministro ou em um ex-executivo sênior da Administração Pública). Não examina o interesse; não constrói nenhuma estratégia; não transmite informações de conteúdo técnico ao agente público responsável pela decisão.

2. O segundo modo de ação é o do *governement affairs manager*, ou seja, do "gerente" de assuntos institucionais. Frequentemente coincidindo com lobistas *in-house*, esse lobista tem pleno conhecimento do interesse representado, trabalhando para o sujeito jurídico titular do interesse. Ele examina o conteúdo, entende as prioridades e o impacto para a empresa onde trabalha e é capaz de definir uma posição negocial.

Na fase de reunião com o agente público responsável pela decisão, esse lobista tem capacidade de negociação, está tecnicamente preparado e pode responder aos pedidos de esclarecimento que lhe são dirigidos. Não é um mero intermediário, mas um verdadeiro ator no processo de influência.

3. O terceiro método representa uma evolução mais refinada do segundo método e foi definido como *public policy manager*. O gestor de políticas públicas, em contextos privados, é um sujeito capaz não só de representar determinado interesse, mas também de acompanhar sua declinação e andamento e de influenciar a agenda pública para colocar na pauta o item que ele representa. Usando a influência da mídia (incluindo as redes sociais), esse lobista-gestor – muitas vezes ativo dentro de uma *lobbying firm* – influencia o processo de tomada de decisão, trazendo constantemente o interesse que ele representa à atenção do público: tecnicamente preparado para responder a qualquer pedido de esclarecimento, alimenta o debate público com dados e análises de primeiro nível, muitas vezes elaborados por centros de pesquisa respeitados.

## CAPÍTULO III – AS TÉCNICAS E AS FERRAMENTAS

É a essa última modalidade de *lobby* que agora nos referiremos para examinar técnicas e ferramentas.

Na verdade, as ações de pressão baseadas nas relações pessoais não são suficientes para representar efetivamente as posições de grandes e complexas estruturas com interesses articulados: a ideia do "lobista" como um simples intermediário entre quem expressa a posição e quem é chamado a decidir foi ultrapassada, há alguns anos, pela figura do gestor das políticas públicas.

Para ser eficaz, a ação de *lobbying* deve ter como protagonista um sujeito capaz de interagir com o agente público responsável pela decisão não apenas (ou não mais) em virtude de relações pessoais ou sociais, mas sobretudo por sua própria capacidade de apresentar ao tomador de decisão soluções para problemas objetivos.

O lobista contemporâneo deve saber influir na formação das políticas públicas, tendo conhecimento dos temas de maior relevância, e deve ser competente em saber representá-los de forma a posicioná-los na agenda do debate público. Para isso, torna-se imprescindível superar os antigos modelos relacionais e sistematizar o conhecimento em um contexto de rede.

O lobista-gestor de políticas públicas precisa de uma estrutura capaz de veicular conteúdos em tempo real e repassar informações, da forma mais detalhada possível, de acordo com um esquema biunívoco de apoio mútuo.

| RELAÇÕES INSTITUCIONAIS | GOVERNMENT AFFAIRS | PUBLIC POLICY |
|---|---|---|
| -Foco nas relações pessoais<br>-Lobista como puro "embaixador", sem conteúdo nem poder negocial<br>-Baixo valor para a empresa<br>-O valor da relação não permanece na empresa | -Foco nos conteúdos<br>-*Issue management*: capacidade de compreensão e de análise de impacto para a empresa<br>-Capacidade de definição de uma posição negocial melhor<br>-Relevância do lobista como negociador perante o *policy maker* | -Foco nos conteúdos e nas relações com as instituições e com a mídia<br>-Atenção ao debate público: *policy makers*, *opinion leaders*, mundo acadêmico<br>-*Issue management* na mídia: alimentação do debate sobre a *policy*<br>-Uso do debate público para *advocacy* junto aos *policy makers* |

Fig. 3.1 *Relações institucionais, "government affairs" e "public policy"*.

## 3.2 As técnicas

A atividade de *lobbying* desenvolve-se por meio de uma ação de *back office* e de uma ação de *front office*, duas ações igualmente importantes.

O *back office* é uma atividade que visa definir especificamente o interesse a ser representado. Além disso, permite identificar interesses afins e opostos para garantir a correta análise do cenário competitivo.

Nessa fase, é fundamental o mapeamento do agente público responsável pela decisão que, inicialmente, diz respeito à sua identificação e, posteriormente, ao conhecimento das suas características

## CAPÍTULO III – AS TÉCNICAS E AS FERRAMENTAS

e peso específico em nível institucional. Entre as atividades de *back office*, o acompanhamento do processo de tomada de decisão é crucial. Outra atividade de *back office* é a preparação de fichas de informação que sintetizam a natureza do interesse e a natureza do agente público responsável pela decisão.

Somente depois da atividade de *back office*, que corresponde a cerca de 80% da atividade de lobista, pode-se passar à atividade de *front office*.

Essa última atividade diz respeito à criação de contatos com o agente público responsável pela decisão ou com alguns *influencers*, que podem ser externos (mídia, redes sociais, outras organizações) ou internos (*staff*). Após a criação do contato, ocorre a fase de encontro direto e interação sobre o tema de interesse. A terceira atividade é a de *recall*, ou seja, a busca de *feedback* do agente público responsável pela decisão e a manutenção do relacionamento por meio da troca mútua de informações.

Para compreendê-lo, é necessário compreender plenamente os dois momentos, unitários, mas distintos, da ação de influência.

Querendo simplificar, é possível destacar como o *back office* é a atividade de estudo, análise e coleta de informações que o lobista realiza *a priori* para mapear interesses, identificar objetivos e definir uma estratégia de intervenção.

Especificamente, o *back office* consiste numa atividade de:

1. definição do interesse representado;

2. mapeamento de interesses contíguos;

3. mapeamento de interesses opostos;

4. mapeamento e monitoramento dos agentes públicos responsáveis pela decisão (pró/contra);

5. preparação de fichas de resumo / análise / documentos.

Todas essas fases são muito delicadas, mas as três primeiras representam a parte crucial. Pode parecer trivial, mas a primeira coisa a fazer é entender exatamente para onde ir, ou seja, o que se deseja alcançar, por que motivo e com que propósito. Identificar adequadamente o interesse representado, suas características e os objetivos da ação de *lobby* determina todo a andamento da ação: errar nessa fase significa confundir todas as subsequentes, perdendo-se muito tempo – e o fator tempo no *lobby* é frequentemente crucial.

Uma vez que compreendo o que represento e por qual razão, preciso entender se o meu interesse pode ser apoiado por outros sujeitos, mesmo que sejam concorrentes: "juntos somos mais fortes", no *lobbying*, é um conceito verdadeiro. Uma coisa é representar para o agente público responsável pela decisão a posição de um único grupo; outro é representar a posição de uma pluralidade de sujeitos. No último caso, o "ruído" é maior; quanto maior é o "ruído" de fundo, mais o agente público responsável pela decisão tem obrigação de ouvi-lo.

Ao mesmo tempo, porém, terei que entender bem quais são os interesses opostos aos meus, ou quem vai se opor à minha ação de *lobby* e por qual motivo: essa análise me serve para entender, de antemão, como responder a possíveis acusações, para poder gerenciar a comunicação de forma correta, desde o começo; também preciso propor soluções compartilhadas ao agente público responsável pela decisão; o bom lobista não quer encorajar o confronto, como já dissemos; não exerce sua ação com o objetivo de "derrotar" as posições opostas ou, pior, concorrentes potenciais; o lobista exerce a sua ação para encontrar soluções de compromisso que podem ser uma síntese feliz entre as suas próprias necessidades e as dos outros interlocutores. O lobista sabe que a decisão final deve ser tomada no interesse público, mas também sabe que esse interesse é o resultado de um diálogo entre interesses particulares e que o agente público é chamado a fazer uma síntese entre as múltiplas pluralidades representadas, assumindo a responsabilidade pela decisão.

CAPÍTULO III – AS TÉCNICAS E AS FERRAMENTAS

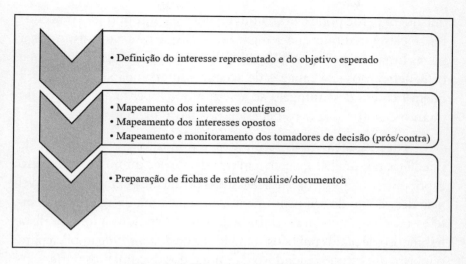

Fig. 3.2 *Fluxo do back office*.

Em sua profissão, portanto, o lobista aplica o que os economistas chamam de critério de Kaldor-Hicks. O critério de Kaldor prevê que, em economia, o ótimo paretiano[111] é alcançado se o valor máximo que aqueles beneficiados por uma medida estão dispostos a pagar aos prejudicados por ela for maior do que o mínimo que estes estão dispostos a aceitar; o critério de Hicks, por outro lado, prevê que o ótimo de Pareto seja alcançado se o valor máximo que aqueles desfavorecidos por uma medida pagariam aos que dela se beneficiam para fazê-los desistir da mesma medida for inferior ao mínimo aceito pelos beneficiários. Portanto, o teste de Kaldor assume

---

[111] N.T. No texto original, o autor usa *ottimo paretiano*. "O ótimo paretiano, nas aplicações da matemática à economia e à teoria dos jogos, é o ponto de equilíbrio de uma alocação de recursos ou outro 'jogo competitivo', cuja alteração não pode melhorar as expectativas de um concorrente sem piorar as de outro sujeito. O conceito está ligado ao de eficiência do economista Vilfredo Pareto, o que se daria em um regime de mercado livre caracterizado pela concorrência pura". Em ISTITUTO DELLA ENCICLOPEDIA ITALIANA. *Enciclopedia della Matematica on line Treccani*. Disponível em: www.treccani.it/enciclopedia/ottimo-paretiano_%28Enciclopedia-della-Matematica%29/. Acessado em: 31.01.2022.

que quem perde pode evitar a intervenção e perguntar aos vencedores se eles acreditam que seu ganho é tal que estariam dispostos a pagar uma compensação para obtê-lo; o teste de Hicks acredita que os beneficiários são capazes de aceitar a intervenção e perguntar a quem fica em desvantagem se acredita que a perda seja menor do quanto custaria pagar os beneficiários para que nada mude.

Para alcançar esses resultados, é importante compreender de imediato, por um lado, quem tem o poder de decidir no caso concreto e, por outro, quais são as características do agente público responsável pela decisão ou do seu pensamento, da sua forma de agir, de seus interesses. Nessa atividade, o lobista deve ser um pesquisador e analista habilidoso de dados públicos: a atividade de *data mining* implica para o lobista um estudo cuidadoso da mídia, dos documentos parlamentares, dos *sites* de ministérios, das autoridades administrativas e dos centros de pesquisa públicos e privados. É nessa fase e à luz dessas análises que o lobista definirá a estratégia da sua ação.

A segunda fase subsequente, o *front office*, diz respeito a toda atividade de reconhecimento institucional junto ao agente público responsável pela decisão, de forma a sensibilizar os principais contatos sobre as atividades de interesse, fortalecer e alargar a rede institucional, influenciar a agenda política e criar alianças. Especificamente, o *front office* consiste em uma atividade de:

1. criação do contato;

2. análise da psicologia do contato e de seu relativo posicionamento;

3. reunião e exposição das motivações;[112]

---

[112] N.T. No texto original, o autor usa o termo *motivazioni*, o qual, aplicado ao ambiente jurídico-burocrático, tanto em italiano quanto no português, assume uma conotação mais específica. "MOTIVAZIONE: s. f. [derivado do verbo *motivare*...]. – 1. O ato de motivar; em particular, em linguagem burocrática, exposição das razões que justificam uma determinada decisão do juiz, uma

CAPÍTULO III – AS TÉCNICAS E AS FERRAMENTAS

4. *feedback* e manutenção do relacionamento.

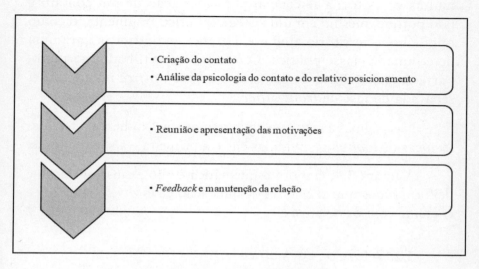

Fig. 3.3 *Fluxo do front office.*

Dependendo do agente público responsável pela decisão e de sua natureza "política" ou "não política", a linguagem e, geralmente, o interlocutor que representa o interesse também mudam. Nas realidades articuladas em nível territorial (como um sindicato ou uma organização comercial), pode acontecer que o nível local tenha uma capacidade evidente na ação de *front office*, mas não tenha estruturado um *back office* eficaz. O lobista gerente de políticas públicas, entretanto, deve saber o que representar para o agente público responsável pela decisão, quando, como e por qual razão; caso contrário, frequentemente perde tempo e, o pior de tudo, perde o tempo do tomador de

---

medida disciplinar contra uma pessoa, a atribuição de uma recompensa e semelhantes, ou, em um sentido mais amplo, uma decisão, uma escolha política etc.: *depositar a m. de uma sentença; ele foi condecorado com a medalha de bronze..., com uma bela motivação*" (tradução nossa). Em: ISTITUTO DELLA ENCICLOPEDIA ITALIANA. *Vocabolario Online Treccani.* Disponível em: www.treccani.it/vocabolario/motivazione/. Acessado em: 19.12.2021.

decisões. Por outro lado, para o nível nacional, o nível territorial muitas vezes torna-se crucial para a criação de um contato e isso porque, mesmo em um sistema político fragmentado como o italiano, o território ainda tem grande importância para uma determinada classe política. O *lobby* compartilhado, portanto, parte da consciência de que a fase de *back office* não pode ser separada da fase de *front office*.

Nas páginas a seguir, examinaremos em detalhes as diferentes técnicas de *lobbying*, divididas entre a primeira e a segunda fase.

A figura 3.4, embora esquemática e não exaustiva, resume de forma substancial as fases de uma ação de *lobby* coordenada e coerente com os objetivos.

### 3.2.1 A fase de *back office*

#### 3.2.1.1 Identificação do interesse

A primeira ação de *back office* a ser implementada é a definição do interesse a representar. Um problema de *business* ou setorial pode, de fato, apresentar várias causas, cuja definição se torna fundamental para compreender a estratégia de resposta a um preconceito institucional ou de proposta de alteração do quadro regulamentar. A correta identificação do interesse permite ao lobista estabelecer se é oportuno (ou não) fazer *lobbying*; os custos em termos de recursos econômicos, humanos e temporais; o agente público correto com quem se relacionar; e os efeitos da ação da pressão.

Nessa fase, o lobista avaliará a fundamentação ética do interesse e examinará a viabilidade de sua ação, relacionando-se com o cliente ou com o seu superior de modo extremamente franco. O lobista sério nem sempre diz "sim": além de perfis que dizem respeito à ética ou moral individual (imaginem ter que representar os produtores de minas terrestres ou de *slot machine*s), o lobista deve

## CAPÍTULO III – AS TÉCNICAS E AS FERRAMENTAS

verificar o grau de saliência e aceitação do interesse para avaliar a viabilidade do objetivo hipotético. Isso deve ser feito relacionando o interesse à realidade histórica e política do momento.

Vamos dar alguns exemplos: imaginar fazer *lobbying* para encorajar a construção de usinas nucleares imediatamente após a tragédia de Fukushima parece claramente surreal (mas aconteceu, sem sucesso, na Itália); apoiar a abolição do porte de arma de fogo após um massacre de estudantes por um louco armado até os dentes é desafiador.

Nesses casos, o lobista poderá limitar-se a fazer um acompanhamento do tema para avaliar sua aceitação na percepção coletiva e do agente público responsável pela decisão para fazer a proposta no momento certo.

Também à luz dessas considerações, nessa fase, o lobista pode sugerir ao cliente ou ao seu empregador uma modificação parcial do objetivo, partindo de um fato: o *lobby* raramente produz uma mudança radical na forma de pensar do tomador de decisão sobre questões de grande relevância pública.

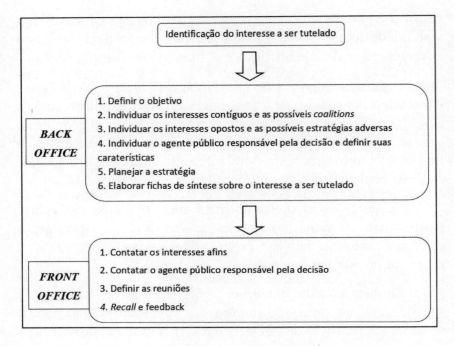

Fig. 3.4 *Fases de uma ação de lobbying.*

Portanto, é necessário que o lobista verifique se o interesse prospectado é estritamente atual, tem impacto na opinião pública ou pode entrar em conflito com sentimentos e emoções coletivas, uma vez que é claramente *mais fácil seguir a onda do que detê-la*. Nesses casos, o *lobbying* será de fato possível, mas particularmente complexo porque "os lobistas raramente podem influenciar legisladores resistentes em questões de grande relevância sobre as quais o público parece estar prestando muita atenção".[113]

---

[113] N.T. "Lobbyists rarely can sway resistant legislators on high-salience issues about which the public appears to be paying a great deal of attention". HASEN, Richard L. "Lobbying, rent-seeking, and the Constitution". *Stanford Law Review*, vol. 64, nº 1, 2012, p. 220.

CAPÍTULO III – AS TÉCNICAS E AS FERRAMENTAS

### 3.2.1.2 Mapeamento de interesses contíguos e opostos

A segunda técnica consiste em identificar e mapear os interesses adequados e opostos para garantir o uso correto dos recursos, tempos e procedimentos.

O mapeamento de interesses contíguos permite a formação de uma coalizão mais ou menos formal em favor da posição a ser representada. Da análise do cenário político/institucional e das condições econômicas do setor podem surgir oportunidades de contato e alianças com diversos *stakeholders* que podem desempenhar um papel importante na intervenção sobre o agente público responsável pela decisão.

O conceito de **coalition building** refere-se à convergência sobre um interesse de grupos distintos que formam alianças temporárias sobre uma disposição ou sobre uma política pública com o objetivo de fortalecer a representação do próprio interesse. A coalizão pode ser construída a partir de uma comunhão de interesses, pelo fato de pertencer a um mesmo setor de referência ou no caso de um alvo institucional comum sobre o qual se pretende começar uma atividade de pressão.

—————————— O CASO ——————————

*Rete Imprese Italia*

Coalizões de interesses também podem surgir independentemente de ações específicas de *lobby* e, portanto, têm um caráter permanente. É o caso da *Rete Imprese Italia*, criada em 2006, com o *Patto del Capranica* (o nome deriva da sala que acolheu o evento), ao qual pertencem cinco organizações empresariais: *Casartigiani, CNA, Confartigianato Imprese, Confcommercio-Imprese per l'Itália, Confesercenti*. O motivo da constituição da Rede é expressar de forma unificada sua divergência a respeito de algumas disposições contidas na lei orçamentária de 2007, promovida pelo então governo Prodi. É a primeira evidência de um processo de constituição de uma rede permanente entre as cinco organizações formalizadas em 2010, um sujeito capaz de influenciar as escolhas dos agentes políticos responsáveis pelas decisões a partir de uma forte opção de autonomia, visibilidade e reconhecimento, desenvolvendo documentos compartilhados e representando os interesses ao externo de forma unitária e concertada.

As características fundamentais de *coalition building* consistem no tipo específico de ação que é realizada: todos os membros da coalizão atuam como um único ator para perseguir um objetivo específico, identificando os interlocutores para conduzir as atividades de conciliação de interesses dentro de uma mesma aliança e de representação externa perante o tomador de decisão. A coalizão frequentemente tem caráter informal; entretanto, às vezes, um grupo de atores socioeconômicos pode preferir criar entidades ou associações mais ou menos formais com uma duração mais longa e uma hierarquia interna bem definida.

―――――― O CASO ――――――

*O manifesto pela energia do futuro*

Um exemplo de construção de coalizão "com duração limitada no tempo" pode ser dado pela ação de *lobby* implementada na Itália entre 2015 e 2017, por ocasião da discussão da Lei de Concorrência apresentada pelo governo Renzi. O projeto de lei do governo, proposto pelo então Ministro do Desenvolvimento Econômico, Guidi, em 2015, e depois aprovado pelo ministro Calenda, previa o fim da chamada "maior tutela" no serviço de eletricidade, um regime tarifário estabelecido pela Autoridade Reguladora do Mercado de Eletricidade para garantir uma passagem menos impactante na carteira e nos hábitos dos consumidores

## CAPÍTULO III – AS TÉCNICAS E AS FERRAMENTAS

da concessionária dominante do mercado, a Enel, para as do mercado livre. Precisamente para incentivar a implementação de um regulamento aberto à concorrência de mercado, os principais sujeitos do mercado livre (*Edison, E.On, Engie, Illumia, Sorgenia*) decidiram reunir-se num Manifesto pela energia do futuro. Ao fazer isso, envolveram também outras partes sociais, em particular algumas associações de consumidores que defendiam a ideia de liberalização do mercado a favor de preços mais competitivos (e mais baixos) para os mesmos consumidores de energia. A obtenção de uma liberalização completa do mercado ainda está no centro de uma discussão complexa; no entanto, a escolha associativa permitiu ao legislador se relacionar com um ator bem definido que representava os interesses de todo o segmento de mercado e levava em consideração as necessidades dos consumidores e da cadeia.

---

As alianças ou coalizões, que podem ser constituídas por empresas, associações, centros de investigação e organismos públicos, permitem a cada representante de interesse construir uma nova percepção em torno de um sujeito que representa uma maior cota de atores, permitindo aumentar o consenso sobre um determinado interesse e para alcançar objetivos mais facilmente. As coalizões também dão ao agente público responsável pela decisão a oportunidade de interagir com vários atores ao mesmo tempo e tomar decisões de âmbito geral. A coalizão deixa de existir quando o interesse representado não é mais compartilhado entre os diferentes atores, quando um ator passa a ser predominante sobre os outros ou quando o objetivo subjacente à estratégia de *lobby* também pode ser alcançado individualmente.

**O mapeamento de interesses opostos** também é de igual importância. Na definição de uma estratégia de *lobbying*, é essencial identificar todos os atores envolvidos e, em particular, os interesses, as características, o poder econômico e a influência institucional daqueles que têm objetivos radicalmente opostos ou, pelo menos, diferentes dos demais.

Para definir o interesse a ser representado e identificar os interesses contíguos e opostos, é essencial conhecer a estrutura do grupo de interesse que está prestes a implementar uma ação de *lobbying*: os porta-vozes, os delegados para realizar a atividade de contato com o agente público responsável pela decisão, as relações internas entre as estruturas de tomada de decisão e as operacionais, as competências e o *know-how* técnico da empresa, da associação ou organização que necessitam exercer uma ação de *lobbying*. Posteriormente, é necessário um levantamento da rede em que o grupo de interesse opera e da sua percepção interna e externa, nomeadamente nas relações de poder dentro das associações de setor e nas relações com outros concorrentes no mercado.

Cada atividade de mapeamento não pode ser separada de uma atividade de *business intelligence* inicial e de *assessment* do cenário. Essa atividade pode ser realizada a partir das fontes tradicionais da imprensa; de pesquisa *online* materiais de informação; ou ainda por meio de contato direto e informal com representantes do setor e de terceiros capazes de dar uma opinião sobre o posicionamento de mercado de um determinado *stakeholder* no contexto em que atuam.

Essa técnica consiste, portanto, em identificar sujeitos com interesses semelhantes ou idênticos ao representado e, ao mesmo tempo, interesses completamente opostos. Com os primeiros, o esforço será feito imediatamente para unir forças, pois, como mencionado, mesmo nas ações de *lobby*, a união faz a força. Com os últimos, tentaremos entender qual poderia ser o ponto de mediação: examinando as posições contrárias, de fato, o bom lobista tentará verificar a validade das teses adversas e, então, validá-las e, se necessário, levá-las na devida consideração quando elabora os documentos a serem entregues ou transmitidos ao agente público responsável pela decisão. Para que uma ação de *lobby* tenha

## CAPÍTULO III – AS TÉCNICAS E AS FERRAMENTAS

sucesso, é de fato essencial, como tem sido amplamente repetido, que o lobista mantenha o nível de confronto muito baixo e proponha, na medida do possível, soluções de compromisso, permitindo, assim, que o agente público responsável pela decisão não entre em conflito com interesses opostos.

### 3.2.1.3 Identificação do agente público responsável pela decisão

A terceira ação de *back office* é a de identificar o agente público responsável pela decisão.

Nem sempre é fácil e óbvio definir quem é o sujeito que pode responder às necessidades do interesse representado. Nesse caso, mais do que em outros, são necessárias competências em Direito Público, Europeu e Administrativo, uma vez que os diferentes níveis de governo (internacional, comunitário, nacional, regional, municipal) têm competências, tempos, linguagem e métodos de interação radicalmente diferentes mesmo que relacionados uns com os outros.

É necessário entender quem realmente tem a **competência** e o **poder** de tomar uma decisão sobre um determinado setor ou assunto e qual é a ferramenta mais útil para resolver um problema ou conferir uma vantagem ao *lobby*. Competência e poder não coincidem necessariamente na mesma pessoa: pode muito bem ser que a titularidade da competência da decisão seja de um grupo de pessoas ou de um sujeito físico bem determinado, enquanto o poder real para tomar essa decisão resida nas mãos de um sujeito diferente.

O mapeamento do agente público responsável pela decisão pressupõe, portanto, a identificação do seu nível na hierarquia dos tomadores de decisão, para definir as suas competências e o peso decisório. Além disso, é propedêutico um conhecimento aprofundado do seu perfil, das características pessoais e profissionais, da rede a que pertence e da orientação quanto à proposta de emenda, melhoria ou revogação de ato político ou regulamentar. Portanto, uma vez definida a hierarquia dos agentes públicos responsáveis pelas decisões em relação ao um determinado assunto, é possível, graças ao mapeamento dos tomadores de decisão, priorizar as reuniões também com sujeitos que não são responsáveis diretos pela decisão, mas podem influenciar indiretamente as escolhas.

Na definição dessa lista de prioridades, será necessário começar, em primeiro lugar, pelos agentes públicos responsáveis pelas decisões mais próximas do interesse representado. Um erro comum é pensar que o *lobby* pode mudar radicalmente a maneira de pensar dos agentes públicos responsáveis pela decisão sobre certas questões: uma vez que esse não é o caso (ou é muito raro), o lobista irá influenciar aqueles agentes públicos responsáveis pela decisão que

- já ocupam uma posição semelhante à sua;
- já se posicionaram no passado de forma favorável ao interesse representado ou, em última instância,
- não têm nenhum tipo de posição.

O desconhecimento do agente público responsável pela decisão no que se refere ao tema equivale, na verdade, à consonância: se determinado assunto ainda não foi abordado por ele, estará mais disposto a ouvir os interesses, os problemas conectados e as soluções consequentes, não tendo preconceitos ou posições predefinidas.

Ao se mapear o agente público responsável pela decisão, também é necessário entender quem pode influenciá-lo direta ou indiretamente: isso depende muito do tipo de tomador de decisão (político ou não) e do contexto institucional de referência.

As influências diretas são, em geral, daqueles que colaboram constantemente com o Poder Público. Nesse caso, pensemos no assistente de um parlamentar ou no chefe do gabinete de um ministro ou mesmo no chefe da secretaria de um alto executivo.

## CAPÍTULO III – AS TÉCNICAS E AS FERRAMENTAS

Existem também influências indiretas que se baseiam principalmente na reputação e na busca de consenso. Um parlamentar eleito em um determinado território será facilmente influenciado pelos principais grupos que atuam ali, pois sua reeleição pode depender deles; da mesma forma, um jovem ministro que aspira a uma brilhante carreira na política poderá ouvir com grande atenção certos jornalistas dos quais dependerá a sua boa reputação na imprensa.

Na identificação do agente público responsável pela decisão, será necessário levar em consideração todos esses fatores.

### 3.2.1.4 Elaboração da proposta e da estratégia

Após a fase inicial de mapeamento dos interesses e do agente público responsável pela decisão, o lobista se ocupa do planejamento do trabalho de contato com os *stakeholders* e com a implementação da atividade de *lobbying*. É essencial definir de imediato quais são as reais chances de obtenção de decisão favorável ou menos desfavorável do agente público responsável pela decisão e com quais meios.

Quanto ao *lobbying* direto, o lobista deve definir ferramentas e objetivos de médio e longo prazo para chegar a uma decisão favorável. Entre esses elementos, podemos certamente enumerar o pedido de apresentação de projetos de lei e alterações normativas, através de emendas apresentadas diretamente ao agente público que decide abraçar a causa do interesse particular representado. Em vez disso, a proposta de apresentar um *atto di sindacato ispettivo*[114]

---

[114] N.T. Entram nessa definição atos, *interrogazioni* e *interpellanze* através dos quais o Parlamento exerce a sua função de controle sobre a atividade do governo. Como prática, isso também inclui informações urgentes sobre questões de particular importância e atualidade. A publicação dos *atti di sindacato ispettivo* diz respeito ao governo em exercício. Disponível em: https://www.interno.gov.it/it/stampa-e-comunicazione/sindacato-ispettivo-parlamentare. Acessado em: 19.12.2021.

*ao Parlamento é menos específica, o que permite que questões específicas sejam trazidas à atenção do governo com tempos de resposta mais ou menos longos: desde interrogazioni* com resposta imediata, os chamados *question time*, os quais possuem tempos de resposta bem definidos, até *interpellanze* urgentes, perguntas com respostas escritas ou não imediatas, pautas que comprometem o governo a considerar a adoção de uma *policy* ou de uma medida.

Com base na análise conduzida até esse estágio, o lobista prosseguirá com o planejamento da estratégia de *lobby*, identificando as ferramentas a serem utilizadas e os respectivos tempos de ação.

Conforme observado no capítulo I, cada ação de pressão tem seu tempo, e existe a ferramenta certa para cada vez: se você quiser, por exemplo, apresentar para o agente público responsável pela decisão um tema completamente novo, sobre o qual não existe uma legislação, pode ser muito útil recorrer a uma campanha de mídia que, também por meio das redes sociais, traga o tema como uma necessidade coletiva; na sequência, pode apresentar uma pesquisa de rigor científico e encontrar o tomador de decisão para discutir o seu conteúdo.

Em todo caso, é importante não errar o momento: comprar, por exemplo, uma página inteira de um jornal nacional para contestar uma regra aprovada durante a sessão de orçamento no Parlamento, no dia da votação final sobre a disposição, é totalmente inútil para fins de pressão, a menos que você queira transmitir sua opinião para a posteridade.

A estratégia depende de uma pluralidade de fatores variáveis: o tipo de interesse, o destinatário potencial da ação, quaisquer interesses conflitantes, os objetivos definidos e o momento de implementação. É impossível, *a priori*, definir o rumo da ação de *lobby*, e é necessário de fato, no curso da atividade, ter um alto grau de flexibilidade para redefinir a estratégia planejada de acordo com os eventos.

CAPÍTULO III – AS TÉCNICAS E AS FERRAMENTAS

### 3.2.1.5 *Position e policy paper*

Um elemento essencial da fase de *back office* é a elaboração do *position paper*.

O *position paper* é um documento de resumo que coleta a posição de um grupo de interesse sobre um tema específico; é uma das principais ferramentas do lobista. É uma tomada de posição sobre um assunto, fruto de um grande trabalho prévio de análise de cenários, definição de objetivos estratégicos e refinamento das mensagens-chave a serem transmitidas ao agente público responsável pela decisão, para a implementação de uma solução geral. Uma característica fundamental dos *position papers* é a simplicidade de leitura: o agente público responsável pela decisão deve ser capaz de compreender em poucos minutos e em poucas frases qual é o objetivo do portador do interesse e a solução político-normativa sugerida para obter uma vantagem institucional. Um *position paper* geralmente tem duas páginas; a sua utilização não se limita ao momento exclusivo da reunião presencial, sendo um documento informativo deixado como lembrete ao agente público responsável pela decisão.

A estrutura de um *position paper* não pode não conter três elementos: uma parte inicial que resume o problema a ser representado e a solução proposta (bem como resume o conteúdo das frases subsequentes); uma parte central que contém dados sobre o quadro legislativo a ser modificado, posicionamentos das forças políticas e dados numéricos relativos ao impacto de uma política pública na empresa ou organização representada; uma parte final que, com base na síntese inicial, relata a solução proposta pelo lobista, com particular referência ao impacto da regulação no quadro econômico-institucional geral, no sector específico, no emprego e nas finanças públicas.

Diferente do *position paper* é o *policy paper* ou o *policy brief*. Um pouco mais detalhado, com duas a quatro páginas, o *policy brief* relata a posição de um grupo sobre uma determinada política ou política governamental específica, em vez de um tema. A estrutura de um *policy paper* baseia-se num *executive summary* bem estruturado, numa introdução, na abordagem específica do grupo de pressão, nos impactos da abordagem e nas opiniões gerais expressas.

Na elaboração da documentação, o lobista deve sempre levar em conta que vivemos na era do *information overload*, ou seja, da **sobrecarga cognitiva**: a pluralidade de fontes, falsas também, faz com que recebamos muita informação para poder tomar uma decisão ou escolher uma notícia específica na qual concentrar a atenção. Nesse contexto, o que pode fazer a diferença é a reputação, a longo prazo, do lobista que transmite a informação ao tomador de decisão e que depende da sua credibilidade e da utilidade das propostas representadas.

Por isso, o lobista utilizará as ferramentas de comunicação e *marketing* institucional, aproveitando também aquelas que o psicólogo norte-americano Abraham Harold Maslow classificou como **necessidades do consumidor**, com subdivisão piramidal em:

1. necessidades **primárias**, divididas em necessidades **fisiológicas** (nutrição, sono, sexo etc.) e necessidades de **segurança** (físicas, de trabalho, familiares, morais, patrimoniais);

2. necessidades **sociais** relacionadas ao **pertencimento** (amizade, afeto familiar, intimidade sexual) e **estima** (autoestima, autocontrole, gratificação);

3. necessidades do *self*[115] conectadas à **autorrealização** (criatividade, espontaneidade, *problem solving*).

---

[115] N.T. O conceito de *self* é objeto de numerosos estudos no campo das ciências sociais. O *self* é o que um indivíduo pensa de si mesmo, a imagem que tem de si mesmo nos vários contextos sociais em que opera.

## CAPÍTULO III – AS TÉCNICAS E AS FERRAMENTAS

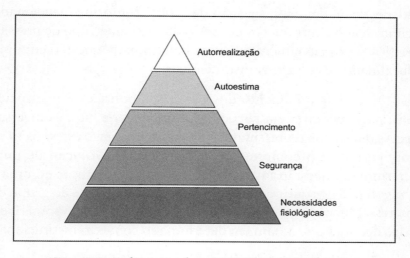

Fig. 3.5 *Aplicação da pirâmide de Maslow às técnicas de lobbying, 2019.*

Desse ponto de vista, o tomador de decisão é o primeiro "consumidor" do grupo de pressão: este último, fazendo uso de técnicas de *marketing* e conhecendo bem os fundamentos do chamado *neuro marketing*, construirá um documento de posicionamento tendo em mente a hierarquia de motivações que fundamentam as decisões individuais, das mais baixas (originadas das necessidades primárias e fisiológicas) às mais altas (visando à plena realização do potencial humano e à autorrealização). Embora, de fato, o agente público responsável pelas decisões seja frequentemente chamado, pela própria natureza de sua função, a "ignorar o *self*" a fim de proteger o interesse geral, é evidente que não se trata de um computador, mas de uma pessoa em carne e osso e que, como tal, responderá pelas mesmas razões básicas que qualquer consumidor de informação.

### 3.2.1.6 Monitoramento

As atividades de *back office* são constantemente acompanhadas por monitoramento. Na verdade, o monitoramento é independente de qualquer ação de *lobby*, conforme mencionado acima, sendo a ferramenta por meio da qual um grupo de pressão verifica o posicionamento de uma determinada questão em uma pluralidade de contextos institucionais.

O acompanhamento dos processos políticos e institucionais, parlamentares em particular, responde, de fato, às diversas necessidades dos representantes de interesse. Entre estes, os mais importantes são compreender o âmbito e a evolução de uma determinada questão institucional, detectar e analisar eventuais *progetti di legge* que possam ter impacto na atividade do grupo de interesse, bem como identificar os agentes políticos responsáveis pelas decisões que atuam em determinado contexto institucional.

A atividade de monitorização é efetuada essencialmente através da consulta das fontes disponíveis nos canais *online*, nomeadamente nos *sites* oficiais das instituições cuja atividade é determinante para o negócio da empresa/organização que necessita desse serviço.

Muitas vezes, as grandes empresas confiam essa atividade a empresas de *lobbying*, preferindo, por questão de custos, terceirizar o serviço. O monitoramento *in house* tem a vantagem de uma maior atuação no caso de detecção de uma determinada ameaça ou oportunidade institucional vinculada a um processo de tomada de decisão ainda em andamento, graças à maior velocidade de transferência de informações dentro da organização.

Por outro lado, o desenvolvimento de monitoramento interno pode levar a um maior desperdício de recursos econômicos e de tempo.

Todas as informações úteis para o monitoramento podem ser encontradas *online*, com maior nível de detalhamento e atualização contínua em relação ao uso das fontes tradicionais. Os *sites* institucionais dos parlamentos em democracias estabilizadas são continuamente atualizados por funcionários parlamentares. A situação é diferente em relação aos *sites* das instituições subestaduais

CAPÍTULO III – AS TÉCNICAS E AS FERRAMENTAS

(regionais e municipais na Itália), os quais nem sempre estão atualizados e, às vezes, não são facilmente acessíveis.

Igualmente importante é a consulta dos *sites* das principais associações comerciais (para monitorar a atividade de qualquer concorrente e aliado do setor) e dos *sites* institucionais dos partidos e dos políticos, cujos posicionamentos sobre determinado tema podem estar aí expressos. Essas declarações são geralmente repercutidas por canais de mídia, que se tornam uma fonte adicional a ser monitorada.

Graças à presença na *web* de quase todo tipo de informação útil, várias ferramentas se tornaram fundamentais para o acompanhamento institucional.

---

*FOCUS*: COMO O MONITORAMENTO É FEITO

Cada documento de monitoramento deve fornecer as seguintes informações: o que foi sinalizado, sua utilidade, resumo dos impactos, próximos passos e tempos de ação. A atividade de monitoramento permite apresentar uma lista dos *stakeholders* que têm um papel no processo de tomada de decisão de interesse e fazer um primeiro *assessment* (avaliação) para contextualizar o setor e os agentes públicos responsáveis pelas decisões, de forma a permitir a definição de uma estratégia consciente e informada. A atividade de acompanhamento permite também conhecer o léxico legislativo, aprofundar as questões de maior interesse no setor de referência e perceber os temas e os tempos de atuação. O resultado deve ter como objetivo fornecer informações certas, claras e tão detalhadas quanto possível, para serem fornecidas ao agente público responsável pelas decisões na fase de *front office*. O monitoramento não é um processo linear, mas pode ser definido como uma metodologia de trabalho homogênea. Os *sites* mais consultados durante a atividade de monitoramento são os da *Gazzetta Ufficiale*,[116] do Gabinete do Primeiro-Ministro, dos ministérios, entidades reguladoras, Câmara e Senado. A frequência de consulta dos *sites*, com base na atividade a ser monitorada, é bastante precisa e definida ao longo do tempo. A *Gazzetta Ufficiale*, por exemplo, é atualizada no final da noite de cada dia (por volta das 19 horas). Os *sites* da Câmara e do Senado, por outro lado, apresentam atualizações diferenciadas. Na verdade, é possível saber desde as primeiras horas do dia o que aconteceu no dia anterior, embora esteja disponível um serviço de taquigrafia para a assembleia, bem como a *web* TV ao vivo da assembleia e de algumas atividades das comissões (em particular, as audiências sobre atos de particular importância). A agenda semanal dos trabalhos parlamentares está disponível na sexta-feira à noite, salvo alguns ajustes de calendário que poderão ocorrer nos dias seguintes. Os *sites* da Presidência do Conselho e dos ministérios apresentam atualizações na forma de notícias ou comunicados de imprensa em tempo quase real ou imediatamente após a aprovação de um ato ou a implementação de uma atividade institucional (reuniões institucionais, medidas governamentais).

Isso certamente inclui a assinatura de boletins informativos periódicos, de serviços de *alert* sobre palavras-chave específicas (*Talkwalker* ou *Google Alert* são os mais difundidos e precisos), *feeds RSS,* ou fluxos diretos de notícias coletados por meio de aplicativos e ferramentas específicas como o *Google Trends*.

Os *outcomes* (resultados) da atividade de acompanhamento são essencialmente três: a agenda parlamentar da semana, os *alerts day-by-day* sobre notícias institucionais relevantes e o relatório periódico sobre a atividade das instituições de referência.

---

[116] N.T. Corresponde ao *Diário Oficial do Brasil*.

CAPÍTULO III – AS TÉCNICAS E AS FERRAMENTAS

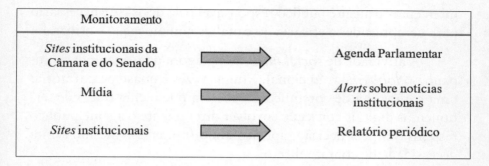

Fig. 3.6 *Atividades de monitoramento e seus "resultados" operacionais.*

### 3.2.1.7 Social influencers

Entre as ações de monitoramento, se destaca aquela relacionada à análise dos chamados *influencers* digitais e sociais.

O agente político responsável pelas decisões, graças ao advento das mídias digitais, depende cada vez mais dos canais sociais para atingir seu eleitorado e a opinião pública.

Portanto, torna-se essencial para o lobista interceptar e, quando possível, governar as informações que circulam nos canais sociais, influenciando comunicações e escolhas do agente público responsável pela decisão.

A atividade de *digital lobbying*, o *digital PR*, permite o envolvimento direto, rápido e eficaz do agente público responsável pela decisão (e de sua comunidade). Também nesse caso é necessária uma fase inicial de *assessment*: quais são os canais utilizados (*Twitter*, *Facebook* e cada vez mais *Instagram*), com que frequência, com quais mensagens e para quem.

Um mapeamento dos *sociais influencers*, ou seja, aqueles que, em virtude da mensagem e do alcance da rede, conseguem interceptar o agente público responsável pela decisão, é necessário para compreender a eficácia do canal de comunicação e utilizá-lo.

A atividade de *social influencing* agora quase sempre acompanha o *lobbying* tradicional. Muitas vezes é quase preparatória: uma campanha de comunicação correta que inclua o uso de ferramentas digitais consegue envolver diretamente o agente público responsável pela decisão, apresentando o interesse mesmo sem a necessidade de contato direto.

Dependendo do canal utilizado e da simpatia do agente político responsável pela decisão, o lobista pode entrar em contato direto com o tomador de decisão por meio dos canais sociais.

A difusão da atividade de *"lobby 2.0"* tem levado ao nascimento de profissionais e consultorias que se ocupam dessa especificidade do setor, preparando ferramentas de monitoramento e divulgação de mensagens que requerem a utilização de algoritmos cada vez mais eficazes para a definição de alvos de comunicação e na elaboração da mensagem.

A recente revolução no cenário social trazida pela *web* 2.0, como é genericamente definido o universo de referência da *internet* social centrado na interação e no compartilhamento, tem acarretado uma transformação dos valores sociais e da participação na arena política de todos os cidadãos que têm acesso à rede e estão cientes do funcionamento dos mecanismos sociais digitais.

A peculiaridade mais interessante da rede, com sua entrada no mundo dos *lobbies*, é a localização do poder: no ambiente virtual, o poder não se concentra em um único ponto, mas se multiplica e se distribui por cada usuário. Dada a possibilidade única que a *internet* oferece, do ponto de vista dos *lobbies*, a questão implica como e em que medida essa força de massa pode produzir consequências no processo político de tomada de decisões.

CAPÍTULO III – AS TÉCNICAS E AS FERRAMENTAS

Transferir a pressão da opinião pública para o tomador de decisão é o ponto decisivo do chamado *social lobbying*: do poder difundido das redes sociais e da rede aos *opinion leaders* e *gate--keepers* da informação e até os responsáveis da função de tomada de decisão, por graus sucessivos de influência.

Essa teorização não representa um conceito abstrato ou o futuro da atividade de *lobby*.

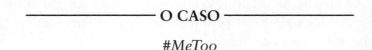

*#MeToo*

Em nível internacional, uma campanha de defesa digital planetária bem-sucedida é a do *#MeToo*. Lançada em outubro de 2017, após alegações de abuso sexual por várias atrizes americanas contra Harvey Weinstein, um famoso produtor de Hollywood, a campanha foi promovida pelo movimento feminista norte-americano e depois estendida ao redor do mundo. Em um curto espaço de tempo, permitiu que várias mulheres contassem a dimensão mundial do problema do assédio sexual e da violência contra as mulheres, utilizando os espaços virtuais da *web* para contar histórias e fazer denúncias. Essa campanha levou vários parlamentos a tomarem decisões para sancionar o assédio sexual de forma mais severa e convenceu várias multinacionais a adotarem regulamentos internos e códigos éticos que também preveem a demissão na presença de comportamento não conforme. A campanha, portanto, antecipou a própria atividade de *lobby*, criando terreno fértil para a posterior ação de representação de interesse. Na sequência dessas ações, as autoridades judiciais e políticas decididamente iniciaram várias investigações para revelar a extensão do fenômeno em toda a sua gravidade. *#MeToo* deu, então, origem a um movimento que foi eleito "Personalidade do Ano 2017" pela revista *Time*.

Campanhas voltadas para a mídia digital têm acontecido tanto nos Estados Unidos quanto na Europa nos últimos anos: basta pensar, por exemplo, na capacidade que ações de baixo, nascidas *online*, têm em bloquear as leis antipirataria nos Estados Unidos ou na União Europeia. O povo da *internet*, nesse caso, mostrou-se o fulcro da ação informativa junto aos agentes públicos responsáveis pelas decisões a respeito da importância da liberdade de expressão e circulação de conteúdo na *web*.

A capacidade de criar consensos e opiniões por meio das oportunidades oferecidas pela *web* deve fazer parte da caixa de ferramentas do lobista hoje.

O profissional experto certamente saberá organizar sistemas de engajamento público em suas campanhas, de forma a catalisar a atenção e o interesse de baixo para cima por questões específicas.

Em nossa perspectiva, isso não significa que em breve o *lobby* tradicional será inteiramente substituído por estratégias *online*. Certamente, a familiaridade e o conhecimento dessas ferramentas, com as possibilidades únicas que oferecem para condensar o consenso, devem fazer parte dos recursos do lobista moderno, quem também é capaz de adaptar a estratégia e os meios de acordo com o interesse a ser protegido.

### 3.2.2 A fase de *front office*

A atividade de *front office* representa a fase de execução da estratégia de *lobbying* implementada para defender um determinado interesse, considerando que, no caso de lacunas aqui, as chances de sucesso da fase final certamente seriam reduzidas.

#### 3.2.2.1 A realização do contato

O primeiro passo para chamar a atenção do agente público responsável pela decisão é a busca e realização do contato, que

## CAPÍTULO III – AS TÉCNICAS E AS FERRAMENTAS

podem ocorrer de diferentes formas, como em um evento temático (uma conferência) ou durante uma ocasião mais informal (a apresentação de um livro, um clube), mas também formalmente, entrando em contato com a secretaria do agente público responsável pela decisão. Deputado, subsecretário, ministro, vereador ou conselheiro regional, gerente ou funcionário têm diferentes formas de interagir com o mundo exterior e diferentes estruturas de equipe, o que torna diversificada a estratégia de abordagem por parte do portador de interesse.

O contato é um momento fundamental e muitas vezes único, uma vez que o lobista tem alguns momentos ou uma curta mensagem via *e-mail* para "convencer" o tomador de decisão da bondade da sua posição e da necessidade de iniciar um diálogo construtivo.

O resultado dessa fase será a definição da reunião no local e horário identificados pelo agente público responsável pela decisão.

Para a realização do **contato, três elementos** são essenciais: ter boa reputação social, ter representantes autorizados e ser especialista no assunto representado.

Como já dissemos, **a reputação** é a arma essencial para o *lobby*: quanto melhor ela for, mais relevantes serão as oportunidades de escuta por parte dos agentes públicos responsáveis pela decisão.

O segundo elemento, entretanto, está relacionado à **autoridade**[117] do lobista. Muitas vezes, como também foi mencionado, o lobista conta com personalidades públicas ou bem conhecidas no contexto em que atua: ex-parlamentares ou membros do governo, ex-executivos da Administração Pública, ou personalidades da televisão que também apoiam o interesse com campanhas na mídia. É inegável que a utilização desse tipo de *front-officer* permite,

---

[117] N.T. No texto original, o autor usa *autorevolezza*, que indica a autoridade moral, uma *soft skill* reconhecida a alguém noto por sua competência, seriedade e confiabilidade, e não coincide com o autoritarismo.

principalmente em contextos sem regras, o acesso simplificado ao agente público responsável pela decisão.

Da mesma forma, o terceiro elemento, que é o fato de ser considerado especialista no assunto, é relevante: a **expertise**, ou seja, a capacidade de fornecer ao agente público responsável pela decisão todas as informações necessárias para determinações, muitas vezes representa, para o tomador de decisão, um elemento de seleção das reuniões.[118] O agente público dispõe de pouco tempo e, principalmente em sistemas sem regras de acesso à tomada de decisão, tende a atender apenas os *stakeholders* que podem fornecer elementos úteis, senão essenciais, para a formação do interesse geral.

Portanto, gozar de elevada reputação justamente em relação ao tema em que se é especialista permite ao lobista ter fácil acesso ao tomador de decisão quando entram em jogo os interesses por ele representados.

─── O CASO ───

*Soundreef vs. SIAE*

Um caso emblemático de uso de uma figura pública como *front officer* é aquele que viu opostos *Soundreef* e a *SIAE*. *Soundreef* é um gerente independente de direitos autorais, reconhecido na Grã--Bretanha pelo *Intellectual Property Office*. A empresa produziu um *software* inovador que rastreia analiticamente as reproduções musicais, permitindo assim um cálculo mais imediato das taxas de *royalties*, com um consequente pagamento mais rápido em comparação aos métodos tradicionais. A *Soundreef* começou a operar na Itália nos primeiros meses de 2014, minando o monopólio dos direitos autorais detido na Itália pela *SIAE*. A empresa, no entanto, defendeu-se alegando que apenas administra os direitos de autores

---

[118] MATTINA, Liborio. *I gruppi di interesse*. Bologna: Il Mulino, 2010, p. 123.

## CAPÍTULO III – AS TÉCNICAS E AS FERRAMENTAS

que aderiram à *Soundreef*, não operando com obras protegidas pela *SIAE*. Em abril de 2016, o conhecido *rapper* italiano Fedez anunciou que, a partir de 1º de janeiro de 2017, deixaria a *SIAE* para confiar a gestão dos direitos da sua música à *Soundreef*. Nos meses seguintes, o cantor neo-melódico napolitano Gigi D'Alessio e o *rapper* Fabio Rovazzi também anunciaram sua intenção de deixar a *SIAE* para migrar para o *Soundreef*, no que foram seguidos por vários outros protagonistas do mundo da música. Fedez lidera a campanha em favor do *Soundreef*. Através das suas páginas sociais, acompanhadas por milhares e milhares de utilizadores, com intervenções nos principais jornais nacionais, Fedez solicita e obtém um encontro com o Ministro da Cultura e inúmeros expoentes do mundo político, permitindo assim o Decreto-lei n. 148, de 2017 (denominado decreto fiscal vinculado à lei orçamentária para 2018), dispositivo que visa à superação do monopólio da *SIAE* e a abertura do mercado de direitos às empresas arrecadadoras sem fins lucrativos, mesmo que não diretamente às privadas.

---

Outras formas de representar o próprio interesse são dadas pela capacidade do lobista de criar momentos favoráveis e contato, como a possibilidade de contribuir para a organização de uma mesa redonda, moderada por um terceiro credível que representa ao tomador de decisão, em vez do próprio lobista, um determinado tema.

Como já mencionado, a natureza do interesse também pode levar o lobista a propor ao tomador de decisão visitas *ad hoc* em suas empresas, fábricas, sedes, ou simplesmente em seus escritórios nas mais diferentes ocasiões, sejam públicas ou privadas: visitas acompanhadas pela imprensa, reuniões de demonstração do trabalho interno da empresa, mesas redondas organizadas nos espaços da empresa ou organização.

### 3.2.2.2 A representação do interesse

O lobista, uma vez obtida a reunião com o tomador de decisão, é convocado para representar o seu interesse, cuja natureza poderá exigir diferentes formas de apresentação. De acordo com uma expressão eficaz do presidente dos Estados Unidos Kennedy, o bom lobista é aquele que explica ao tomador de decisões em cinco minutos o que os membros de seu *staff* explicam em cinco horas.

A mensagem do lobista deve ser essencial e direta. Perífrases, referências vagas ou obscuras não são permitidas.

Certamente o método "tradicional" de apresentação do interesse é representado pelo uso de ferramentas de apoio, como o *position paper* (ou *policy paper*) – já mencionado –, o qual é ilustrado em ocasiões formais.

Nessa fase, o lobista deve demonstrar que conhece seu interlocutor: dependendo do grau de competência do tomador de decisão, usará uma linguagem mais ou menos técnica, nunca tomando nada como certo. O lobista se ajudará com dados e gráficos em sua representação e citará a fonte, que deve ser incontestável se deseja ser ouvido.

São muitas as competências exigidas a quem intervém nessa fase para representar interesses, mas as principais são a seriedade e a veracidade das informações transmitidas. Conforme mencionado, o elemento de reputação de um lobista é essencial: se o tomador de decisão sabe que tem à sua frente uma pessoa confiável, preparada e competente, ele a ouvirá com maior atenção; vice-versa, se o lobista for conhecido pela sua aproximação e desconhecimento do assunto, a reunião não terá utilidade.

O tomador de decisão não tem muito tempo para se dedicar a esses tipos de reuniões, então, faz sentido realizá-las apenas se o lobista acreditar que pode resolver um problema de alguma importância: o tomador de decisão, ouvindo o lobista, deve compreender

## CAPÍTULO III – AS TÉCNICAS E AS FERRAMENTAS

imediatamente os termos da questão, os problemas e as soluções possíveis. O lobista não deve perder tempo ocultando elementos ou fatores potencialmente prejudiciais; pelo contrário, deve representar a complexidade do interesse na sua totalidade, relembrando os perfis críticos e duvidosos, os interesses opostos e as potenciais consequências negativas em caso de satisfação do seu pedido.

O lobista não esconde nada, não adoça, não transforma a realidade dos fatos. Sabe que depois dele o tomador de decisão poderia (melhor: deveria) ouvir o interesse oposto: para isso, o lobista deve contar a realidade pelo que ela é, tentando imediatamente identificar um momento de síntese que possa, em última instância, proteger um bem comum.

Na fase da reunião, **teorias sobre argumentação** podem ser úteis para o lobista. Desenvolvidas na Grécia clássica e revisadas nos tempos modernos de acordo com várias classificações, essas teorias comprovam-se particularmente úteis para representar a posição de alguém para o tomador de decisão de forma coerente, clara e rápida. Argumentar é a capacidade de persuadir os demais e refutar os discursos de outros; significa produzir argumentos ou discursos em que teses são sustentadas por algumas demonstrações. Ao argumentar, o lobista produz elementos úteis para que sua tese seja compartilhada pelo tomador de decisão e, ao mesmo tempo, permite refutar as teses opostas.

Recorrerá, então, ao prestígio do perito que elaborou a análise que fundamenta sua posição (*argumento da autoridade*); ou buscará um sentimento comum com o tomador de decisão ou um inimigo comum (*argumento da captatio benevolentiae*);[119] ou

---

[119] N.T. *Captatio benevolentiae* è uma locução latina que significa "conquista da benevolência". É uma das partes da oração, segundo a antiga retórica eclesiástica, que visava conquistar a benevolência dos ouvintes. Também é usado em um sentido estendido e genérico, principalmente em tom de brincadeira.

destacará os efeitos concretos decorrentes da adoção ou não da medida proposta (*argumento pragmático*).

Ou usará ferramentas lógicas informais para analisar, interpretar, avaliar, criticar e construir argumentos complexos.[120] Qualquer que seja o argumento a ser usado, ele deverá examinar, antes de encontrar as possíveis falhas formais, informais e linguísticas de seu raciocínio, os pontos de fragilidades ou de choques com outros interesses, a fim de abordá-los a tempo e superá-los.

### 3.2.2.3 Feedback

Uma vez realizada a reunião, é importante que o lobista forneça ao tomador de decisão um *feedback* sobre os conteúdos, constantes ao longo do tempo, para mantê-lo atualizado sobre a evolução do tema. De fato, uma das primeiras atividades do lobista nas horas ou dias seguintes à reunião é enviar um *e-mail* de agradecimento ao tomador de decisão, com um resumo de suas posições e alguns documentos de aprofundamento, sempre concisos e pontuais.

Esse tipo de *feedback* para o lobista costuma se prolongar no tempo, com o objetivo de realizar uma reunião subsequente, dando ao tomador de decisão a oportunidade de se manter atualizado sobre o tema e testar a autoridade da posição representada. Essa prática é muito importante e profissionalizante para o próprio lobista, pois lhe permite romper com as práticas de "oportunista", colocando-o num patamar certamente mais nobre e vinculado a conteúdos úteis para aumentar a sua reputação. O tomador de decisão também se beneficia com isso, pois obtém uma assessoria rápida e qualificada sobre um assunto técnico de seu interesse.

---

[120] GROARKE, Leo. "Informal Logic". *In*: ZALTA, Edward N. (Coord.). *Stanford Encyclopedia of Philosophy*. Stanford: Stanford University Press, 2017.

CAPÍTULO III – AS TÉCNICAS E AS FERRAMENTAS

### 3.2.2.4 *Public decision makers keeping*

A relação entre o agente público responsável pela decisão e o lobista é muitas vezes improvisada e termina no momento exato da realização (ou não realização) de um interesse específico. O agente público responsável pela decisão é muitas vezes visto como aquele que só pode ser "acionado" em um caso de emergência. Essa abordagem, que, em alguns aspectos, pode ser compreensível em termos de eficiência no uso de recursos, transparência e imparcialidade, pode envolver riscos consideráveis, incluindo a possibilidade de o agente público responsável pela decisão não mais considerar o lobista útil ou *accountable* (responsável), porque talvez esteja engajado em outros dossiês.

Precisamente por isso é útil criar uma relação constante, desde que lícita e transparente, entre o grupo de pressão e o agente público responsável pela decisão através da criação de momentos periódicos de diálogo e atualização entre ambos, como um convite para discutir um determinado tema em um evento público.

É óbvio que essa técnica em um contexto como o italiano, o qual, como vimos, está terrivelmente impregnado de escuridão, deixa muito a desejar e corre o risco de se tornar algo patológico. Em países democráticos onde vigora uma regulamentação sobre *lobbying*, essa técnica é regulamentada e disciplinada de forma a ser transparente.

## 3.3 As ferramentas

Para influenciar o processo de decisão pública, nos seus vários níveis e momentos, é necessário dotar-se de ferramentas que permitam, por um lado, conhecer e definir o campo de jogo e, por outro, ditar (pelo menos em parte) as regras. É também fundamental compreender os tempos e recursos a serem utilizados na execução de cada uma das ações da estratégia, bem como os métodos de relacionamento com o agente público ou político responsável pela decisão identificado como o nó decisivo do processo.

A **caixa de ferramentas** do lobista reúne uma série delas; o profissional deverá dominá-las e escolhê-las a cada momento na construção da melhor estratégia de pressão, para envolver e informar o agente público responsável pela decisão em relação às posições a serem representadas sobre o tema escolhido.

A inovação tecnológica certamente enriquece de ferramentas o *kit* de opções possíveis, embora os métodos tradicionais ainda mantenham sua importância fundamental.

Como vimos, as ferramentas e técnicas de *lobby* tendem a se sobrepor, e é sempre difícil manter os dois momentos separados. No entanto, podemos identificar algumas ferramentas que, inseridas no contexto das técnicas descritas acima, representam bem as ferramentas do lobista.

Fazendo nossa uma diferenciação clássica operada pela doutrina, podemos distinguir dois tipos de instrumentos: os diretos e os indiretos.

**Ferramentas diretas** são aquelas que se baseiam na busca de um contato com o agente público responsável pela decisão; isso pode acontecer de duas maneiras:

1. o *face-to-face*;

2. a pressão[121] econômica.

---

[121] N.T. O autor usa a palavra *leva*, que, em física, significa "alavanca". Nós traduzimos por "pressão". "LEVA: s. f. [der. do verbo *levare*, levantar]. 1.c. Fig. Estímulo eficaz para agir: o interesse é uma *leva* poderosa; *fare leva sui sentimenti di qualcuno*, referir-se aos sentimentos que estão mais vivos em alguém para superar sua resistência, estimulá-lo a fazer algo (analogamente, para potencializar o orgulho, as fraquezas de alguém)" (tradução nossa). Em: ISTITUTO DELLA ENCICLOPEDIA ITALIANA. *Vocabolario Online Treccani*. Disponível em: www.treccani.it/vocabolario/leva1/. Acessado em: 19.12.2021.

## CAPÍTULO III – AS TÉCNICAS E AS FERRAMENTAS

Já os **instrumentos indiretos** se baseiam em ações que, independentemente do contato com o tomador de decisão, têm por finalidade criar um clima de opinião pública que visa influenciar indiretamente o próprio tomador de decisão; entre esses, destacamos:

- o *grassroot lobbying* (ou *mobilization strategy*);
- o uso de redes sociais;
- a pressão da mídia (ou *media strategies*);
- o *venue shopping*;
- a pressão científica.

### *FOCUS*: A LEI ORÇAMENTÁRIA NA ITÁLIA

A lei do orçamento é o projeto de lei mais importante discutido no Parlamento todos os anos. Praticamente todos os operadores econômicos, empresas de *lobby*, mídia especializada e atores internacionais operam sobre o documento orçamentário. As estruturas ministeriais que tratam da elaboração do esboço do projeto de lei, os órgãos econômicos que têm por missão avaliar os seus impactos econômicos e de sustentabilidade financeira e as comissões e grupos políticos que tratam da apreciação em comissão passam, por isso, a ser objeto de particular atenção por parte dos lobistas cujo interesse é inserir, modificar ou excluir regras que impactam seus objetivos. A sessão de orçamento começa formalmente em 20 de outubro, com a apresentação do projeto de lei pelo governo às Câmaras, e termina em 31 de dezembro. As atividades de avaliação preliminar por parte das forças governamentais decorrem a partir dos meses de verão: uma das principais atividades dos representantes de interesse é, nesse período, o contato direto com os agentes públicos institucionais responsáveis pela gestão da sessão orçamentária. A atividade dos lobistas consiste, em primeiro lugar, em criar uma base de consenso institucional sobre uma determinada posição a ser levada ao conhecimento das instituições. São mobilizados terceiros que possam intervir no curso de conferências sobre o tema de interesse, envolvendo os mais importantes agentes políticos responsáveis pelas decisões nos diversos grupos parlamentares. A elaboração de *position papers* técnicos que justifiquem os pedidos de emenda passam a ser uma atividade que ocupa grande parte do dia. A proposta de soluções emendativas aos órgãos administrativos (ministérios, órgãos reguladores, órgãos do governo) e políticos (deputados e senadores) é feita por meio de reuniões individuais antes do início dos trabalhos parlamentares. Do ponto de vista da eficácia da ação, a atividade de *lobby face-to-face* nas sedes parlamentares durante a discussão da lei orçamentária tem baixo valor. É quase impossível inserir emendas sem uma atividade preparatória que dure semanas ou meses e anteceda a redação da lei. Pelo contrário, a atividade *face-to-face* é necessária para propor pequenas correções ao texto, motivando-as com considerações técnico-políticas dos representantes de interesse especialistas na regulação do setor.

### 3.3.1 O *lobbying* direto

#### 3.3.1.1 O *face-to-face*

A principal e mais comum atividade de *lobbying* direto é a das reuniões *face-to face* com o agente público responsável pela decisão, devidamente selecionado pelo lobista após mapeamento prévio, competente e sensível ao assunto de interesse.

Os encontros presenciais surgem no final de uma fase preparatória mais ou menos longa, anteriormente descrita, por vezes culminando numa relação indireta com o agente público responsável pela decisão, visando construir as melhores condições para o contato direto. Graças também às novas tecnologias, o encontro direto muitas vezes se torna uma formalidade para fortalecer uma

## CAPÍTULO III – AS TÉCNICAS E AS FERRAMENTAS

posição já apresentada de outras formas (inclusive telemáticas), da qual o agente público responsável pela decisão já tem conhecimento. Outras vezes, torna-se uma forma de demonstrar o devido respeito pela instituição contatada. Ao mesmo tempo, pode ser percebido como a assunção direta de responsabilidades por um administrador de empresa, um consultor ou uma parte interessada perante o agente público responsável pela decisão, como resultado de um diálogo já iniciado e de uma duradoura e frequente relação já institucionalizada.

Em todo caso, o encontro *face-to-face* é útil para obter uma primeira resposta direta do tomador de decisão sobre as dinâmicas levantadas. Isso permite conhecer a sua orientação em relação ao interesse representado e compreender os motivos parcial ou totalmente obstativos e tomar providências para a resolução do problema ou os motivos de aceitação da proposta apresentada.

O encontro deve ser sempre precedido de uma adequada e exaustiva fase de *back office*, com particular aprofundamento da figura do interlocutor visando prever as suas ações e reações sobre o tema de interesse.

Essa fase inclui uma análise do cenário competitivo, uma análise do contexto político, o perfil do tomador de decisão com relação às suas posições e ações institucionais, a preparação de documentos de informação como *position papers* e *policy papers*, a avaliação da percepção de cada um em relação ao agente público responsável pela decisão e à opinião pública.

A ação é planejada tendo como referência a alta direção institucional das administrações centrais, as componentes do governo e do Parlamento, os órgãos de decisão da União Europeia ou as administrações locais. Nesse caso, o objeto da atividade são, em geral, os pedidos de alterações a atos regulamentares, normas ou propostas de estruturas de medidas, ações para as quais emergirá o conhecimento de *drafting* jurídico do lobista com a elaboração de emendas, decretos e projetos de lei. Esse contato cumpre três tarefas fundamentais: a transmissão de informações entre o grupo e o tomador de decisão; a propaganda e a publicidade dos interesses representados; o respeito democrático pelo diálogo e pelas regras do jogo.

Nesse primeiro caso, podemos falar em *lobby* direto, pois as ações são diretas, sem qualquer mediação junto ao agente público responsável pela decisão.

A decisão de realizar o contato direto passa, como vimos, pelo mapeamento dos sujeitos a serem abordados, de forma a identificar o responsável pela decisão ou que possa de alguma forma influenciá-la, a definição de uma *timeline* para contato com o tomador de decisão e a síntese da posição em alguns itens de apresentação e compreensão imediatas, as quais contêm tanto o problema a ser enfrentado como a solução proposta para resolvê-lo, sempre tendo em conta o interesse geral. Por fim, é fundamental estabelecer um ou mais momentos de *feedback* com o tomador de decisão, a fim de adquirir reações e resultados da reunião.

O contato direto com o tomador de decisão pode ser alcançado, em alguns casos, por meio da organização de conferências, seminários, mesas redondas ou apresentações de livros.

Na verdade, os grupos de pressão tendem a criar **eventos ad hoc** estruturados "sob medida" para o tomador de decisão a ser convidado, a fim de fazê-lo sentir-se um protagonista – se ele for uma personalidade política – ou em um contexto de alto nível científico se ele é um alto funcionário público. Se bem que as iniciativas assim realizadas, por vezes, também tenham fundamentações substanciais, prevendo inclusive o envolvimento de centros de pesquisa universitários ou *think tanks* (que, em geral, são chamados a apresentar "relatórios" sobre um tema particularmente caro ao agente público responsável pela decisão), é evidente que o objetivo é criar uma relação direta entre o grupo de pressão e o tomador de decisão, creditando-o como um interlocutor sensível a problemas de interesse comum. Usando essa comunhão artificial, o grupo de pressão tenta atingir dois objetivos: um imediato e outro

## CAPÍTULO III – AS TÉCNICAS E AS FERRAMENTAS

de manutenção. Imediatamente, o *lobby* apresenta ao tomador de decisão uma questão complexa e propõe possíveis soluções; uma vez normalizada a situação, estabiliza a relação para poder ativá-la uma segunda vez, de acordo com as necessidades futuras.

### 3.3.1.2 A pressão econômica

Uma importante ferramenta utilizada pelos grupos de pressão para influenciar o processo de tomada de decisão e iniciar um relacionamento direto com o tomador de decisão é a motivação econômica.

O primeiro aspecto que se destaca diz respeito ao **financiamento da política** e, em particular, das campanhas eleitorais. Esse é o ponto nevrálgico de todas as democracias industriais, pois sempre há setores fora do controle público, e – entre as malhas largas do financiamento privado para as campanhas eleitorais – interesses ocultos podem intervir facilmente.

A motivação do financiamento dos partidos políticos, especialmente na campanha eleitoral, representa um meio eficaz de pressão sobre o agente político responsável pela decisão, principalmente naquelas democracias onde não há financiamento público dos partidos. É claro que, em cumprimento formal da legislação de referência, a campanha eleitoral de um candidato ou a vida política de um partido são financiadas porque atendem a certos interesses ou estão dispostos a inseri-los em contextos institucionais.

Consequentemente, através do instrumento do financiamento político, o lobista "adquire" acesso privilegiado ao candidato enquanto potencial agente político responsável pelas decisões, pois é inegável que, para além de qualquer equilíbrio, o político tomador de decisão tenderá a dar mais atenção aos sujeitos que contribuíram para a sua eleição ou nomeação.

Desse ponto de vista, o sistema americano de financiamento dos partidos representa um verdadeiro paradigma, como já vimos, atribuindo um papel crucial aos grupos de pressão. Ao financiar a campanha eleitoral de um candidato ou partido, nas eleições federais, inclusive presidenciais, bem como nas de cada estado, os *lobbies* determinam o conteúdo do programa político do candidato ou do partido.

Sem querer repetir o que já foi dito no capítulo II, basta considerar que o principal instrumento nos Estados Unidos para financiar a política é o PAC, o *Political Action Commitee*, ou seja, recursos captados por associações privadas para orientar, apoiando alguns candidatos, as escolhas políticas. Os detentores desses recursos negociam a plataforma programática com o candidato de forma a resguardar seus interesses e oferecem, em troca, o "pacote" dos recursos arrecadados. Esses comitês são precisamente "os cofres eleitorais dos grupos de pressão",[122] e o instrumento mais eficaz para influenciar o processo de decisão americano; mas também são, como relembrado pela Suprema Corte, a mais alta expressão da democracia.

Por meio dos PACs, grupos de cidadãos, interesses organizados, negócios e empresas arrecadam dinheiro para apoiar determinado objetivo. Por exemplo, pode haver PACs para apoiar a expansão dos gastos militares, ou para proibir o aborto em todo o país, ou a favor de regulamentações restritivas sobre o uso de armas. Os organizadores do PAC têm certo tempo para arrecadar dinheiro em prol de seu projeto; terminado esse período, eles comunicam à Comissão Eleitoral Federal (FEC), a autoridade autônoma chamada para fiscalizar a política, os recursos econômicos arrecadados e os "oferecem" a todos os agentes políticos responsáveis pelas decisões. A pessoa ou as pessoas que aceitam apoiar esse interesse, inserindo-o entre os seus compromissos como parlamentares, governadores ou presidente, obtêm o financiamento arrecadado

---

[122] FRANCO, Massimo. Lobby. *Il Parlamento invisibile*: candidati, gruppi di pressione e finanziamenti elettorali nell'America degli anni '80. Milano: Il Sole 24 Ore, 1988, p. 171.

## CAPÍTULO III – AS TÉCNICAS E AS FERRAMENTAS

pelo PAC. Isso acontece de forma absolutamente transparente: qualquer cidadão pode se conectar ao *site* da FEC e ver os PACs, os interesses que representam, os recursos que arrecadaram e os tomadores de decisão públicos que aceitaram esses valores.

Como é evidente, nos Estados Unidos, os PACs tornaram-se, assim, a ferramenta por meio da qual os grupos de pressão determinam a direção política desde o momento eleitoral.

Um mecanismo semelhante foi previsto na Grã-Bretanha pelo *Lobbying Act* de 2014 que, conforme mencionado, disciplinou as contribuições de "terceiros" (ou seja, sujeitos diferentes de partidos ou movimentos políticos) para influenciar a campanha eleitoral.

Na Itália, o sistema de financiamento político como instrumento de pressão adquiriu, como vimos, uma importância extraordinária após a extinção do financiamento público dos partidos em 2013. O Decreto-lei n. 149 de 2013, tem, de fato, estabelecido, a partir de 1º de janeiro de 2017, que somente os privados possam financiar a política até ao limite máximo de 200.000 euros por pessoa jurídica. Como também já foi dito, essa disposição – cujo limite é facilmente contornado – foi modificada pela Lei n. 3 de 2019, a fim de tornar conhecidos os nomes dos financiadores.

Em segundo lugar, a pressão econômica é usada para **influenciar a opinião pública e os meios de comunicação de massa**.

Jornais, revistas, mídia, também *online*, precisam de publicidade para existir. Seguindo práticas incorretas, muito duvidosas do ponto de vista ético, algumas multinacionais utilizam o poder econômico dos gastos com propaganda e *marketing* para impor certas escolhas aos meios de comunicação ou certo tipo de narração dos fatos da realidade. Pensem em um importante jornal nacional cujas receitas de publicidade cobrem substancialmente todos os custos. Suponhamos que uma grande empresa de classe mundial, dona de inúmeras marcas de produtos em diferentes setores de produtos (de alimentos a detergentes), compre regularmente espaço publicitário naquele jornal, o que representa uma participação de mercado significativa. Agora, vamos supor que o governo decida introduzir um novo imposto que afeta também a margem de lucro dessa empresa. Como a empresa reagirá? Organizando-se legitimamente para evitar essa desvantagem, de acordo com os procedimentos indicados neste manual e em conformidade com os regulamentos de *lobbying* vigentes no país. O jornal contará os fatos, mas nada exclui que, em determinado momento, a empresa, que compra participações significativas da publicidade naquele meio, exerça esse "poder de negociação" sobre o jornal, convidando-o a tomar posições contrárias ao imposto proposto e ao governo. É provável que o jornal e o editor se oponham a essas solicitações porque o código de ética do jornalista estigmatiza o comportamento servil ditado por exigências orçamentárias. Mas não é certo que não aceitarão o convite da empresa, por temerem perder a substancial cota de publicidade.

Dessa forma, o jornal ou os jornais do mesmo grupo editorial tomarão partido pelos interesses da multinacional e atacarão o governo por essa proposta até convencer a opinião pública da inutilidade do novo imposto ou dar espaço a boatos e estudos que mostram a inutilidade da proposta.

Na opinião de quem escreve, essa é uma prática extremamente incorreta, mas, infelizmente, difundida em todo o mundo.

Precisamente a pressão econômica, ou melhor, a pressão econômica do setor publicitário, leva algumas corporações a confiar à mesma pessoa tanto a responsabilidade das relações institucionais quanto a do *marketing*. Dessa forma, qualquer pessoa que se relacione com os agentes públicos responsáveis pela decisão tem o poder de influenciar a opinião pública também.

Em terceiro lugar, a pressão econômica é relevante em todos os casos em que os grupos de pressão podem financiar diretamente atividades de estudo ou pesquisa dos tomadores

## CAPÍTULO III – AS TÉCNICAS E AS FERRAMENTAS

de decisão públicos. Isso é especialmente o caso no campo da pesquisa científica e da saúde.

De acordo com dados publicados em 2019 pelos *Centers for Medicare and Medicaid Services* da Agência Federal de Saúde do Governo dos Estados Unidos, entre 2014 e 2018, só nos Estados Unidos, multinacionais do setor de saúde financiaram médicos, pesquisadores e hospitais com mais de 40 bilhões de euros.

Nesse contexto, de fato, é usual que os grupos de pressão coloquem em prática três diferentes atividades de influência em relação a médicos, consultórios médicos, centros de pesquisa universitários, hospitais e clínicas:

1. ações de patrocínio de produtos farmacêuticos próprios;

2. ações de apoio às atividades de pesquisa;

3. ações de compartilhamento de posições.

---

### *FOCUS*: O INFORMANTE CIENTÍFICO NA ITÁLIA

Na Itália, a figura do informante científico foi regida pelo Decreto Legislativo n. 219, de 24 de abril de 2006. De acordo com o art. 122, o informante científico é aquele que informa o médico e o farmacêutico sobre os medicamentos. Para operar com essa qualificação, é necessária a graduação em disciplinas biomédicas ou químico-farmacêuticas ou uma graduação específica em Informação Científica sobre Medicamentos. Os informantes são registrados em um registro, infelizmente não publicado *online*, mantido pela Agência Italiana de Medicamentos (AIFA). De acordo com a legislação, a cada consulta, os informantes devem entregar ao médico, para cada medicamento apresentado, o resumo das características do medicamento, com informações sobre o preço e, se for o caso, as condições em que o medicamento pode ser prescrito e custeado pelo Serviço Nacional de Saúde. No entanto, isso não é necessário se o médico possuir a publicação

> que reproduza os textos do resumo das características dos medicamentos autorizados pela AIFA e se, para o medicamento apresentado, o resumo das características do produto não sofreu nenhuma alteração em relação ao texto incluído na publicação mencionada. Por outro lado, o que não está regulamentada é a figura do "promotor científico", ou seja, um profissional autônomo que propõe a venda de medicamentos a médicos, com contrato de representação com uma ou mais empresas farmacêuticas.

O primeiro tipo de ação consiste na apresentação, por meio de contatos diretos, das qualidades dos medicamentos produzidos, principalmente se estes foram recentemente colocados no mercado. Essas são operações reais de *marketing* que visam criar uma relação de confiança entre os portadores de interesses e o pessoal médico: em muitos sistemas jurídicos, inclusive o italiano, essa figura profissional é distinta do lobista e é chamada de "promotor científico" (se tiver a finalidade de vender o medicamento) ou "informante científico"[123] (quando sua finalidade é, essencialmente, apenas manter contato com o médico).

## O CASO

### A descoberta do New York Times

O registro introduzido pelo *Sunshine Act* dos Estados Unidos permitiu que repórteres do *New York Times* descobrissem que um famoso oncologista daquele país sempre se omitiu de divulgar seus conflitos de interesse, no valor de mais de 3 milhões de dólares, ao assinar matérias para importantes periódicos científicos e ao promover, em inúmeros congressos, terapias específicas para o câncer de mama, terapias que tinham alternativas mais baratas e que teriam se mostrado pouco eficazes. O oncologista teve

---

[123] N.T. Correspondente, no Brasil, ao "representante farmacêutico".

## CAPÍTULO III – AS TÉCNICAS E AS FERRAMENTAS

de renunciar aos seus cargos depois que o jornal divulgou suas ligações com a indústria.[124]

---

O segundo tipo de ação consiste no financiamento direto das atividades de investigação e de estudos de médicos e pesquisadores universitários que operam no setor médico. A esse respeito, cabe destacar que as principais empresas farmacêuticas multinacionais contam com centros próprios de pesquisa e desenvolvimento para a formulação de novos medicamentos; no entanto, em alguns casos, apoiam financeiramente a pesquisa de outros sujeitos, por sua relevância ou porque isso lhes permite desviar a atenção da opinião pública. Esse segundo passo precisa ser bem explicado: no imaginário mundial, as empresas farmacêuticas são percebidas, muitas vezes erroneamente, de forma negativa porque "ganham dinheiro com a saúde das pessoas". Na tentativa de sanear essa imagem, várias empresas financiam estudos e pesquisas em setores percebidos como positivos pela comunidade, ou apoiam iniciativas de associações, geralmente sem fins lucrativos, consideradas portadoras de "bons" valores.

Por meio da pressão econômica, portanto, esses grupos por um lado, apoiam a pesquisa a seu favor e, por outro, buscam dar uma imagem melhor e mais honesta de sua empresa.

O terceiro tipo de ação é o mais difundido em todo o mundo e, também, no contexto europeu. As empresas do setor criam momentos de partilha, ocasiões em que médicos, pesquisadores, empresários da área da saúde se encontram e discutem temas específicos. Esses momentos acontecem em conferências geralmente organizadas em locais bonitos e de difícil acesso em condições normais, ou em visitas

---

[124] Cf. ORNSTEIN, Charles; THOMAS, Katie. "Top Cancer researcher fails to disclose corporate financial ties in major research journals". *The New York Times*, 8 set. 2018.

a empresas, alegradas por inúmeros momentos de convívio. Assim, criam-se contextos informais onde ocorrem trocas de informações, e a empresa tenta convencer uma pluralidade de sujeitos da bondade de suas posições, ações, produções e iniciativas.

Todas essas ações consistem em doações de dinheiro, de forma mais ou menos direta e absolutamente lícita, aos profissionais do setor de saúde, inclusive aos médicos de estruturas hospitalares públicas.

Para tornar públicos esses recursos, foi aprovado em 2010, nos Estados Unidos, o *Physician Payments Sunshine Act*, conhecido como Sunshine Act. A lei norte-americana dispõe que cada transação financeira, em dinheiro ou em espécie, acima de 10 dólares, entre um médico ou grupo de médicos e um ou mais fabricantes de medicamentos ou outros produtos para a saúde, deve ser notificada e inscrita em um Registro Público especial, que também contém informações sobre as propriedades e os investimentos de cada médico e de seus familiares mais próximos. Desde que a lei entrou em vigor, nos Estados Unidos, foram identificados mais de 25 bilhões de dólares por ano em transações envolvendo mais de 2.000 empresas farmacêuticas e quase um milhão de médicos.

Na Europa, a França foi o primeiro país a introduzir um regulamento semelhante ao dos Estados Unidos, aprovando, entre 2011 e 2013, várias disposições que foram posteriormente integradas na *Loi du 29 décembre 2011 relative au renforcement de la sécurité sanitaire du médicament et des produits de santé* (entrou em vigor em maio de 2013) denominada *Loi Bertrand*, em razão do nome do seu promotor.

A lei francesa (alterada pela *Loi du 26 janvier 2016 de modernsation de système de santé*, rebatizada de "Lei anti-cadeaux") exige o registro e divulgação de qualquer tipo de doação em dinheiro, superior a 10 euros, por parte de empresas de saúde para médicos e operadores do setor: desde jantares a viagens de negócios, desde fundos de pesquisa a presentes de Natal. As sanções, no entanto,

## CAPÍTULO III – AS TÉCNICAS E AS FERRAMENTAS

parecem bastante fracas: pense-se, por exemplo, que, no caso de não registro de uma contribuição de uma empresa, está prevista uma sanção pecuniária máxima de 45.000 euros. Apesar disso, o número de transações registradas é muito elevado: de acordo com uma pesquisa realizada pelo Tribunal de Contas da França nos primeiros cinco anos de vigência da lei, a cada ano, em média, foram registradas mais de 700.000 transações, envolvendo quase 100 empresas por um valor total de 184 milhões de euros.

Posteriormente, leis semelhantes foram aprovadas também em Portugal, na Dinamarca, na Grécia, na Romênia, na Lituânia e na Bélgica; na Itália, por sua vez, em primeira leitura, em abril de 2019, foi aprovado um projeto de lei que segue a legislação francesa. De fato, precisamente na Itália, uma pesquisa do *Consiglio di Primari Oncologi* realizada em julho de 2018 mostrou que 62% dos oncologistas envolvidos nesse estudo receberam pagamentos diretos da indústria farmacêutica nos últimos três anos, embora a maioria acredite (75% dos entrevistados) que o investimento da indústria farmacêutica em *marketing* e promoção seja absolutamente negativo.

### 3.3.2 O *lobbying* indireto

#### 3.3.2.1 *Grassroots lobbying*

O *grassroots lobbying* é o arquétipo do *lobbying* indireto e refere-se à possibilidade de representar um interesse para o agente público responsável pela decisão através da construção do consenso da opinião pública sobre um assunto específico.

> **FOCUS: A ORIGEM DO *GRASSROOTS LOBBYING***
>
> Em 1987, organizações de direitos civis nos Estados Unidos, incluindo a *Leadership Conference on Civil Rights*, a *American Civil Liberties Union* e a *Alliance of Justice*, se opuseram à

nomeação, por parte do presidente republicano Reagan, de Robert Bork como juiz da Suprema Corte, considerado próximo da área mais conservadora. A nomeação de Bork, como aquela de qualquer outro juiz da Suprema Corte, foi um dos momentos mais intensos de *lobby* parlamentar nos Estados Unidos. Para contrariar a nomeação de Bork à Suprema Corte, inúmeras campanhas de comunicação, protestos e manifestações foram organizadas não apenas na frente do Congresso, mas também em constituintes individuais de senadores republicanos considerados mais *liberals*. Certas posições e julgamentos expressos por Bork foram levados ao extremo para evidenciar sua alma fortemente conservadora, especialmente em relação ao papel das mulheres e dos homens de cor na sociedade, casamentos entre pessoas do mesmo sexo, aborto. Entre as entidades mais combativas contra Bork estava a associação *People For the American Way*, que o acusou de ser um perigo para todas as mulheres: a associação criou uma campanha publicitária e um vídeo usando o ator Gregory Peck como testemunho anti-Bork.

O efeito de tal mobilização foi significativo: apesar de a substancial maioria republicana no Senado, a nomeação de Bork foi rejeitada pelos senadores com uma diferença de seis votos contra. Historicamente, o nascimento da técnica de *grassroots lobbying* se atribui a esse acontecimento. Desse evento nasceu até um neologismo, o verbo inglês *to bork* ou, segundo o *Oxford English Dictionary*, a atividade de "ofender ou difamar uma pessoa constantemente, principalmente através da mídia, com o objetivo de impedir sua nomeação para um cargo público".

Nesse caso, ao invés de intervir diretamente com o legislador, o grupo de interesse utiliza várias ferramentas de persuasão e movimentação da opinião pública para ativar grupos sociais específicos, que, por sua vez, se tornam porta-vozes do próprio interesse (falamos, de fato, de estratégia de mobilização). As

## CAPÍTULO III – AS TÉCNICAS E AS FERRAMENTAS

diferenças entre *grassroots lobbying* e *advocacy* são muito tênues e estão relacionadas ao objetivo final da ação. No caso do *lobby* de base, o objetivo é modificar ou introduzir uma regra ou linha política específica, enquanto no caso da *advocacy*, conforme mencionado no primeiro capítulo, é uma questão de criar consenso sobre uma questão geral.

--------- O CASO ---------

*O lobby do glifosato*

Na Europa, um caso de *grassroots lobbying*, entre muitos, é representado pela ação realizada pela multinacional agro-farmacêutica Monsanto, entre 2015 e 2017, para obter a renovação da licença de venda de seus herbicidas à base de glifosato. O glifosato, um componente químico que permite que algumas plantações sejam preservadas de ervas daninhas e é considerado a causa de doenças graves e mortais, é contestado em todo o mundo pelos movimentos em prol da saúde e pelos animalistas. Ao mesmo tempo, porém, argumenta-se que esse tipo de herbicida de baixo custo permite a perpetuação das atividades de pequenos agricultores que, principalmente nos países menos desenvolvidos do Leste Europeu, com baixo custo, podem preservar suas lavouras de insetos e ervas daninhas. Esses pequenos empresários foram mobilizados pela Monsanto, através da firma europeia de *lobbying Red Flag Consulting.* Essa empresa de *lobbying*, de acordo com investigação conduzida pelo jornal britânico *The Independent*, tornada pública em outubro de 2018, propôs aos pequenos agricultores usuários de glifosato que unissem forças para criar campanhas de advocacia ligadas ao esclarecimento de alguns aspectos polêmicos relativos ao uso do herbicida. A atividade em rede de todos os atores do setor e a sensibilização dos representantes políticos locais, acompanhada da gestão dos recursos econômicos e da produção de materiais de comunicação da Monsanto, chegaram a envolver várias instituições representativas no Parlamento Europeu e governos nacionais. A ação convenceu a Comissão Europeia a propor ao Conselho de Ministros Europeus da Agricultura uma prorrogação da licença por mais cinco anos. O Conselho, reunido em novembro de 2017, votou a favor do uso de glifosato por mais cinco anos, com 18 países a favor da proposta da Comissão, 9 contra (incluindo França, Itália, Áustria, Bélgica, Luxemburgo) e 1 se abstendo (Portugal).

---

O *grassroots lobbying* está intimamente ligado à capacidade de mobilizar a opinião pública. Nos últimos anos, graças à disseminação de ferramentas de mobilização em massa após o advento das redes sociais, esse modo de ação tornou-se praxe para campanhas específicas que dizem respeito a decisões públicas com impacto direto nos territórios e ações bem definidas, como obras de energia ou medidas sobre o consumo de bens ou serviços.

O *grassroots lobbying* atribui o poder de representar interesses a setores inteiros da população, de outra forma excluídos do debate político. Dessa maneira, os cidadãos podem contatar diretamente seus representantes no Parlamento ou instituições locais, fortalecendo as posições dos grupos de interesse a partir do modo de interação com a opinião pública.

É uma técnica geralmente utilizada por grandes associações de setor (por exemplo, agrícolas) ou por empresas do mesmo setor que, por exemplo, através da aquisição de espaços publicitários em jornais, revistas e televisão, trazem ao conhecimento da opinião pública certa necessidade e "sugerem" ao agente público responsável pela decisão as formas concretas de satisfazer essa necessidade. As ferramentas de *grassroots lobbying* incluem petições, protestos, *flash-mobs*, campanhas por meio de plataformas de TI e *guerrilha lobbying*.

A ação nos casos de *grassroots lobbying* tem como alvo a opinião pública, visando criar fluxos de consenso em torno de propostas que sintetizem o interesse particular do *lobby*. Dessa forma,

## CAPÍTULO III – AS TÉCNICAS E AS FERRAMENTAS

não se atua diretamente sobre o agente público responsável pela decisão, mas são engendrados movimentos de consenso que visam criar pressões indiretas sobre as instituições na hora da assunção de responsabilidades sobre as escolhas mais importantes para a comunidade. Nesse caso, a habilidade do lobista se manifesta no campo da comunicação e da sociologia, com uma capacidade inata de ler a sociedade, seus instintos, suas necessidades e suas mudanças. O uso dessa técnica de pressão, entretanto, pressupõe, por um lado, uma cultura cívica particularmente desenvolvida e, por outro, uma estrutura da mídia livre de influências políticas.

### 3.3.2.2 Os social networks

O uso de *social networks* é cada vez mais importante para uma estratégia de *lobby* que tenha por objetivo aumentar o consenso da opinião pública sobre uma questão específica representada ao agente público responsável pela decisão.

Nesse nível, estão se inserindo as capacidades de mobilização específicas da rede: há cada vez mais estratégias de *lobbying* que utilizam a opinião pública explorando as características intrínsecas de participação e ativação das redes sociais, uma nova fronteira de atuação do lobista.

Plataformas como *Facebook*, *Twitter* e *Instagram* permitem a ausência de intermediação entre portadores de interesses e agentes públicos responsáveis pela decisão graças à velocidade de interação, liberdade de uso e divulgação do relacionamento. Além disso, a complexidade da tomada de decisão das instituições faz com que o mesmo tomador de decisão analise o *feedback* das redes sociais em relação a uma determinada decisão ou política que está sendo implementada e dá a ele o direito de responder a crises ou ataques de comunicação com métodos de interação rápidos e multimídia.

Uma campanha de *lobbying* nas redes sociais pressupõe o conhecimento do ambiente em que se vive. As mídias sociais podem ser usadas para monitorar o contexto político e regulatório, para a disseminação de dados e de comunicações por parte dos *stakeholders*, para a criação de redes e campanhas de *advocacy* ou *lobby* indireto. O uso correto da ferramenta social permite mudar ou fortalecer a reputação *online*, aumentar o nível de engajamento da base de consenso, orientar o debate público, obter *feedback* direto e responder de maneira adequada, amplificar uma mensagem já publicada nos meios tradicionais e envolver outros atores institucionais ou socioeconômicos.

Nos Estados Unidos, por exemplo, uma simples campanha viral baseada na *hashtag* #stopsopa do *Twitter* foi suficiente para frustrar o trabalho dos *lobbies* das grandes multinacionais da indústria cultural que pressionavam o Congresso para a aprovação do *Stop Online Piracy Act* (SOPA), voltado a proibir a distribuição gratuita na rede de obras protegidas por direitos de autor.

Na Itália, também, testemunhamos fenômenos semelhantes em que grupos sociais organizados de baixo para cima foram capazes de influenciar a decisão pública. Basta pensar no que aconteceu em fevereiro de 2012, quando foi aprovada em Câmara uma emenda do deputado Fava que previa a obrigação dos fornecedores de *internet* de retirar da rede conteúdos considerados ilegais com base em uma simples denúncia. A emenda, aprovada por unanimidade e compartilhada por todos os parlamentares, foi alvo de fortes protestos na rede. Percebendo de imediato os efeitos deletérios sobre a liberdade de expressão na *web*, parlamentares se mobilizaram por meio da sensibilização via *Twitter* e *Facebook* de milhões de cidadãos sobre o assunto. O resultado dessa "revolta 2.0" foi a coalizão transversal de um grupo que, na Câmara, poucos dias depois, conseguiu eliminar a norma do projeto de lei.

A criação da *hashtag* certa no *Twitter* e no *Instagram*, a utilização do mesmo tom nas diversas plataformas sociais e canais

CAPÍTULO III – AS TÉCNICAS E AS FERRAMENTAS

*online*, a escolha de alvos e *influencers* são cada vez mais importantes para a criação de uma relação direta com o agente público responsável pela decisão. Também nesse caso, a força da campanha de *lobbying* é dada pela capacidade de contar uma história envolvente para a opinião pública e os tomadores de decisão e pela criação do *mix* perfeito entre os canais tradicionais e as soluções proporcionadas pelas novas tecnologias de comunicação.

O CASO

*#unlibroèunlibro*

Uma das ferramentas midiáticas mais eficazes para a realização de campanhas de *advocacy* com o objetivo de criar consenso sobre uma decisão é o lançamento de campanhas de comunicação digital que antecipam ações de *lobbying* propriamente ditas ou apoiam sua divulgação junto ao agente público responsável pela decisão. Um dos casos mais interessantes diz respeito à tributação dos livros eletrônicos, *e-books*. Um regulamento europeu criou uma distorção da concorrência no mercado editorial italiano. Em particular, o imposto IVA sobre *e-books* foi calculado em 22%, ou seja, à taxa normal, como se um *software* de leitura fosse a mesma coisa que um *videogame*, considerando-o um serviço eletrônico, em vez de aplicar o 4%, o imposto previsto para os livros de papel. Isso teria causado uma queda acentuada na compra de *e-books*, que passaraiam a ser vendidos a um custo excessivamente alto para os leitores em um momento de particular evolução do mercado para o produto inovador. A AIE, Associação Italiana de Editores, promoveu, assim, a campanha social *#unlibroèunlibro*, envolvendo jornalistas, representantes do mundo do entretenimento e, sobretudo, instituições, em particular pertencentes ao Ministério da Cultura, o qual se tornou o portador dos interesses italianos na Europa. A campanha, graças à contribuição de autores, leitores e editores, bem como instituições, começou com uma conversa no *Twitter* usando a *hashtag* dedicada e levou a mais de 10.000

interações apenas no primeiro dia e um total de mais de 40.000. O resultado concreto foi a aprovação de uma lei orçamentária que equiparou os *e-books* aos livros em papel com a aplicação, a partir de janeiro de 2015, do IVA reduzido. A campanha teve tanto sucesso em nível nacional que passou para o nível europeu a fim de convencer as instituições da UE a prever impostos de IVA reduzidas para todas as publicações eletrônicas. Em outubro de 2018, o *Ecofin*, ou Conselho de Ministros da Economia Europeia, deu luz verde à proposta que permitirá aos Estados-membros aplicar impostos reduzidos de IVA a todas as publicações eletrônicas, como já aconteceu na Itália em janeiro de 2015.

### 3.3.2.3 A pressão midiática (ou estratégia de mídia)

O uso da mídia é essencial por dois motivos:

1. chama a atenção da opinião pública sobre um tema que o tomador de decisões subestimou ou optou por não enfrentar;

2. prevê uma estratégia de resposta para uma crise de reputação causada por fatores externos e não previstos inicialmente que quase sempre envolvem o uso de canais de mídia tradicionais (TV, mídia impressa, mídia *online*, rádio).

## O CASO

### *O Dieselgate*

Um caso midiático relevante é o escândalo *Dieselgate*. A alavanca da mídia, nesse caso, foi usada para trazer os resultados de estudos feitos por autoridades de saúde, ambientais e regulatórias sobre as emissões de carros a *diesel* nos EUA e na UE, cujos testes foram considerados falsificados. O escândalo político primeiro

## CAPÍTULO III – AS TÉCNICAS E AS FERRAMENTAS

e depois o judicial foram precedidos por uma vasta campanha midiática que teve como objetivo divulgar dados confidenciais sobre a produção industrial e, posteriormente, trazer à tona os autores dos crimes ambientais. Várias associações e ONGs, como a *Corporate Europe*, recolheram e publicaram as declarações de vários agentes públicos responsáveis pelas decisões nas instituições europeias. Em outubro de 2015, chegou a primeira resolução do Parlamento Europeu sobre a produção de automóveis poluentes: o primeiro passo para uma legislação comunitária no setor, seguido de várias iniciativas institucionais e normativas nos sistemas jurídicos em todo o mundo.

---

A pressão da mídia pressupõe a criação de uma rede relacional com jornalistas especialistas em questões institucionais, econômicas gerais e em questões setoriais, tanto a nível nacional como local. A criação de uma relação direta com os meios de comunicação e os jornalistas, os quais muitas vezes dispõem de informação altamente especializada e de primeira mão, permite ao grupo de pressão ser informado, por sua vez, da presença de notícias relacionadas com a questão política.

Um dos casos mais significativos de recurso à influência da mídia para se chegar a uma decisão geral poderia ser considerado o caso *Watergate*. Em 1972, em um clima político acalorado devido às divisões internas relacionadas à Guerra do Vietnã, uma invasão por homens próximos ao Partido Republicano na sede do Comitê Democrático Nacional levou à descoberta de escutas telefônicas ilegais. Seguiu-se uma investigação jornalística liderada por dois repórteres do *Washington Post*, Bob Woodward e Carl Bernstein, que atraiu cada vez mais a atenção do público. A investigação envolveu homens mais próximos do presidente Nixon (republicano) e o próprio presidente. Os principais documentos de acusação, os chamados *Pentagon Papers*, foram publicados na mídia impressa, o megafone mais importante usado pelos opositores do presidente.

Deixando de lado os acontecimentos judiciais, do ponto de vista político, a ação se concretizou em uma série de declarações e pedidos de investigação dos democratas do Congresso contra Nixon e os parlamentares republicanos. A decisão da Câmara dos Representantes sobre o *impeachment* veio em julho de 1974 e resultou na renúncia do presidente no início de agosto.

A importância da pressão dos meios de comunicação, cada vez mais integrada com as relações públicas digitais, envolve o fato de que as empresas de *lobby* terceirizadas, as associações comerciais e as unidades internas de relações institucionais incorporam a função de *media relations* na área funcional que trata dos *public affairs*.

---— O CASO ———

*O óleo de palma*

Um dos casos mais polêmicos de *lobby* e que tem visto a mídia como protagonista é o referente ao óleo de palma refinado. O óleo de palma é um dos óleos vegetais comestíveis mais consumidos no mundo e, por sua versatilidade e baixo custo, é utilizado na fabricação de inúmeros produtos (alimentos, cosméticos, tecidos, tintas, papel, componentes eletrônicos e até biodiesel). Sua produção, que está concentrada na Indonésia, Malásia, Tailândia, Colômbia, Nigéria, Equador e Guatemala, tem sido frequentemente associada ao desmatamento massivo, grilagem ilegal de terras (o assim chamado *land grabbing*), exploração de trabalhadores e violações dos direitos humanos. Em 2015, na sequência das críticas levantadas pelo então Ministro francês da Ecologia, Ségolène Royal, contra o óleo de palma, bem como um estudo conduzido pela Autoridade Europeia para a Segurança dos Alimentos que revelou potenciais (mas remotos) riscos para a saúde, uma grande campanha de comunicação e mídia foi lançada contra o uso desse produto e todos os seus derivados. O confronto viu como protagonistas, por um lado, indústrias alimentares (incluindo as multinacionais

## CAPÍTULO III – AS TÉCNICAS E AS FERRAMENTAS

italianas Ferrero e Barilla) e, por outro lado, consumidores e numerosas associações ambientais (incluindo Greenpeace e WWF). A campanha desenvolveu-se em várias frentes: foram solicitados pareceres científicos a agências de segurança alimentar de quatro países (Bélgica, Holanda, França e Itália), Instituto Superior de Saúde e universidades; foram lançadas campanhas publicitárias direcionadas, como a criada pelo Greenpeace, que, através do *site www.nutellasalvalaforesta.it,* convidava os consumidores a enviar mensagens à Ferrero para perguntar à Nutella: "Que mundo seria sem florestas?" Como resultado dessa iniciativa, a empresa recebeu mais de 10.000 *e-mails*. O jornal *Il Fatto Alimentare* e o *Great Italian Food Trade* lançaram uma petição que alcançou 140.000 assinaturas. A questão também chegou ao Parlamento por meio de *interrogazioni*, resoluções, projetos de lei. Realizou-se, assim, uma poderosa campanha "de baixo para cima" que acabou obtendo uma clara vitória sobre as multinacionais do setor, conseguindo modificar o sistema de produção industrial. Muitas marcas substituíram o óleo de palma por óleo de girassol e gorduras vegetais hidrogenadas genéricas (claramente mais nocivas) e incluíram nos rótulos títulos em letras grandes: "sem óleo de palma". Várias redes de supermercados removeram o óleo de palma de seus produtos de marca (incluindo *Coop, Esselunga, Carrefour, Ikea, Ld discount e Md market*). Na França, foi introduzido até um imposto específico sobre esse ingrediente. Apenas uma empresa de alimentos se destacou claramente das demais, por uma estratégia que se mostrou bem-sucedida: com uma comunicação transparente e absolutamente coerente, a Ferrero se manifestou contra o uso massivo do rótulo "sem óleo de palma", demonstrando estar do lado da ciência e saber usar o *marketing*. A empresa investiu, de fato, inúmeros recursos para demonstrar que só usa "óleo de palma 100% sustentável", com os aplausos de associações como o Greenpeace e o WWF. O Greenpeace, que havia promovido a dura campanha contra a Ferrero, chegou a declarar publicamente: "A Ferrero, produtora de Nutella, é um dos grupos mais avançados em termos de sustentabilidade em termos de compra de óleo de palma". O WWF, por sua vez, promoveu a empresa com nota máxima.

### 3.3.2.4 O venue shopping

Em sistemas com muitos níveis caracterizados por uma pluralidade de acessos ao agente público responsável pela decisão, em virtude da existência de um poder compartilhado entre uma série de autoridades (pensem na União Europeia), uma ferramenta de *lobby* indireto consiste no *venue shopping* (que poderíamos traduzir como "mudança de local").

Estudado inicialmente na década de 1960, no contexto norte-americano, o *venue shopping*, pressupondo uma pluralidade de autoridades com igual poder no processo de tomada de decisão, consiste, antes de mais nada, na escolha do lobista do contexto institucional mais favorável.

Dessa forma, o portador de interesses "compra" o *venue* ou o lugar de *policy* onde vai iniciar sua ação (um ministério, o Parlamento, um tribunal, uma autoridade administrativa), considerando-o mais propício para a tutela de seus próprios interesses em virtude de alguma consonância política ou de uma evidente proximidade cultural. O objetivo do lobista é puxar os outros centros de decisão de modo a influenciar aquele que lhe é mais favorável, quase usando este para convencer os demais. Na verdade, um efeito imitativo poderia ser gerado nos tomadores de decisão em relação ao primeiro ator que assumiu uma posição favorável ao interesse: isso pode acontecer tanto porque o primeiro ator é considerado pelos demais como tão importante[125] que não pode ser desmentido (criando, assim, uma possível sujeição) quanto devido

---

[125] N.T. Novamente, o autor usa o termo *autorevole* no texto original, aqui traduzido por "importante".

## CAPÍTULO III – AS TÉCNICAS E AS FERRAMENTAS

à falta de propensão dos outros atores em analisar as várias *issues* (efeito-fadiga: o excesso de trabalho leva o tomador de decisão a apoiar a posição de outro por falta de tempo disponível).

Em segundo lugar, essa ferramenta pode ser usada pelo lobista para mudar o local da decisão, movendo a questão para um nível diferente, mas tão significativo que obrigue os demais atores a apoiarem a decisão tomada.

## ─── O CASO ───

### *O suicídio assistido de Dj Fabo*

Um caso que na Itália teve grande repercussão na opinião pública é o de Fabiano Antoniani (conhecido por todos como "Dj Fabo"). Tendo ficado tetraplégico, cego e não mais autossuficiente após um acidente, decidiu suicidar-se em uma clínica suíça com a ajuda do parlamentar Marco Cappato, expoente dos Radicais e da associação Luca Coscioni (associação sem fins lucrativos de promoção social que sempre reivindicou os direitos humanos, civis e políticos dos enfermos e deficientes também nas escolhas de fim da vida). Marco Cappato, depois de ter acompanhado Dj Fabo ao longo do processo de suicídio, denunciou-se. Por isso, acabou sendo julgado em Milão, onde o Tribunal de Justiça, após absolvê-lo da acusação de incitação ao suicídio, levantou dúvidas sobre a constitucionalidade do art. 580 do Código Penal, o qual sanciona o crime de instigação e ajuda ao suicídio, julgando essa *fattispecie* imprópria para a defesa equilibrada dos diversos interesses e direitos à autodeterminação. A Corte constitucional, com a *Ordinanza* n. 207, de 24 de outubro de 2018, reconheceu o carácter moral do direito penal em causa, renovando o convite à Assembleia da República para regular a matéria e fixando, dessa vez, um prazo peremptório para intervir, tendo já sido fixada a discussão da matéria na audiência pública em 24 de setembro de 2019. Dessa forma, a associação Luca Coscioni, ao transferir a questão do suicídio assistido para um tribunal, condicionou o debate parlamentar sobre o consentimento informado e sobre a Declaração Prévia de Tratamento (chamada DAT), usando esse caso e a ferramenta do *venue shopping*. O deputado Marco Cappato, ao decidir voluntariamente denunciar-se, conseguiu transferir o debate para a esfera jurisdicional e obter que fosse o Judiciário a se envolver diretamente o legislador para que assumisse a responsabilidade de intervir e regular a matéria com a lei.

---

Vamos dar um exemplo. Um projeto de lei sobre eutanásia ou suicídio assistido está sendo discutido em um comitê parlamentar. Se o interessado perceber um ambiente não favorável à sua tese, ele poderá criar as condições necessárias para levar a questão a um tribunal, obrigando um juiz a se posicionar na esperança de que a autoridade política seja persuadida pela judicial.

Dessa forma, o lobista move o debate para uma arena completamente diferente. Essa ferramenta é utilizada, sobretudo, por aqueles portadores de interesse que são economicamente desfavorecidos e têm mais dificuldades de acesso ao agente político responsável pela decisão. Atentos às suas dificuldades, muitas vezes materiais ou relacionais, esses lobistas tentam mover a competição entre interesses para um lugar mais equilibrado ou com regras iguais para todos (como um tribunal, de fato) ou com maior visibilidade.

A noção de *venue shopping*, portanto, refere-se às atividades por meio das quais grupos de pressão com interesses, inclusive institucionais, buscam um contexto de tomada de decisão no qual possam representar seus interesses em condição de maior vantagem.

De acordo com o que foi inicialmente teorizado por Schattschneider (1960), em referência ao contexto norte-americano, em alguns casos e sob certas condições, é possível aos *lobbies*, "olhando em volta", selecionar um espaço favorável e mais receptivo, pelo menos potencialmente, às suas posições.

## CAPÍTULO III – AS TÉCNICAS E AS FERRAMENTAS

Dessa forma, os interesses privados tentam retirar as suas instâncias dos locais onde estão em desvantagem, levando-as para os centros de decisão onde têm influência ou são favorecidos pelas regras do jogo em vigor: o primeiro sujeito a utilizar essa técnica foi a *American Civil Liberties Union*, que, a fim de proteger interesses fundamentais não tidos como tais pelo legislador, atuou em matéria civil e penal contra o governo, exigindo que este alterasse o ordenamento jurídico.

> ### *FOCUS*: A POLÍTICA MIGRATÓRIA NA EUROPA
>
> O *venue shopping* também é parte integrante do processo político e está no centro de muitas estratégias políticas, como evidenciado pelo caso da cooperação europeia sobre direito de asilo e de imigração. Com base na literatura sobre "locais da política", desenvolvida por Baumgartner e Jones, no livro *Agendas and instability in American politics* (2009), e por Guiraudon, no artigo "European integration and migration policy: vertical policymaking as venue shopping" (2000), sugeriu-se que uma estrutura de *venue shopping* também parece ser a estrutura mais apropriada para levar em consideração o tempo de criação, forma e conteúdo da Cooperação da UE em matéria de asilo e migração. Nessa chave, o *venue shopping* refere-se à ideia de que os responsáveis políticos, quando encontram obstáculos em suas sedes políticas tradicionais, tendem a buscar novos espaços para políticas que sejam mais adequadas às suas preferências e objetivos. Portanto, Guiraudon argumentou que os agentes públicos nacionais começaram a cooperar em nível europeu sobre asilo e imigração depois de encontrar obstáculos internos à tentativa de desenvolver um maior controle da migração no início da década de 1980. Esses obstáculos incluíam, em particular, restrições judiciais, as atividades de grupos pró-migrantes e a necessidade de os ministérios do interior chegarem a compromissos com outros departamentos (por exemplo, trabalho, assuntos sociais) para

intervir na legislação nacional. O uso de *venue shopping* teria permitido que os *policy makers* excluíssem amplamente possíveis "inimigos" do processo de tomada de decisão, limitando consideravelmente o papel da Comissão Europeia, Parlamento Europeu e Tribunal de Justiça, considerados mais "amigos dos migrantes". A criação de um terceiro pilar separado, incluindo em particular o asilo e a migração, também conduziu a uma dissociação dessas questões de outras questões relacionadas, como emprego e assuntos sociais, as quias têm sido tratadas por outros setores da Comissão Europeia. Além disso, a mudança para a sede política da UE tornou mais difícil para as organizações não governamentais o acompanhamento da evolução das políticas de asilo e migração, até então organizadas principalmente em nível nacional. Portanto, na literatura sobre *venue shopping* no setor de asilo e migração, argumenta-se que os *policy makers* nacionais decidiram "escolher como lugar" o nível da UE, principalmente na tentativa de evitar obstáculos nacionais ao desenvolvimento de políticas mais restritivas sobre asilo e migração.

### 3.3.2.5 A pressão científica

A meio caminho entre o *lobby* direto e indireto está a alavanca científica ou a preparação de estudos, pesquisas e análises elaboradas por institutos e centros universitários independentes e sérios.

A importância da cientificidade e veracidade das informações que o lobista fornece ao tomador de decisão requer muitas vezes o apoio externo e de terceiros. Para tanto, os lobistas se valem de centros de estudos, *think tanks* ou centros de pesquisa para fundamentar suas posições. De fato, a liberdade de acesso à informação detalhada e a abertura da rede têm permitido aos cidadãos e aos próprios tomadores de decisão obter, cada vez mais, informações de fontes heterogêneas e nem sempre confiáveis para apoiar suas ideias ou posições.

## CAPÍTULO III – AS TÉCNICAS E AS FERRAMENTAS

O grupo de pressão, nesse sentido, faz com que sua tese esteja amparada por um estudo ou pesquisa que tenha o caráter de cientificidade e imparcialidade. A universidade, o centro de pesquisa independente ou o *think tank* são contatados pelo grupo para realizar um estudo sobre um tema que pode, então, ser usado como uma ferramenta de comunicação externa para um cargo, através de comunicados de imprensa ou eventos institucionais dedicados. Frequentemente, os dados e as mensagens-chave do estudo são retomados no *position papers* que acompanham as reuniões institucionais.

Em outros casos, os *lobbies* pedem a autoridades de moralidade indubitável e reconhecido prestígio que se posicionem publicamente a favor dos interesses representados.

A pressão científica, como mencionado, pode ser usada como uma ferramenta de *lobby* direto e indireto.

Em *primeiro lugar*, de fato, pesquisas, relatórios científicos, análises e estudos realizados podem ser objeto de reuniões e seminários para discussão com agentes públicos responsáveis pela decisão relevantes para o tema. Dessa forma, explora-se a autoridade do sujeito científico que realizou o estudo para se estabelecer uma relação direta com o tomador de decisão. Ao mesmo tempo, a pesquisa, como já mencionamos, pode ser o meio para validar a solução proposta pelo *lobby*.

——————— O CASO ———————

*Fumar faz mal à saúde*

Na Itália, desde 2013, foram comercializados os cigarros eletrônicos, ferramentas alternativas ao tabagismo tradicional, criadas para ajudar os fumantes a parar de fumar. Desde o início, os produtores de cigarros tradicionais tentaram desmoralizar o valor das alternativas eletrônicas; primeiramente, criticando as evidências científicas em termos de redução do vício do tabaco e, em seguida, solicitando uma tributação adequada do Estado. Os defensores dos cigarros eletrônicos responderam imediatamente, concentrando-se em revistas científicas muito aclamadas como *Nature* e em figuras públicas como o oncologista Umberto Veronesi, que dedicou toda a sua vida à ciência e à luta contra o câncer. Na *Nature*, Daniel Sarewitz, diretor do *Consortium for Science, Policy & Outcomes da Arizona State University*, falou a favor dos cigarros eletrônicos, considerado um dos maiores especialistas do mundo. Na Itália, além da intervenção de Veronesi (com uma carta pública em um dos principais jornais italianos, *La Repubblica*, em 30 de agosto de 2014), manifestaram-se Carlo Cipolla, do Instituto Europeu de Oncologia, Riccardo Polosa, da Universidade de Catania, e Umberto Tirelli, do Instituto Nacional do Câncer de Aviano. Essa ação convenceu os ministérios da saúde de todo o mundo a não limitarem o uso de cigarros eletrônicos, mas não bloqueou a decisão dos ministérios da economia de sujeitar o produto a uma pesada tributação, o que reduziu significativamente a compra do aparelho entre os consumidores.

---

Em *segundo lugar*, as pesquisas científicas são instrumentais para outras ações de *lobby* indireto: podem fornecer o conteúdo de uma campanha de comunicação, ser antecipadas nos jornais de forma a trazer o assunto à atenção da opinião pública, ou ainda fortalecer a convicção coletiva em uma estratégia de mobilização geral, criando um clima favorável à solução proposta pelos *lobbies*.

Obviamente, o sucesso do recurso à alavanca científica depende totalmente da autoridade do sujeito que elabora a análise: recorrer a centros de investigação "genéricos", que tratam de qualquer tema e desenvolvem qualquer tipo de estudo, ou que são notoriamente politizados, essencialmente torna a ferramenta inútil; vice-versa, contar com centros de pesquisa especializados na área, especialmente se reconhecidos na esfera internacional, produz o efeito

CAPÍTULO III – AS TÉCNICAS E AS FERRAMENTAS

de serem ouvidos pelo agente público responsável pela decisão, o qual – vale lembrar – está sempre em busca de dados, análises e avaliações de impacto credíveis e confiáveis.

## 3.4 As degenerações do *lobbying*

### 3.4.1 *Lobby* e corrupção

Se, no imaginário coletivo, a palavra *lobby* remete a *fattispecie* penais como a corrupção, é claro que deve haver alguma conexão entre esses dois fenômenos.

Um primeiro elemento é dado pela homologação do *lobbying* a qualquer atividade de influência. Em outras palavras, especialmente na linguagem jornalística, quem tenta determinar a vontade do agente público responsável pela decisão, especialmente político, é um lobista. Na realidade, esse não é o caso.

Para fazer *lobbying*, são necessárias estratégias, habilidades, competências e técnicas bem definidas, como vimos; dados complexos e fatores regulatórios precisam ser examinados. Para influenciar um agente público responsável pela decisão, por outro lado, uma boa lista telefônica, bons contatos e uma tagarelice eficaz podem ser suficientes. O primeiro estuda, analisa, ilustra, propõe; o segundo chama, pergunta, murmura.

A confusão entre essas figuras é tanta que muitas vezes os chamados oportunistas são confundidos com lobistas.

Os oportunistas não têm competências, nem mesmo têm a capacidade e o desejo de estudar os motivos que pressupõem a ação de influência; eles atuam como mediadores sem qualquer discussão sobre os prós e os contras; marcam reuniões e fazem contatos em virtude de um conhecimento particular, geralmente relacionamento com as clientelas e parentesco. O oportunista relaciona o portador de um interesse e o tomador de decisão; pode iniciar um processo relacional, mas não o governa. Por não ter competência e explorar apenas os seus contatos pessoais, o oportunista não conhece as regras do jogo e, mesmo que as conhecesse, não as respeitaria porque não compreende o seu significado.

O objetivo da ação do oportunista não é proteger o interesse que ele representa porque apenas representa o seu interesse: o cliente lhe paga para criar o relacionamento com o tomador de decisão, não para enchê-lo de conteúdo. E é essa tipologia humana que não tem escrúpulos em obter o contato: está pronta para pagar, subornar, mentir, se gabar. O oportunista não tem contenção, não tem dignidade, não dá atenção à sua reputação: pelo contrário, é precisamente a sua má reputação que atrai os clientes à sua volta. Sem argumentos para convencer o tomador de decisão, o oportunista só pode contar com a voracidade da natureza humana e está naturalmente inclinado a oferecer dinheiro, vantagens, talvez entretenimento noturno, para alcançar seu sucesso pessoal. O oportunista é corruptor por natureza porque ele próprio é corrupto. Confundir esse sujeito com quem faz *lobbying* é um grande erro. O lobista, por outro lado, é um profissional; ele cuida de sua lista telefônica, mas sabe muito bem que o número de telefone certo é completamente inútil se não tiver os argumentos certos.

Se examinarmos a crônica dos principais eventos de corrupção na Europa, como nas Américas, percebemos que os protagonistas, com algumas exceções (como o caso *Abramoff* nos Estados Unidos), não são lobistas, mas oportunistas. São pessoas que, não sabendo como convencer os agentes públicos responsáveis pelas decisões a incorporar certos interesses na decisão, corromperam ou chantagearam ao ponto do inacreditável.

Como os teóricos dos estudos econômicos e da escolha pública apontaram, subornar um agente público responsável pela decisão é menos vantajoso do que fazer *lobby*.

Examinando uma pluralidade de ações de pressão, os economistas notaram como interesses especiais podem encontrar

## CAPÍTULO III – AS TÉCNICAS E AS FERRAMENTAS

maior satisfação por meio do *lobbying* tradicional em vez de usar a corrupção. Essa última prova ser bem-sucedida, por assim dizer, exclusivamente em países pobres e com desenvolvimento limitado: um nível médio de desenvolvimento é suficiente para tornar a corrupção menos vantajosa e mais arriscada e onerosa.

As análises econômicas mostram, de fato, "que o *lobby* é uma forma significativamente mais eficaz de gerar influência política do que a corrupção",[126] ou seja, se você deseja influenciar o processo de tomada de decisão pública, em países com pelo menos um nível médio de desenvolvimento, o *lobby* é a arma vencedora sobre a corrupção.

Trata-se de elementos do conhecimento de quem trabalha nesse setor e que confirmam que *lobby* e corrupção são termos não relacionados entre si. É por isso que quem escreve este manual não acredita que a corrupção seja uma degeneração do *lobbying*, sendo, ao contrário, um instrumento oposto ao *lobbying*. Onde os **fenômenos de corrupção** são generalizados e penetrantes, a percepção do *lobbying* é sempre negativa;[127] inversamente, uma baixa taxa de corrupção corresponde a uma visão de *lobbying* em termos quase exclusivamente favoráveis. Existe, portanto, pelo menos na percepção coletiva, uma simbiose entre *lobbying* e corrupção. Isso decorre essencialmente da falta de regulamentação desse fenômeno ou da previsão de regras que são substancialmente ignoradas pelo agente público responsável pela decisão: em contextos não regulamentados ou em que a normativa é ignorada, um véu impenetrável recai sobre a atividade de *lobbying*, véu que projeta uma sombra no processo de tomada de decisão. Nessa sombra, que deslegitima – entre outras coisas – a mesma ação política, se

---

[126] CAMPOS, Nauro F.; GIOVANNONI, Francesco. "Political institutions, lobbying and corruption". *Journal of Institutional Economics*, vol. 13, n° 4, 2017.

[127] MAZZONI, Marco. *Le relazioni pubbliche e il lobbying in Italia*. Roma, Bari: Laterza, 2010.

escondem oportunistas que pouco têm a ver com lobistas e que tendem a subornar o agente público responsável pela decisão para obter uma vantagem direta, sem conhecimento, habilidade, competência, nem estratégias lógicas a serem postas em prática para obter, legalmente, os mesmos resultados.

> ## PALAVRAS-CHAVE
>
> Existem múltiplas formas de corrupção do agente público responsável pelas decisões. Um exemplo de corrupção moral, por assim dizer, é o *crony capitalism* ou capitalismo de clientela. Esse termo se refere a um sistema econômico fundamentalmente capitalista no qual o sucesso nos negócios, entretanto, depende de relações estreitas entre agente públicos responsáveis pelas decisões e os empresários privados, em detrimento da concorrência e da liberdade de empresa. O *crony capitalism* se baseia em relações de clientela e de parentesco com ganhos mútuos entre tomadores de decisão e empreendedores, em detrimento da comunidade: amizades egoístas e laços familiares entre empresários e tomadores de decisão influenciam a economia e a sociedade a ponto de sabotar a formação de interesse geral.
>
> Nesses contextos, o *lobbying* torna-se uma ferramenta para quebrar a espiral clientelista: o empresário cúmplice, de fato, não precisa exercer pressão sobre o tomador de decisão porque está próximo dele; vice-versa, aqueles sujeitos alheios à relação privilegiada tentarão influenciar o processo de tomada de decisão por meio do *venue shopping* ou recorrendo – como costuma acontecer – à denúncia das vantagens obtidas ilegalmente por alguns, a fim de interromper a situação de vantagem injusta dos *competitors*.

### 3.4.2 Efeitos de distorção: *regulatory capture* e *rent-seeking*

Grupos de pressão, conforme mencionado nas primeiras páginas deste manual, são grupos de pessoas, físicas ou jurídicas, que, unidas por um mesmo interesse, tentam influenciar o processo de tomada de decisão para obter uma vantagem ou evitar uma desvantagem.

A finalização da atividade de *lobby* é o que caracteriza a própria ação: o lobista – como já vimos amplamente – deve proteger seus próprios interesses, tentando minimizar o risco de conflito e, portanto, identificando possíveis compromissos, também, para facilitar a síntese entre os interesses em jogo por parte do agente público responsável pela decisão.

No entanto, algumas ações de *lobbying* têm efeitos de distorção na coletividade e no interesse geral. Isso ocorre quando o tomador de decisão é "capturado" pelo lobista no sentido de que perde toda a autonomia de análise e confia a elaboração das opções decisórias ao portador dos interesses.

A teoria da "captura do regulador" ou *regulatory capture* foi desenvolvida na década de 1950 por alguns economistas dos Estados Unidos e encontrou a melhor elaboração nos teóricos da *public choice* e, em particular, em George Stigler.

Esse grupo de estudiosos examina os processos de tomada de decisão como são na realidade, e não como deveriam ser: dessa forma, eles aplicam aos agentes públicos responsáveis pela decisão os mesmos critérios de comportamento de um indivíduo privado. Partindo do pressuposto de que o tomador de decisão também é um ser humano e, como tal, aspira a aumentar o seu prestígio, a sua riqueza, o seu poder ou sua aceitação, especialmente se for político, constataram que, em certas condições, é maior o risco de que o tomador de decisão deixe de ser imparcial na análise dos fatores em jogo e se concentre apenas em algumas informações de maneira a tomar uma decisão no interesse de poucos.

A tese de fundo de Stigler é que sempre que um setor é regulado e, de forma mais geral, se a intervenção pública na economia é necessária, a pressão das partes interessadas – mesmo que legítima – impede o regulador de tomar decisões úteis para a comunidade; comparando os setores econômicos regulados e não regulados, esses economistas destacam como nestes últimos – com liberdade para atuar em regime de concorrência – os benefícios coletivos são mais significativos. De acordo com Stigler, na verdade, a regulação é um "bem" submetido a uma espécie de leilão dos políticos: eles vão "vender" a legislação para a tutela do grupo de pressão disposto a "pagar" por ela ao preço mais alto em termos eleitoral e econômico. Isso acontece sob certas condições, quando:

- a intervenção do legislador diz respeito a um setor específico e limitado, cujos destinatários são identificáveis;

- ou exige um alto grau de tecnicidade (no sentido de que devem ser elaboradas as chamadas "normas técnicas", como no setor ambiental);

- o tomador de decisão é um agente público de nomeação política e, portanto, responde ao partido que o escolheu.

O caso mais óbvio de captura do regulador ocorre no contexto das autoridades administrativas independentes, referido no primeiro capítulo; trata-se de instituições públicas presentes em todas as democracias regidas por um colégio cujos membros são geralmente escolhidos por agentes políticos responsáveis pelas decisões e por um aparato burocrático, com a função de regular setores econômicos específicos (comunicações, energia, redes etc.). Nesses contextos, como vimos, os grupos de pressão sentam-se à mesa com o agente público responsáveis pelas decisões e discutem com ele para avaliar o impacto das regras introduzidas e sugerir como modificá-las (assim, por exemplo, no *Osservatorio*

## CAPÍTULO III – AS TÉCNICAS E AS FERRAMENTAS

*permanente della regolazione di energia, acqua e del teleriscaldamento*, responsável pela análise da legislação sobre a matéria e a consequente prospecção de alterações e que foi instituído em 2015 pela autoridade italiana que trata do meio ambiente, energia, gás e água, participam mais de 60 lobistas).

Nesses contextos, o modelo regulatório de oferta e demanda se baseia em dois fatores: do lado da demanda, os grupos de pressão querem reduzir a concorrência para ter maiores lucros e, por isso, estão dispostos a apoiar os políticos e bajular os burocratas; do lado da oferta, os políticos querem maximizar seus votos, e os burocratas querem aumentar sua influência, ampliando a regulamentação; o resultado é que os reguladores tendem a ser controlados pelos interesses que regulam. Nesse caso, falamos de *non-materialist capture*, *cognitive capture* ou *cultural capture*, pois o regulador passa a pensar como o regulado graças à eficaz ação de *lobbying*.[128]

Em tais casos, o tomador de decisão é induzido, muitas vezes inconscientemente, a assumir um comportamento desviante em relação ao desempenho de seu mandato institucional. Isso também ocorre devido a uma **assimetria informativa** ou à dificuldade do tomador de decisão em adquirir informações, dados e análises que lhe permitam fazer um julgamento diferente: a assimetria de informação pode ser gerada tanto pela incompetência do tomador de decisão em relação ao cargo ocupado (de forma que ele só pode contar com o que o lobista lhe apresenta) quanto pela pouca capacidade do aparato burocrático para fornecer o suporte técnico necessário. Dessa forma, os economistas explicam, se verificam condições, ou a chamada *seleção adversa*, no sentido de que o tomador de decisão desconhece a real estrutura de custos da empresa ou do chamado *risco moral*, na medida em que o regulador não consegue observar o esforço da empresa para reduzir seus custos.

---

[128] ENGSTROM, David F. "Corralling Capture". *Harvard Journal of Law & Public Policy*, vol. 36, nº 1, 2013.

## O CASO

*Energia nuclear no Japão*

Um caso dramático de "captura do regulador" diz respeito ao Japão e ao trágico episódio de Fukushima. Nos primeiros dias de março de 2011, a Autoridade Nacional de Regulação da Indústria Nuclear Japonesa (*Nuclear and Industrial Safety Agency* – NISA), apesar de alguns resultados negativos, decidiu autorizar a operação de seis reatores nucleares por mais dez anos no distrito de Fukushima. Poucos dias depois, em 11 de março de 2011, um terremoto e o tsunami resultante atingiram a usina nuclear com terríveis efeitos mortais. A investigação conduzida pelo Parlamento japonês após os terríveis acontecimentos em Fukushima terminou em outubro de 2012, destacando um caso de *regulatory capturing*. A Autoridade Nacional foi colocada sob a autoridade do Ministério da Indústria, cuja política era continuar a desenvolver a indústria nuclear do país. O grupo de especialistas convocado pela Autoridade para autorizar a continuação das atividades dos reatores nucleares (obsoletos) de velha geração era composto por apoiadores nucleares e funcionários de outras indústrias do setor, e não por especialistas independentes: seu relatório final, com base na liberação de março de 2011, não levou em consideração os estudos científicos mais significativos sobre o risco de terremotos na área, mas apoiou os pedidos da política de aumento da energia nuclear.

Essas são também as precondições para outro efeito degenerativo do *lobbying*, o chamado *rent seeking* ou a procura de uma posição de vantagem. Os *lobbies* que protegem os interesses econômicos e que têm por objetivo aumentar seus lucros podem atuar de forma a convencer o agente público responsável pela decisão a reconhecer-lhes uma posição vantajosa em relação a todas as demais, uma verdadeira renda de posição. O grupo de pressão, portanto, usará seus recursos não para produzir algo, mas para

# CAPÍTULO III – AS TÉCNICAS E AS FERRAMENTAS

capturar o regulador e influenciá-lo a dar-lhes um benefício maior do que o investimento.

O *rent seeking*, mais uma vez de acordo com os teóricos da *public choice*, empurra o tomador de decisão para usar recursos públicos em atividades desnecessárias e ineficientes, o que deprime a economia e faz convergir as vantagens para um ou poucos sujeitos em detrimento do coletivo e do interesse geral.

―――――――― O CASO ――――――――

*O custo do rent-seeking*

De acordo com alguns estudos norte-americanos, para uma empresa americana é suficiente gastar 1% do seu orçamento anual em ações de *lobbying* para obter uma redução na sua alíquota para o ano seguinte entre 0,5% e 1,6%; igualmente, cada dólar gasto em contribuições para a campanha eleitoral se traduz em uma economia média de impostos de 6,65 dólares.[129]

―――――

A busca de uma renda de posição não é, em si mesma, uma degeneração do sistema. É inteiramente legítimo, em uma democracia global, que um interesse tenha por objetivo aumentar seu lucro, ou reduzir sua carga tributária, ou consolidar sua posição dominante, e isso ainda que seja evidente que o ato de pressionar o tomador de decisão para rebaixar a própria alíquota de imposto ou a do setor a que pertence priva a comunidade de recursos potencialmente úteis para todos.

―――――

[129] CRAIG, John; MADLAND, David. "How Campaign contributions and lobbying can lead to inefficient economic policy". *Center for American Progress*, maio 2014. Disponível em: https://www.americanprogress.org/article/how-campaign-contributions-and-lobbying-can-lead-to-inefficient--economic-policy/. Acessado em: 22.06.2022.

No entanto, deve ser feita uma distinção entre a busca do *rent-seeking* e a representação de interesses.

Vejamos alguns exemplos para melhor entender: o proprietário (privado) de uma concessão (pública) de rodovia pressionará o governo a não aumentar o custo da concessão para evitar a redução da margem de lucro.

Isso não é *rent-seeking*, pois a ação de *lobby* não visa criar uma posição de vantagem de posição independente da atividade ou usar recursos públicos de forma distorcida para criar *bridge to nowhere*, como dizem os estudiosos dos EUA (ou pontes para lugar nenhum e, portanto, inúteis).

Outro exemplo: os proprietários (privados) de um serviço de transporte público com motorista (táxis) convencem o legislador a estabelecer regras particularmente onerosas para o acesso de novos atores privados no setor dos transportes públicos, evitando, de maneira eficaz, o desenvolvimento de qualquer forma de concorrência. Esse é um exemplo de *rent-seeking* porque aqui o *lobby* tem trabalhado para criar um "uso ineficiente de recursos do governo", ou para fortalecer uma posição dominante e monopolista e impedir o acesso ao mercado de novos sujeitos que poderiam ter trazido um benefício para a comunidade. Na verdade, como foi observado, "classic rent-seeking occurs when resources are used in order to capture a monopoly right instead of being put to a productive use":[130] [131] o *lobby* desestimula a concorrência, e a inovação privada distorce o mercado e diminui a produtividade.

Esse efeito degenerativo do *lobby* é possível justamente pela captura do regulador, o que costuma ocorrer em todos os

---

[130] TULLOCK, Gordon. *Rent-seeking*. Aldershot: Edward Elgar, 1993.

[131] N.T. "O *rent-seeking* clássico ocorre quando os recursos são usados para capturar um direito de monopólio, em vez de serem colocados em uso produtivo".

CAPÍTULO III – AS TÉCNICAS E AS FERRAMENTAS

contextos em que não existem regras efetivas sobre a proibição de *revolving door*.

───────── O CASO ─────────

*A sharing economy*

A assim chamada *sharing economy*, ou "economia da partilha", é um modelo de economia circular caracterizado por *a)* o uso de práticas baseadas na reutilização ao invés da compra e no acesso ao invés da propriedade, de forma síncrona (por exemplo, compartilhar a casa com outra pessoa) ou adiada (você deixa sua casa temporariamente para outra pessoa); *b)* a presença de uma plataforma tecnológica que suporta interações digitais; *c)* a relação *peer-to-peer*: a ausência de intermediação favorece a relação direta entre oferta e demanda, muitas vezes fora da lógica profissional, com queda nas fronteiras entre financiador, produtor, consumidor e cidadão ativo.

*Uber, Airbnb, BlaBlaCar* são apenas alguns exemplos da economia da partilha que coloca em crise os mercados tradicionais. Os exemplos clássicos de *lobbying* com o objetivo de criar um *rent-seeking* relacionam-se precisamente com essas áreas. Por exemplo, em todo o mundo, temos testemunhado a tentativa do *lobby* de motoristas de táxi tradicionais de impedir o acesso ao mercado de mecanismos de aluguel com motorista a partir de plataformas *online* como o *Uber*; ou as tentativas de tornar o uso de plataformas como a *Airbnb* para reservar uma casa de férias particularmente oneroso em termos econômicos para o consumidor, incentivando, assim, os hotéis tradicionais.

───────────────────────────

Como já foi amplamente destacado, um dos pontos cruciais na análise do fenômeno do *lobby* diz respeito às chamadas *portas giratórias*, todas as situações em que um agente público responsável pelas decisões, uma vez cessado o cargo, torna-se lobista e vice-versa: para evitar isso, alguns sistemas jurídicos introduziram proibições de assumir cargos por determinado período a partir do término do mandato (o chamado *cooling-off*).

As proibições introduzidas, como vimos especialmente no que se refere à União Europeia e aos Estados Unidos, não produziram, no entanto, os efeitos desejados, com a consequência natural de uma fácil captura do regulador pelo lobista, devido, em alguns casos, à identidade substancial de pontos de vista (e origem profissional) entre tomador de decisão e lobista.

A questão surge também na Itália, dado que, por exemplo, muitos membros das autoridades administrativas independentes são ex-parlamentares ou ex-representantes dos mesmos interesses que agora são chamados a regular.

Em outras palavras, a combinação de *regulatory capture* e *rent-seeking*, agravada pela ausência ou ineficácia dos regulamentos de *revolving door*, determina uma degeneração profunda do *lobby* porque visa criar uma vantagem injusta à custa do interesse geral, contando com uma condição de fraqueza do agente público responsável pelas decisões. Nesses casos, a atividade de *lobbying* produz um *socially wastefull*, ou um "desperdício social", uma vez que a vantagem obtida pelo grupo de pressão decorre de uma espécie de manipulação ou exploração do próprio poder de barganha ou da disparidade de informação.

Esse quadro evidencia, mais uma vez, o quão importante é estabelecer regras do jogo claras e compartilhadas: a causa desses efeitos degenerativos (alguns dos muitos) deve, de fato, ser atribuída às deficiências na regulação do fenômeno do *lobbying*.

# REFERÊNCIAS BIBLIOGRÁFICAS

AA.VV. *Democrazia degli interessi e interessi della democrazia*: rapporto 2019 Italiadecide. Bologna: Il Mulino, 2019.

AINIS, Michele. *Privilegium*: l'Italia divorata dalle lobby. Milano: Rizzoli, 2012.

ALAGNA, Rocco. *Lobbying e diritto penale*: interessi privati e decisioni pubbliche tra libertà e reato. Torino: Giappichelli, 2018.

ALEMANNO, Alberto. *Lobbying for change*: find your voice to create a better society. Londres: Icon Books, 2017.

AMATO, Giuliano. *Forme di Stato e forme di governo*. Bologna: Il Mulino, 2006.

AMMASSARI, Gloria Pirzio; MARCHETTI, Maria Cristina. *Lobbying e rappresentanza di interessi nell'Unione Europea*. Milano: Franco Angeli, 2018.

ANDREAZZA, Gastone. "Il traffico di influenze". *In*: CINGARI, Francesco (Coord.). *Corruzione*: strategie di contrasto. Firenze: Firenze University Press, 2013.

BALDASSARRE, A. "Introduzione". *In*: MAZZEI, Giuseppe. *Lobby della trasparenza*: manuale di relazioni istituzionali. Roma: Centro di documentazione giornalistica, 2009.

BARBERA, Augusto. "Art. 2". *In*: BRANCA, Giuseppe (Coord.). *Commentario della Costituzione*. Bologna: Zanichelli, 1975.

BAUMGARTNER, Frank R.; JONES, Bryan D. *Agendas and instability in American politics*. 2ª ed. Chicago: The University of Chicago Press, 2009.

BISTONCINI, Fabio. *Vent'anni da sporco lobbista*. Milano: Guerini e Associati, 2011.

BITONTI, Alberto; HARRIS, Phil. *Lobbying in Europe*: public affairs and the lobbying Industry in 28 EU Countries. Londres: Palgrave Macmillan, 2017.

BOCCARDELLI, Paolo; NASI, Greta. "Prefazioni". *In*: GIACOMO, Giulio di. *Marketing istituzionale & public affairs*: gestire le relazioni istituzionali creando valore per l'impresa. Milano: Franco Angeli, 2019.

CAIANIELLO, Luca. "Il fenomeno del lobbying entro la disciplina nazionale sul dibattito pubblico". *Istituzioni del Federalismo*, n° 3-4, 2018.

CALDAS, Ricardo W.; PEREIRE, Robson C. *Democracia e corrupção*. Brasília: LGE Editora, 2007.

CAMPOS, Nauro F.; GIOVANNONI, Francesco. "Political institutions, lobbying and corruption". *Journal of Institutional Economics*, vol. 13, n° 4, 2017.

CANTONE, Raffaele; CARLONI, Enrico. *Corruzione e anticorruzione*. Milano: Feltrinelli, 2018.

CAPANO, Gilberto; LIZZI, Renata; PRITONI, Andrea. "Gruppi di interesse e politiche pubbliche nell'Italia della transizione: oltre il clientelismo e il collateralismo". *Rivista Italiana di Politiche Pubbliche*, n° 3, 2014.

CARBONE, Carolina. A. "Lobbying in developing countries: the Peruvian case". *Journal of Public Affairs*, n° 1, 2019.

CARBONE, Luigi. "Quali rimedi per l'inflazione legislativa". *Giornale di Diritto Amministrativo*, n° 4, 2018.

CARLONI, Enrico. "Regolazione del lobbying e politiche anticorruzione". *Rivista Trimestrale di Diritto Pubblico*, n° 2, 2017.

_____. *L'amministrazione aperta*: regole strumenti limiti dell'open government. Rimini: Maggioli, 2014.

CARTABIA, Marta; LUPO, Nicola; SIMONCINI, Andrea (Coord.). *Democracy and subsidiarity in the EU*. Bologna: Il Mulino, 2013.

# REFERÊNCIAS BIBLIOGRÁFICAS

CASINI, Lorenzo. *L'equilibrio degli interessi nel governo del territorio*. Milano: Giuffrè, 2005.

CASSESE, Sabino. "La partecipazione dei privati alle decisioni pubbliche: saggio di Diritto Comparato". *Rivista Trimestrale di Diritto Pubblico*, vol. 57, n° 1, 2007.

CATTANEO, Alberto. *Il mestiere del potere*: dal taccuino di un lobbista. Roma-Bari: Laterza, 2018.

CERRINA, Ginevra F. "Le forme di Stato". *In*: AA.VV. *Diritto Costituzionale Comparato*. Roma-Bari: Laterza, 2009.

CHARI, Raj; HOGAN, John; MURPHY, Gary. *Regulating lobbying*: a global comparison. Manchester: Manchester University Press, 2010.

CHIARAMONTE, Alessandro; D'ALIMONTE, Roberto. "Sistemi elettorali". *In*: PASQUINO, Gianfranco; REGALIA, Marta; VALBRUZZI, Marco (Coord.). *Quarant'anni di scienza politica in Italia*. Bologna: Il Mulino, 2013.

CINGARI, Francesco. "Sul traffico di influenze illecite". *Diritto Penale e processo*, n° 4, 2015.

_____. "Sulla responsabilità penale del parlamentare: tra corruzione e influenze illecite". *Cassazione penale*, n° 1, 2017.

CINO, Vittorio; FONTANA, Andrea. *Corporate diplomacy*. Milano: Egea, 2019.

CLARICH, M.; MATTARELLA, Bernardo G. "La prevenzione della corruzione". *In*: MATTARELLA, Bernardo G.; PELISSERO, Marco (Coord.). *La legge anticorruzione*: prevenzione e repressione della corruzione. Torino: Giappichelli, 2013.

COLAVITTI, Giuseppe. *Rappresentanza e interessi organizzati*. Milano: Giuffrè, 2005.

COOK, Ian; WALSH, Mary; HARWOOD, Jeffrey. *Government and Democracy in Australia*. Cambridge: Cambridge University Press, 2009.

CORRADINO, Michele. *È normale... lo fanno tutti*: storie dal vivo di affaristi, corrotti e corruttori. Milano: Chiare Lettere, 2016.

CRAIG, John; MADLAND, David. "How Campaign contributions and lobbying can lead to inefficient economic policy". *Center for American Progress*, maio 2014. Disponível em: https://www.americanprogress.

org/article/how-campaign-contributions-and-lobbying-can-lead-to-inefficient-economic-policy/. Acessado em: 22.06.2022.

CRISAFULLI, Vezio. "I partiti nella Costituzione italiana". *In*: AA.VV. *Studi per il XX anniversario dell'Assemblea costituente, II*. Firenze: Vallecchi, 1969.

CUOCOLO, Lorenzo; SGUEO, Gianluca (Coord.). *Lobby*: la rappresentanza di interessi. Milano: Bocconi, 2014.

DE CARIA, Riccardo. *"Le mani sulla legge"*: il lobbying fra free speech e democrazia. Milano: Ledizioni, 2017.

DE DONNO, Barbara. "Cenni introduttivi sul tema della corruzione e della responsabilità penale delle società nel diritto comparato". *In*: DEL VECCHIO, Angela; SEVERINO, Paola (Coord.). *Il contrasto alla corruzione nel diritto interno e nel diritto internazionale*. Padova: Cedam, 2014.

DE VERGOTTINI, Giuseppe. *Diritto costituzionale comparato*. vol. I, 7ª ed. Padova: Cedam, 2007.

DI GREGORIO, Angela. "La regolamentazione delle attività di lobbying in alcune nuove democrazie". *In*: DI GREGORIO, Angela; MUSSELLI, Lucia. *Democrazia, lobbying e processo decisionale*. Milano: Franco Angeli, 2015.

DI GREGORIO, Angela; MUSSELLI, Lucia. *Democrazia, lobbying e processo decisionale*. Milano: Franco Angeli, 2015.

DI MARIA, Roberto. *Rappresentanza politica e lobbying*: teoria e normativa. Tipicità ed interferenze del modello statunitense. Milano: Franco Angeli, 2013.

DIALER, Doris; RICHTER, Margarethe. *Lobbying in the European Union*. Berlim: Springer, 2019.

DILETTI, Mattia. *I think tank*: le fabbriche delle idee in America e in Europa. Bologna: Il Mulino, 2009.

DIRINDIN, Nerina; RIVOIRO, Chiara; DE FIORE, Luca. *Conflitti di interesse e salute*: come industrie e istituzioni condizionano le scelte del medico. Bologna: Il Mulino, 2018.

DOLCINI, Emilio; VIGANÒ, Francesco. "Sulla riforma in cantiere dei delitti di corruzione". *Diritto Penale Contemporaneo*, nº 1, 2012.

# REFERÊNCIAS BIBLIOGRÁFICAS

ELIA, Luciani. "Forme di stato e forme di governo". *In*: CASSESE, Sabino (Coord.). *Dizionario di diritto pubblico*. vol. III. Milano: Giuffrè, 2006.

ENGSTROM, David F. "Corralling Capture". *Harvard Journal of Law & Public Policy*, vol. 36, n° 1, 2013.

ESPOSITO, Carlo. "I partiti politici nello Stato democratico". *In*: _____. Scritti giuridici scelti: teoria generale dello Stato e Diritto Costituzionale prerepubblicano. vol. 2. Napoli: Jovene, [1958] 1999.

FARBER, Daniel A. *The First Amendment*. Nova York: Foundation Press, 2010.

FERIOLI, Elena. "L'attività dei gruppi di pressione nell'Unione europea". *Percorsi costituzionali*, n° 3, 2012.

FISICHELLA, Domenico. "I Gruppi di interesse e di pressione". *In*: ISTITUTO DELLA ENCICLOPEDIA ITALIANA. *Enciclopedia delle Scienze Sociali*. vol. 4. Roma: Treccani, 1994.

FOTIA, Mauro. *Le lobby in Italia*: gruppi di pressione e potere. Bari: Dedalo, 1997.

FRANCO, Massimo. Lobby. *Il Parlamento invisibile*: candidati, gruppi di pressione e finanziamenti elettorali nell'America degli anni '80. Milano: Il Sole 24 Ore, 1988.

FROSINI, Tommaso E. "Gruppi di pressione". *In*: AINIS, Michele (Coord.). *Dizionario costituzionale*. Roma-Bari: Laterza, 2000.

_____. *Diritto Pubblico comparato*: le democrazie stabilizzate. Bologna: Il Mulino, 2019.

_____. *Forme di governo e partecipazione popolare*. Torino: Giappichelli, 2008.

_____. *La democrazia e le sue lobbies*. *Percorsi costituzionali*, n° 3, 2012.

GALLIETTI, Francesco. *Alta pressione*: perché in Italia è difficile regolare le lobby. Venezia: Marsilio, 2012.

GARELLA, Fabio. "I gruppi di pressione nel Parlamento italiano". *Associazione per gli studi e le ricerche parlamentari*, Milano, quaderno n° 4, 1994.

GIANNITI, Luigi; LUPO, Nicola. *Diritto parlamentare*. Bologna: Il Mulino, 2018.

GIAVAZZI, Stefania; MONGILLO, Vicenzo; PETRILLO, Pier Luigi. (Coord.). *Lobbying e traffico di influenze illecite*: dalla regolamentazione amministrativa alla tutela penale. Torino: Giappichelli, 2019.

GOÑI, Santos; BELTRAMINO, Pablo. "El lobby argentino". *Archivios del Presente*, Fundación Foro del Sur, ano 7, n° 25, 2001.

GRASSO, Giovanni. "Le mani delle *lobby* sulla politica". *Avvenire*, 12 set. 2014. Disponível em: https://www.avvenire.it/attualita/pagine/le-mani-delle-lobby-sulla-politica. Acessado em: 24.06.2022.

GRAZIANO, Luigi. *Le lobbies*. Roma-Bari: Laterza, 2002.

GRIFFI, Filippo P. "La 'fabbrica delle leggi' e la qualità della normazione". Diritto Amministrativo, n° 1, 2000.

GROARKE, Leo. "Informal Logic". *In*: ZALTA, Edward N. (Coord.). *Stanford Encyclopedia of Philosophy*. Stanford: Stanford University Press, 2017.

GUIRAUDON, Virginie. "European integration and migration policy: vertical policymaking as venue shopping". *Journal of Common Market Studies*, vol. 38, n° 2, 2000.

GUZZETTA, Giovanni. "I gruppi di interesse come problema e come soluzione nello Stato contemporaneo". *Percorsi costituzionali*, n° 3, 2012.

_____. *La Repubblica transitoria*. Soveria Mannelli: Rubbettino, 2018.

HASEN, Richard L. "Lobbying, rent-seeking, and the Constitution". *Stanford Law Review*, vol. 64, n° 1, 2012.

JOPPKE, Christian. "The Legal-domestic sources of immigrant rights: The United States, Germany and the European Union". *Comparative Political Studies*, vol. 34, n° 4, 2001.

_____. "Why liberal States accept unwanted immigration". *World Politics*, vol. 50, n° 2, 1998.

JOPPKE, Christian; MARZAL, Elia. "Courts, the New Constitutionalism and immigrant rights: the case of the French Conseil Constitutionnel". *European Journal of Political Research*, vol. 43, n° 6, 2004.

KOEHLER, Sebastian. *Lobbying*: political uncertainty and policy outcomes. Berlim: Springer, 2019.

LA PALOMBARA, Joseph. *Clientela e parentela*: studio dei gruppi di interesse. Milano: Edizioni di Comunità, 1967.

# REFERÊNCIAS BIBLIOGRÁFICAS

LA SPINA, Antonio; MAGONE, Giandomenico. *Lo Stato regolatore*. Bologna: Il Mulino, 2000.

LAHAV, Gallya; GUIRAUDON, Virginie. "Actors and venues in immigration control: closing the gap between policy demands and policy outcomes". *West European Politics*, vol. 29, n° 2, 2006.

LARIVERA, Luciano. "Il *lobbying*: utilità e necessaria regolamentazione". *La Civiltà Cattolica*, quaderno 3877, 2012.

LONGO, Erik. *La legge precaria*: le trasformazioni della funzione legislativa nell'età dell'accelerazione. Torino: Giappichelli, 2017.

LUCIANI, Massimo. "Il paradigma della rappresentanza di fronte alla crisi del rappresentato". *In*: ZANON, Nicolò; BIONDI, Francesca. (Coord.). *Percorsi e vicende attuali della rappresentanza e della responsabilità politica*. Milano: Giuffrè, 2001.

LUCIBELLO, Pier M. "Il delitto di traffico di influenze illecite". *In*: D'AVIRRO, Antonio (Coord.). *I nuovi delitti contro la pubblica amministrazione*. Milano: Giuffrè, 2013.

LUPO, Nicola. "La lunga crisi del procedimento legislativo e l'impossibile qualità delle regole". *Analisi Giuridica dell'Economia*, n° 2, 2013.

LUPO, Nicola; MANZELLA, Andrea. *Il Parlamento Europeo*: una introduzione. Roma: LUISS University Press, 2019.

MACRÌ, Giafranco. *Democrazia degli interessi e attività di lobbying*. Soveria Mannelli: Rubbettino, 2016.

_____. *Europa, lobbying e fenomeno religioso*: il ruolo dei gruppi religiosi nella nuova Europa politica. Torino: Giappichelli, 2004.

_____. *Lobbies*: in digesto delle discipline pubblicistiche. vol. 5. Torino: UTET, 2012.

MAISEL, L. Sandy; BERRY, Jeffrey M. (Coord.). *The Oxford handbook of American political parties and interest groups*. Oxford: Oxford University Press, 2010.

MANIA, Roberto. "Partiti leggeri e lobby pesanti". *Il Mulino*, n° 5, 2007.

MANZELLA, Andrea. *Il parlamento*. Bologna: Il Mulino, 2004.

MASLOW, Abraham H. *Teoria della motivazione umana*. Milano: Pirelli, 1973.

MATTARELLA, Bernardo G. *Le regole dell'onestà*. Bologna: Il Mulino, 2012.

MATTARELLA, Bernardo G.; PELISSERO, Marco (Coord.). *La legge anticorruzione*: prevenzione e repressione della corruzione. Torino: Giappichelli, 2013.

MATTINA, Liborio. *I gruppi di interesse*. Bologna: Il Mulino, 2010.

MAZZEI, Giuseppe. *Lobby della trasparenza*: manuale di relazioni istituzionali. Roma: Centro di Documentazione Giornalistica, 2009.

MAZZONI, Marco. *Le relazioni pubbliche e il lobbying in Italia*. Roma, Bari: Laterza, 2010.

MENCARELLI, Alberto. "Il Registro dei rappresentanti di interessi della Camera dei deputati: un primo bilancio". *Rassegna parlamentare*, vol. 60, n° 3, 2018.

MERLONI, Francesco. "I piani anticorruzione e i codici di comportamento". *Diritto Penale e processuale*, n° 8, 2013.

_____. *Corruption and Public Administration*: the Italian case in a comparative perspective. Abgindon: Routledge, 2019.

MERUSI, Fabio. "Dallo Stato monoclasse allo Stato degli interessi aggregati". *In*: CASSESE, Sabino; GUARINO, Giuseppe (Coord.): *Dallo Stato monoclasse alla globalizzazione*. Milano: Giuffrè, 2000. (Quaderni della Rassegna Parlamentare-ISLE).

MEZZETTI, Lucca. "Finanziamenti e condizionamenti del partito politico". *In*: AA.VV. *Partiti politici e società civile a sessant'anni dall'entrata in vigore della Costituzione*. Napoli: Jovene, 2009.

MICUCCI, Massimo; PRIMAVERA, Santo. *Trafficante sarà lei!*: Lobby, politica e traffico di influenze. Acireale: Bonanno Editore, 2013.

MONGILLO, Vincenzo. "Profili penali della rappresentanza di interessi: il traffico di influenze illecite nell'ordinamento italiano". *Percorsi costituzionali*, n° 1-2, 2016.

_____. *La corruzione tra sfera interna e dimensione internazionale*. Napoli: ESI, 2012.

MONTANARI, Andrea. "Cattaneo Zanetto primo dei lobbisti". *Milano Finanza*, 2 out. 2018. Disponível em: https://www.milanofinanza.it/news/cattaneo-zanetto-primo-dei-lobbisti-201810012147266368. Acessado em: 24.06.2022.

MORLINO, Leonardo. "Per non dimenticare Bentley: dai gruppi alle politiche". *Rivista Italiana di Politiche Pubbliche*, n° 2, 2011.

## REFERÊNCIAS BIBLIOGRÁFICAS

_____. *Costruire la democrazia*: gruppi e partiti in Italia. Bologna: Il Mulino, 1991.

MORTATI, Costantino. *Le forme di governo*. Padova: CEDAM, 1973.

MOSCO, Gian D. "La notte delle regole: responsabilità della politica e problemi di tecnica legislativa". *Analisi Giuridica dell'Economia*, n° 2, 2013.

NICOTRA, Ida Angela (Coord.). *L'autorità nazionale anticorruzione*: tra prevenzione e attività regolatoria. Torino: Giappichelli, 2016.

OCDE. *Lobbyists*: governments and public trust. vol. 3. Paris: OECD, 2014.

PALERMO, Francesco. *La forma di Stato dell'Unione Europea*: per una teoria costituzionale dell'integrazione europea. Padova: CEDAM, 2005.

PANUNZIO, Sergio P. "Rigenerare' il nesso partiti-istituzioni governanti-società". *Parlamento*, n° 1-2, 1982.

PANZIRONI, Germana. "I profili economici dell'AIR". *In*: SANDULLI, Maria Alessandra; CARBONE, Luigi (Coord.). *Codificazione, semplificazione e qualità delle regole*. Milano: Giuffrè, 2005.

PASQUINO, G. Gruppi di pressione. *In*: BOBBIO, Noberto; MATTEUCCI, Nicola; PASQUINO, Giafranco. *Dizionario della politica*. Torino: UTET, 2004.

PETRILLO, Pier Luigi. "AIR e gruppi di pressione: un binomio possibile". *Rassegna Parlamentare*, vol. 52, n° 2, 2010.

_____. "European Union and pressure groups: a legal perspective". *In*: CARTABIA, Marta; LUPO, Nicola; SIMONCINI, Andrea (Coord.). *Democracy and subsidiarity in the EU*: National Parliaments, regions and civil society in the decision-making process. Bologna: Il Mulino, 2013.

_____. "Formas de gobierno y grupos de presion: las nuevas formas de la democracia representativa. Perfiles de derecho publico comparado". *In*: AA.VV. *Annuario italo-iberoamericano di Diritto Costituzionale 2014*. Napoli: ESI, 2014.

_____. "Forme di governo e gruppi di pression: profili metodologici e comparati". *In*: *Rassegna Parlamentare*, n° 3, 2015.

_____. "Il dialogo in Parlamento tra politica e interessi organizzati". *In*: LIPPOLIS, Vicenzo; LUPO, Nicola (Coord.). *Il Parlamento dopo il referendum costituzionale*. Napoli: Jovene, 2017. (Il Filangieri – Quaderno 2015-2016).

_____. "Le lobbies e la forma di governo italiana". *Percorsi Costituzionali*, n° 3, 2012.

_____. "Lobbies, trasparenza e partecipazione: le regole ci sono già". *In*: *Quaderni Costituzionali*, n° 1, 2012.

_____. *Democrazie sotto pressione*: Parlamenti e gruppi di pressione nel diritto pubblico comparato. Milano: Giuffrè, 2011.

PINELLI, Cesare. *Forme di Stato e forme di governo*. Napoli: Jovene, 2006.

PIZZOLO, Calogero. "Il lobbismo in America Latina: un lungo cammino da percorrere". *Percorsi Costituzionali*, n° 4, 2012.

PREDIERI, Alberto. *Contraddittorio e testimonianza del cittadino nei procedimenti legislativi*. Milano: Giuffrè, 1964.

PRIMAVERA, Santo. *La Sicilia sotto pressione*. Acireale: Bonanno Editore, 2012.

PRITONI, Andrea. *Lobby d'Italia*: il sistema degli interessi tra Prima e Seconda Repubblica. Roma: Carocci, 2018.

RESCIGNO, Pietro. "La rappresentanza degli interessi organizzati". *Rivista delle Società*, vol. 4, n° 1, 1959.

_____. *Persona e comunità*. Bologna: Il Mulino, 1966.

RIDOLA, Paolo. *Democrazia pluralista e libertà associative*. Milano: Giuffrè, 1987.

ROSENTHAL, Alan. *The Third House*: lobbyists and lobbying in the States. Washington, DC: CQ Press, 1993.

ROSSANO, C. "Partiti". *In*: ISTITUTO DELLA ENCICLOPEDIA ITALIANA. Enciclopedia Giuridica Treccani. vol. 22. Roma: Istituto della Enciclopedia Italiana, 1990.

ROSSI, Emanuele. "Partiti politici". *In*: CASSESE, Sabino (Coord.). Dizionario di Diritto Pubblico. vol. 5. Milano: Giuffrè, 2006.

RUBECHI, Massimo. "La dimensione costituzionale della rappresentanza di interessi". *In*: AA.VV. *Democrazia degli interessi e interessi della democrazia*: rapporto 2019 Italiadecide. Bologna: Il Mulino, 2019.

# REFERÊNCIAS BIBLIOGRÁFICAS

SADI, Gabriel; MENEGHETTI, Marisa R. "Normative approach on lobbying: public policies and representation of interests in Argentina". *Journal of Public Affairs*, vol. 20, n° 2, 2019.

SASSI, Silvia. "La trasparenza a presidio del processo legislativo europeo: qualche considerazione in margine alla regolamentazione delle lobbies". *In*: DI GREGORIO, Angela; MUSSELLI, Lucia. *Democrazia, lobbying e processo decisionale*. Milano: Franco Angeli, 2015.

_____. "Processo legislativo europeo e centri di influenza". *Percorsi Costituzionali*, n° 3, 2012.

_____. *I rappresentanti di interessi nel contesto europeo*: ruolo e sinergie con le istituzioni. Milano: Giuffrè, 2012.

SAUL, Ricardo Luiz R. *A legitimidade e necessidade de regulação das atividades de lobbying*. Rio de Janeiro: Lumen Juris, 2017.

SAVINI, Giovanni. "Strumenti e procedure di consultazione nei procedimenti normativi". *Studi parlamentari e di politica costituzionale*, n° 136-137, 2002.

SCAROINA, Elisa. "Lobbying e rischio penale". *Diritto Penale e processo*, n° 6, 2016.

SCHATTSCHNEIDER, Elmer E. *The Semi-sovereign people*: a realist's view of democracy in America. New York: Holt, Rinehart and Winston, 1960.

SCHULTZE, Charles L. *The Public use of private interest*. Washington, D.C.: Brookings Institution Press, 1977.

SCHUMPETER, Joseph A. *The Theory of economic development*. 3ª ed. Nova York: Oxford University Press, 1961.

SEVERINO, Paola. "La nuova legge anticorruzione". *Diritto Penale e processo*, n° 9, 2013.

SEVERINO, Paola. "Senza norme sul lobbysmo difficile abbattere l'illegalità". *Diritto Penale Contemporaneo*, 21 jun. 2018.

SILVA, M. "The European Union's revolution door problem". *In*: DIALER, Doris; RICHTER, Margarethe. *Lobbying in the European Union*. Berlim: Springer, 2019.

THOMAS, Clive S. *Political parties and interest group*: sharing democratic governance. Boulder, CO: Lynne Rienner, 2001.

TORRETTA, Paola. *Qualità della legge e informazione parlamentare*. Napoli: ESI, 2007.

TRUMAN, David. *The Governmental process*: political interests and public opinion. Nova York: Knopf, 1951.

TRUPIA, Piero. *La Democrazia degli interessi*: lobby e decisione collettiva. Milano: Il Sole 24 Ore, 1999.

TULLOCK, Gordon. *Rent-seeking*. Aldershot: Edward Elgar, 1993.

VALASTRO, Alessandra. "Gli strumenti e le procedure di partecipazione nella fase di attuazione degli Statuti regionali". *Le Regioni*, n° 1, 2009.

_____. "Stato costituzionale, democrazia pluralista e partecipazione: quali diritti?" *In*: CARETTI, Paolo; GRISOLIA, Maria Cristina. *Lo Stato costituzionale*: la dimensione nazionale e la prospettiva internazionale – scritti in onore di Enzo Cheli. Bologna: Il Mulino, 2010.

VÉLEZ, Maria I. A.; JÄÄSKELÄINEN, Federico de M. "Los lobbies en el marco de la Unión Europea: una reflexión a propósito de su regulación en España". *Teoría y Realidad Constitucional*, n° 33, 2014.

VENEZIANI, P. "Lobbismo e diritto penale: il traffico di influenze illecite". *Cassazione penale*, n° 4, 2016.

VOLPI, Mauro. *Libertà e autorità*: la classificazione delle forme di Stato e delle forme di governo. Torino: Giappichelli, 2013.

WOLPE, Bruce C.; LEVINE, Bertram J. *Lobbying Congress*: how the system works. Washington, D.C.: CQPress, 1990.

ZAGARELLA, Alessandro. "Come si regola la pressione nel mondo". CUOCOLO, Lorenzo; SGUEO, Gianluca (Coord.). *Lobby*: la rappresentanza di interessi. Milano: Bocconi, 2014.

ZAGARELLA, Alessandro; PETRILLO, Pier Luigi. "Interessi organizzati e individui nei processi decisionali pubblici". *Percorsi Costituzionali*, n° 1, 2017.

ZAGREBELSKY, Gustavo. "La sovranità e la rappresentanza politica". *In*: AA.VV. *Lo stato delle istituzioni italiane*. Milano: Giuffrè, 1994.

ZANETTO, Paolo; CATTANEO, Alberto. *Fare lobby*: manuale di public affairs. Milano: Rizzoli, 2007.

ZUCCHELLI, C. "L'analisi di impatto della regolamentazione nell'amministrazione centrale in Italia". *Iter Legis*, n° 2-3, 2004.

# ÍNDICE DETALHADO

| | |
|---|---|
| **APRESENTAÇÃO** | 13 |
| **PREFÁCIO** | 21 |
| **PREMISSAS** | 35 |
| Nota à edição brasileira | 39 |
| **CAPÍTULO I – OS CONTEXTOS** | 41 |
| 1.1 *Lobbying* e democracia | 41 |
| 1.1.1 Grupos de interesse, grupos de pressão, *lobbying* | 44 |
| Fig. 1.1 Diagrama de resumo dos fatores que qualificam um grupo de pressão | 47 |
| ■ PALAVRAS-CHAVE: *Lobby* | 48 |
| 1.1.2 Partidos políticos e grupos de pressão | 50 |
| 1.1.3 Processo decisório e interesse público | 53 |
| ■ *FOCUS*: A "Lei Le Chapelier" | 54 |
| 1.2 Lobistas e agentes públicos responsáveis pelas decisões | 57 |
| 1.2.1 Os atores do *lobbying* | 57 |
| 1.2.1.1 Lobistas terceirizados | 62 |

423

Tab. 1.1 *Top 10 lobbying firms*, Itália ... 64
Tab. 1.2 *Top 10 lobbying firms*, Estados Unidos ... 65
Tab. 1.3 *Top 10 lobbying firms*, União Europeia ... 66
1.2.1.2 Os lobistas *in-house* ... 67
■ FOCUS: Corporate Lobbying ... 68
Tab. 1.4 *Top 10 corporate lobbying*, Estados Unidos ... 70
Tab. 1.5 *Top 10 corporate lobbying* ... 70
■ FOCUS: *In-house vs. terceirizado* ... 71
1.2.1.3 Os lobistas corporativos ... 72
■ O CASO: *BusinessEurope* ... 75
■ PALAVRAS-CHAVE: *Advocacy* ... 76
1.2.1.4 Os lobistas *no-profit* ... 77
■ O CASO: *Save the Children* ... 77
Tab. 1.6 *Top 10* dos lobistas *no-profit* juntos à União Europeia, 2019 ... 79
1.2.1.5 Os lobistas institucionais ... 80
■ FOCUS: *Lincoln*, o filme ... 81
■ O CASO: *Open Society Foundations* ... 81
■ O CASO: Quattro Motori & Cia. ... 82
1.2.1.6 Os lobistas impróprios ou indiretos ... 84
■ O CASO: Astrid ... 84
■ PALAVRAS-CHAVE: *Permitting* ... 86
■ FOCUS: O Estatuto da Associação de Imprensa Parlamentar Italiana ... 87
■ O CASO: A negociação sobre pesca ... 89
■ O CASO: COMECE ... 90
1.2.1.7 Os lobistas cívicos ou *citizen lobbists* ... 92
■ FOCUS: O *Whistleblowing* ... 92
1.2.2 Os destinatários do *lobbying* ... 95

1.2.2.1 O agente público responsável por decisões ... 95
Fig. 1.2 Síntese dos tipos de tomadores de decisão ... 96
1.2.2.2 O tomador de decisão político e seu aparato ... 97
Fig. 1.3 Estrutura dos gabinetes de direta colaboração do ministro: esquema padrão, 2019 ... 101
Fig. 1.4 Estrutura administrativa articulada em departamentos ... 103
Fig. 1.5 Estruturas administrativas articuladas em direções-gerais coordenadas pelo secretariado-geral ... 103
Tab. 1.7 Comissões permanentes no Parlamento italiano, 2019 ... 108
1.2.2.3 Os tomadores de decisão não políticos: judiciário e autoridades independentes ... 110
■ *FOCUS*: Os interesses no tribunal ... 110
1.2.2.4 O *influencer* não tomador de decisões ... 114
■ O CASO: DiCaprio e as mudanças climáticas ... 115
1.2.2.5 O tomador de decisão "rotativo" ... 116
■ O CASO: *Facebook* ... 116
■ O CASO: O governo Trump ... 117
1.3 Os lugares do *lobbying* ... 119
1.3.1 O Poder Legislativo ... 121
■ *FOCUS*: Acesso dos lobistas ao Montecitório ... 122
1.3.2 O Poder Executivo ... 124
1.3.3 Clubes e *think tanks* ... 126
■ *FOCUS*: A *Chatham House rule* ... 129
■ *FOCUS*: O método Aspen ... 130
1.4 Os tempos do *lobbying*: a curva de influência normativa ... 131

Fig. 1.6 Curva de influência legislativa ... 132

**CAPÍTULO II - AS REGRAS** ... 137
  2.1 Os Estados Unidos da América ... 138
    2.1.1 Origem e fundamento do direito constitucional de fazer *lobbying* ... 139
    2.1.2 A regulação dos grupos de pressão ... 141
    2.1.3 Ética e conduta para os agentes públicos responsáveis por decisões ... 146
    ■ O CASO: O escândalo Abramoff ... 148
    ■ O CASO: *Revolving door* ... 151
    2.1.4 A participação dos *lobbies* nos trabalhos do Congresso ... 152
    ■ *FOCUS*: Mr. Smith vai para Washington ... 152
    2.1.5 Os *Political Action Committees* ... 155
    Fig. 2.1 Contribuição total/candidatos: eleições do Congresso 1990-2018 ... 156
    ■ *FOCUS*: "Peso" dos *lobbies* da saúde sobre o Congresso dos Estados Unidos ... 157
  2.2 Os ordenamentos latino-americanos ... 159
    2.2.1 Peru ... 160
    ■ O CASO: A lobista "perfeita" ... 161
    2.2.2 México ... 162
    ■ *FOCUS*: O censo ... 162
    2.2.3 Argentina ... 164
    2.2.4 Colômbia ... 166
    2.2.5 Chile ... 168
    ■ O CASO: O *lobby* antidemissão ... 168
    2.2.6 Uma visão geral ... 170
    Fig. 2.2 Andamento do índice de transparência média anual por país ... 171

## ÍNDICE DETALHADO

2.3 A União Europeia ... 173
   2.3.1 O direito a fazer *lobbying* ... 174
   2.3.2 O Registro para a Transparência ... 176
   ■ *FOCUS*: O registro anterior de lobistas ... 177
   ■ *FOCUS*: Um registro inútil? ... 183
   Fig. 2.3 Dados dos inscritos no Registro UE. Dados emporcentagem atualizados em junho de 2019 ... 185
   2.3.3 O *lobbying* na Comissão Europeia ... 185
   ■ *FOCUS*: Simplificar a *better regulation* ... 186
   ■ *FOCUS*: Os grupos de especialistas ... 187
   2.3.4 A transparência dos parlamentares ... 189
   2.3.5 A transparência da Comissão ... 191
   ■ O CASO: TTIP ... 194
   2.3.6 O Conselho permanece obscuro ... 196
   ■ *FOCUS*: A sentença *De Capitani* ... 198

2.4 Os ordenamentos europeus ... 200
   2.4.1 França ... 200
   ■ O CASO: Maillard e os outros ... 202
   ■ *FOCUS*: O escândalo Cahuzac ... 205
   ■ *FOCUS*: O tráfico de influências ... 206
   2.4.2 Alemanha, Áustria e Países Baixos ... 208
   ■ *FOCUS*: Bundestag – Regulamentos para o cadastro das associações e de seus representantes ... 209
   ■ O CASO: Schröder e o *lobby* da Gazprom ... 210
   ■ O CASO: *Cash for law*s e *Telekom Affairs* ... 213
   2.4.3 Irlanda ... 214
   ■ *FOCUS*: O que é "questão relevante"? ... 216
   2.4.4 Polônia, Lituânia, Eslovênia, Hungria, Romênia, Macedônia, Montenegro ... 218

- ■ O CASO: Os *Tobacco kiosks* na Hungria ............ 222
- ■ O CASO: Política e *lobbying* na Eslovênia ............ 223

Tab. 2.1 A regulamentação do *lobbying* no centro-leste da Europa, 2019 ............ 226

2.5 Grã-Bretanha ............ 227

   2.5.1 A regulamentação dos grupos de pressão ............ 228

   ■ *FOCUS*: Uma boa lei? ............ 228

   ■ *FOCUS*: *Self-control* ............ 231

   2.5.2 Financiamento da política, doações e grupos de pressão ............ 231

   2.5.3 O papel dos grupos de pressão na campanha eleitoral ............ 233

   Tab. 2.2 O limite máximo de gastos totais para fins eleitorais para cada região do Reino Unido no ano anterior a uma eleição geral ............ 235

   Tab. 2.3 O limite de gastos quando um partido político registrado não autoriza um "gasto direcionado" ............ 235

   ■ *FOCUS*: *Non-party campaigning* ............ 236

   2.5.4 A transparência dos agentes públicos responsáveis por decisões ............ 236

   ■ *FOCUS*: E para a Administração Pública e o governo? ............ 237

   ■ *FOCUS*: Um legado histórico – os "agentes parlamentares" ............ 238

   2.5.5 Os intergrupos parlamentares ............ 239

   ■ *FOCUS*: O registro para os intergrupos ............ 241

2.6 Os ordenamentos de derivação britânica ............ 242

   2.6.1 Canadá ............ 242

      2.6.1.1 A política de intermediação e a ética do agente público responsável pela decisão ............ 243

      ■ *FOCUS*: Tudo é público ............ 244

## ÍNDICE DETALHADO

- ■ O CASO: *Revolving door* canadense ... 247
- 2.6.1.2 A regulamentação dos grupos de pressão: o *Lobbyists Registration Act* ... 248
- ■ *FOCUS*: "Agentes parlamentares" canadenses ... 252
- 2.6.1.3 As regras sobre o financiamento da política ... 252

2.6.2 Austrália ... 255
- ■ *FOCUS*: Os dados a serem inseridos no registro são suficientes? ... 257
- ■ *FOCUS*: Definição de lobista ... 258
- ■ *FOCUS*: O *revolving door* está previsto? ... 259

2.6.3 Israel ... 260
- ■ *FOCUS*: Uma proposta de lei sobre *lobbies* nunca aprovada ... 261

2.7 O caso italiano ... 262

2.7.1 Grupos de pressão no sistema jurídico italiano ... 262

Tab. 2.4 A ignorância em relação aos *lobbies*: três motivos ... 266

2.7.2 Equilibrar a pressão: uma visão geral ... 266

Tab. 2.5 As principais fontes normativas sobre o fenômeno do *lobby* na Itália ... 269

2.7.3 Existe um direito constitucional de fazer *lobbying*? ... 272

2.7.4 Tentativas de introduzir uma disciplina orgânica: desde projetos de lei a mudanças nos regulamentos ... 276

- ■ *FOCUS*: A proposta Andreatta ... 279

2.7.5 A análise de impacto regulatório (AIR) e as regras de transparência ... 280

2.7.6 Regulamentos parlamentares ... 286

- ■ O CASO: Pistelli do Ministério para a ENI ... 287

- *FOCUS*: As consultas no Senado ... 288
- 2.7.7 A regulamentação introduzida na Câmara dos Deputados ... 289
- *FOCUS*: A tentativa no Senado ... 291
- 2.7.8 Os registros "faça você mesmo" ... 292
- 2.7.9 Participação e *lobby* nas regiões italianas ... 296
- *FOCUS*: As Regiões em Bruxelas ... 300
  - 2.7.9.1 Toscana e Molise ... 300
  - 2.7.9.2 Abruzzo, Calábria, Lombardia e Lazio ... 303
  - 2.7.9.3 Puglia ... 306
  - 2.7.9.4 Campânia ... 308
  - O CASO: A Lei do Cinema ... 309
- 2.7.10 Uma leitura comparativa da regulamentação regional ... 310
- Tab. 2.6 Atuação normativa regional sobre o fenômeno lobístico ... 313
- 2.8 Os modelos de regulamentação do *lobbying* ... 314
  - 2.8.1 A regulamentação-transparência ... 314
  - 2.8.2 A regulamentação-participação ... 316
  - 2.8.3 A regulamentação rastejante com tendências esquizofrênicas ... 318
- 2.9 Regulamentação do *lobbying* e forma de governo ... 322

## CAPÍTULO III – AS TÉCNICAS E AS FERRAMENTAS ... 331

- 3.1 Das relações institucionais ao *public policy manager* ... 331
- Fig. 3.1 Relações institucionais, *government affairs* e *public policy* ... 334
- 3.2 As técnicas ... 334
- Fig. 3.2 Fluxo do *back office* ... 337
- Fig. 3.3 Fluxo do *front office* ... 339

## ÍNDICE DETALHADO

3.2.1 A fase de *back office* ............ 340
   3.2.1.1 Identificação do interesse ............ 340
   Fig. 3.4 Fases de uma ação de *lobbying* ............ 342
   3.2.1.2 Mapeamento de interesses contíguos e opostos ............ 343
   ■ O CASO: *Rete Imprese Italia* ............ 343
   ■ O CASO: O manifesto pela energia do futuro ............ 344
   3.2.1.3 Identificação do agente público responsável pela decisão ............ 347
   3.2.1.4 Elaboração da proposta e da estratégia ............ 349
   3.2.1.5 *Position e policy paper* ............ 351
   Fig. 3.5 Aplicação da pirâmide de Maslow às técnicas de *lobbying*, 2019 ............ 353
   3.2.1.6 Monitoramento ............ 353
   ■ *FOCUS*: Como o monitoramento é feito ............ 355
   Fig. 3.6 Atividades de monitoramento e seus "resultados" operacionais ............ 357
   3.2.1.7 *Social influencers* ............ 357
   ■ O CASO: *#MeToo* ............ 359
3.2.2 A fase de *front office* ............ 360
   3.2.2.1 A realização do contato ............ 360
   ■ O CASO: *Soundreef vs. SIAE* ............ 362
   3.2.2.2 A representação do interesse ............ 364
   3.2.2.3 *Feedback* ............ 366
   3.2.2.4 *Public decision makers keeping* ............ 367
3.3 As ferramentas ............ 367
  3.3.1 O *lobbying* direto ............ 370
   3.3.1.1 O *face-to-face* ............ 370
   ■ *FOCUS*: A lei orçamentária em Itália ............ 369
   3.3.1.2 A pressão econômica ............ 373

■ *FOCUS*: O informante científico na Itália ... 377
■ O CASO: A descoberta do *New York Times* ... 378
3.3.2 O *lobbying* indireto ... 381
   3.3.2.1 *Grassroots lobbying* ... 381
   ■ *FOCUS*: A origem do *grassroots lobbying* ... 381
   ■ O CASO: O *lobby* do glifosato ... 383
   3.3.2.2 Os *social networks* ... 385
   ■ O CASO: #unlibroèunlibro ... 387
   3.3.2.3 A pressão midiática (ou estratégia de mídia) ... 388
   ■ O CASO: *Dieselgate* ... 388
   ■ O CASO: Óleo de palma ... 390
   3.3.2.4 O *venue shopping* ... 392
   ■ O CASO: O suicídio assistido de Dj Fabo ... 393
   ■ *FOCUS*: Política migratória na Europa ... 395
   3.3.2.5 A pressão científica ... 396
   ■ O CASO: Fumar faz mal à saúde ... 397
3.4 As degenerações do *lobbying* ... 399
   3.4.1 *Lobby* e corrupção ... 399
   ■ PALAVRAS-CHAVE: *Crony capitalism* ... 402
   3.4.2 Efeitos de distorção: *regulatory capture* e *rent-seeking* ... 403
   ■ O CASO: Energia nuclear no Japão ... 406
   ■ O CASO: O custo do *rent-seeking* ... 407
   ■ O CASO: A *sharing economy* ... 409

**REFERÊNCIAS BIBLIOGRÁFICAS** ... 411
**ÍNDICE DETALHADO** ... 423

# NOTAS

# NOTAS

# NOTAS

# NOTAS

# NOTAS

# NOTAS

# NOTAS

# NOTAS

# NOTAS

# NOTAS

# NOTAS

# NOTAS

# NOTAS

# NOTAS

# NOTAS

A Editora Contracorrente se preocupa com todos os detalhes de suas obras! Aos curiosos, informamos que este livro foi impresso no mês de agosto de 2022, em papel Pólen Natural 80g, pela Gráfica Grafilar.